ENCYCLOPÉDIE
DES
TRAVAUX PUBLICS
Fondée par M.-O. LECHALAS, Inspecteur général des Ponts et Chaussées

COURS

D'ÉCONOMIE POLITIQUE

PROFESSÉ À L'ÉCOLE NATIONALE DES PONTS ET CHAUSSÉES

PAR

C. COLSON
Ingénieur en chef des Ponts et Chaussées
Conseiller d'État

LIVRE TROISIÈME

LA PROPRIÉTÉ DES BIENS CORPORELS ET INCORPORELS

PARIS

<table>
<tr><td>GAUTHIER-VILLARS
Imprimeur-libraire de l'École Polytechnique, etc.
QUAI DES GRANDS-AUGUSTINS, 55</td><td>FÉLIX ALCAN
Éditeur
BOULEVARD SAINT-GERMAIN, 108</td></tr>
</table>

ENCYCLOPÉDIE DES TRAVAUX PUBLICS

Directeur : G. LECHALAS, Ingénieur en chef des Ponts et Chaussées, quai de la Bourse 13, Rouen.

Volumes grand in-8°, avec de nombreuses figures.

Médaille d'or à l'Exposition universelle de 1889
Exposition de 1900 (Voir pages 3 et 4 de la couverture)

OUVRAGES DE PROFESSEURS A L'ÉCOLE DES PONTS ET CHAUSSÉES

M. BECHMANN. *Distributions d'eau et Assainissement.* 2e édit., 2 vol. à 20 fr., 40 fr. — *Cours d'hydraulique agricole et urbaine,* 1 vol. . . . . 20 fr.

M. BRICKA. *Cours de chemins de fer de l'École des ponts et chaussées.* 2 vol., 1343 pages et 464 figures . . . . 40 fr.

M. COLSON. *Cours d'économie politique* : Six livres chacun . . . . 6 fr.

M. L. DURAND-CLAYE. *Chimie appliquée à l'art de l'ingénieur,* en collaboration avec MM. Debrôme et Feret, 2e édit. considérablement augmentée, 15 fr. — *Cours de routes de l'École des ponts et chaussées,* 606 pages et 234 figures, 2e édit., 29 fr. — *Lever des plans et nivellement,* en collaboration avec MM. Pelletan et Lallemand. 1 vol., 703 pages et 280 figures (cours des Écoles des ponts et chaussées et des mines, etc.) . . . . 25 fr.

M. FLAMANT. *Mécanique générale (Cours de l'École centrale),* 1 vol. de 544 pages, avec 203 figures, 20 fr. — *Stabilité des constructions et résistance des matériaux.* 2e édit., 670 pages, avec 270 figures, 25 fr. — *Hydraulique (Cours de l'École des ponts et chaussées),* 1 vol., 2e éd. considérablement augmentée (Prix Montyon de mécanique) ; XXX, 685 pages avec 130 figures . . . . 25 fr.

M. GARIEL. *Traité de physique.* 2 vol., 418 figures. . . . . 20 fr.

M. HIRSCH. *Cours de machines à vapeur et locomotives.* 1 vol. 540 pages, 314 fig . 18 fr.

M. F. LAROCHE. *Travaux maritimes.* 1 vol. de 490 pages, avec 116 figures et un atlas de 46 grandes planches, 40 fr. — *Ports maritimes.* 2 vol. de 1006 pages, avec 524 figures et 2 atlas de 37 planches, double in-4° *(Cours de l'École des ponts et chaussées)* . . 50 fr.

M. F. B. DE MAS, Inspecteur général des ponts et chaussées. *Rivières à courant libre,* 1 vol. avec 97 figures ou planches, 17 fr. 50. — *Rivières canalisées.* 1 vol. avec 176 figures ou planches, 17 fr. 50. — *Canaux.* 1 vol. avec 190 figures ou planches. . . . 17 fr. 50

M. NIVOIT, Inspecteur général des mines : *Cours de géologie,* 2e édition, 1 vol. avec carte géologique de la France ; 615 pages, 429 fig. et un tableau des formations géologiques de 7 pages . . . . 20 fr.

M. M. D'OCAGNE. *Géométrie descriptive et Géométrie infinitésimale* (cours de l'École des ponts et chaussées), 1 vol., 340 fig. . . . . 12 fr.

M. DE PRÉAUDEAU, Inspect. général des P.-et Ch., prof. à l'École nat. *Procédés généraux de construction Travaux d'art.* Tome I, avec 508 fig. 20 fr. Tome II. avec 389 fig. 20 fr.

M. J. RÉSAL. *Traité des Ponts en maçonnerie,* en collaboration avec *M. Degrand.* 2 vol., avec 600 figures, 40 fr. — *Traité des Ponts métalliques* 2 vol., avec 500 figures, 40 fr. — *Constructions métalliques, élasticité et résistance des matériaux : fonte, fer et acier.* 1 vol. de 652 pages, avec 203 figures, 20 fr. — Le 1er volume des *Ponts métalliques* est à sa seconde édition (revue, corrigée et très augmentée) — *Cours de ponts,* professé à l'École des ponts et chaussées, 1 vol. de 410 pages, avec 284 figures (Études générales et ponts en maçonnerie), 14 fr. — *Cours de Résistance des matériaux* (École des ponts et chaussées), 120 figures, 16 fr. — *Cours de stabilité des constructions,* 240 figures, 20 fr. — *Poussée des terres et stabilité des murs de soutènement* . . . . 10 fr.

OUVRAGES DE PROFESSEURS A L'ÉCOLE CENTRALE DES ARTS ET MANUFACTURES

M. DEHARME. *Chemins de fer. Superstructure* ; première partie du cours de chemins de fer de l'École centrale. 1 vol. de 696 pages, avec 310 figures et 1 atlas de 73 grandes planches in-4° doubles (voir *Encyclopédie industrielle* pour la suite de ce cours). 50 fr. On vend séparément : *Texte,* 15 fr.; *Atlas,* 35 fr.

M. DENFER. *Architecture et constructions civiles.* Cours d'architecture de l'École centrale : *Maçonnerie.* 2 vol., avec 794 figures, 40 fr. — *Charpente en bois et menuiserie.* 1 vol., avec 680 figures, 25 fr. — *Couverture des édifices* 1 vol., avec 423 figures, 20 fr. — *Charpenterie métallique, menuiserie en fer et serrurerie.* 2 vol., avec 1.650 figures, 40 fr. — *Fumisterie (Chauffage et ventilation).* 1 vol. de 726 pages, avec 731 figures (numérotées de 1 à 375, l'auteur affectant chaque groupe de figures d'un numéro seulement). 25 fr. *Plomberie ; Eau ; Assainissement ; Gaz,* 1 vol. de 568 p. avec 391 fig. . . . 20 fr.

M. DEMON. *Cours d'Exploitation des mines.* 1 vol. de 692 pages, avec 4.160 figures. 25 fr.

M. MOSSIER. *Électricité industrielle,* cours professé à l'École centrale, 2e édition considérablement augmentée, 1 vol. de 826 pages ; 404 très belles figures de l'auteur. . 25 fr.

M. Mel PELLETIER. *Droit industriel,* cours professé à l'École centrale 1 vol. . . 15 fr.

MM. E. ROUCHÉ et BRISSE, anciens professeurs de géométrie descriptive à l'École centrale. *Coupe des pierres.* 1 vol. et un grand atlas (avec de nombreux exemples). . . 25 fr.

OUVRAGES D'UN PROFESSEUR AU CONSERVATOIRE DES ARTS ET MÉTIERS

M. E. ROUCHÉ, membre de l'Institut. *Éléments de statique graphique.* 1 vol. . 12 fr. 50

MM. ROUCHÉ et Lucien LÉVY. *Calcul infinitésimal,* 2 vol. de 557 et 829 p. (Enc. indust.) 15 fr.

(Voir la suite ci-après)

COURS

D'ÉCONOMIE POLITIQUE

PROFESSÉ A L'ÉCOLE NATIONALE DES PONTS ET CHAUSSÉES

LIVRE III

ERRATA

Page	ligne	au lieu de	lire
209	25	Tome I, page 558	Livre II, chap. VI
227	19	Tome I, page 529	Livre II, chap. V
298	17	Tome I, page 252	Livre II, page 2
302	39	Tome I	Livre II, chap. IV

ENCYCLOPÉDIE
DES
TRAVAUX PUBLICS

Fondée par **M.-C. LECHALAS**, Inspecteur général des Ponts et Chaussées

COURS

D'ÉCONOMIE POLITIQUE

PROFESSÉ A L'ÉCOLE NATIONALE DES PONTS ET CHAUSSÉES

PAR

C. COLSON

Ingénieur en chef des Ponts et Chaussées
Conseiller d'Etat

LIVRE TROISIÈME

LA PROPRIÉTÉ DES BIENS CORPORELS ET INCORPORELS

PARIS

GAUTHIER-VILLARS	FÉLIX ALCAN
Imprimeur-libraire de l'Ecole Polytechnique, etc.	Editeur
QUAI DES GRANDS-AUGUSTINS, 55	BOULEVARD SAINT-GERMAIN, 108

1903

Deuxième tirage, 1907

COURS

D'ÉCONOMIE POLITIQUE

LIVRE TROISIÈME

LA PROPRIÉTÉ
DES CAPITAUX, DES AGENTS NATURELS
ET DES BIENS INCORPORELS

Objet et plan du Livre troisième. — Dans l'introduction qui précède notre premier volume, nous avons annoncé qu'après avoir présenté *l'exposé général des phénomènes économiques*, objet du Livre premier du présent Cours, nous étudierions successivement, avec plus de détails, chacun des éléments principaux de la vie économique. Le Livre deuxième a été, en conséquence, consacré à l'étude de la première et de la plus importante, parmi les sources de la production des objets nécessaires à l'humanité, *le travail*, et à l'examen de la situation des familles dont la seule ou la principale ressource est constituée par la rémunération du labeur quotidien de leurs membres. Dans le Livre troisième, nous abordons aujourd'hui l'étude de l'autre élément de toute production, de celui que, dans le langage courant, on oppose au travail, en l'appelant *le capital*.

Précisément parce que nous avons groupé, dans une même étude, tout ce que l'on désigne vulgairement sous ce nom, le présent Livre traite de beaucoup d'autres objets que de ceux qui rentrent dans la définition économique du capital proprement dit. D'abord, nous avons dû confondre, dans une même étude, le *capital* produit par l'épargne et les *agents naturels appropriés*. Nous avons montré, en effet, dans la théorie générale de la répartition des richesses (Livre I, Ch. IV), comment, dans la pratique, malgré la différence de leur origine, ces deux sortes de biens se confondent absolument, par trois raisons : la première est l'union matérielle des capitaux et des agents naturels, nul agent naturel ne pouvant être mis en valeur autrement que par l'incorporation d'un certain capital, et nul capital ne pouvant se constituer autrement que par la transformation en instruments de production des éléments et des produits fournis par la nature ; la seconde est l'identité de leur rôle dans l'esprit de ceux qui les possèdent, les uns et les autres n'étant conservés qu'à raison du revenu qu'ils procurent ; la troisième est l'identité des lois qui déterminent les variations de la valeur des capitaux fixes et des agents naturels, puisque tous s'achètent et se vendent, à chaque époque, moyennant des prix qui résultent de la valeur de leurs produits et du taux courant de l'intérêt.

Nous avons donc réuni, dans le présent Livre, pour en faire l'étude simultanée, ces deux éléments, que la pratique comme la langue vulgaire ne distinguent pas l'un de l'autre. Nous avons joint à cette étude celle des *droits incorporels,* qui résultent soit de la participation des particuliers aux sociétés et aux associations de toute sorte, soit du fonctionnement du crédit, etc. Par suite, l'objet véritable de notre Livre troisième, c'est la *propriété* des biens de toute nature, avec les applications extrêmement diverses qu'elle reçoit dans une société dont l'organisation est un peu complexe.

La notion de propriété ne s'applique pas seulement aux objets et aux droits qui servent à la production et qui jouent ainsi le rôle de capital ; elle s'applique aussi aux objets destinés simplement à la consommation. Mais les *objets de consommation* ne tiendront qu'une place très secondaire dans l'étude que nous allons en faire. En effet, les seules opérations à propos desquelles ces objets puissent donner lieu, dans un cours limité comme celui-ci, à une étude plus étendue que celle que nous avons faite dans le Livre premier, sont les opérations *commerciales,* caractérisées par la circonstance qu'elles comportent un achat fait en vue de revendre. Or, l'examen de ces opérations fera l'objet du Livre quatrième. C'est donc surtout en tant qu'elle s'applique aux *capitaux,* en donnant à ce mot son sens le plus large, que nous étudierons la propriété dans le présent Livre, et nous y comprendrons tout ce qui, en fait, figure au compte capital dans le bilan d'une entreprise, terrains, maisons, outillage, créances, fonds de commerce, etc.

Le chapitre premier sera consacré à l'étude des *caractères géné-raux de la propriété* : nous y examinerons *à quoi elle s'applique* et quels *droits* elle comporte ; nous rappellerons les motifs essentiels sur lesquels se fonde sa *légitimité* ; nous indiquerons comment elle se constitue, de nos jours, dans les pays neufs ou sur les biens encore vacants ; nous exposerons les principales *formes* qu'elle a revêtues, et nous montrerons comment ces formes se lient d'une manière absolue à l'*organisation de la famille* ; enfin, nous dirons quelques mots des formes sous lesquelles se présente et du développement que prend la *propriété collective* dans la société moderne.

Dans le chapitre deuxième, nous étudierons les conditions dans lesquelles la propriété est *gérée* et *exploitée*, soit par ceux à qui elle appartient, soit par ceux à qui les propriétaires la confient en vertu d'une location ou d'un prêt, puis les conditions dans lesquelles elle est *transmise*, soit à *titre onéreux* par le jeu des échanges (en dehors des opérations commerciales réservées pour le Livre IV), soit à titre gratuit, notamment par l'effet de l'*hérédité* testamentaire ou *ab intestat*.

Le chapitre suivant sera consacré à étudier plus spécialement la nature de chacune des principales catégories de biens et son importance dans la société moderne. Nous passerons en revue, à cet effet, d'abord les *biens corporels* : *terres*, *mines*, *maisons*, *objets mobiliers*, *domaine public* ; puis les *biens incorporels* : *propriété intellectuelle*, *offices et clientèles*, *parts dans les associations*, *créances*, et spécialement les plus importants de ces droits dans la société moderne, ceux qui se présentent sous la forme de *valeurs mobilières*.

Enfin, dans le quatrième et dernier chapitre, nous examinerons comment, en fait, ces diverses sortes de *richesses* sont réparties à l'époque actuelle, comment les fortunes se forment et se détruisent, et quelle idée on peut se faire de la manière dont le *revenu* total, constitué tant par les produits des biens de toute nature que par la rémunération du travail, se répartit entre les familles, dans un pays comme la France.

En passant en revue ces diverses questions d'Economie politique, nous indiquerons sommairement les dispositions générales du *Droit français* sur chacune d'elles. Mais bien entendu, c'est seulement au point de vue de leurs effets économiques que nous avons à nous occuper des règles législatives. C'est pourquoi nous nous bornerons à faire connaître les principes juridiques qui dominent les différentes matières. Si nous ne signalons même pas beaucoup de distinctions et d'exceptions, qui régissent cependant des cas assez nombreux, ce n'est pas que nous en méconnaissions l'importance ; c'est parce qu'elles n'ont pas une application assez étendue pour réagir sur les conditions générales de la production et de la distribution des richesses dans notre pays. Nous tenons à signaler ici ce point, une fois pour toutes, en vue d'éviter les malentendus, quand nous abandonnerons une matière sans nous être arrêté sur les cas exceptionnels qu'elle comprend et sur les réserves variées auxquelles ces cas devraient donner lieu, après l'énonciation des principes généraux.

Nous ne pourrions, sans nous étendre outre mesure, donner des indications analogues en ce qui concerne les législations étrangères. Nous signalerons les cas principaux où une différence dans le Droit entraîne des différences notables dans le régime économique. Mais nous devons faire remarquer que, sur la plupart des questions liées à ce régime, les législations des peuples civilisés tendent à se rapprocher, et que très souvent, sous des formes extrêmement différentes, on retrouve des dispositions présentant, au fond, une grande analogie, parce qu'elles répondent aux mêmes nécessités.

CHAPITRE PREMIER

CARACTÈRES GÉNÉRAUX, ORIGINE ET FORMES DIVERSES DE LA PROPRIÉTÉ

I. Nature du droit de propriété. — D'après l'article 544 du Code civil, *la propriété est le droit de jouir et disposer des choses de la manière la plus absolue, pourvu qu'on n'en fasse pas un usage prohibé par les lois ou par les règlements.* D'après les articles qui suivent, ce droit ne semble pouvoir porter que sur les objets matériels, que le Code divise en *immeubles* et *meubles*. Mais le langage courant et les lois elles mêmes appliquent le nom de propriété à des droits portant sur des objets incorporels : on dit par exemple, qu'un particulier est propriétaire d'une *clientèle*, d'un *brevet d'invention*, quand il a seulement un certain droit privatif pour l'exploitation d'un établissement ou d'un procédé industriel ; on dit aussi qu'il est propriétaire d'une *part dans une société*, d'une *créance*, et ces deux sortes de droits entrent pour une fraction considérable dans les fortunes contemporaines, sous la forme spéciale de *valeurs mobilières*. Il faut donc, pour se faire une idée de l'étendue de la notion de propriété, chercher d'abord, d'une manière générale, quels sont les objets auxquels elle peut s'appliquer.

A. — Droits essentiels qui constituent la propriété et objets auxquels ils peuvent s'appliquer. — Les ressources dont les hommes disposent, pour satisfaire directement ou indirectement à leurs besoins, sont de nature très diverse : elles ne comprennent pas seulement les objets matériels, mais aussi les richesses intellectuelles qui constituent certainement le patrimoine le plus précieux de l'humanité. Seulement, tous ces biens ne sont pas susceptibles de propriété ; ils peuvent échapper à l'appropriation par deux raisons absolument opposées.

D'une part, il en est *dont l'usage est commun à tous* et sur lesquels nul homme ne peut prétendre à un droit privatif : ce sont, par exemple, l'air atmosphérique, la lumière du soleil, les connaissances générales acquises et divulguées peu à peu dans le cours des siècles. Sans doute, il est des hommes qui sont mieux placés pour jouir de ces biens communs que les autres, parce qu'ils possèdent une maison ou un jardin dans un lieu particulièrement bien aéré ou exposé, parce qu'ils ont reçu une instruction plus complète ; mais il n'en résulte pour eux aucun droit à s'opposer à ce que d'autres usent et profitent, dans la mesure où ils le peuvent, de l'air et de la lumière, des sciences et des procédés industriels tombés dans le domaine public.

A ces objets, exclus par leur nature de l'exercice de la propriété, le droit français en assimile d'autres, qui sont affectés par la loi à l'usage de tous les citoyens : routes et chemins, rivières navigables, ports et rivages de la mer, etc. Nous verrons plus loin quels sont les avantages et les inconvénients du régime légal auquel sont soumis ces biens désignés spécialement chez nous par le nom de *domaine public*. Mais il est certain que c'est la loi, et non leur nature intrinsèque, qui les soustrait à toute propriété, car un particulier peut posséder une voie ouverte à la circulation publique et en tirer un revenu, de sorte que, pratiquement, dans beaucoup de pays, la propriété privée est appliquée à cette catégorie d'immeubles.

A l'extrémité opposée, en quelque sorte, des biens de l'humanité, nous en trouvons auxquels l'idée de propriété ne saurait s'appliquer, parce qu'ils *font partie de la personne* même de celui qui en dispose : la vigueur corporelle, la science ou les talents constituent bien une sorte de capital, dû en partie à la nature, acquis en partie par le travail, et susceptible de produire un revenu ; mais il ne serait pas exact de dire que celui qui en jouit en est propriétaire, car il ne saurait s'en distinguer, ni en disposer pour les céder à autrui. L'esclavage a bien pu faire d'un homme, avec toutes ses qualités naturelles ou acquises, la propriété d'un autre homme ; il n'a jamais pu faire des qualités de cet homme une propriété distincte de sa personne. Quand la personne est libre, conformément au droit moderne, ses qualités ne sont pas susceptibles d'appropriation, dans le sens habituel de ce mot, et l'on sait bien que l'on parle par métaphore, quand on dit qu'un savant éminent est propriétaire de son génie ou un artisan de son adresse.

Entre ces deux limites extrêmes, tous les biens matériels ou immatériels qu'un homme peut posséder, à l'exclusion des autres hommes, et qu'il peut céder à l'un d'eux s'il le veut, sont susceptibles de propriété.

La notion de propriété comprend donc deux idées essentielles : celle d'un *droit exclusif*, exercé par un homme sur une chose, corporelle ou incorporelle, et celle d'un *droit transmissible*, qui ne se confond pas avec la personne de celui qui en jouit et qui peut s'en détacher, par exemple pour être cédé à un autre.

Le droit qui présente ce double caractère est le droit complet de propriété, quand il est *absolu* comme dit le Code. Le droit non seulement d'user, mais de disposer, allant jusqu'à celui de détruire, le *jus abutendi* suivant l'énergique expression du droit romain, est ce qui caractérise la pleine propriété.

Le Code rappelle cependant que certains usages de la propriété peuvent être prohibés par les lois et règlements. Ces restrictions se rattachent à deux causes : d'abord, l'usage que chacun peut faire de ses droits est nécessairement limité par l'obligation de ne pas porter atteinte à l'exercice des *droits d'autrui* ; en second lieu, l'*intérêt public* exige parfois qu'un propriétaire soit dépossédé de tout ou partie de ses droits, par exemple pour permettre l'exécution de travaux publics. Il y a là deux sources de mesures restrictives, dont on pourrait tirer en pratique des conséquences telles, que le droit du propriétaire deviendrait illusoire ; le caractère absolu de ce droit n'en est pas moins posé en principe, de manière à bien montrer que les restrictions qu'il doit parfois subir ne sont justifiées qu'en cas de nécessité.

Si le droit de propriété est absolu, en principe, on est souvent amené, dans la pratique, à le diviser, en créant ce que l'on appelle des *démembrements* de la propriété, tels que l'*usufruit*, les *servitudes*, etc. Ces droits, institués au profit d'autres personnes que le propriétaire, restreignent d'autant l'étendue des facultés qui restent à celui-ci, et pour retrouver le droit absolu de jouir et de disposer, il faudrait réunir sur une seule tête les facultés appartenant aux titulaires de tous les démembrements.

Lorsqu'un droit s'exerce directement sur un objet, qu'il est opposable à tous ceux qui voudraient user ou disposer de cet objet, il prend le nom de droit *réel*, c'est-à-dire portant sur la chose. Il arrive souvent qu'un particulier acquiert des droits spéciaux vis-à-vis d'un ou de plusieurs autres particuliers, qui contractent l'obligation de lui payer une somme déterminée, de lui procurer un objet, de lui rendre un service. Ces droits, opposables seulement à ceux vis-à-vis de qui ils ont été acquis, sont appelés droits *personnels*. Ils peuvent constituer une sorte de propriété, dont dispose absolument celui à qui elle appartient. Tel est le cas, par exemple, des droits représentés par une obligation émise par une société : ce titre ne représente qu'un engagement de la société ; mais il confère le droit exclusif de toucher certains coupons ; il est transmissible ; il peut donner lieu à des démembrements analogues à ceux que nous venons de signaler, par exemple être grevé d'usufruit. Sa possession présente donc tous les caractères de la propriété portant sur des richesses matérielles, et doit être étudiée avec celle-ci, au point de vue économique.

En résumé, la propriété, que nous avons définie par ce triple caractère d'être *absolue, exclusive* et *transmissible*, peut s'appliquer à des richesses de toute nature, à des droits incorporels ou personnels comme à des objets matériels. Elle peut être démembrée, lorsque quelques-uns de ses avantages sont transmis séparément des autres. Entendue dans ce sens très général, elle englobe tout l'ensemble des droits et facultés qui peuvent faire l'objet de l'activité économique des peuples, à l'exception seulement de ceux qui sont communs à tous les hommes, ou de ceux qui sont indissolublement attachés à la personne de l'un d'eux.

B. — USAGES DIVERS QUE COMPORTE LE DROIT DE PROPRIÉTÉ ; LA JOUISSANCE ET LE REVENU. — Un propriétaire peut faire trois emplois différents des objets ou des droits qu'il possède. Il en est une partie qu'il consacre à satisfaire immédiatement ses besoins, en les *consommant*, soit matériellement comme les aliments, soit sous forme de services ou de jouissances qui ne se reproduiront pas. Il en est d'autres dont il tire des *jouissances successives*, pour la satisfaction de certains besoins pendant une longue période, comme les maisons d'habitation, les jardins d'agrément, les parcs, les objets d'art. Il y en a, enfin, qu'il emploie à la *production*, comme les terres cultivées, les machines, etc.

Nous avons dit que nous ne nous occuperions que très accessoirement des premiers dans le présent Livre, consacré surtout au capital. Il importe, toutefois, de remarquer que, dans la plupart des cas, ce n'est pas leur nature qui les place en dehors de notre sujet, c'est l'usage qui en est fait, la *consommation non reproductive*. Il ne faut pas oublier, en effet, que même les objets qui se consomment par l'usage, ceux auxquels on donne, en Droit, le nom de *choses fongibles*, prennent le caractère de capital, quand ils sont affectés à la production ; tel est le cas, par exemple, quand ils constituent les approvisionnements de matières premières ou de produits qu'un industriel ou un commerçant doit accumuler, soit pour les transformer ou pour les mettre à la disposition de sa clientèle, soit pour faire vivre le personnel employé à une œuvre de longue haleine. Le *fonds de roulement* ainsi formé est une des parties essentielles du capital de toute entreprise, et doit être entièrement assimilé aux usines ou aux machines.

Nous le réunirons donc, dans notre étude, avec les capitaux de jouissance et les capitaux consacrés à la production. Nous devons d'ailleurs rappeler que la distinction entre ces deux dernières catégories est plus apparente que réelle. En effet, une maison qui fournit constamment un abri à son propriétaire, un tableau de maître qui lui procure chaque jour des satisfactions artistiques, jouent dans son existence exactement le même rôle que le champ qui lui fournit son pain quotidien ou la charrue qui sert à labourer ce champ : toutes ces propriétés ont ce caractère commun et essentiel, de contribuer à satisfaire à ses besoins pendant de longues années sans se détruire. Si la maison, objet de jouissance, est périssable à la longue, l'amortissement auquel le propriétaire sage doit songer est certainement moins rapide que celui d'un outillage agricole ou industriel. C'est donc avec raison que la maison d'habitation ou les collections artistiques, aussi bien que l'usine, le champ, l'outillage industriel ou commercial sont réunis, dans le langage courant, sous le nom de *capitaux*, caractérisés par ce fait qu'ils sont ou peuvent être *productifs de revenus*.

Le propriétaire peut réaliser ces revenus en nature, en faisant personnellement usage de sa propriété, en habitant sa maison, en cultivant son champ, en travaillant avec ses outils, en constituant un fonds de commerce avec ses approvisionnements. Il peut aussi céder à un autre le droit d'occuper la maison, de cultiver le champ, de travailler avec les outils, et celui à qui il l'aura cédé lui paiera un loyer, un fermage, en compensation de ces avantages ; même les objets d'art peuvent être montrés pour de l'argent ; même les choses fongibles sont susceptibles d'être prêtées, soit pour être consommées, soit pour être vendues par un commerçant ou transformées par un industriel, à charge pour eux de restituer des richesses équivalentes, avec un intérêt. Enfin le propriétaire qui ne trouve moyen de tirer un parti utile des biens qu'il possède ni directement, ni indirectement, peut les vendre, c'est-à-dire les échanger contre le pouvoir général d'achat que représente la monnaie ; s'il ne dépense pas l'argent ainsi obtenu en achetant d'autres biens, il le prêtera à une personne qui s'en servira pour acquérir une maison, un champ, des outils, des marchandises, et qui paiera un intérêt à celui qui lui en aura fourni les moyens.

La possibilité d'obtenir ainsi un revenu, en mettant ses capitaux à la disposition d'autrui, est souvent la condition indispensable pour en tirer parti. Pour les capitaux de production, c'est la seule manière de les exploiter, dans bien des cas dont nous pouvons citer de nombreux exemples : 1° celui où le propriétaire, âgé ou invalide, ne peut les exploiter lui-même ; 2° celui où il préfère exercer un métier qui ne comporte pas l'emploi de capital, comme les professions libérales, les emplois salariés, etc. ; 3° celui où il possède une épargne insuffisante pour servir à créer une entreprise, et ne trouve pas à s'associer à d'autres pour l'employer directement ; 4° celui, au contraire, où ses biens dépassent ce qu'il est possible à un seul homme d'utiliser au moyen de son propre travail. Pour les capitaux de jouissance, il arrive souvent qu'ils ne conviennent pas aux goûts du propriétaire, que la grandeur de sa maison ne réponde pas à l'importance du logement qu'il veut occuper, etc. Dans tous ces cas, il substitue à l'usage direct la location, le prêt, qui lui permettent de tirer un l'intérêt de son capital sous forme d'argent, au lieu de le tirer sous forme de jouissance directe ou de produits d'une exploitation gérée par lui-même.

Certaines écoles socialistes, pour éviter de heurter la répulsion que le communisme pur inspire à la plupart des hommes, cherchent à établir une distinction radicale entre l'usage direct de la propriété et la location ou le prêt moyennant redevance. Elles admettent la légitimité de la propriété, appliquée aux objets dont le propriétaire se sert soit pour satisfaire ses propres besoins, soit comme instruments de son propre travail ; ce qu'elles condamnent, c'est la propriété servant à obtenir un loyer ou un intérêt. Suivant quelques théoriciens récents du collectivisme, cette dernière seule devrait être considérée comme productive de revenu ; elle constituerait seule, à ce titre, la *propriété capitaliste*, engendrée à une époque relativement récente par l'évolution économique, et devenue l'instrument de l'exploitation des prolétaires par la classe bourgeoise.

Il nous est impossible, quant à nous, de voir, dans la variété que peuvent présenter les modes de jouissance des biens de toute nature, une base suffisante pour établir ainsi une distinction radicale entre deux catégories de propriétés. Si l'échange est légitime — et sa légitimité ne saurait être contestée par quiconque ne veut pas réduire les hommes soit au communisme complet, soit à l'impossibilité absolue de satisfaire à la plupart de leurs besoins — nous ne voyons pas sur quoi on se fonde pour condamner l'application particulière qui en est faite, lorsqu'un propriétaire loue sa maison ou sa terre et prête ses capitaux moyennant un intérêt convenu. Théoriquement, si je puis échanger l'excédent de blé que produit mon champ contre des vêtements ou des meubles, je ne vois pas en quoi il est moins légitime d'échanger le droit de cultiver tout ou partie de ce champ, d'habiter tout ou partie de ma maison, soit contre une redevance en comestibles ou en services, soit contre l'argent qui me permettra de me procurer les comestibles ou les services dont j'ai besoin et que je ne puis obtenir directement de celui qui, moyennant un loyer, désire jouir des biens que je pourrais me réserver. Pratiquement, faire perdre sans compensation au propriétaire d'une maison bien située, d'un champ fertile, d'un outillage perfectionné, les avantages qu'on ne lui contestait pas tant qu'il en usait lui-même, par la seule raison que ses goûts, sa situation de famille, sa santé, le conduisent à changer de résidence ou de profession, c'est ossifier l'humanité dans une immobilité dont les inconvénients sautent aux yeux, et dont on n'aperçoit pas les avantages. Admettre qu'un homme valide bénéficie légitimement du surcroît de produits que lui donne le droit privatif de cultiver un champ très fertile, d'utiliser des engins exceptionnellement puissants, puis, le jour où il ne peut plus travailler, lui enlever le bénéfice des avantages accessoires qu'on lui reconnaissait jusque-là, est contraire à toute humanité.

Au point de vue historique, rien n'est plus inexact que de voir dans la situation du *rentier*, qui tire un revenu de biens loués ou prêtés, une particularité des temps modernes. On peut dire qu'il n'a existé, à aucune époque, un pays civilisé où la location des maisons et des terres, le prêt à intérêt d'engins, d'approvisionnements ou d'argent, n'aient été largement pratiqués. Il n'est pas douteux que l'accumulation des capitaux a rendu ces opérations plus fréquentes de nos jours, que la facilité des communications a donné plus de liberté aux hommes pour rendre leur genre de vie indépendant de la nature particulière et de la situation de leurs biens, pour résider d'un côté dans un appartement loué tandis qu'ils possèdent ailleurs une maison, pour exercer leur activité dans l'entreprise d'autrui, tandis que d'autres font valoir leurs capitaux. Mais, de ce que l'importance relative de tel ou tel usage de la propriété s'accroît, on ne saurait conclure qu'une évolution économique ait engendré une nouvelle sorte de propriété.

Nous n'admettons donc pas qu'il existe, de nos jours, une propriété capitaliste distincte, par sa nature ou son emploi, de l'antique propriété née partout avec la civilisation, de la propriété paysanne qui joue un si grand rôle dans la société moderne et à laquelle n'osent guère s'attaquer ceux qui aspirent aux suffrages populaires, de la propriété coopérative que l'on préconise pour faire passer la grande industrie aux mains des travailleurs. Le droit absolu de jouir et de disposer, par lequel le Code définit la propriété, est la conséquence de l'impossibilité de trouver un fondement rationnel ou une utilité pratique à une distinction entre le droit à l'usage direct des biens susceptibles de produire un revenu, et le droit de les louer, de les échanger ou de les aliéner. Aussi est-ce en envisageant la propriété individuelle avec toutes ses attributions, que nous allons rappeler les raisons, déjà exposées dans le premier volume de ce cours, sur lesquelles se fonde sa légitimité.

II. Rappel des considérations qui justifient la propriété individuelle et perpétuelle. — A. — DROIT NATUREL : ACQUISITION ET TRANSMISSION DE LA PROPRIÉTÉ PAR LE TRAVAIL, L'OCCUPATION, L'ÉCHANGE ET L'HÉRITAGE. — Ce n'est pas dans les Codes des nations constituées de longue date qu'il faut chercher comment naît une propriété légitime, car ils ne mentionnent même pas les deux modes essentiels par lesquels la propriété s'est établie primitivement, l'*occupation* et le *travail*. En effet, dans une société anciennement civilisée, il n'existe presque plus de biens vacants et sans maître qui puissent être occupés sans porter atteinte à des droits antérieurs. Quant aux produits du travail, comme ils sont toujours obtenus par la transformation d'un bien ou d'une matière première qui appartient à quelqu'un, c'est à propos de l'*accession*, c'est-à-dire du droit du propriétaire d'une chose sur ce qui s'y unit accessoirement, que le Code civil en parle : Il statue sur le cas où le travail a été appliqué à des objets n'appartenant pas au travailleur, sans accord préalable avec leur propriétaire ; admettant, comme une vérité qui va de soi, que le travail appartient au travailleur, les art. 555, 570, 571 spécifient que, si le maître de la matière transformée peut la garder, si le propriétaire du sol sur lequel un tiers a bâti peut conserver les constructions, c'est seulement en payant la main-d'œuvre ; ils attribuent même l'objet mobilier produit dans ces conditions à l'ouvrier, sauf paiement de la matière première, quand la valeur de celle-ci est inférieure à celle du travail.

Mais, comme nous l'avons exposé (tome I, p. 41), quand on remonte par la pensée aux époques primitives, on se trouve en présence d'une situation toute différente. Là, les terres qu'un individu peut occuper privativement sans porter préjudice à personne surabondent, ainsi que les matières premières nécessaires aux industries primitives. Tant que les seules industries de l'humanité sont la chasse, la pêche, la cueillette des fruits naturels, il faut des milliers d'hectares pour nourrir un homme ; il en faut encore des centaines chez les peuples pasteurs, qui ne savent pas modifier artificiellement les conditions de production du sol. Dans ces immenses surfaces, le terrain nécessaire à un individu pour établir une cabane peut être occupé, les matériaux nécessaires à sa construction peuvent être recueillis, sans que leur prise de possession prive en quoi que ce soit les autres membres de la tribu. Si un individu ou un groupe d'individus prend possession d'un terrain pour la culture, bien loin de porter préjudice aux autres, il leur rend service, car la part du sol qu'il peut *mettre en valeur*, et qui suffira ensuite à ses besoins, est bien inférieure à la part proportionnelle qui lui était nécessaire pour subvenir à sa subsistance, dans le territoire non cultivé et commun à tous. A ce moment, la valeur particulière du terrain ainsi occupé, celle des outils façonnés pour le cultiver, provient uniquement du travail consacré à en faire des instruments de production plus perfectionnés, de l'*épargne* constituée par les hommes prévoyants qui ont consacré leurs efforts à préparer et à faciliter la production future, au lieu de se borner à recueillir de quoi satisfaire leurs besoins immédiats. Cette valeur étant réellement créée par certains travailleurs plus laborieux et plus économes que les autres, ceux-ci ont un droit naturel à en user pour leur propre profit, et aussi à la céder et à la transmettre à qui ils veulent, c'est-à-dire presque toujours à leurs descendants.

Ainsi le travail, combiné avec l'épargne, se trouve à l'origine de toute propriété ; mais il ne serait pas exact de dire qu'il en est la seule origine. L'*occupation*, sans laquelle un travailleur ou un groupe de travailleurs ne pourrait appliquer privativement son travail à aucune partie du sol et à aucune matière première, en est un des éléments constitutifs. Cette occupation est parfaitement légitime, tant qu'il existe en abondance des biens naturels qui n'ont pas été mis en valeur par le travail, et elle n'est, elle-même, qu'une des formes du travail, car elle ne devient suffisamment caractérisée pour être créatrice de droits, que quand elle se manifeste par la mise en valeur.

A mesure que le développement de la culture et des industries amène l'accroissement simultané des subsistances et de la densité de la population, les biens naturels vacants deviennent de moins en moins nombreux ; ce n'est plus alors l'occupation qui joue un rôle important, à côté du travail et de l'épargne, dans la constitution de la propriété, c'est l'*échange*, avec les variations de *valeur* dont il est nécessairement accompagné.

Une fois un bien acquis, sa valeur ne varie pas seulement par l'effet de la gestion du propriétaire, qui l'améliore ou le laisse se détériorer, qui tantôt l'exploite avec des vues d'avenir et tantôt cherche à obtenir le revenu immédiat le plus élevé sans se préoccuper d'épuiser son fonds ; elle dépend aussi de phénomènes généraux dont le propriétaire ne saurait être rendu responsable.

Nous ne reviendrons pas sur la longue étude que nous avons faite de ces phénomènes et des lois économiques qui régissent la valeur des biens productifs de revenu. Nous avons vu comment, à chaque époque, le rapport entre le capital constitué par l'*épargne nouvelle* et le revenu qu'il donne, au taux courant de l'intérêt (abstraction faite des majorations répondant aux risques spéciaux à tel ou tel emploi, à la difficulté de la surveillance, etc.) dépend de la productivité des emplois nouveaux que trouvent les capitaux — laquelle dépend elle-même de l'état de l'art industriel et de l'abondance relative du travail et du capital offerts sur le marché. Au contraire, pour les *terres* et pour les capitaux *anciennement immobilisés*, dont l'emploi ne peut plus être facilement modifié, ce sont les produits qui sont la *donnée* du problème de la valeur de ces produits sur le marché dépend le montant du revenu, et la valeur du capital s'obtient en multipliant cette valeur par l'inverse du taux de l'intérêt : quand ce taux est de 4 p. 100, toutes choses égales d'ailleurs, un bien dont les produits annuels, déduction faite des frais de culture, valent 1000 francs, en vaut lui-même 25.000, quelle que soit l'importance des dépenses faites pour le créer ou l'acquérir.

Il suit de là que les biens productifs de revenu, indépendamment des améliorations ou de l'usure propres à chacun d'eux, changent constamment de valeur, par l'effet de deux catégories de causes, les unes générales, les autres spéciales à certaines classes de biens. Les causes générales sont celles qui amènent la hausse ou la baisse du taux de l'intérêt ; c'est ainsi que le prix de toutes les valeurs mobilières a monté, à mesure que le taux des placements de tout repos est tombé de 4 1/2 ou 4 p. 100, à 3 1/2 ou 3 p. 100. Les causes spéciales sont celles que font varier la valeur de tel ou tel produit, d'après le jeu de l'offre et de la demande ; c'est ainsi que les terres affectées à la culture du blé, en Europe, ont augmenté beaucoup de valeur par le développement de la population jusque vers 1875, puis ont diminué rapidement depuis lors, par suite de la facilité des transports et de la mise en valeur des pays neufs ; que les maisons se vendent plus ou moins cher, selon que le quartier où elles sont situées se peuple ou se dépeuple ; qu'une usine se déprécie subitement, quand la découverte d'un procédé nouveau permet à d'autres établissements de fabriquer les produits qu'elle donne, avec un prix de revient très inférieur à celui du procédé pour lequel elle est outillée.

Tout capitaliste voit donc constamment sa fortune grossir ou diminuer, indépendamment de son travail, par le fait des mouvements économiques généraux. C'est la loi que Ricardo a mise en lumière, sans apercevoir toutefois l'extrême diversité des effets qu'elle produit suivant les cas, et dont les adversaires de la propriété tirent argument contre sa légitimité ; ils soutiennent, non sans quelqu'apparence de raison, que si la valeur des biens de chacun dépend moins de sa conduite que de phénomènes généraux, tenant aux *liens sociaux*, il est inique que les uns profitent et que les autres pâtissent de circonstances auxquelles ils sont absolument étrangers.

Cet argument n'est pas sans valeur, appliqué aux pays où les biens ne se négocient pas librement, où c'est l'action directe ou indirecte de la loi qui *maintient* telle propriété dans telle ou telle famille. Il perd toute sa portée, là où règne la liberté des transactions. Du moment où le capitaliste est maître de faire de son épargne personnelle, ou d'une fortune qu'il a reçue de ceux qui avaient le droit d'en disposer, tel usage qu'il lui plaît, c'est volontairement qu'il a acquis ou conservé telle ou telle nature de propriété, soumise à telles ou telles chances de plus-value ou de moins-value. C'est sa vigilance et sa perspicacité qui font qu'il bénéficie des *liens sociaux*, et il est juste que celui qui prend la peine d'étudier la situation économique, de modifier en conséquence l'emploi de sa fortune, en bénéficie. Sans doute, ce que l'on appelle le *hasard*, c'est-à-dire les effets de causes dont nous n'avons aucun moyen de prévoir l'action, joue un rôle considérable dans l'issue de toutes les entreprises humaines ; mais dans ce cas encore, il est juste que ce soit celui qui peut pâtir des mauvaises chances qui profite des bonnes, — d'autant plus que, s'il ignorait la proportion des unes et des autres, c'est presque toujours volontairement qu'il a recherché le placement aléatoire, dans lequel des espérances de gains exceptionnels étaient liées à des risques particulièrement graves.

Il suit de là que, si les plus-values ou les moins-values dues aux conjonctures économiques accroissent ou diminuent singulièrement les fortunes constituées par les produits du travail et de l'épargne, c'est là un fait parfaitement légitime, du moment où la liberté des échanges a permis à chacun de choisir les risques qu'il entendait courir.

Enfin la faculté, pour celui à qui la propriété appartient, de la transmettre après lui à ses héritiers, de telle sorte qu'elle passe de génération en génération sans perdre à aucun moment son caractère de droit personnel et exclusif, se justifie exactement par les mêmes considérations que la faculté de la consommer ou de l'échanger. On ne voit pas sur quel motif on pourrait se fonder, pour refuser à l'homme qui a créé un capital ou qui a mis en valeur une force naturelle inutilisée, et à celui à qui la propriété de ces instruments de production a été cédée gratuitement ou à titre onéreux par leur détenteur légitime, le droit de disposer, en faveur d'autrui, des biens dont ils auraient incontestablement eu le droit de disposer pour accroître leurs propres jouissances. Le droit de détruire ou de consommer implique nécessairement le droit de donner pour une durée illimitée, susceptible de dépasser la vie du donateur, pouvant même commencer au moment seulement où cette vie prendra fin. Sans doute, c'est la loi positive qui règle les formes et les conditions dans lesquelles s'exerce l'hérédité; mais il est tout à fait inexact de dire qu'elle la crée arbitrairement, car l'hérédité est la conséquence même du *jus abutendi*. Rien n'est plus illogique que de reconnaître à un homme le droit de gaspiller des biens qu'on lui refuserait le droit de conserver pour son fils.

On objecte, il est vrai, que le fils, lui, n'a aucun droit, et nous en demeurons d'accord, sous les réserves que nous exposerons dans le chapitre suivant, en étudiant les diverses législations relatives à l'héritage. Nul n'apporte en naissant le *droit à l'oisiveté* ou le droit à une situation privilégiée, et c'est faire reposer la perpétuité de la propriété sur un fondement ruineux, que d'y voir un privilège des descendants de l'aristocratie ou de la bourgeoisie aisée. Ce n'est pas le droit des enfants, c'est le droit des pères, identique d'ailleurs, sous quelques restrictions de détail, à celui des propriétaires sans postérité, qui est la base de l'héritage. Celui qui recevra une fortune sans avoir rien fait pour cela, qu'elle vienne de son père ou d'un étranger, n'a sans doute aucun droit propre sur elle; mais celui qui l'a constituée, accrue, ou tout au moins conservée, a acquis par là un droit naturel durable, dont le legs, comme le don, comme la vente, n'est qu'une application particulière.

B.—UTILITÉ DE LA PROPRIÉTÉ PRIVÉE ET DE SA TRANSMISSION HÉRÉDITAIRE, AU POINT DE VUE DE L'INTÉRÊT GÉNÉRAL. — Ce n'est pas seulement le *droit naturel* qui sert de base à la propriété, c'est aussi *l'utilité générale*. C'est là une constatation fondée sur de nombreuses raisons, dont la première et la plus essentielle est tirée de ce fait, que la propriété constitue le seul *stimulant* efficace du travail et de l'épargne, lesquels créent et conservent les capitaux. Or, nous l'avons dit et nous ne saurions trop le répéter, c'est l'accumulation et le bon emploi des capitaux qui assurent, à la fois, et l'augmentation de la production des richesses, et leur meilleure répartition par la hausse des salaires. Il importe donc à tous, et plus particulièrement aux travailleurs, que les détenteurs des capitaux déjà constitués ne les dilapident pas, qu'ils veillent à leur conservation, les emploient fructueusement, les augmentent s'ils le peuvent. La faculté d'acquérir des biens étendus, assurant l'avenir de celui qui a travaillé et épargné, lui permettant de se procurer plus de jouissances personnelles, et aussi d'étendre son influence et son action sur les autres hommes, de répandre plus largement ses bienfaits sur ceux à qui il s'intéresse, agit avec bien autrement d'énergie et de continuité que l'appel au sentiment du devoir, ou que le pouvoir coercitif de l'autorité, pour inciter les hommes à déployer toute l'activité dont ils sont capables, à s'ingénier en vue de trouver des combinaisons avantageuses, enfin à limiter leurs dépenses, de manière à constituer des capitaux.

Si la transmission héréditaire des biens, elle aussi, présente un intérêt social de premier ordre, c'est parce qu'elle est la seule institution qui puisse entretenir des vues d'avenir chez les hommes déjà largement pourvus des moyens de satisfaire à tous leurs besoins, suivant leurs goûts, jusqu'au terme de la longévité humaine. Sans doute, la passion d'acquérir, fût-ce des biens inutiles, ou encore l'amour désintéressé de la cité, les sentiments charitables, le désir de laisser un nom honoré par des fondations d'utilité générale, peuvent parfois suppléer à ce stimulant ; mais la grande majorité des hommes se désintéresseraient absolument de l'avenir de leur fortune, s'ils ne comptaient la transmettre à ceux à qui ils portent affection, notamment à leurs enfants, dont le bonheur touche le cœur des pères autant et plus que leur bonheur propre. C'est pour nous l'évidence même, que si cette transmission disparaissait, aucun système imaginable d'encouragements, de prohibitions ou de contrôle ne pourrait empêcher le capital accumulé jusqu'ici par l'humanité de cesser de croître, et peut-être même de diminuer plus vite qu'il ne s'augmente aujourd'hui.

C'est pour ne pas enlever ce stimulant à ceux qui disposent déjà de capitaux considérables, que l'intérêt public défend de poser aucune limite à l'accroissement possible des fortunes privées : Ce n'est pas pour que les fortunes déjà énormes augmentent encore, c'est pour qu'elles continuent à fournir des instruments de production aux travailleurs, qu'il faut que leurs détenteurs conservent la possibilité de les accroître indéfiniment ; aussi rien n'est-il plus contraire à l'intérêt bien entendu des classes ouvrières, que le sentiment d'envie que porte à arrêter directement ou indirectement, par exemple au moyen d'impôts abusivement progressifs, le développement des capitaux considérables déjà concentrés dans une même main.

L'existence de la propriété privée présente encore, par un autre côté, un intérêt général, même pour ceux qui ne possèdent pas. Nous avons vu, en effet, qu'elle est la condition de la *liberté des entreprises*. Puisque nulle entreprise ne peut se constituer sans capital, il faut que des particuliers nombreux disposent de capitaux importants, pour que des entreprises multiples puissent coexister, de telle sorte que toutes les initiatives aient plus de chances de se faire jour, et que les travailleurs, placés en présence de nombreux patrons, aient les moyens de les mettre en concurrence, de quitter pour un autre celui qui voudrait abuser de son pouvoir, et d'obtenir ainsi tous les avantages compatibles avec la situation économique. La socialisation des moyens de production, en faisant de l'État le seul entrepreneur possible, engendrerait, suivant toute vraisemblance, la routine et la tyrannie, puisqu'il ne serait plus loisible, ni à un inventeur de faire mettre à l'essai une idée qui n'agréerait pas aux préposés placés par l'État à la tête d'une industrie, ni à un ouvrier de se soustraire à leur mauvais vouloir ou à leurs abus de pouvoir. Au point de vue de l'organisation des entreprises, comme à celui du bon emploi des capitaux, il est de l'intérêt public, non seulement que la propriété privée existe, mais même qu'il y ait quelques grandes fortunes, dont les détenteurs puissent, sans exposer leur nécessaire, engager des capitaux importants dans des tentatives intéressantes, mais aléatoires.

En dehors même des initiatives industrielles que seuls ils peuvent prendre, l'existence de particuliers ayant une fortune acquise offre, pour un pays, un intérêt général très sérieux. Puisque les ressources de la société sont malheureusement encore très loin d'être suffisantes pour soustraire la grande masse des hommes au souci constant des besoins matériels, il est nécessaire au progrès général qu'il existe au moins quelques familles échappant à ce souci dans une certaine mesure, disposant de revenus et de loisirs suffisants pour constituer une *clientèle* à la production littéraire et artistique qui est la gloire d'un pays, aux industries de luxe dont les produits raffinés, d'abord obtenus à grands frais, deviennent ensuite de moins en moins coûteux grâce au perfectionnement des procédés industriels, et finissent souvent par devenir accessibles à toutes les classes sociales. Sans doute, beaucoup d'hommes riches font de leur fortune et de leurs loisirs un emploi purement inutile, quand il n'est pas scandaleux ; mais beaucoup aussi dépensent une grande partie de leurs revenus d'une manière intelligente et même bienfaisante, consacrent une part de leurs loisirs à des œuvres désintéressées dont profite le pays, ou tout au moins à des distractions favorables au raffinement de l'esprit et du goût. La disparation de ceux-ci enlèverait à la société un élément indispensable au développement de la civilisation, et le bien qu'ils font, le concours qu'ils apportent, même sans le vouloir, au progrès social, compense largement le mal que font ceux que l'on peut appeler les mauvais riches.

Au point de vue de la gestion des affaires publiques, notamment des œuvres d'assistance ou de prévoyance, etc., il est bon que la fortune crée des *loisirs* à certains hommes. Dans un pays où la source du pouvoir est élective, il faut qu'à côté et au-dessus des fonctionnaires de carrière, il y ait des représentants des citoyens qui siègent dans les Assemblées nationales ou locales, dans les Conseils chargés de diriger ou de surveiller les établissements publics ou certains services spéciaux, etc. Rémunérées ou non, ces fonctions, en raison même de leur instabilité, ne peuvent constituer le gagne-pain normal d'un homme, et cependant elles exigent, de ceux qui y prennent une part active, un labeur et des études qui absorbent tout leur temps. Il est donc infiniment désirable, dans l'intérêt de la capacité, de la dignité et de l'indépendance des pouvoirs élus directement ou indirectement, que certains citoyens aient les moyens pécuniaires de se consacrer à ces travaux, sans être préoccupés par les besoins matériels.

Les considérations qui justifient ainsi le caractère absolu, perpétuel et transmissible de la propriété, nous font considérer comme plus nuisibles qu'utiles, au point de vue de l'intérêt général, les systèmes imaginés pour réserver à la collectivité, dans l'avenir, le bénéfice complet des capitaux accumulés et des plus-values dont ces capitaux ont pu profiter, tout en conservant le principe de la propriété privée et de l'héritage. Ces systèmes ont tous pour base, sous des formes variées, le *retour à l'État* des biens, notamment des immeubles, au bout d'un délai plus ou moins long. Ils n'impliquent pas, d'ailleurs, l'idée de la socialisation future des instruments de production, car si l'on admet que l'État reconnaisse les avantages supérieurs du régime de la propriété privée, rien ne l'empêcherait d'en constituer une nouvelle, en vendant ou en concédant les biens qui lui auraient fait retour. Il trouverait, dans les recettes qu'il en tirerait, le moyen d'alléger les charges publiques, et aussi celui d'affecter en partie le revenu des capitaux accumulés dans un pays de vieille civilisation, à diminuer l'inégalité des conditions.

Ces avantages ont séduit des esprits distingués. Mais les systèmes imaginés pour les réaliser se heurtent, suivant nous, à une objection capitale : c'est qu'ils ne cesseraient d'être illusoires que pour devenir nuisibles. Certes, tant que le terme assigné à la propriété privée de chaque richesse resterait suffisamment éloigné, il n'aurait aucune conséquence fâcheuse ; mais il ne serait non plus d'aucune utilité à l'État, d'aucun soulagement pour les malheureux au profit de qui on voudrait ainsi enrichir la collectivité. Qu'un domaine soit dans une famille à perpétuité, ou qu'il doive faire retour à l'État dans un siècle ou deux, cela ne changera rien à la situation actuelle. Mais à mesure que le terme approchera, les inconvénients de la limitation de la propriété apparaîtront ; nulle amélioration ne sera plus tentée, l'entretien lui-même sera négligé, le contrôle que l'État devra se réserver, sur la gestion de biens destinés à lui revenir prochainement, étouffera toute initiative, entraînera des frais élevés et des complications intolérables ; tous les inconvénients que nous signalerons, à propos des usufruits, des substitutions, des fins de baux dans l'affermage des terres, se pro-

duiront à un bien plus haut degré. Il en résultera une dépréciation des biens destinés à faire prochainement retour à l'État,
des entraves à leur bonne exploitation, plus nuisibles peut-être
au pays, que la reprise de possession périodique de capitaux
importants ne lui serait avantageuse.

C'est par ces raisons que la propriété individuelle, transmissible et perpétuelle nous paraît se justifier de la manière la plus
complète. Elle est conforme à l'intérêt social comme au droit
naturel, et l'histoire nous montre que son développement, bien
loin de nuire à la masse des travailleurs, a été la condition de
l'amélioration de leur sort. On peut dire que le progrès de la
civilisation se mesure par le caractère de plus en plus net et précis des droits de chacun sur ses biens, par les facilités de plus en
plus grandes données aux transactions, à mesure que les entraves
résultant des communautés anciennes disparaissent, par l'extension à des droits incorporels des dispositions légales applicables
jadis uniquement à des objets matériels, en un mot par le
développement continu de la propriété, avec tous les attributs
que nous lui avons reconnus.

C. — Présomption de légitimité de la possession actuelle et
prescription. — Les considérations de droit naturel et d'intérêt
général que nous venons de résumer suffiraient à établir que la
propriété, telle qu'elle existe dans la société moderne, est aussi
légitime qu'utile, si, à côté du travail et de l'épargne, l'occupation
pacifique et la transmission loyale par l'échange ou l'héritage
avaient seules contribué à sa constitution. Mais il n'est pas douteux que la *violence* et la *fraude* ont toujours joué un certain
rôle, et parfois un rôle considérable, dans les transactions
humaines. Ceux qui ont acquis des biens par ces moyens, aussi
condamnables au point de vue de l'équité qu'à celui de l'intérêt
social, n'ont pu transmettre plus de droits qu'ils n'en avaient
eux-mêmes, de sorte qu'il est de très bons esprits qui considèrent toute propriété territoriale comme viciée dans ses origines
par les conquêtes anciennes, et toute fortune mobilière comme
entachée par les abus de la spéculation moderne.

Que la violence ou la fraude vicient la propriété, tant qu'il est
possible de prouver l'existence de ces actes coupables et d'en
faire porter la responsabilité à leurs auteurs ou aux représentants de ceux-ci, cela n'est pas douteux. Nous verrons, à propos
de la tenure des terres en Irlande, que toute la propriété territo-

riale d'un pays est encore entachée par une violence ancienne, dont un mauvais régime légal n'a pas permis de réparer les effets. Mais depuis longtemps, la violence n'intervient plus d'une manière appréciable dans la transmission des biens, chez les peuples civilisés. La fraude est bien loin de jouer, dans les transactions commerciales ou même dans les spéculations modernes, le rôle que lui prêtent les détracteurs de notre société, et les fortunes qu'elle a édifiées sont l'exception ; c'est un point sur lequel nous reviendrons dans notre Livre IV. Convient-il d'attribuer à ces causes, les unes anciennes, les autres rares, une importance telle, que la légitimité de la propriété tout entière en soit ébranlée ? Telle est la question que nous devons discuter.

Car, il faut bien le remarquer, c'est sur ce point seul que porte le désaccord entre les défenseurs de la propriété et ceux qui la condamnent par les motifs que nous venons d'indiquer. Les uns et le sautres sont d'accord sur la nécessité de poursuivre la réparation de toute usurpation assez récente pour être prouvée ; mais la question discutée est de savoir si, en dehors de ce cas, la possibilité d'une usurpation initiale, à l'origine de toute fortune, doit suffire pour faire condamner en bloc la propriété, ou si, au contraire, la légitimité de tant de fortunes, petites ou grandes, basées sur le travail et l'épargne, doit établir, en faveur de toutes, une *présomption de légitimité* jusqu'à preuve contraire.

C'est cette dernière solution qui a prévalu, à bon droit selon nous. Non seulement toutes les législations posent en principe que c'est à celui qui conteste la légitimité d'une propriété à faire la preuve qu'elle n'a pas été régulièrement acquise, mais même, elles n'admettent pas que cette preuve puisse être tentée, quand les faits sont trop anciens. C'est ce qu'on appelle la *prescription*. En France, elle est acquise au bout de 30 ans, quand aucun texte spécial ne fixe un délai plus abrégé (Code Civil, art. 2262).

D'après l'art. 2219 du Code civil, « la prescription est une manière d'acquérir ou de se libérer par un certain laps de temps, et sous les conditions déterminées par la loi ». Cette formule semblerait faire sortir la prescription acquisitive d'une occupation suffisamment prolongée. Or, l'occupation ne peut s'appliquer légitimement à des biens déjà mis en valeur par autrui, pas plus que le temps ne peut rendre caduc un engagement inexécuté. Mais la prescription se justifie parfaitement, si on la rattache à la *théorie des preuves*. Au delà d'un certain laps de temps, variant suivant les cas et suivant les pays, on n'admet plus que la légitimité d'une possession soit contestée, ni qu'un droit dont il n'était plus fait usage soit revendiqué.

C'est là une condition nécessaire à la sécurité des citoyens et à la facilité des transactions. Nul ne pourrait jouir de quoi que ce fut avec sécurité, si chacun pouvait être recherché sur la validité des conditions d'acquisition de tous ceux qui, au cours des siècles, se sont transmis les droits qu'il possède aujourd'hui, si le détenteur actuel pouvait être rendu responsable d'actes remontant à des époques extrêmement lointaines, et dont souvent il n'a pas même pu avoir connaissance. On ne pourrrait traiter avec personne, si, pour être certain que celui à qui on achète est réellement propriétaire du bien qu'il vend, que celui à qui on vend n'est pas sous le coup de revendications qui le rendront insolvable, il fallait faire remonter ses recherches jusque dans la nuit des temps. Au bout d'un certain délai, il faut bien admettre que la mémoire des faits a pu s'altérer, que les pièces justificatives n'ont pas été conservées, et que nul débat ne peut plus utilement s'ouvrir, pour contester la légitimité d'une situation de fait, qui eut très probablement été contestée plus tôt, si elle avait été vraiment contestable.

Ces considérations expliquent que la durée nécessaire pour prescrire varie avec la nature des droits et des actes envisagés, car en fait, les pièces relatives à une transaction et la mémoire des circonstances dans lesquelles elle s'est produite se conservent plus ou moins longtemps, selon son importance. Elles rendent inexplicables, au contraire, les dispositions qui prolongent la durée nécessaire pour prescrire contre les absents, les mineurs, etc., car la prescription ne donne plus la sécurité qui seule la justifie, si on n'a pas la certitude d'acquérir un droit valable, par le seul fait que celui de qui on le tient, ou ses auteurs, le possèdent, à tort ou à raison, depuis un temps donné.

Sans doute, les règles légales dont nous venons de montrer l'utilité peuvent parfois servir à maintenir dans les familles des biens mal acquis ; cependant, c'est là une conséquence qui devient de moins en moins fréquente, car la mobilité des fortunes, la rapidité avec laquelle elles se forment, se transforment et se déforment, sont telles aujourd'hui, que les richesses acquises par une famille dans des temps un peu éloignés ne restent guère aux mains des générations nouvelles, quand celles-ci ne savent pas travailler et épargner. Les fortunes anciennes de toute nature sont trop peu nombreuses, pour que celles d'entre elles dont l'origine est contestable représentent une part notable de la richesse contemporaine.

En résumé, la présomption que les droits en jouissance desquels chacun se trouve ont été légitimement acquis est conforme aux faits habituels ; la prescription, mettant obstacle à ce que ces droits soient contestés par des causes trop anciennes, a pour effet bien plus souvent de mettre obstacle à des contestations injustes tendant à dépouiller les vrais propriétaires dont les titres ont péri, que d'arrêter des revendications légitimes. L'une et l'autre protègent surtout les acquéreurs de bonne foi, contre les revendications des ayant-cause d'anciens propriétaires qui ont laissé périmer leurs droits par négligence. Dans la société contemporaine, où l'occupation de biens vacants ne trouve plus place, où la première prise de possession du sol se perd dans la nuit des temps, où la capitalisation prend la forme d'améliorations agricole et de créations d'outillages effectuées sur des domaines et dans des établissements acquis à cet effet ou reçus par héritage, on peut dire que toute la sécurité de la propriété, récente ou ancienne, repose sur la prescription. Admettre théoriquement que la justice et l'intérêt social exigent le maintien de la propriété individuelle et perpétuelle, mais prétendre subordonner la reconnaissance de la légitimité de la propriété actuelle à je ne sais quelle liquidation préalable des abus du passé, ce serait ouvrir la porte à beaucoup plus d'iniquités que l'on n'en corrigerait, et ébranler ce que l'on prétendrait consolider. La loi est d'accord avec les faits, dans l'immense majorité des cas, quand elle voit dans le possesseur actuel le propriétaire légitime probable, et quand elle écarte *à priori* toute contestation de son droit qui ne serait pas fondée sur des faits suffisamment récents. C'est pourquoi les dispositions relatives à la prescription, inscrites dans tous les Codes sous des formes diverses, complètent les bases légales de la propriété moderne, dans des conditions qui nous paraissent absolument conformes au droit naturel aussi bien qu'à l'intérêt général.

III. L'attribution des biens non appropriés dans les temps modernes. — Nous venons d'examiner les bases sur lesquelles reposent les droits qui se sont constitués peu à peu, au cours des progrès de la civilisation. Mais il peut se trouver encore de nos jours, par exception, certains biens vacants ; dans nos sociétés, où la population est très compacte et qui sont soumises en toute matière au droit positif, il faut en régler l'occupation, pour qu'elle n'entraîne pas des conflits violents. En France, le Code civil pose en principe que « les biens qui n'ont pas de maître appartiennent à l'État » (art. 713). Mais ce principe, qui enlèverait aux particuliers tout intérêt à tirer parti des sources de richesses non encore appropriées, fait l'objet de tant d'exceptions, qu'il ne reçoit, pour ainsi dire, aucune application pratique.

D'abord, il semble admis que le législateur n'a pas eu l'intention de l'étendre aux *animaux sauvages* et aux *objets mobiliers* : en ce qui les concerne, des règles spéciales combinent le droit d'occupation avec certains privilèges attribués aux propriétaires du sol, et c'est très exceptionnellement que l'Etat les revendique, à défaut de toute autre attribution. Le droit de *chasse*, par exemple, est réservé au propriétaire, sur ses terres (loi du 3 mai 1844). Le droit de *pêche* appartient aux riverains, dans les cours d'eau navigables, et à l'Etat dans ceux du domaine public ; seule la pêche à la ligne est libre pour tout le monde (loi du 15 avril 1829). A la mer, l'exercice de la pêche côtière est libre, et n'entraîne, pour ceux qui s'y livrent, que l'obligation de faire leur service militaire dans les conditions spéciales résultant de l'inscription maritime. Le *trésor* trouvé par hasard se partage entre celui qui l'a trouvé et le propriétaire du fonds (art. 716 du Code civil). Les *objets perdus* sont, en fait et à défaut de législation spéciale, remis à celui qui les a trouvés, au bout d'un certain temps ; c'est seulement pour les *épaves maritimes* que l'Etat se réserve, en ce cas, les deux tiers du produit de la vente (Ordonnance sur la Marine de 1681).

Pour les *immeubles*, la législation de la Révolution a, en fait, abandonné aux Communes la plus grande part des terres incultes et vacantes, landes, marais, etc., qui autrefois étaient considérées comme appartenant au Seigneur.

Dans les cas rares où un bien-fonds d'une réelle valeur ne fait pas encore l'objet d'une propriété constituée, la législation française, comme celle de la plupart des pays, a organisé la constitution d'une propriété nouvelle, en tenant compte, à la fois, des principes théoriques et des considérations d'utilité pratique. Trois cas méritent, à cet égard, que nous nous y arrêtions particulièrement : ce sont celui des mines, celui des chûtes d'eau, et enfin celui des terres vierges dans les pays neufs que les Européens colonisent.

A. — LES CONCESSIONS DE MINES. — D'après l'art. 552 du Code civil, « la propriété du sol entraîne la propriété du dessus et du dessous » mais le texte ajoute « sauf les modifications résultant des lois et règlements sur les mines ». Ces lois ont tellement modifié le droit du propriétaire de la surface, qu'elles l'ont réduit à presque rien, lorsqu'il s'agit des gisement classés comme *mines*. Le propriétaire ne conserve son droit que sur les *carrières*, qui comprennent les gisements de matériaux de construction et de terres employées par l'agriculture ou l'industrie, et dans lesquelles l'exploitation se fait en général à ciel ouvert.

La propriété des gisements de minerais proprement dits peut être organisée suivant trois systèmes principaux : on peut la considérer comme une annexe de la propriété du sol ; on peut aussi la considérer comme *res nullius*, et alors l'attribuer soit à l'Etat, soit au premier occupant.

Le premier de ces systèmes, celui de *l'accession* ou de la réunion du tréfonds au fonds de terre, est celui des pays anglo-saxons, sauf pour les mines d'or et d'argent. Il a été parfois présenté comme le seul qui ne porte pas atteinte au principe de la *propriété territoriale*. Si respectable que soit celle-ci, il nous paraît impossible d'admettre qu'elle s'étende, par la nature des choses, à des gisements dont l'exploitation n'a rien de commun avec celle de la surface, que le propriétaire du sol n'a pas mis en valeur, dont le plus souvent il ignore jusqu'à l'existence. Quand cette existence lui est révélée, il n'a souvent ni les ressources, ni les aptitudes nécessaires pour en tirer parti et lors même qu'il les aurait, il serait souvent empêché de s'en servir, par l'insuffisance de l'étendue de sa propriété.

La répartition et la division du sol de chaque pays, telles qu'elles résultent des ventes et des partages fondés sur les convenances de la culture, n'a d'ailleurs aucun rapport nécessaire avec celle qui convient pour l'exploitation des mines. Pour atteindre les couches souterraines, pour les percer de galeries accessibles et aérées, il faut des travaux considérables, et quand une couche est située à de grandes profondeurs, ces travaux deviennent si coûteux, qu'ils ne sont exécutables que s'ils doivent servir à une exploitation étendue. L'industrie minière est donc une de celles pour lesquelles la production en grand s'impose absolument. Par suite, si la propriété du sous-sol était divisée comme celle du sol, il faudrait organiser des exploitations communes, exigeant des ententes d'autant plus difficiles à réaliser que la division de la superficie est plus grande, ou plutôt, il faudrait séparer l'industrie minière de la culture, comme cela se fait généralement en Angleterre. La plupart des sociétés minières de ce pays exploitent en vertu de baux de 30, 40, 50 ans, passés avec divers propriétaires, à qui elles payent des redevances appelées *royalties*. Il arrive alors fréquemment que le fermier d'une mine l'exploite sans vues d'avenir, de manière à épuiser, pendant la durée de son bail, les meilleures parties du gisement, au risque de rendre les autres très difficilement exploitables ensuite. Les vices du système sont atténués, en Angleterre, par l'habitude de renouveler les baux avant leur expiration ; cependant de nombreux ingénieurs estiment qu'au point de vue des travaux préparatoires, l'exploitation des mines anglaises laisse beaucoup à désirer, et qu'il en résulterait pour elles une véritable infériorité, si la richesse des gisements, la régularité et la puissance des couches ne compensaient largement ces inconvénients.

Le seul avantage de la réunion du tréfonds avec la superficie est de prévenir les conflits entre les propriétaires du sol et ceux des mines ; mais il est facile, quand ces propriétés sont séparées, de constituer au profit des mines une sorte de servitude, en autorisant l'occupation, moyennant indemnités, des emplacements nécessaires pour installer les puits, les machines, les voies d'accès, etc.

Puisque le propriétaire du sol n'a aucun droit naturel sur les mines, et puisqu'il n'y a aucun avantage pour leur mise en valeur à lui en reconnaître un, il en résulte que la mine, jusqu'à sa mise en exploitation, est *res nullius*, n'appartenant à personne. La première idée qui vienne alors, c'est de l'attribuer à l'*État*. C'est la solution de l'antiquité, et elle a prévalu dans l'Europe continentale moderne, jusqu'au xixe siècle, sous le nom de droit régalien. Mais l'Etat, par sa nature, est peu apte à gérer des entreprises industrielles et commerciales, à faire des recherches aléatoires et des avances de capitaux en proportionnant les sacrifices à la probabilité des bénéfices et à leur importance possible, à organiser la vente d'après les désirs et les besoins de la clientèle. La recherche et la mise en exploitation des mines sont une des industries dans lesquelles l'initiative individuelle est le plus nécessaire, dans lesquelles on voit assez souvent réussir des tentatives dont le succès paraissait improbable à tous autres qu'à l'inventeur. Même en admettant que l'Etat ait un droit préexistant sur les produits du sous-sol, il aurait tout intérêt à remettre à des particuliers des entreprises qu'ils sont plus aptes que lui à organiser — et à les leur remettre à titre de propriétés perpétuelles, pour éviter les inconvénients des baux à terme assez rapproché, que nous signalions tout à l'heure. L'idée de remplacer la per-

pétuité par une durée très longue, d'un ou deux siècles, ne pourrait d'ailleurs s'appliquer aux mines, puisqu'il est dans leur
nature de s'épuiser, de sorte que, si l'on reculait le terme de la
concession suffisamment pour qu'il ne constituât pas un obstacle
à la bonne exploitation présente, on aurait toute chance de le
reporter à une époque où il ne resterait rien à extraire.

Le principal argument pratique que l'on invoque en faveur de
l'attribution des mines à l'État, est tiré de l'importance des bénéfices que procurent quelques-unes d'entre elles ; on répugne à
l'idée de les abandonner à des particuliers. Mais, comme nous le
verrons quand nous donnerons la statistique des divers biens en
France, les mines dont l'exploitation se solde en perte sont très
nombreuses; les recherches sans résultats engloutissent aussi des
capitaux considérables. Rien ne prouve que l'État, qui exploite
généralement d'une manière plus coûteuse que l'industrie privée,
trouverait un bénéfice net sérieux à se réserver le monopole des
mines, tandis qu'il est certain que beaucoup de tentatives, dues
aujourd'hui à l'initiative des particuliers, ne se feraient pas, si le
billet de loterie d'une fortune éventuelle cessait d'exciter les cher-
cheurs. En fait, l'essor de l'industrie minière a coïncidé en
Europe avec l'abandon général du droit régalien, et les exploitations d'État qui subsistent, comme celle des houillères de la
Sarre par le gouvernement Prussien, sont dirigées par les mêmes
principes que les exploitations privées, avec un peu moins de
souplesse, seulement, au point de vue de la direction donnée aux
travaux préparatoires et des rapports avec les ouvriers ou
avec la clientèle.

Si l'on écarte ainsi l'État, tout en admettant que la mine encore
inexploitée est *res nullius,* on peut en reconnaître la possession
au premier occupant, ou à celui que l'on appelle *l'inventeur,* dans
la langue des mines, sauf peut-être à ne considérer la découverte comme certaine que si elle a été suivie d'une mise en exploitation. Ce système est, au fond, celui que prévaut en Allemagne
et en Espagne. Aux États-Unis, il a été appliqué aux mines
situées dans les terrains qui n'étaient encore ni appropriés ni mis
en vente, et qui constituaient, il y a peu de temps encore, une
partie notable du territoire ; même dans les terrains appropriés,
le droit de suite du filon sous la propriété voisine, reconnu aux
États-Unis à quiconque a commencé l'exploitation sous son propre domaine, assure un avantage sérieux au premier occupant.
Enfin le système de l'occupation, plus ou moins mitigé, prévaut

dans la plupart des Colonies, notamment dans toutes les nouvelles possessions de la France.

Ce système a l'immense avantage de stimuler les recherches
de mines, en donnant à ceux qui consacrent leur savoir, leur
temps et leurs capitaux à ces travaux si aléatoires, la certitude
d'en recueillir le bénéfice, en cas de succès. Il exclut ainsi
l'arbitraire, mais sans dispenser de toute intervention de l'Etat.
En effet, on ne peut pas admettre que, dès qu'un particulier
croira avoir constaté la présence d'un minerai dans un terrain, il pourra s'en déclarer occupant sur toute l'étendue qu'il
voudra. Les faits qui constituent l'*invention* d'une mine sont
assez difficiles à définir, car souvent les sondages et les études coûteuses, qui déterminent la consistance d'un gisement, sont faits
par d'autres que par celui qui a signalé le premier la présence du
minerai. Il faut donc que la loi règle les droits respectifs de ceux
qui ont poursuivi des recherches sur un même gisement, qu'elle
définisse les constatations qui constituent la découverte d'une
mine, ainsi que le périmètre dans lequel elles donnent à leur
auteur un droit de priorité. Il faut, enfin, que l'administration
enregistre les prises de possession, et même vérifie l'exactitude
ou tout au moins la régularité des déclarations, pour que la propriété minière présente une assiette solide. Ce régime n'en est
pas moins celui dans lequel l'intervention de l'État est réduite
au minimum : en Prusse, par exemple, et aussi dans la plupart
de nos Colonies, la priorité de la demande donne droit à une
concession d'une surface déterminée, presque sans examen.

Nous n'avons pas cité, parmi les régimes admissibles, celui qui
trouve aujourd'hui si grande faveur, dans certains milieux,
sous le titre de *la mine aux mineurs*, parce qu'il n'est pas applicable à la *constitution* de la propriété minière. Les ouvriers
n'auraient, en effet, aucun moyen pratique de se procurer les
capitaux considérables nécessaires, dans l'immense majorité des
cas, pour l'étude et la mise en valeur des gisements; ils ne pourraient donc en prendre possession que quand la mine aurait été
découverte, puis installée, sous un régime différent, c'est-à-dire
soit par voie de confiscation sur les propriétaires capitalistes,
soit par un don gratuit de l'Etat mettant à la charge de tous
les citoyens des travaux préparatoires dont tout le profit serait
attribué à quelques-uns. On peut bien imaginer des systèmes
de redevances payées par les ouvriers, sur leurs bénéfices, à
l'Etat fournissant les capitaux ; mais le règlement des rapports

entre eux, les conditions des ententes nécessaires pour assurer la conservation de la mine et le développement de l'exploitation, la distinction, dans les dépenses annuelles, entre les travaux à porter au compte d'établissement et les frais d'exploitation à déduire du produit brut pour calculer les bénéfices, donneraient lieu à d'inextricables difficultés. Si l'application du système coopératif peut trouver quelques applications dans l'industrie minière, cette industrie est cependant une de celles auxquelles il convient le moins. La nationalisation des mines, à quelques objections qu'elle donne lieu, est encore moins utopique, comme régime général, que leur exploitation par des associations ouvrières.

La législation française est intermédiaire entre les trois conceptions que nous avons admises. Par la loi du 21 avril 1810, l'État s'est réservé la disposition absolue des mines ; mais il n'en peut disposer qu'au profit de particuliers. Le propriétaire du sol n'a droit qu'à une redevance, en pratique simplement nominale. L'inventeur, ou celui dont les travaux de recherche ont démontré la concessibilité d'un gisement, a des titres spéciaux à en obtenir la concession ; mais il n'a aucun droit positif. Le Gouvernement fixe arbitrairement le périmètre à lui attribuer, s'il juge à propos de lui accorder la concession ; s'il croit mieux assurer l'exploitation en l'accordant à d'autres, à raison, par exemple, de leurs capacités techniques ou financières, des besoins de minerais qu'ils éprouvent pour alimenter des usines métallurgiques, etc., il évince l'inventeur, en fixant discrétionnairement l'indemnité que le concessionnaire lui versera (art. 16).

Ce système, avec les garanties résultant des formes solennelles dans lesquelles il est statué sur les demandes en concession, a donné de bons résultats. La préférence presque toujours accordée aux auteurs des travaux d'exploration, quand vraiment il y a eu invention ou recherches donnant des résultats nouveaux, assure le stimulant nécessaire à la découverte des richesses minérales encore ignorées. Cependant, dans les cas, de plus en plus fréquents, où un gisement, découvert par un inventeur qui a reçu une première concession, a été ensuite étudié par les géologues, où ce sont les travaux de ceux-ci qui ont fait connaître approximativement son étendue totale, les sondages qui constatent ultérieurement la concessibilité de telle ou telle région ne représentent plus un titre suffisant à l'obtention gratuite de richesses parfois considérables. La vente par adjudication, ou autrement, au profit du Trésor public, est alors une conception très légitime, que divers projets de loi ont proposé d'introduire dans notre Droit.

La concession, une fois accordée, constitue une propriété absolument identique à celle du sol, et transmissible comme elle. Seulement, l'autorisation du Gouvernement est nécessaire pour diviser une mine (art. 7 de la loi de 1810), ou pour la réunir avec d'autres (décret du 23 octobre 1852) ; nous reviendrons sur ce dernier point, à propos des ententes entre producteurs, dans le Livre IV ci-après. L'exploitation est soumise, d'autre part, à une surveillance et à des mesures de police spéciales, en raison des dangers qu'elle peut présenter ; mais ce contrôle ne modifie nullement le caractère de la propriété.

La loi de 1810 impliquait, en outre, une véritable obligation d'exploiter, car son art. 49 réserve à l'administration le droit d'intervenir « si l'exploitation est restreinte ou suspendue de manière à inquiéter la sûreté publique ou les besoins des consommateurs ». On a soutenu que ce texte avait cessé d'être applicable, depuis que les chemins de fer et la navigation à vapeur mettent en communication rapide et facile toutes les parties du monde civilisé, car l'arrêt d'une exploitation, obligeant sa clientèle à s'approvisionner ailleurs, se traduit tout au plus, pour les consommateurs, par une légère hausse des prix qu'ils paient, sans que la sûreté publique puisse être intéressée. Sans entrer dans une discussion juridique étrangère à notre sujet, nous devons remarquer seulement qu'au point de vue économique, l'idée d'obliger une entreprise qui possède plusieurs mines à les exploiter toutes, constamment et sérieusement, ne peut naître que de la méconnaissance la plus complète des nécessités commerciales et industrielles et des intérêts d'avenir d'un pays. Il est évident que, selon la situation du marché, l'exploitation de telle ou telle mine sera ou ne sera pas rémunératrice, et il est enfantin de croire qu'on trouvera des exploitants, pour extraire du sol des produits dont le cours serait normalement inférieur au prix de revient. Même là où l'exploitation est possible, il n'y a aucun intérêt à la pousser comme si l'objectif d'un peuple devait être d'épuiser le plus tôt possible ses ressources connues. Il importe au plus haut point que le domaine minier d'un pays soit géré par des entreprises prévoyantes, dont chacune aménage l'exploitation de ses concessions de façon à faire succéder la mise en valeur de l'une à celle de l'autre, et à assurer l'avenir de son entreprise, pendant la durée sur laquelle peuvent s'exercer les prévisions humaines.

Cependant, la faculté de mettre en déchéance certains concessionnaires est nécessaire, dans un cas assez fréquent : c'est celui où une concession qui n'était pas exploitable avec avantage, à une certaine époque, a été abandonnée, comme sans valeur, par des sociétés qui se sont dissoutes, ou par des particuliers qui ont quitté le pays et dont la trace est perdue. Il faut bien pouvoir rendre vacants, en droit, ces biens que leurs propriétaires ont définitivement perdus de vue, de façon à pouvoir en faire l'objet d'une concession nouvelle, si des circonstances ultérieures rendent l'exploitation possible. Il faut donc établir un criterium de *l'abandon*, impliquant la *déchéance*.

Mais en dehors de ce cas, l'intérêt de la société est d'assurer à la propriété minière une sécurité et une liberté analogue à celles dont jouissent les autres propriétés, pour donner du crédit aux exploitants, et pour les intéresser à diriger leurs entreprises avec les vues d'avenir plus nécessaires, peut-être, dans cette industrie que dans toute autre.

B. — LES CONCESSIONS DE FORCES HYDRAULIQUES. — Une situation présentant la plus grande analogie avec celle des mines s'est revelée récemment, pour les forces motrices constituées par les chutes d'eau, sur les cours d'eau non navigables. La *pente* des eaux, comme les eaux elles-mêmes, est *res nullius* dans notre droit ; mais la force motrice qu'elle constitue ne peut être utilisée que par les riverains. Chacun de ceux-ci a le droit d'établir un barrage, que l'Administration réglemente pour assurer le libre écoulement des eaux, sans que son autorisation confère aucun droit exclusif vis-à-vis des autres riverains. L'opposition de ceux-ci peut donc mettre un obstacle absolu à la constitution de puissantes chutes d'eau, quand la propriété est divisée. Or, depuis que l'électricité a fourni les moyens d'utiliser des forces considérables dans les industries chimiques et métallurgiques, de les transporter au loin pour les distribuer dans les centres industriels, pour éclairer les villes ou pour mettre en marche les tramways et les chemins de fer, il y a un intérêt capital à rendre possible l'établissement des barrages et des dérivations nécessaires à la mise en valeur de cette richesse naturelle.

Plusieurs nations s'en sont déjà préoccupées. Une des solutions du problème est de constituer, avec les chutes d'eau, une propriété nouvelle et perpétuelle, distincte de celle des fonds riverains et analogue à celle des mines. Mais le caractère de service public, que revêtent une grande partie des emplois de l'énergie électrique (distributions de lumière ou de force, traction sur les voies ferrées) peut justifier aussi la préférence pour un régime analogue à celui des concessions de travaux publics, avec retour à l'Etat au bout d'un temps déterminé. L'éventualité de ce retour présenterait évidemment certains inconvénients, en créant, vers la fin de la concession une situation précaire, très peu favorable à une bonne exploitation. Cependant, ces inconvénients seraient moindres que pour les mines, car une mauvaise exploitation ne compromet pas l'avenir, comme dans celles-ci ; on pourrait d'ailleurs les atténuer, en accordant une sorte de droit de préférence au titulaire d'une concession, pour en obtenir le renouvellement plusieurs années avant la date fixée pour son expiration. On peut imaginer un régime donnant des garanties suffisantes aux usagers, sans créer, dès à présent, un droit perpétuel, sur des forces naturelles dont la durée future est indéfinie, et dont la possession peut acquérir, un jour, une valeur incalculable, lorsque les réserves de houille du vieux monde seront à peu près épuisées, et que la production de la vapeur deviendra très coûteuse. Si, pour les mines, la nature des choses nous parait exiger la constitution d'une propriété absolue, il nous semble, au contraire, que pour les chutes d'eau, lorsque leur utilisation sans intervention de l'Etat est rendue impossible par les divisions des riverains, la concession temporaire est mieux en rapport avec leurs caractères essentiels et leurs usages principaux.

Sur les cours d'eau navigables, qui font partie du domaine public, l'État exerce un pouvoir discrétionnaire, les riverains n'ayant aucun droit particulier. Il semblerait donc facile de donner la possibilité d'y établir des barrages et des usines, aux industriels qui désirent utiliser la pente des eaux, moyennant redevance. Mais la loi ne permet d'accorder que des autorisations précaires, révocables à toute époque sans indemnité. C'est là un régime incompatible avec toute utilisation sérieuse des eaux ou de la force motrice, car nulle personne sensée ne peut engager ses capitaux dans des entreprises n'offrant aucune garantie de durée. On l'a maintenu cependant, jusqu'ici, par respect pour la règle antique de l'inaliénabilité du domaine public. Nous reviendrons sur cette règle, en étudiant la situation des biens affectés à des services publics ; nous montrerons qu'elle constitue une survivance du passé, que rien ne justifie dans un pays doté d'une administration régulière. Mais qu'on la maintienne ou non, comme législation générale, il importe d'empêcher qu'elle continue à stériliser des forces motrices qui peuvent constituer, dans un avenir prochain, des richesses considérables, susceptibles de procurer à l'État des revenus appréciables, et d'apporter à beaucoup de services publics ou d'entreprises privées des moyens d'action avantageux. Pour cela, il est indispensable d'autoriser la concession de forces motrices sur les cours d'eau du domaine public, en reconnaissant aux concessionnaires des droits, temporaires et rachetables si l'on veut, mais dont ils ne soient pas exposés à être dépouillés à chaque instant sans indemnité.

C. — LES CONCESSIONS DE TERRES DANS LES COLONIES ET LES PAYS NEUFS. — Si les biens sur lesquels la propriété n'est pas constituée sont exceptionnels dans nos sociétés, où la vie économique est développée depuis longtemps, la situation est très différente dans les pays neufs dont les peuples européens s'emparent pour les mettre en valeur. Même dans les Colonies où préexiste une population assez compacte et parvenue à un certain degré de civilisation, comme l'Indo-Chine ou l'Algérie, on trouve de vastes territoires, appartenant aux pouvoirs publics auxquels le conquérant se substitue, et qui peuvent faire l'objet d'un lotissement. Dans les régions habitées par des peuplades primitives et très clairsemées, telles que la majeure partie de l'Afrique, ou jadis de l'Amérique du Nord, les premiers colons trouvent le sol presqu'entièrement inexploité. Sans méconnaître, comme l'ont fait certains peuples colonisateurs, les principes d'humanité qui obligent à laisser aux tribus sauvages les moyens de subsister, on peut les cantonner dans une fraction des territoires qu'elles n'exploitent que partiellement, pour mettre le surplus en culture. Si l'on veut établir, dans ces contrées, autre chose que des comptoirs destinés à trafiquer des rares produits obtenus par les indigènes, la prise de possession du sol est nécessairement le premier acte de la colonisation.

Cette prise de possession est opérée, en général, par l'État conquérant. Non pas que ce soit lui qui mette en valeur les terres conquises ; tous les peuples colonisateurs ont reconnu que seule, l'initiative privée pouvait efficacement entreprendre cette tâche. On citerait bien peu de colonies où la culture organisée administrativement ait joué un rôle important ; on en a vu cependant, à Java, par exemple. Mais si c'est le système de la propriété individuelle qui a été presque partout établi, c'est l'État qui a *constitué* cette propriété. L'occupation individuelle des terres vacantes, précédant l'installation des représentants du gouverne-

ment et la réglementation du régime de la propriété, a toujours
conservé un caractère exceptionnel. Sauf quelques pionniers particulièrement aventureux, les Européens ne s'installent guère dans
les pays sauvages que quand un pouvoir constitué leur procure
la sécurité et les moyens de communication indispensables.
Pour défricher et semer, au milieu de peuplades sauvages, avec
des chances sérieuses de récolter, il faut être assuré d'une protection efficace. Or, l'autorité publique ne peut guère garantir
cette protection qu'à ceux qui s'établissent dans les pays où elle
est elle-même suffisamment installée, qui occupent les terres
qu'elle a reconnues disponibles, et qui tiennent d'elle leur titre,
ou du moins ont fait enregistrer par elle leur prise de possession,
dans les formes légales. Seulement, en général, quand elle est à
même de régulariser ainsi le régime terrien, elle reconnaît un
droit de priorité à ceux qui les premiers, devançant son action,
à leurs risques et périls, ont porté les méthodes européennes
dans des régions à peine explorées.

Les systèmes adoptés pour constituer la propriété ont été très
différents suivant les colonies. Mais presque sans exception, c'est
une véritable propriété perpétuelle que l'on institue dans les pays
neufs. L'idée de réserver à la communauté le bénéfice de la plus-
value que les terres acquièreront, par le développement de la
population, a bien été mise en avant par des écrivains : mais
dans les régions encore en partie désertes, les pouvoirs publics se
préoccupent moins de rentrer un jour en possession de terres qui
apparaissent comme surabondantes, que d'attirer les colons par
des conditions leur donnant une pleine sécurité pour l'avenir et
de belles perspectives de bénéfices.

La *location* des terres par l'État aux particuliers est, il est
vrai, assez fréquente en Australie ; mais pour toutes celles qu'il
s'agit de mettre en culture, cette location est consentie avec pro-
messe de vente moyennant un prix déterminé, ou bien le loyer
consiste en une redevance légère, fixée invariablement pour une
durée de 999 ans, ce qui équivaut absolument, en fait, à la constitution d'une propriété perpétuelle. On ne rencontre guères de
véritables baux, à terme assez rapproché, que quand il s'agit des
immenses surfaces affectées à l'élevage de moutons nourris par
les produits naturels du sol ; les pouvoirs publics se réservent de
reprendre ces terres, pour les lotir, lorsque le développement de
la population permettra d'y installer de véritables cultivateurs.

La question la plus controversée est celle de savoir s'il est préférable de concéder les terres *gratuitement* ou de les *vendre*. On reproche au système de la vente de venir diminuer le capital, généralement déjà insuffisant, dont dispose le colon. Mais elle a le grand avantage d'éloigner les immigrants dénués de toute ressource, pour qui toute tentative d'exploitation autonome est une source de déboires. La France a essayé longtemps, en Algérie, de créer des villages où l'on installait des colons non seulement sans leur vendre le terrain occupé, mais encore en leur fournissant une habitation, des instruments aratoires, des semences, des rations au début ; presque toutes ces tentatives ont lamentablement échoué. Ce système n'a donné de bons résultats qu'avec des émigrants d'une catégorie spéciale, comme les Alsaciens-Lorrains chassés par la conquête. Il a réussi, de même, dans certaines colonies où les terres étaient concédées à des hommes qui avaient fait leurs preuves, par exemple à des soldats libérés après un service dans le pays, ou même à des condamnés chez qui la transportation avait amené une amélioration morale constatée par une longue période de travail régulier. Mais en dehors de ces cas spéciaux, le don gratuit attire surtout des déclassés, des ouvriers urbains, étrangers à la culture, qui ne tardent pas à se décourager et à abandonner leur lot.

En outre, avec ce régime, il faut bien demander à ceux à qui on donne des terres, de justifier que c'est dans un but sérieux qu'ils les ont sollicitées. Il faut imposer certaines conditions de mise en valeur, sous peine de déchéance, et ces conditions, avec le contrôle nécessaire pour assurer leur observation, ne laissent pas au cultivateur la liberté d'action indispensable dans les essais d'exploitation du sol d'un pays neuf.

L'expérience n'a donc pas été favorable au système du don gratuit des terres, incitant l'immigrant pauvre à cultiver immédiatement pour son propre compte. Elle a confirmé ce fait, facile à prévoir, que celui qui ne possède aucun capital est rarement apte à diriger une entreprise indépendante, et n'a rien à gagner à en affronter les aléas ; pour lui, le travail salarié, avec les hauts salaires des pays où la main d'œuvre fait défaut, est bien préférable. Puis plus tard, les travailleurs qui ont acquis la connaissance du pays et qui ont fait preuve d'esprit de conduite, en économisant un petit capital, peuvent acquérir des terres, qu'il convient alors de leur vendre à un prix modéré.

Aujourd'hui, c'est un fait généralement reconnu que, quand le don gratuit des terres n'est pas motivé par des titres spéciaux, il vaut mieux les vendre, comme on le fait aux États-Unis. Conformément aux principes du droit anglais, les terres vacantes, sur tout le territoire de l'Union, appartiennent en principe au Gouvernement fédéral, qui les fait cadastrer, les divise en lots, puis les vend par adjudication sur la mise à prix de 16 fr. 50 par hectare. Les occupants antérieurs, ceux qui ont défriché le sol ou bâti une maison dans les régions où le lotissement n'était pas encore effectué, ont un droit de préférence, pourvu que leur occupation n'ait pas cessé lorsque la vente commence. Quant aux terres qui n'ont pas trouvé preneur à l'adjudication, ce qui est un cas fréquent, elles sont ensuite vendues à bureau ouvert, pour 16 fr. 50 l'hectare. La propriété est ainsi constituée progressivement, ou régularisée entre les mains des pionniers qui ont pénétré les premiers dans les régions encore vacantes, et les titres sont délivrés pour des millions d'hectares chaque année. Le don gratuit n'est appliqué qu'à de petites concessions, de 65 hectares au maximum, destinées à constituer un *homestead* ou siège de famille — qu'il ne faut pas confondre avec le homestead soumis à une législation spéciale en vue d'assurer la conservation du bien de famille.

En Australie, la vente se fait à des prix plus hauts pour les bonnes terres, 62 fr. 50 par hectare ; elle est, en outre, accompagnée de certaines conditions restrictives, destinées à assurer la mise en valeur et à prévenir la réunion de trop de lots dans les mêmes mains, qui ne sont pas sans entraver un peu le développement agricole. M. Pierre Leroy-Beaulieu, dans son ouvrage récent sur *les nouvelles sociétés anglo-saxonnes*, a donné sur ce point des renseignements intéressants.

En Nouvelle-Zélande, on a appliqué longtemps un système qui a rendu célèbre le nom de son inventeur, Wakefield, et auquel on a donné le nom de *self supporting*, parce qu'il tendait à couvrir tous les frais d'installation des colonies avec le produit de la vente des terres. Cette vente devait être faite à un prix assez haut, pour que la propriété ne soit accessible qu'aux colons ayant déjà un certain capital. Son produit devant servir, d'une part, à subventionner l'immigration des travailleurs, qui fourniraient la main d'œuvre nécessaire aux entrepreneurs, en attendant qu'ils aient eux-mêmes fait assez d'économies pour s'établir à leur compte, d'autre part à exécuter des travaux publics, et notamment les voies de communication indispensables à la pénétration dans un pays neuf. Ce système a bien réussi, quand on s'est borné à demander à la vente des terres de fournir une partie des ressources dont a encore besoin une colonie où les premiers travaux publics sont déjà exécutés.

Mais quand on a voulu, dans l'Australie du Sud, gager sur une ressource aussi lointaine que la vente des terres à un prix un peu élevé, un emprunt destiné à couvrir la première mise de fonds indispensable pour rendre une colonie accessible, on a abouti à de cruels mécomptes.

La propriété des terres vacantes a été souvent aussi donnée comme prix de certains services. Par exemple, le gouvernement des Etats-Unis a concédé aux Compagnies qui assuraient la construction des *chemins de fer* pénétrant dans le *Far-West*, la propriété d'une partie des terres que les voies nouvelles permettraient de mettre en valeur ; ces compagnies devenaient propriétaires du sol riverain de la voie, sur une largeur s'étendant parfois jusqu'à 60 kilomètres, mais sur un seul côté, alternativement à droite et à gauche, de manière à ne pas monopoliser les avantages du contact avec les lignes de pénétration ; plus de 40 millions d'hectares ont été ainsi concédés. Le même système est appliqué dans quelques-unes de nos colonies.

De même, la propriété territoriale est généralement un des avantages offerts aux *compagnies de colonisation*, pour compenser leurs sacrifices. Les actes de concession qui leur accordent, dans de vastes régions parfois à peine explorées, des privilèges moyennant lesquels elles s'engagent à en entreprendre l'exploitation agricole, industrielle ou commerciale, spécifient souvent que les terres mises en valeur par elles dans certaines conditions, pendant la durée de cette concession, deviendront leur propriété. Tel est le cas pour les concessions récemment instituées au Congo français.

Dans ces divers cas, l'acquisition de la propriété est payée par les services que de grandes entreprises sont appelées à rendre à l'œuvre générale de la colonisation, et devient définitive dans la mesure où ces services sont effectivement rendus.

On voit que, sous une forme ou sous une autre, c'est presque toujours dans la constitution de la propriété individuelle que les Européens ont cherché et trouvé le meilleur moyen d'assurer la mise en valeur des pays neufs qu'ils colonisent. Le droit régalien n'a été admis généralement que comme une étape intermédiaire, permettant de vendre aux particuliers les terrains qui n'étaient pas encore occupés utilement, dans les régions où l'action des pouvoirs publics devenait effective. Mais presque partout, on a reconnu que, comme régime définitif, l'institution du droit absolu de propriété, comportant pour les particuliers qui l'acquièrent la faculté de transmettre leurs biens à leurs descendants, est le plus propre de tous à activer les progrès de la prospérité générale.

IV. La propriété intellectuelle, commerciale ou industrielle. — Si, dans toutes les civilisations, les pouvoirs publics ont sanctionné la notion de la propriété née du droit naturel, la législation moderne a été plus loin ; elle a donné le caractère d'une véritable propriété à des droits qu'on peut considérer comme une *création* de la loi, car leur exercice serait impossible sans son intervention. Jusqu'ici, nous n'avons envisagé que des biens corporels, sur lesquels le droit du propriétaire peut s'exercer sous la forme d'une occupation physique, en sorte qu'il se manifeste antérieurement aux lois qui le définissent et en règlent l'usage. Nous devons maintenant dire quelques mots des dispositions par lesquelles la notion de propriété a été étendue à des droits, fondés sans doute en équité, mais qui ne peuvent s'établir par la possession, car ils s'appliquent à des biens incorporels.

Ces biens sont de deux natures. Les uns sont d'ordre purement intellectuel ; ils se rattachent aux créations des auteurs ou des inventeurs. Les autres sont plutôt d'ordre commercial ; leur origine se trouve dans les avantages que procure, pour l'exercice lucratif de certaines professions, la situation acquise vis-à-vis du public par une pratique antérieure. La consécration légale n'a que des avantages pour les premiers, tandis que pour les seconds, elle dégénère parfois en abus, par la constitution de monopoles ou par le trafic de véritables fonctions publiques. Nous allons les examiner successivement.

A. — LA PROPRIÉTÉ LITTÉRAIRE OU ARTISTIQUE ET LES BREVETS D'INVENTION. — S'il est un bien sur lequel un droit privatif découle avec évidence d'une création véritable, c'est bien l'œuvre littéraire ou artistique ou la découverte de l'inventeur. Mais, dès qu'un ouvrage est publié, qu'un objet d'art est exposé, qu'un procédé industriel est divulgué, l'auteur n'en est plus possesseur en fait, et n'a plus aucun moyen matériel d'empêcher que son œuvre ou son idée soit reproduite, copiée ou imitée. Pour qu'il en reste maître au delà du premier moment où il l'a fait connaître, il faut que la loi prohibe toute imitation ou reproduction qui ne serait pas autorisée par lui ; c'est dans ces conditions, seulement, qu'il peut prélever une redevance sur quiconque prétend tirer plaisir ou profit des productions de son talent ou de son génie.

Quelques juristes ont contesté la légitimité des droits de l'auteur ou de l'inventeur, en soutenant qu'il ne faisait que puiser ses idées dans le fonds commun des idées ambiantes, et mettre en œuvre les pensées et les connaissances qui sont le patrimoine collectif d'une génération. Pour les découvertes industrielles, en effet, on peut dire que beaucoup d'entre elles étaient une conséquence naturelle des progrès de la science et des découvertes antérieures, et qu'à défaut d'un inventeur, un autre en eut certainement doté l'humanité ; cependant, si l'expérience montre que la même idée a parfois surgi presque simultanément de divers côtés, que de cas, au contraire, où celui qui a le premier imaginé un procédé, a devancé de bien des années, peut-être de siècles, l'époque où un autre l'eût imaginé ! Tout ce que l'on peut retenir de cette objection, c'est que le droit de l'inventeur, étant un droit de *priorité*, ne doit pas être perpétuel. Pour l'œuvre d'art, au contraire, le cachet personnel est indélébile. Mais si ce caractère justifie une durée bien plus longue du droit privatif reconnu à l'auteur, on peut dire, cependant, qu'au bout d'un temps suffisant, une œuvre est tombée dans l'oubli, ou entrée définitivement dans le domaine public intellectuel, et que la perpétuité du droit des héritiers de son auteur serait inutile ou abusive. Quant à la découverte scientifique, quand elle ne s'est pas particularisée par une application pratique, elle constitue un progrès dans la connaissance de la vérité universelle, que le génie lui-même ne peut s'approprier.

Certains économistes ont aussi présenté la reconnaissance d'un droit privatif comme contraire à l'intérêt général, par l'obstacle qu'il met à la diffusion des découvertes ou des œuvres d'art, en en renchérissant l'emploi ou la jouissance. Mais, crût-on même pouvoir laisser de côté les considérations d'équité, on devrait reconnaître que l'intérêt général bien entendu est de stimuler l'ardeur au travail des écrivains, des artistes, des ingénieurs, par l'espoir d'une rémunération. Certes, beaucoup d'entre eux sont possédés d'un démon créateur dont l'inspiration n'est pas subordonnée à des considérations d'intérêt ; encore faut-il qu'ils puissent vivre de leurs travaux, comme le prêtre lui-même vit de l'autel, sous une forme ou sous un autre. Mais l'humanité ne progresse pas seulement par l'impulsion brusque du génie. Combien de bons ouvriers de lettres ou d'art produisent, chaque jour, des œuvres intéressantes ou apportent un perfectionnement utile dans quelqu'industrie, qui n'eussent point porté leur labeur de ce côté, s'ils n'en avaient espéré un profit réel ?

On a parfois préconisé des systèmes qui consisteraient à faire récompenser les auteurs ou les inventeurs par l'Etat, ou encore à autoriser le public à user de leurs œuvres ou de leurs découvertes, moyennant une redevance fixe ; c'est ce dernier régime que l'on appelle le *domaine public payant* ou la *licence obligatoire*. On y voit l'avantage d'éviter que le créateur limite outre mesure la diffusion de ses idées, par des exigences excessives. Mais c'est là un danger un peu illusoire, et bien moins à craindre que les inconvénients de l'arbitraire qu'implique la détermination, par les pouvoirs publics ou par les tribunaux, de la rémunération totale que comporte une idée, ou du taux de la redevance qu'il serait légitime de payer pour chaque exemplaire d'un livre, pour chaque objet fabriqué par un procédé donné, etc. Que, dans des cas exceptionnels, l'Etat soit fondé à exproprier un inventeur de son idée, dans un intérêt public, moyennant une récompense nationale, cela peut se soutenir. Mais, en général, le seul moyen d'assurer à l'auteur ou à l'inventeur une rémunération en rapport avec le service rendu, c'est de lui reconnaître une propriété, dont il usera au mieux de ses intérêts, selon le prix que le public attachera à son œuvre, ou selon le bénéfice que son procédé procurera aux industriels.

Pour les *œuvres littéraires ou artistiques*, la propriété est constituée par le droit exclusif de reproduction reconnu à l'auteur, sa vie durant, et à sa veuve, à ses héritiers ou à ses cessionnaires, jadis pendant 10 ans après sa mort (loi du 19 juillet 1793) puis pendant 20 ans, 30 ans et enfin 50 ans (loi du 14 juillet 1866). Les *dessins et modèles* industriels sont également protégés contre la contrefaçon, à la condition que le dépôt en ait été fait au Conseil des prud'hommes (loi du 18 mars 1806).

Pour les découvertes industrielles, c'est par un *brevet d'invention* que le droit du propriétaire est constaté, pour une durée déterminée. En France, la durée des brevets est limitée à 15 ans au maximum, par la loi du 5 juillet 1844. Le brevet est délivré, sans garantie du gouvernement, à quiconque le demande en déposant une description de l'invention destinée à être publiée ; il appartient aux intéressés de contester, le cas échéant, la nouveauté du procédé, son caractère brevetable, etc. Dans d'autres pays, le brevet n'est délivré qu'après examen par l'autorité publique ; on évite ainsi la multiplication abusive des brevets, mais le pouvoir d'appréciation laissé à des fonctionnaires, qui peuvent se tromper sur la nouveauté ou sur le caractère sérieux des découvertes, n'est pas sans inconvénients. Le paie-

ment d'une redevance annuelle paraît suffire, pour faire abandonner promptement les brevets sans valeur ou sans intérêt.

La protection, dans chaque pays, des droits des auteurs et des
inventeurs étrangers, résultait jadis de conventions spéciales
entre les Etats. Elle a pris un caractère général, par la fondation
de deux *Unions*, créées par des traités, l'un du 20 mars 1883 relatif à la *propriété industrielle*, l'autre du 9 septembre 1886 relatif
à la *propriété littéraire et artistique*, auxquelles ont adhéré aujour-
d'hui presque toutes les nations civilisées. Un bureau international, siégeant à Berne, assure l'exécution de ces traités.

**B.— Les clientèles et les marques de fabriques ; la vénalité des
offices.** — Sans avoir aucun procédé spécial de fabrication, un
industriel, ou même un simple négociant, qui a fait apprécier par
le public la qualité ou le bas prix des produits qu'il vend, la
variété de ses approvisionnements, la loyauté de ses opérations,
a, acquis, par cela seul, une *clientèle*, dont la fidélité constitue
une probabilité sérieuse de bénéfices futurs. Cette clientèle peut
se transmettre, dans une certaine mesure, à un héritier ou à un
acquéreur qui, en prenant la suite des affaires, prend également
les traditions de la maison. Elle constitue donc une véritable
propriété. Dans l'évaluation d'un fonds de commerce, on compte,
en outre des installations et marchandises, la valeur du *pas de
porte*, représentant l'habitude qu'a le public de s'adresser à la
maison.

Quand il s'agit de produits qui ne se vendent pas uniquement
sur place, la *marque de fabrique*, le *nom commercial* du fabricant ou du vendeur, constituent des signes caractéristiques, mais
qui peuvent être imités. L'industriel ou le commerçant ne peut donc
jouir du bénéfice de la bonne réputation acquise, que s'il est garanti contre l'usurpation de ces noms de ces marques. La loi du
28 juillet 1824 punit l'emploi indû du nom d'un fabricant. Celles
du 23 juin 1857 et du 3 mai 1890 instituent une véritable propriété des marques dont le dépôt a été fait dans les formes légales
et renouvelé périodiquement. La convention internationale de
1883 a étendu à tous les pays participants la protection de cette
propriété et celle des noms commerciaux. Les fausses indications
d'origine sont également réprimées, car elles portent atteinte
aux droits collectifs des négociants d'un pays dont les produits
ont une réputation établie dans telle ou telle branche.

Quand la législation limite le nombre des concurrents qui

peuvent exercer une industrie ou un commerce, la possession
d'état prend une valeur toute particulière. Nous avons vu, par
exemple, que l'ouverture d'un bureau de placement est soumise à une *autorisation* que certaines municipalités refusent
aujourd'hui systématiquement à toute maison nouvelle. Nous
parlerons, à propos de la liberté du commerce, des restrictions
analogues apportées jadis, par des motifs divers, à l'ouverture
d'une boucherie, d'une boulangerie, d'une imprimerie, d'un
théâtre, d'un débit de boissons. Que le nombre des établissements autorisés soit fixé par des règlements, ou que son augmentation soit simplement entravée par la difficulté d'obtenir
une autorisation nouvelle, les négociants qui en possèdent un
jouissent d'un avantage grâce auquel la valeur de leur fonds de
commerce est plus grande, puisque la clientèle peut plus difficilement leur être disputée. On crée ainsi artificiellement un quasi-
monopole, dont la valeur est due à un privilège qui se traduit
par un renchérissement des prix pour le public.

Il y a monopole véritable, quand la loi réserve l'exercice de
certaines fonctions aux titulaires d'*offices ministériels*. Légalement, en France, ces offices ont le caractère de fonctions publiques auxquelles on est nommé par le chef de l'Etat, et le caractère
de propriété que la législation leur donne se rattache histori-
quement à l'ancienne *vénalité des charges*. Mais en fait, la plupart des fonctions que remplissent les notaires, avoués, commis-
saires-priseurs, agents de change, courtiers maritimes, courtiers
d'assurances, etc., constituent des services privés. Les contrats,
les procédures, les marchés auxquels ils prêtent leur ministère
pourraient être préparés et rédigés par des hommes de loi ou
par des commissionnnaires exerçant librement leur métier, et le
caractère d'*authenticité* nécessaire à la constatation des droits
des parties intéressées pourrait résulter d'un simple enregistrement convenablement organisé ; les greffiers et les huissiers
sont peut-être les seuls de ces agents dont l'intervention ait plus
souvent pour objet une constatation légale qu'une sorte de collaboration à la gestion d'affaires privées. Dans la rémunération
que reçoivent les détenteurs de ce que l'on appelait autrefois les
offices à clientèle (pour les distinguer des offices de judicature
ou de finance, qui constituaient de véritables fonctions publiques), la plus grande part a exactement le même caractère que
les honoraires d'un avocat ou d'un médecin, même quand il s'agit
des actes tarifés par des règlements.

C'est ce qui explique que la vente de la clientèle de ces offices ait continué à être admise, après que la Révolution eût aboli la vénalité des charges. Les offices à clientèle avaient, sans doute, reçu le caractère légal de fonctions publiques conférées discrétionnairement par l'Etat, caractère qu'ils ont encore en Algérie et dans certains pays comme l'Allemagne. Mais le trafic de ces fonctions, déjà pratiqué en fait sous l'Empire, fut rétabli en droit par la loi du 28 avril 1816, qui rendit aux titulaires sortant de charge le droit de *présenter* leur successeur, comme compensation à une augmentation des cautionnements motivée par les besoins du Trésor.

Constitués ainsi en corporations fermées, les officiers ministériels n'ont plus à redouter aucune concurrence nouvelle; ils n'ont même pas à craindre que le public se passe d'eux, puisque leur intervention est imposée par la loi dans beaucoup de cas où elle n'offre aucune utilité. Obligés de tirer de l'exercice de leur profession la rémunération du capital, toujours grossissant, que représentent leurs charges, ils ont été amenés à multiplier les formalités coûteuses, et leur influence est un des principaux obstacles qui s'opposent à toute simplification d'une procédure surannée. Il est vrai que ces corporations présentent des garanties d'honorabilité précieuses pour le public; des lois récentes instituent même, dans divers cas, leur responsabilité pécuniaire collective, qui est une garantie matérielle considérable. Mais il est douteux que ces avantages vaillent ce qu'ils coûtent. La vénalité, appliquée en France, du xvie au xviiie siècle, à toutes les fonctions publiques se rattachant à la justice et aux finances, avait aussi donné à l'ancien régime une magistrature remarquable par l'honorabilité et l'indépendance ; elle n'en entraînait pas moins des abus criants. Il n'est nullement impossible de trouver, dans un système d'examens, de cooptation et de discipline intérieure, les garanties nécessaires contre l'intervention de la politique dans le choix des agents chargés de certaines missions de confiance, sans imposer au public les frais qu'entraîne la constitution de propriétés factices, que leurs acquéreurs sont nécessairement amenés à rendre aussi productives que possible.

Pour mettre fin à ce qui survit de ces abus, il faudrait séparer, dans les attributions actuelles des officiers ministériels, ce qui est services privés de ce qui est fonction publique : la mission de conseil légal ou d'intermédiaire financier, à laquelle des fonctionnaires seraient absolument impropres, devrait être rendue

au commerce libre, sauf à être soumise, au besoin, à certaines
garanties de capacité et de discipline professionnelle; les constatations légales, qui exigent l'intervention d'un officier public,
pourraient être aisément réunies au service de l'enregistrement.
   Seulement l'Etat, qui a constitué une véritable propriété par le
régime qu'il a institué, ne saurait l'abolir sans indemniser ceux
qui ont consacré leurs capitaux à l'acquérir. C'est là que gît la
véritable difficulté d'une réforme dont l'intérêt sera mieux mis
en évidence, quand nous mentionnerons le coût actuel de certaines procédures.

   On voit comment l'idée de propriété, au lieu de tendre à s'effacer dans la société moderne, y a reçu des applications nouvelles, de plus en plus étendues, la plupart aussi utiles que légitimes ; elle a continué aussi à recevoir quelques applications
abusives, qu'il est difficile de déraciner sans léser des droits
acquis, mais dont la suppression finira cependant par s'imposer.

**V. Les organisations diverses de la propriété et de la
famille.** — Si l'institution de la propriété est une idée tellement
naturelle à l'homme, qu'on la retrouve dans tous les temps et
dans tous les lieux, et si cette institution implique nécessairement un droit exclusif conféré à certains individus, isolés ou
groupés, à l'encontre des autres, on n'en saurait conclure que ses
caractères soient partout et toujours les mêmes. Ils ont présenté,
au contraire, des différences considérables, généralement corré-
latives des différences que l'histoire nous montre dans la conception et dans l'organisation de la famille.
   Il faut bien remarquer, en effet, que l'existence même de la
famille empêche le caractère individuel de la propriété d'être
absolu. Nous avons fait voir, dans l'exposé général des phénomènes économiques (Livre I, Ch. II) comment le moteur essentiel de l'activité humaine est l'intérêt familial, le désir constant
de chacun d'assurer une satisfaction aussi large que possible,
non seulement à ses propres besoins, mais aussi aux besoins des
siens. La solidarité qui existe entre les membres d'une même
famille, la communauté de vie que la nature impose au moins
aux parents et aux enfants, tant que ceux-ci ne peuvent se
suffire, ne permettent pas à chacun d'eux d'exercer ses droits avec
une indépendance complète. L'étendue donnée au groupe dans
lequel cette solidarité subsiste, la mesure dans laquelle les droits
particuliers de chacun se confondent avec les droits collectifs

de tous ceux qui participent plus ou moins à la vie commune, introduisent toujours certaines nuances dans le caractère personnel de la propriété, et parfois même le modifient considérablement. L'école historique allemande, et surtout les écoles socialistes qui ne veulent voir dans l'organisation moderne qu'une étape transitoire de l'évolution économique, ont présenté souvent ces diverses formes comme répondant à des principes absolument différents, tandis qu'elles constituent seulement des applications et des combinaisons différentes des deux principes essentiels sur lesquels ont reposé, dans le passé, toutes les sociétés connues : le droit de tout homme libre sur les produits de son travail, la solidarité familiale. Que l'avenir puisse réaliser encore des formes et des combinaisons nouvelles, cela n'est pas douteux ; mais rien, jusqu'ici, ne nous permet de supposer que l'évolution des idées doive modifier les conditions essentielles d'exercice de l'activité humaine observées dans le passé, à un degré suffisant pour modifier les fondements expérimentaux de la science économique.

L'histoire nous montre, d'ailleurs, la communauté plus ou moins étendue des biens, répondant à une extension très large de la solidarité familiale, beaucoup plutôt comme un état initial, que le progrès conduit à délaisser de plus en plus, que comme un idéal vers lequel marche l'humanité. C'est surtout dans les formes de la propriété rurale que l'on observe une évolution progressive de la propriété, prenant un caractère de plus en plus individuel. En effet, aux époques anciennes où régnait une sorte de communauté, la terre plus ou moins cultivée était le seul instrument important de production, et telle est encore la situation dans les pays arriérés où subsiste un régime analogue. Presque toutes les études historiques sérieuses, même quand elles émanent d'écrivains favorables à un certain retour vers la communauté, comme Emile de Laveleye, constatent que les progrès de l'agriculture ont été parallèles à ceux de la propriété telle que nous la concevons, et que c'est seulement à mesure que celle-ci s'est constituée, que la productivité de la terre a augmenté, grâce au perfectionnement des méthodes mises en usage sous le stimulant de l'intérêt privé.

Mais il importe de bien remarquer que la propriété, même quand elle est commune aux membres d'un groupe étendu, conserve son caractère de droit exclusif, car les individus étrangers au groupe ne sont nullement admis à participer à ses avantages. Ils en sont exclus d'une manière encore plus définitive que dans notre régime, puisqu'ils ne peuvent acquérir de personne une participation dans la jouissance de biens dont nul ne peut disposer, tandis que, sous le régime de la propriété individuelle, le travailleur qui a constitué une certaine épargne, et qui désire l'affecter à l'acquisition de biens de telle ou telle nature, trouve toujours, en y mettant le prix, quelqu'un à qui les acheter.

Des développements historiques étendus ne pourraient trouver place dans un cours limité comme celui-ci ; nous nous bornerons donc à indiquer très sommairement les traits généraux qui caractérisent les trois formes principales qu'a présentées la propriété : propriété collective de tribu, de village, etc. ; propriété féodale ; propriété individuelle. A propos des deux formes anciennes qui ont à peu près disparu, nous indiquerons les traces qu'elles ont laissées dans la société moderne, la première sous forme de biens communaux affectés à une jouissance collective, la seconde sous forme de propriétés dont les revenus contribuent à défrayer les services publics. Nous réserverons, au contraire, pour le paragraphe VI du présent chapitre l'étude des formes de propriété collective dont l'existence répond à des besoins qui, non seulement subsistent, mais même se développent considérablement dans la société moderne : les biens affectés aux services publics, ceux des associations poursuivant un objet désintéressé, et enfin ceux des sociétés constituées dans un but de gain.

A.—LES COMMUNAUTÉS AGRAIRES.—Chez les peuplades absolument primitives, ignorant l'art de cultiver le sol, la possession des terrains sur lesquels se pratiquaient la chasse, la pêche, la cueillette des fruits, était naturellement commune ; il en était de même des pâtures, chez les peuples pasteurs, souvent nomades et se déplaçant suivant les besoins de leurs troupeaux. Des exemples de ce genre de vie ont encore été observés, dans les temps modernes, en Amérique et dans l'Asie centrale. Dans ces sociétés non policées, la confusion absolue des intérêts entre tous les membres d'une tribu, d'un clan, soit qu'ils descendissent d'une même famille, soit que la nécessité eût groupé des familles distinctes, assurait seule la défense des biens communs contre les agressions ; le chef de la tribu veillait à la répartition des fruits, d'après les usages et les besoins. Le peu d'ardeur au travail, le défaut d'épargne pour constituer des réserves, enfin la constante insuffisance de la production pour répondre aux besoins les plus essentiels, étaient les conséquences inévitables de ce régime.

La première propriété individuelle paraît avoir été celle des biens meubles, des objets de consommation approvisionnés, des outils, armes et ustensiles employés par chacun, des bestiaux et des esclaves. Lorsqu'une peuplade se fixait au sol, le caractère individuel apparaissait, dans la propriété immobilière, d'abord pour la maison et le jardin attenant. Les pâtures, les forêts restaient communes, même pour la jouissance, tandis que les terres arables étaient réparties périodiquement en lots, distribués par le sort entre les chefs de famille ; l'attribution des lots de terre à ceux qui les mettaient en culture a longtemps gardé, dans bien des pays, un caractère provisoire. La conquête, suivie d'une répartition entre les guerriers *(sub hastâ)*, apparaît parfois comme l'origine de la propriété individuelle.

Les effets de la jouissance commune ou du lotissement périodique peuvent encore être observés chez certains peuples peu avancés en civilisation, dans les tribus arabes ou dans les villages russes ; on en trouve même des traces dans des pays très avancés, par exemple sous la forme des biens communaux, qui existent encore chez nous. Beaucoup d'écrivains ont fait de ces modes d'exploitation des descriptions idylliques ; mais tous les observateurs sérieux qui les ont vu de près, lors même que leur esprit était favorable à ces institutions, soit par sympathie pour les habitudes patriarcales et religieuses des peuples chez qui elles ont subsisté, soit par tendance socialiste, n'ont pu en dissimuler les graves inconvénients.

Dans les pays où la terre donne sans efforts des récoltes abondantes, comme les terres noires de Russie, dans ceux où le peu de densité de la population laisse toujours des espaces disponibles pour les nouveaux ménages, ce régime peut subsister, tout en maintenant un système de culture fort arriéré. Une population vouée tout entière aux travaux agricoles arrive, malgré ces conditions défavorables, à tirer du sol le nécessaire, dans les années moyennes ; mais on sait quelles effroyables famines sévissent en Algérie ou en Russie, dès qu'une mauvaise récolte prive de leurs ressources ordinaires les peuples qu'un régime si peu propre au développement de la production laisse toujours mal pourvus de réserves et de moyens d'échange.

Si cette organisation n'est pas favorable à l'accroissement des richesses, elle ne semble pas l'être davantage au maintien de l'égalité entre les hommes, car presque partout où on l'observe, on rencontre, en même temps, une constitution sociale purement aristocratique ; la soumission à des chefs est en effet indispensable, pour maintenir l'ordre dans des organisations où les intérêts individuels sont aussi enchevêtrés. Le chef de la tribu garde un pouvoir très étendu, et dans chaque famille, l'autorité du père, celle du fils aîné qui lui succède, est absolue sur tous ceux qui participent à la vie commune, femmes, enfants, collatéraux, serviteurs ou esclaves.

De l'une à l'autre des familles de simples cultivateurs entre qui se fait le partage périodique, l'inégalité n'est pas évitée davantage, car elle naît bien vite, entre les familles laborieuses, économes, qui accumulent le bétail et les instruments de travail (celles que l'on appelle les familles fortes, dans le *mir* ou communauté de village russe) et les familles faibles ou imprévoyantes, qui parfois n'ont même plus les moyens de cultiver leur lot. Les premières tirent plus de profit des prairies communes, où elles envoient plus de bétail ; elles mettent en valeur les parties du sol éloignées du village et non comprises dans les répartitions périodiques, et arrivent souvent à s'y constituer de véritables propriétés perpétuelles. Souvent même, les lots sont proportionnels au nombre de têtes de bétail que possède chacun, de sorte que ce sont les plus riches qui reçoivent le plus sur le fonds commun ; telle est la règle suivie dans la répartition de certains *allmend*, ou biens communaux soumis ainsi à des lotissements, en Suisse.

Au point de vue familial, les résultats ne semblent pas plus satisfaisants qu'au point de vue économique. La répartition revisable de terres oblige, d'un partage à l'autre, tous les descendants d'un même chef de famille à vivre en commun sur le lot, et si l'on en croit le tableau fait par Emile de Laveleye et par d'autres de cette vie commune en Russie, la promiscuité qu'elle impose serait loin d'être favorable aux bonnes mœurs.

L'accroissement de la population, s'il n'est pas arrêté par des guerres ou des famines, réduit d'ailleurs les lots, au bout d'un certain temps, à des dimensions trop exigües pour faire vivre une famille. C'est ce qui se produit à Java, où les lotissements sont en usage parmi les indigènes. Il faut alors qu'une séparation s'opère entre les familles qui restent attachées au sol et se l'approprient, et celles qui vivent d'autres métiers que l'agriculture. Pour qu'il en fût autrement, il faudrait que le nombre des familles fût limité : c'est ainsi que la réglementation du mariage avait été adoptée, comme le seul moyen d'éviter les difficultés qu'eût entraîné le nombre excessif des nouveaux ménages, dans les communautés qui existaient, au moyen âge et même plus tard, entre les *mainmortables*, vassaux ayant certains droits sur la terre qu'ils cultivaient ; il est d'ailleurs difficile de concevoir comment un régime avec lequel tous se ressentent de l'accroissement de la postérité de chacun, pourrait durer sans cela.

A mesure que la population d'un pays augmente le passage de la communauté de village à la communauté plus restreinte de famille, dans laquelle le fils aîné succède au père comme chef, puis enfin à la propriété individuelle, se fait par une évolution lente et spontanée, résultant de la nécessité constante d'accroître la production. Le lotissement périodique facilite la transition, là où il existe ; les partages nouveaux s'espacent de plus en plus, à mesure que la mise de fonds reconnue nécessaire pour bien exploiter s'élève, et que, par suite, chacun attache de plus en plus d'intérêt à conserver le lot qu'il a amélioré. C'est ce qui paraît se passer en Russie, depuis l'affranchissement des serfs : les *communautés de villages* occupent encore le tiers environ du sol ; mais la redistribution périodique doit être décidée par les deux tiers des paysans, et souvent elle est ajournée, faute d'être réclamée par un nombre suffisant d'intéressés.

Cependant, une évolution de ce genre présente souvent de grandes difficultés, surtout quand le maintien des anciennes coutumes se lie à des traditions religieuses. Les mesures trop brusques prises dans certains pays, pour la hâter, ont bien montré quels maux on amène, quand on veut doter un pays d'une législation en avance sur les mœurs.

C'est ce qu'ont mis en évidence les tentatives faites en Algérie, depuis que la conquête française est absolument consolidée, pour substituer la propriété individuelle à la propriété collective des tribus, sur les terrains *arch*, et à celle des familles sur les terrains *melk*. Placés en présence de ces collectivités, dans lesquelles personne n'a le droit de disposer du bien commun, les colons ne peuvent acquérir les terres, mêmes celles dont les possesseurs actuels ne font presqu'aucun usage. On a donc essayé, sous des formes très diverses, d'abord de délimiter avec précision les terrains de chaque groupe, puis de les répartir en propriétés individuelles et aliénables. Mais presque partout, les titres délivrés ont bientôt disparu, et la jouissance commune s'est rétablie. Les colons véritables ne se sont guère risqués à acheter des terres sur lesquelles le droit du vendeur était trop difficile à établir. Mais parfois, des agents d'affaires se sont fait céder, par des indigènes, des droits mal définis, qui les autorisaient à poursuivre une licitation compliquée ; ils engageaient alors des procédures englobant un nombre d'intéressés tel, que finalement les frais absorbaient la valeur totale des biens de la tribu, et que celle-ci, expropriée sans compensation, tombait dans une misère complète.

Pour que la substitution de la propriété individuelle à la propriété commune se fasse aisément, il faut que, peu à peu, les intéressés en aient apprécié les avantages, soit en pratiquant l'exploitation du sol par lots séparés, maintenus dans les mêmes mains pendant une durée de plus en plus longue, soit en laissant des droits individuels se constituer sur les terres incultes que certaines familles mettaient en valeur. Il semble bien que ce soit ainsi que les choses se sont passées dans l'Europe occidentale. La propriété privée a, peu à peu, presque complètement éliminé la propriété commune. Cette transformation s'est faite, suivant les contrées, au profit d'une partie plus ou moins nombreuse de la population. L'histoire nous fait connaître les conditions dans lesquelles les classes privilégiées ont pu prendre possession, dans certains pays, des terres restées à l'état de propriété commune jusqu'à une époque de civilisation assez avancée : les *lots agraires*, à Rome, n'étaient que des protestations contre la main-mise des patriciens sur les terres publiques conquises sur l'ennemi ; en Angleterre aussi, la grande propriété s'est constituée en partie grâce au droit de clore les communaux, reconnu aux seigneurs qui en étaient considérés propriétaires (*enclosure acts*). En France, au contraire, même sous l'ancien régime, la division du sol commun en propriétés individuelles s'était faite surtout au profit des paysans.

Il ne faudrait pas croire, d'ailleurs, que l'évolution que nous venons de résumer ait eu un caractère régulier et continu. Dans beaucoup de régions où la propriété avait pris un caractère individuel, on a vu des régressions vers la communauté, résultant par exemple de la conquête par des peuples moins avancés, ou encore de la solidarité établie par les seigneurs ou par les rois entre les paysans, en vue de la perception des impôts ou des redevances féodales. C'est seulement dans les temps modernes que l'individualisation de la propriété a pris un caractère général et continu.

Cependant, il subsiste, même dans nos pays, des traces des communautés de village primitives, sous deux formes bien distinctes.

D'abord, les communes ont conservé des biens étendus, indépendamment du domaine public et des immeubles affectés aux services municipaux. Ces biens communaux ont, en France, une étendue de 4.431.000 hectares, soit le douzième environ de la surface du sol cultivables : 288.000 hectares sont composés de terres labourables, vignes, vergers, que les communes afferment pour en tirer des revenus, comme ferait un propriétaire ; 2.149.000 hectares se composent de bois, dont les produits sont vendus en partie pour alimenter le budget communal, et sont distribués en partie aux familles domiciliées, pour leurs besoins particuliers, sous le nom d'*affouage* ; enfin, 2.005.000 hectares se composent de pâtures, dont la jouissance commune est laissée aux habitants, mais sur cette surface, 1.449.000 hectares environ sont formés de marais, de landes, de terrains en montagne très peu productifs.

L'étendue de ces terres vaines et vagues montre combien la mise en valeur des biens restés à l'état de communaux est peu avancée. Sans doute, la nature même d'une partie de ces biens se prête fort mal à une amélioration sérieuse ; mais le peu d'initiative des administrations collectives est aussi en grande partie responsable de leur situation. La surface des terres restant improductives entre les mains des municipalités était autrefois bien plus grande. Pour y remédier, les lois du 14 août 1792 et du 10 juin 1793 ordonnèrent le partage des biens communaux entre les habitants. Tentée au moment où la vente des biens nationaux offrait déjà à la petite culture plus de terres qu'elle n'en pouvait absorber, cette opération ne devait avoir qu'un médiocre succès, et la loi du 21 prairial an IV la suspendit. Aujourd'hui, la jurisprudence considère le partage comme interdit, par cette raison que les biens appartiennent à la commune, personne civile, et non aux habitants *ut singuli*. Pour arriver à faire disparaître les foyers d'insalubrité constitués par beaucoup de marais communaux, la loi du 28 juillet 1860 a donné à l'Etat le pouvoir de faire les travaux nécessaires à leur mise en valeur, en se remboursant de ses avances par la vente d'une partie du sol transformé. La bonne exploitation des forêts communales est également assurée par leur mise sous la main de l'administration forestière, relevant de l'Etat.

L'existence de pâtures communes est sans doute avantageuse au paysan qui ne possède d'autre capital que quelques bestiaux ; mais cet avantage n'est vraiment sensible que si ces pâtures ont une étendue assez grande, eu égard à la population, et dans ce cas, la mise en culture par lots procurerait d'ordinaire à chacun bien plus de bénéfices qu'il n'en retire de l'usage des communaux. Dans les autres cas, on est fondé à croire qu'une culture plus productive, par affermage, procurerait à la commune des revenus qui lui permettraient d'alléger les charges des habitants possédant quelques biens et de secourir les pauvres, en procurant aux uns et aux autres des avantages plus sérieux que ceux qui résultent de la jouissance des communaux, car la médiocrité de l'exploitation de ceux-ci n'est guère contestée. Mais la puissance de l'habitude est telle, dans les campagnes, que toute atteinte à ces modes de jouissance traditionnelle y soulève des résistances très vives. Dans les pays montagneux, où le reboisement des sommets est nécessaire à la conservation des terrains en pente et peut seul arrêter les ravages des inondations, la défense de faire pâturer les bestiaux sur les terrains plantés en bois soulève des récriminations incessantes, et ne peut aboutir que quand elle est imposée par la loi.

Une autre forme de communauté subsiste, dans l'espèce de servitude imposée aux propriétés par la *vaine pâture*, c'est-à-dire par le droit conféré à tous les habitants d'une commune de faire paître en commun leurs bestiaux sur toutes les terres. On donne le nom de *parcours* à la vaine pâture, quand elle s'exerce de commune à commune. Ce droit, appliqué très largement autrefois, mettait obstacle à beaucoup d'améliorations de la culture. La loi du 9 juillet 1889, modifiée par celle de 22 juin 1890, a aboli complètement le droit de parcours, et a supprimé en principe la vaine pâture, tout en autorisant son maintien local, soit par des décisions spéciales du Conseil général du département, soit par des décrets rendus en Conseil d'Etat; elle a en outre affranchi de cette servitude les prairies artificielles et les terres ensemencées, et elle a donné à tout propriétaire le droit d'y soustraire toutes ses terres par une clôture effective. Dans ces conditions, la vaine pâture ne met plus un obstacle absolu aux améliorations dont le passage des troupeaux détruirait tout l'effet; mais elle détourne encore le propriétaire de réaliser celles dont le bénéfice risquerait d'être annihilé, s'il ne faisait pas la dépense considérable d'une clôture. Il est vrai que, là où le sol est très divisé, il est difficile de faire paître les bestiaux autrement qu'en un troupeau commun, et que les habitants non propriétaires trouvent un avantage précieux dans le droit de mettre à la vaine pâture six bêtes à laine et une vache et son veau, que la loi leur accorde. Ces raisons peuvent justifier le maintien de la vaine pâture dans les pays peu avancés, jusqu'au moment où une culture intensive est imposée par la densité de la population.

Quoi qu'il en soit, il faut reconnaître que ces traces de la communauté primitive disparaissent peu à peu, et que ce sont les nations chez qui la culture est le plus avancée, l'Angleterre, la Belgique, la Hollande, qui, les premières, ont reconnu la nécessité de s'en affranchir. Les tentatives faites de nos jours, en Australie, pour créer de nouvelles communautés de villages au profit d'ouvriers sans travail, avec une organisation coopérative de la culture, ne paraissent pas démentir les résultats des observations faites sur ce régime, dans les pays où il remonte à des traditions anciennes. On peut consulter, à cet égard, un très intéressant rapport de mission de M. Albert Métin (page 135).

B. — La propriété féodale. — L'évolution que nous venons de décrire s'est combinée, dans les parties de l'Europe occidentale où les communautés agraires avaient survécu à l'antiquité, avec une autre transformation, celle de la propriété féodale en propriété libre. Le régime féodal, qui s'est étendu dans toute l'Europe lorsque la société a repris une assiette normale après l'invasion des barbares, avait introduit des enchevêtrements de droits dont la suppression a seule pu rendre quelque liberté aux transactions sur les immeubles.

Ce qui caractérise la féodalité, c'est l'union intime établie entre l'idée de puissance publique et celle de propriété territoriale. La propriété devient une sorte de fonction sociale, impliquant la mission de maintenir l'ordre à l'intérieur et d'assurer la défense contre les attaques extérieures. Nous n'avons pas, bien entendu, à faire ici une étude juridique du régime féodal, et à entrer dans les distinctions savantes que les feudistes ont établies entre le *fief* et la *justice* ; nous voulons seulement indiquer les traits essentiels qui distinguaient, au point de vue économique, l'organisation de fait ainsi constituée. Soit par la dépossession violente des anciens propriétaires, soit par la nécessité où ils s'étaient trouvés de s'assurer la protection d'un voisin puissant, en lui remettant leur terre pour la recevoir de lui comme fief, presque toute la propriété territoriale, la seule qui eut alors une importance réelle, avait passé au moyen âge sous l'autorité des seigneurs. Les abus de pouvoir de ceux-ci avaient peu-à-peu dépouillé de la plupart de leurs droits les cultivateurs, même ceux qui avaient été auparavant des propriétaires libres. Mais les seigneurs ne conservaient la pleine jouissance que d'une partie des terres qu'ils avaient ainsi englobées dans leurs domaines ; ils remettaient les autres à des vasseaux, ne se réservant qu'un domaine éminent accompagné de certains droits utiles. La tenure d'une terre par un noble, à titre de fief, impliquait généralement délégation d'une part plus ou moins étendue de la puissance publique appartenant au suzerain (droit de haute ou basse justice), et les obligations imposées au vassal consistaient surtout en services militaires ou personnels ; quand le tenancier était un vilain, les redevances consistaient en argent, denrées et corvées pour la culture des terres que le seigneur s'était réservées. Il s'établit ainsi, sur toute la surface de l'Europe occidentale, une hiérarchie extrêmement complexe, dans laquelle chaque domaine relevait d'autres domaines, et le même seigneur, quand il en réunissait plusieurs, pouvait être pour les uns vassal et pour les autres suzerain.

La fonction sociale liée à la possession du domaine seigneurial explique pourquoi celui-ci était indivisible et transmissible de mâle en mâle, par ordre de primogéniture. Les obligations personnelles du vassal expliquent pourquoi il ne pouvait disposer de son bien sans l'autorisation du seigneur ; il n'en possédait pas moins une sorte de propriété, plus ou moins étendue, suivant les cas.

Le *serf* lui-même avait un droit réel sur le sol dont il était le dernier tenancier. Le servage, à l'origine, se rapprochait souvent de l'ancien esclavage, dont il a été, dans certains cas, une dérivation ; mais il s'en distinguait essentiellement par l'existence de ce droit réel. Déjà, à la fin de l'Empire romain, on avait vu apparaître un droit de cette nature, dans l'institution du *colonat* ; pour intéresser au développement de la production les esclaves employés à la culture du sol, les propriétaires les attachaient à certains biens, en leur reconnaissant des droits définis. Le serf attaché à la glèbe était de même lié au sol ; mais s'il ne pouvait le quitter volontairement, il ne pouvait non plus en être chassé malgré lui.

A mesure que l'ordre se consolida dans la société féodale, le droit du paysan, sur le sol qu'il cultivait dans ces conditions, alla en s'étendant et en se précisant. Au lieu d'être taillable et corvéable à merci, le serf ne fut plus tenu que de redevances fixes ; peu à peu, il s'affranchit de la plupart des servitudes personnelles, et acquit la disposition de plus en plus libre de sa terre. Le seigneur lui-même trouvait avantage à l'affranchir, à lui reconnaître ou à lui vendre des droits qui, en l'intéressant à bien cultiver, le mettaient à même de payer plus régulièrement les redevances pécuniaires, soit anciennement dues, soit récemment promises comme paiement d'une liberté plus grande. C'est ainsi que, de la servitude pure et simple, sortit d'abord la *mainmorte*, comportant des servitudes personnelles déterminées et des redevances fixes, puis enfin une véritable propriété, grevée seulement de certaines sujétions et rentes perpétuelles.

En même temps que le domaine utile abandonné aux vassaux, sur les biens que le seigneur ne s'était pas réservé, prenait ainsi de plus en plus les caractères d'une propriété soumise seulement à quelques restrictions, les pouvoirs et les fonctions qui étaient autrefois liés au domaine éminent étaient de plus en plus envahis par la royauté, et ce qui en subsistait prenait un caractère presque uniquement honorifique. Par suite, peu à peu, les redevances et les privilèges attribués au seigneur, en représentation de ses droits sur les terres sur lesquelles il n'avait jamais exercé la pleine propriété ou y avait renoncé, perdirent leur ancienne justification, et apparurent comme de simples exactions.

C'est ce qui explique que, dans la nuit du 4 août 1789, la *Constituante* put voter légitimement, et sans croire porter atteinte au principe de la propriété, l'abolition pure et simple de tous les privilèges seigneuriaux et des corvées se rattachant à des servitudes personnelles — puis déclarer rachetables à toute époque les redevances féodales, devenues de simples charges financières grevant la propriété roturière.

L'affranchissement de la propriété, accompli ainsi en un jour en France, a été réalisé peu à peu dans toute l'Europe au cours du xixe siècle. La nécessité de donner au propriétaire la liberté d'action sans laquelle tout progrès est impossible, a obligé, partout, à suivre l'exemple du gouvernement révolutionnaire. C'est ainsi qu'en *Prusse*, une loi de 1811 a reconnu aux tenanciers, descendants des anciens serfs, la propriété d'une fraction de leurs tenures, plus forte pour celles qui avaient déjà un caractère héréditaire que pour celles qui étaient viagères ; puis une loi de 1850 a organisé le rachat des rentes perpétuelles grevant les propriétés paysannes. En *Russie*, lorsque les serfs furent émancipés, en 1861, ils conservèrent la propriété d'une part des terres qu'ils cultivaient ; les redevances que les seigneurs y percevaient antérieurement furent rachetées, moyennant un capital qui a été avancé par l'État et que les paysans amortissent par annuités. Cependant, il subsiste encore, en Allemagne et en Russie, de nombreuses traces des droits féodaux.

En *Angleterre* aussi, il en subsiste des restes qui sont de forme plutôt que de fond, mais qui rendent très divers, en théorie, les droits des *tenants* du sol; c'est ainsi que l'on distingue des *tenanciers libres (freeholders)*, et d'autres dont le titre résulte d'une copie des registres du seigneur constatant leurs droits (*copyholders*). Au fond, les uns et les autres sont aujourd'hui de véritables propriétaires; mais la diversité de leurs qualifications complique beaucoup les transmissions. C'est aussi aux traditions féodales que se rattachent les habitudes anglaises en matière d'hérédité, sur lesquelles nous reviendrons. Il en est de même, enfin, du *domaine éminent*, que les juristes anglais reconnaissent au roi, héritier du chef suprême de la féodalité, à peu près comme le droit musulman reconnaît un domaine éminent sur le sol au sultan, représentant de Dieu sur la terre. Ce sont là des formules sans portée économique sérieuse, mais qui influent parfois sur la solution de certaines questions de Droit.

C'est aussi à l'antique union de la puissance publique et de la propriété que se rattache la possession de biens productifs de revenu par les États modernes. Jamais ces biens n'ont eu, comme ceux des communes, le caractère de terres affectées à la jouissance collective des habitants. Leur revenu est encaissé par l'État, personne civile, et subvient pour une part, aujourd'hui très faible, aux dépenses publiques, qui autrefois étaient entièrement couvertes par le produit des domaines dont les seigneurs ou le roi s'étaient réservé la jouissance entière.

En Russie, près du tiers du sol appartient encore à l'État. Même parmi les pays les plus avancés au point de vue économique, il en est encore, comme la Prusse, où le fisc a conservé de vastes propriétés, terres arables, usines, salines, etc. En France, la plupart des biens domaniaux ont été vendus à diverses époques, pour subvenir aux besoins du Trésor, et la Révolution en a achevé l'aliénation. L'économie politique ne saurait blâmer cette mesure, car les particuliers qui achètent les terres en tirent d'ordinaire un bien meilleur parti que ne pourrait faire une administration publique.

Cependant, le maintien entre les mains de l'État (ou des communes placées sous sa tutelle) est préférable, en ce qui concerne certaines parties du domaine forestier. La conservation des forêts est, en effet, souvent utile au point de vue climatérique et hydrologique; dans les pays de montagne, elle est essentielle au maintien des terres sur les pentes qui tendent à se dénuder. Il y a là un domaine qui doit être exploité, non en vue de sa productivité propre, mais en vue de son influence sur l'ensemble d'une région, et c'est à quoi l'Etat est bien plus propre que les particuliers. En France, d'après la dernière statistique agricole, sur 1.220.000 hectares de terres que l'Etat possède, en dehors du domaine public, 1.089.000 sont constitués par des forêts et 103.000 par des landes et terres incultes. Son domaine forestier s'accroît actuellement, dans les régions montagneuses, par l'acquisition de terrains étendus qu'il est nécessaire de reboiser ; un programme de reboisement portant sur une surface de plus de 300.000 hectares a été dressé en 1884 et 1886, et est aujourd'hui à moitié exécuté.

Mais en dehors de ce cas, et de celui des immeubles affectés aux services publics, sur lesquels nous reviendrons, il n'y a aucun intérêt général à ce que l'Etat conserve la propriété de certains biens, car il ne peut que les gérer d'après les mêmes principes que les propriétaires privés, en vue d'en tirer un revenu, et c'est là une tâche dont les particuliers s'acquittent mieux que lui. Il n'y a, d'autre part, que des inconvénients, à ce qu'il garde, sur les biens privés, un domaine éminent sans effet pratique, qui n'est qu'une complication inutile. Aussi est-ce avec raison que notre législation a aboli toutes les traces de l'ancienne union de la propriété avec la puissance publique, qui ne seraient plus du tout en harmonie avec l'état social contemporain.

C. — **La propriété privée et la famille contemporaine.** — Dégagée peu à peu des droits appartenant aux collectivités, d'une part, des liens qui l'unissaient à la puissance publique sous le régime féodal, de l'autre, la propriété a pris complètement l'aspect d'un *droit privé*, et ce qui caractérise ce droit, dans les temps modernes, c'est qu'il devient de plus en plus *individuel*.

Déjà dans l'antiquité, partout où la civilisation s'était développée, la propriété privée avait joué un large rôle. C'est dans le Droit romain qu'a été formulé le plus nettement le caractère absolu qu'elle prend, en se dégageant de toute communauté ; de là le nom de propriété *quiritaire* donné à ce droit complet et illimité. Mais à Rome, ce droit, à l'origine, n'appartenait qu'au *père de famille*, et nul de ceux qui vivaient sous son autorité ne pouvait avoir de propriété distincte de la sienne. Non pas qu'il fût dans le cas du chef qui administre les biens sous le régime de la co-propriété familiale, lequel n'est en quelque sorte que le représentant de tous les participants présents ou futurs à un droit collectif, et ne peut, par conséquent, qu'user de ce droit, sans en disposer. Le père de famille romain avait un droit absolu de disposer, même au détriment de son fils, et si les biens acquis par le fils, comme ceux qu'eût acquis l'esclave, tombaient dans le patrimoine du père, c'est que le fils, comme l'esclave, faisait lui-même en quelque sorte partie de ce patrimoine. La propriété privée était bien constituée ; mais seul, le père de famille avait la capacité légale d'en être titulaire.

Cependant, peu à peu, cette capacité a été étendue, à mesure que certains droits étaient reconnus à ceux qui, primitivement, étaient des choses plutôt que des personnes. Les divers *pécules* que le droit romain, en se développant, a reconnus au fils de famille, à l'esclave même, ont ouvert progressivement l'accès de la propriété à tous les hommes. Finalement, transportée dans le Droit moderne, par le seul fait que ce Droit était fondé sur la liberté individuelle absolue, la propriété quiritaire est devenue la propriété absolument individuelle ouverte à tous.

Dans la famille contemporaine, les biens de chacun restent distincts, et l'administration et la jouissance n'en sont confondues que dans la mesure où cette confusion est la conséquence inévitable de la vie commune. Le mari, le père de famille a en général l'administration des biens de tous, parce qu'il faut bien que toute communauté ait un chef ; mais il ne peut en disposer, et dans bien des cas, ses pouvoirs d'administration ou de tutelle sont limités. Ils cessent, dès que ceux sur qui ils s'étendaient sont en mesure de se créer une existence indépendante.

La *femme*, qui autrefois était présumée incapable de gérer ses biens, et en état de minorité perpétuelle *(propter imbecillitatem sexus)*, ne dépend plus aujourd'hui de ses parents du sexe masculin ; elle a les mêmes droits que l'homme, une fois majeure, si elle n'est pas mariée. Dans le mariage même, elle conserve des droits distincts. Sans doute, en l'absence de contrat de mariage, le Code civil, en France, institue le régime de la *communauté légale* (art. 1400), dans lequel tout est commun entre les époux, sauf les immeubles que chacun possédait avant le mariage ou aurait reçus depuis par succession ou donation ; le mari seul administre les biens de la communauté, et lorsque celle-ci se dissout, ces biens se partagent par moitié. Mais le contrat de mariage peut modifier ces règles, et il le fait, en pratique, toutes les fois que la fortune des époux en vaut la peine. Une statistique établie en 1898 montre que, pour 291.000 mariages, il y a eu 82.346 contrats.

Sur ce total, 67.288 ont institué le régime de *la communauté réduite aux acquets*, qui réserve à chaque époux la propriété de tous les biens mobiliers qu'il a apportés ou qu'il recevrait par donation ou succession (art. 1498).

Le Code prévoit même l'établissement du régime de la *séparation de biens* plus ou moins complète, qui peut résulter, soit du contrat de mariage (art. 1536 du Code civil), soit d'un jugement obtenu par la femme dont le mari compromettrait la fortune (art. 1443) ; avec ce régime, qui a été institué dans 2.128 contrats en 1898, la femme conserve non seulement la propriété, mais l'administration de ses biens, sous réserve des autorisations qu'elle doit obtenir de son mari ou de la justice pour les actes d'une importance exceptionnelle, et elle ne contribue aux charges communes du ménage que dans la proportion convenue.

Enfin, 10.112 contrats ont établi le *régime dotal*, usité surtout dans le Midi de la France, sous lequel les biens de la femme restent administrés par le mari, mais sont frappés d'inaliénabilité et d'imprescriptibilité (art. 1554 et 1561) pendant toute la durée du mariage, sauf dans des circonstances exceptionnelles.

On peut se demander si ces deux derniers régimes ne portent pas les précautions prises, pour mettre les biens des femmes mariées à l'abri des conséquences de la mauvaise gestion du mari, au-delà de ce qui est compatible avec le respect des droits des tiers. Sans doute, ceux-ci, s'ils sont prudents, ne passent un contrat important avec un homme ou une femme mariés qu'après s'être fait justifier de leurs conventions matrimoniales. Mais dans les relations courantes d'affaires, de pareilles justifications ne peuvent être exigées, et le train de maison d'un mari et d'une femme séparés de biens peut induire en erreur sur la situation de l'un des deux. Il y a, en tout cas, quelque chose de scandaleux à voir, comme cela arrive trop souvent, un homme qui n'a pas payé ses créanciers, vivre dans le luxe au moyen de biens placés sous le nom de sa femme, ou encore un mari et une femme se prévaloir, d'un commun accord, du régime dotal, pour échapper à l'exécution de leurs engagements. Si favorable que nous soyons, en général, à la liberté individuelle, nous concevons difficilement que la confiance et l'union qui devraient être la base de tout mariage n'impliquent pas la communauté des dettes et la possibilité de les payer au moyen de tous les biens des deux époux, sauf à faire reconnaître en justice à la femme un certain droit de contrôle sur la gestion du mari qui compromet ces biens.

L'intervention de la femme dans la gestion des affaires est

d'ailleurs déjà admise par nos lois, dans un certain nombre de cas. C'est ainsi que, quand la femme a pris la direction d'un *commerce*, avec l'autorisation de son mari, elle peut, pour ce commerce, s'engager elle-même, et engager les biens communs sans autorisation spéciale (Code de commerce, art. 4 et 5). La loi du 20 juillet 1895 (art. 16) a donné aussi à la femme mariée le droit de disposer d'un *livret de Caisse d'épargne* ouvert à son nom. Mais les propositions tendant à lui donner la libre disposition de son *salaire*, quand elle travaille, n'ont pas abouti jusqu'ici.

Les biens des *enfants* sont, dans notre droit, absolument distincts de ceux des parents, qui en ont seulement la *jouissance légale* jusqu'à ce que ces enfants aient atteint l'âge de 18 ans (art. 384) à charge de supporter les frais d'entretien et d'éducation. Le père *administre* les biens pendant le mariage ; en cas de décès de l'un des parents, le survivant a la *tutelle* des enfants (art. 390) sous le contrôle d'un subrogé-tuteur et d'un conseil de famille. Sauf la jouissance légale, l'administration ou la tutelle du père ne diffère pas de la tutelle confiée à un parent ou à un étranger sur un orphelin. Elle est instituée exclusivement dans l'intérêt de l'enfant ; elle s'explique par sa faiblesse, et elle est abrégée, s'il est capable de se diriger, au moyen de l'*émancipation*, laquelle peut être accordée au mineur à partir de 15 ans par ses parents, ou à partir de 18 ans par un Conseil de famille.

Inversement, la tutelle peut être étendue, par l'*interdiction*, au majeur atteint d'aliénation mentale, et peut aussi être prolongée partiellement pour le prodigue, par la dation, d'un *Conseil judiciaire*, sans l'assistance duquel il ne peut faire certains actes. Cette dernière mesure s'explique parfaitement, quand elle est justifiée par la faiblesse d'esprit. On en saisit moins la cause, quand elle s'applique à un célibataire, et qu'elle a pour unique motif une prodigalité qui n'est qu'une manière peu sage d'user du droit de propriété : quand il n'y a pas à sauvegarder les intérêts d'une famille, on ne voit pas pourquoi l'autorité publique intervient, afin de conserver à un majeur sain d'esprit une fortune qu'il préfère dissiper.

La *puissance paternelle* elle-même, qui dans les sociétés primitives présente l'aspect d'un véritable privilège institué au profit du père, prend de plus en plus le caractère d'une institution sanctionnée par la loi uniquement dans l'intérêt de l'enfant, d'un simple *moyen* donné aux parents, pour s'acquitter du devoir d'éducation qu'ils ont contracté en appelant des créatures à la vie. Déjà, les lois sur le travail des enfants, sur l'instruction obligatoire, prévenaient certains abus ou certaines négligences ; la loi du 24 juillet 1889 a autorisé les tribunaux à prononcer la déchéance des parents indignes d'exercer cette autorité.

Ainsi, la législation moderne, tout en conservant la famille comme base de l'organisation sociale, a reconnu à chacun de ses membres des droits purement personnels, en ce qui concerne ses biens. La solidarité familiale engendre certaines dettes des uns vis-à-vis des autres, sans confondre leurs fortunes. L'obligation imposée au mari de fournir à la femme ce qui lui est nécessaire, *suivant ses facultés et son état* (art. 214), celle d'*entretenir et élever* les enfants, qui incombe aux parents (art. 203) la dette d'*aliments*, imposée par réciprocité aux enfants vis-à-vis des parents dans le besoin (art. 205), n'impliquent aucune idée de co-propriété sur les biens. Ces obligations sont d'ailleurs absolument limitées aux époux, aux ascendants et aux descendants, et ne peuvent en aucun cas s'étendre aux collatéraux.

Le Play a vivement critiqué le caractère *instable* donné à la famille par la rupture aussi prompte de tout lien légal. Il a préconisé l'institution de la *famille souche*, dans laquelle non seulement les enfants resteraient soumis à l'autorité du père jusqu'à sa mort, mais encore les collatéraux resteraient groupés autour de celui de ses descendants que le chef de famille aurait désigné pour diriger la maison après lui. Il est difficile de croire qu'une cohabitation ainsi prolongée puisse reparaître dans les mœurs modernes, alors que les liens du mariage et de la paternité eux-mêmes tendent plutôt à se relâcher. Le maintien de l'entente, dans de pareilles conditions, suppose, de la part des frères cadets vis-à-vis de l'aîné, une subordination peu probable ; ce système implique même, s'ils sont nombreux, qu'une partie d'entre eux émigrent ou se résignent au célibat, pour que l'effectif de la famille ne devienne pas excessif. Nous voyons bien ce que la société perdrait, au point de vue du développement de l'initiative et de l'esprit d'entreprise, à adopter cette organisation rétrograde, et nous doutons fort qu'elle y gagne, au point de vue de l'harmonie entre les parents et même des bonnes mœurs.

Nous inclinons donc à croire que c'est dans le sens de l'indépendance individuelle que la constitution de la famille et de la propriété continuera à évoluer, et nous n'y voyons aucun mal, pourvu que la stabilité de l'union élémentaire, exigée par la nature, entre l'homme et la femme qui ont donné le jour à des enfants, reste assurée. La dette d'éducation qu'ils

ont contractée en commun ne leur permet pas de se séparer sans
motifs d'une extrême gravité : autant le divorce peut être facilement admissible entre époux sans enfants, autant il nous paraît
dangereux de l'autoriser, quand il y a des enfants, en dehors des
conditions qui entraînent la déchéance de toute autorité paternelle pour l'un ou l'autre des parents. La communauté de vie
nécessaire entre les époux et leurs enfants mineurs implique une
confusion des intérêts, à laquelle certaines dispositions de nos lois
permettent peut-être de se soustraire trop aisément. Mais en dehors de ce cas, et des dettes plus ou moins étendues ayant une
sorte de caractère alimentaire, (sur lesquelles nous reviendrons
à propos des lois successorales) nous croyons que le régime le
plus favorable au progrès est celui qui réserve la liberté la plus
entière, même aux parents les plus proches les uns vis-à-vis des
autres, qui laisse à chacun la pleine disposition de tous ses
biens. Il suffit que la loi permette à celui qui a une certaine
richesse acquise d'en disposer au profit des siens, pour que les
tendances et les affections naturelles maintiennent les liens de
famille, dans la mesure où ils sont utiles, et assurent par là le
développement et la conservation des capitaux qui sont l'instrument nécessaire du développement de la production.

VI. La propriété collective actuelle. — Nous avons vu que
l'appropriation individuelle constitue le régime le plus conforme
aux tendances naturelles de l'homme et à l'intérêt général de la
société, pour les biens susceptibles d'être exploités par des particuliers ; mais elle ne suffit pas à l'organisation des entreprises qui
exigent une action collective, en raison soit de leur nature, soit
de leur importance. Pour faciliter la gestion de ces entreprises,
la loi confère la *personnalité civile*, sous certaines conditions, aux
organes qui en sont chargés, c'est-à-dire qu'elle crée elle-même,
ou qu'elle autorise les particuliers à créer, des personnes fictives,
jouissant de la totalité ou d'une partie des droits que les personnes naturelles exercent, au point de vue de la propriété, des
contrats et des actions en justice.

Il est difficile de contester que les personnes civiles ainsi constituées aient tous les caractères d'une véritable création de la loi.
Sans doute, la faculté de s'associer, pour une action commune,
apparaît comme un droit naturel, dont tous les hommes peuvent
revendiquer le libre exercice, sous la condition de se conformer
aux règlements de police. Mais l'usage de ce droit n'implique
nullement la constitution d'un patrimoine, appartenant au groupe

constitué par les associés et envisagé comme un être distinct, pas plus que la faculté, pour les représentants de ce groupe, de s'engager ou de stipuler en son nom, de défendre ses intérêts devant les tribunaux, sans agir ni à titre personnel, ni comme mandataires de chaque associé individuellement, et sans engager chacun d'eux au-delà de sa participation dans l'association, si celle-ci est limitée. Il y a là une organisation fort utile, mais qui constitue une véritable fiction légale, et la propriété collective qui en dérive ne saurait être assimilée à la propriété individuelle, née spontanément de l'occupation et du travail.

Cela ne veut pas dire que cette création soit arbitraire, car, sous des formes plus ou moins perfectionnées, on la retrouve dans toutes les civilisations. Même dans les sociétés primitives, les communautés agraires ont impliqué la constitution d'une personnalité civile, dès que l'accomplissement des actes de la vie économique a été soumis à des règles légales, exigeant que la capacité de ceux qui les accomplissaient soit nettement définie. Des établissements religieux ont aussi possédé presque partout des biens, qui, à certaines époques, ont pris un grand développement. Après avoir été très diminué par le caractère de plus en plus individuel qu'a pris la propriété, le rôle des personnes civiles s'est de nouveau considérablement développé de nos jours, par suite de l'extension des services publics, d'un côté, et de celle de la production en grand, de l'autre. Nous devons donc donner ici quelques développements sur cette forme particulière de la propriété, telle qu'elle existe dans la société moderne.

Elle s'applique principalement à trois catégories de biens, dont la destination différente implique des différences considérables dans la constitution des personnes civiles qui les détiennent, et que nous allons étudier successivement, savoir : 1° les biens affectés soit à l'usage du public, soit aux services publics gérés directement par l'Etat et ses subdivisions ; 2° les biens attribués à des établissements spéciaux, en vue d'être consacrés à des destinations présentant un intérêt moral, intellectuel ou charitable, sans but de lucre ; 3° enfin, les biens des sociétés constituées pour gérer des entreprises dont les bénéfices se partageront entre les associés.

A. — LES BIENS AFFECTÉS AUX SERVICES PUBLICS ET LE DOMAINE PUBLIC. — Parmi les organes doués de la personnalité civile, les plus importants sont *l'Etat* et ses démembrements territoriaux, qui sont appelés en France *départements* ou *communes*, et que l'on rencontre chez tous les peuples sous des formes plus ou moins différentes. Il faudrait y joindre les *associations syndicales autorisées*, constituées conformément aux lois des 21 juin 1865 et du 22 décembre 1888, pour l'exécution et l'entretien de travaux intéressant certains groupes de propriétés ; ces associations participent au pouvoir coercitif, pour lever des taxes même sur des propriétaires non adhérents et pour acquérir des terrains par voie d'expropriation, et dès lors, elles représentent de véritables démembrements de la puissance publique, à compétence restreinte. Elles ont aussi leurs analogues en tous pays : tels sont, par exemple, les *public trusts*, institués en Angleterre pour gérer certains services, en percevant des impôts spéciaux affectés à l'entretien de ces services.

Les biens relevant de cette catégorie de personnes morales se répartissent légalement en deux grandes divisions : le domaine privé et le domaine public.

Le *domaine privé* comprend les biens sur lesquels l'Etat, les départements, les communes, les associations syndicales exercent le droit de propriété dans des conditions identiques à celles qui s'appliquent aux biens des particuliers. La législation qui leur est spéciale détermine les formes suivant lesquelles les représentants de chacune de ces personnes morales pourront en disposer ; mais le fonds du droit est le même que pour les biens privés.

Nous avons vu que quelques-uns de ces biens sont exploités purement et simplement pour en tirer un revenu, et dans ce cas, leur maintien entre les mains d'autorités publiques ne s'explique guère ; nous verrons, quand nous traiterons des finances publiques, que ni comme moyen d'alimenter le budget en temps normal, ni comme ressource exceptionnelle en temps de crise, la possession d'un domaine important n'offre de réels avantages. Mais la plus grande partie, de beaucoup, dans le domaine privé, est affectée à des usages tout différents de ceux qu'en pourrait faire un particulier.

Nous avons déjà vu que, dans le domaine rural assez étendu de l'Etat et des communes, plus de la moitié de la superficie (3.200.000 hectares sur 5.700.000 environ) est constituée par les forêts, dont la conservation a pour objet principal de prévenir les inconvénients généraux que le déboisement excessif d'un pays entraîne, au point de vue du climat et du régime des cours d'eau. La majeure partie du surplus se compose des pâtures appartenant à des communes ou à des sections de communes, dont la jouissance collective, par les habitants, est une survivance des anciennes communautés agraires. Si ce mode de jouissance commune, considéré par les économistes comme peu en harmonie avec le progrès moderne, tend à se restreindre, il en est un autre qui répond, au contraire, à des besoins de plus en plus vivement sentis, à mesure que s'accroît l'agglomération de la population dans les centres urbains et leur banlieue, c'est celui qui s'applique aux promenades publiques : jardins au centre des villes, parcs à la périphérie, bois et forêts dans leurs environs. La conservation de vastes surfaces plantées, qui ne puissent être ni couvertes de bâtiments, ni closes, et qui restent ouvertes aux enfants et aux promeneurs, est un intérêt hygiénique de premier ordre. Les domaines que l'État ou les villes gardent à cet effet, dans des régions où le prix des terrains à bâtir augmente très rapidement, représentent une richesse publique de plus en plus considérable.

Parmi les édifices appartenant à l'État ou aux localités, quelques-uns sont aussi ouverts aux particuliers et destinés à leur amusement ou à leur instruction, comme les musées. La plupart servent à installer les services publics, dont le nombre et l'importance vont en croissant constamment : ministères, préfectures, mairies, tribunaux, écoles, hospices, églises, presbytères, casernes, arsenaux, manufactures d'armes, de tabacs, etc. Les administrations logent, dans les édifices publics, un grand nombre de fonctionnaires, généralement pour répondre à de véritables nécessités, quelquefois aussi par un abus plus onéreux pour le budget qu'il n'est avantageux à ceux qui en profitent. Le nombre et l'importance des édifices consacrés à ces divers usages croissent tous les jours, et ce développement ne paraît pas près de s'arrêter.

Enfin, les tendances interventionnistes ont amené, dans divers pays, certaines municipalités à entreprendre la construction de maisons destinées à fournir aux classes ouvrières des logements salubres et à bon marché : en Angleterre, des pâtés de maisons entiers ont été reconstruits ainsi par le Conseil du Comté de Londres ; les villes de Glasgow, Birmingham, Liverpool ont fait de même. Quand les villes cherchent à tirer un intérêt normal du capital engagé dans ces opérations, il ne semble pas qu'elles puissent offrir aux locataires des conditions plus avantageuses que l'initiative privée. Quand, au contraire, elles couvrent une partie des charges par les ressources budgétaires, comme elles le font en général, elles s'engagent dans une voie fort dangereuse. En effet, il est évident que, du jour où elles offriraient au public un nombre important de logements dont les prix seraient ainsi abaissés d'une manière anormale, elles rendraient toute concurrence impossible, et qu'en détournant les capitaux privés de la construction de logements ouvriers répondant aux besoins modernes, elles assumeraient une charge écrasante pour le budget. Il semble donc peu désirable que cette partie du domaine privé des villes se développe.

Le *domaine public* comprend, d'après l'art. 538 du Code civil, « toutes les portions du territoire français qui ne sont pas susceptibles de propriété privée. » Cet article et les suivants contiennent une énumération des éléments de ce domaine, que la doctrine et la jurisprudence sont d'accord pour considérer comme inexacte. La partie essentielle et incontestée du domaine public est constituée par les voies de communication ouvertes au public, naturelles ou artificielles, et par leurs dépendances : routes et chemins, canaux, rivières navigables ou flottables en trains, rivages de la mer, chemins de fer et tramways. Le Code y ajoute les fortifications des places de guerre. La doctrine et la jurisprudence y joignent les édifices publics ayant un caractère monumental ou affectés au culte. Elles n'y comprennent qu'en partie seulement, et avec beaucoup d'hésitations, une catégorie d'ouvrages qui, par leur nature, pourraient y rentrer tous à plus juste titre, tels que fils télégraphiques, égouts, canalisations distribuant le gaz d'éclairage et les eaux pour l'alimentation ou l'irrigation, digues et canaux appartenant à des entreprises collectives de défense ou de dessèchement, etc.

Le domaine public se divise en domaine public national, départemental ou communal, d'après l'organisation du service administratif par lequel est gérée chacune des parties dont il se compose. Mais l'État, le département ou la commune n'en sont point propriétaires à proprement parler, puisque ce domaine ne peut faire l'objet du droit de propriété, ni d'aucun des droits réels qui en sont les démembrements. Les services publics qui le gèrent en ont seulement la garde et l'entretien, et perçoivent, par compensation, les recettes qu'il est susceptible de produire, telles que péages sur la circulation, redevances pour occupation de certains emplacements, ventes d'arbres, d'herbes, etc. Si cette perception donne lieu à une exploitation industrielle, elle peut être concédée à des entreprises privées. Quant au fonds lui-même, il est *inaliénable* et par suite *imprescriptible*.

Dans notre droit actuel, l'inaliénabilité du domaine public découle des dispositions du Code qui ont consacré la distinction, établie autrefois par le droit romain, entre les choses qui sont dans le commerce et celles qui n'y sont pas. Sous l'ancien régime, elle existait déjà, mais avec un caractère tout différent, celui d'une sauvegarde contre les dilapidations royales, de sorte qu'elle s'appliquait aussi bien au domaine privé de la couronne qu'au domaine public. Les rois, maîtres de l'un comme de l'autre, en disposaient fréquemment au profit des princes, des seigneurs, des particuliers ; puis, à certaines époques, et notamment aux changements de règne, des édits révoquaient les aliénations passées et interdisaient d'en faire de nouvelles à l'avenir. Parmi ces actes, sans cesse reproduits et sans cesse violés, l'édit de Moulins, de février 1566, a paru donner une sorte de caractère constitutionnel à l'interdiction d'aliéner des biens dont le Roi n'avait pour ainsi dire que l'usufruit ; aussi les lois de la Révolution, et une jurisprudence bien établie, décident-elles que toutes les acquisitions ou occupations de dépendances du domaine public postérieures à cet édit, sauf celles qui résultent des ventes nationales de la période révolutionnaire, n'ont pu être constitutives de droits réels.

L'inaliénabilité et l'imprescriptibilité du domaine public offraient un intérêt réel, quand toute garantie faisait défaut pour sa conservation et sa garde, par suite de l'absence de contrôle sur la volonté royale et de l'insuffisance de l'organisation administrative ; il faut ajouter que, sous l'ancien régime, l'insuffisance constante des ressources budgétaires n'eût guère permis de racheter aux particuliers les droits privatifs dont l'usage aurait mis obstacle à la circulation, de sorte que le seul moyen de les évincer était de contester la validité de leurs titres. Aucun de ces motifs ne subsistant aujourd'hui, il est douteux que les dispositions qu'ils avaient provoquées soient encore utiles ; à vrai dire, au point de vue de la propriété du fonds, on peut se demander si elles ne sont pas devenues des mots vides de sens. On est d'accord pour reconnaître que l'inaliénabilité du domaine public signifie seulement que les immeubles compris dans ce domaine ne peuvent être vendus qu'après avoir été déclassés par l'autorité compétente, — ce qui revient à exprimer ce truisme, que le droit d'en disposer n'appartient qu'aux organes à qui qualité a été donnée à cet effet, agissant dans les formes légales. Quant à l'imprescriptibilité, il semble bien résulter de la doctrine et de divers arrêts qu'elle ne subsiste que tant que le sol reste en nature de domaine public ; mais si le rivage de la mer ou le lit d'un fleuve se déplace, si la chaussée d'une route abandonnée, les terrassements, les ouvrages d'art d'un ancien canal ou d'un ancien chemin de fer ont disparu, le terrain, redevenu susceptible de propriété privée, peut être prescrit, — ce qui signifie que la possession utile pour prescrire ne commence que quand, en fait, une occupation ayant le caractère de possession privée est devenue possible, et c'est encore un truisme.

Les caractères propres que la loi confère au domaine public n'ont donc plus d'utilité, ni même d'effets réels, pour y maintenir des voies publiques qui seraient abandonnées. Mais ils ont des conséquences graves et bien plus nuisibles qu'utiles, à notre sens, en ce qui concerne son exploitation. L'interdiction de constituer des droits réels sur les voies publiques entraîne, en effet, cette conséquence, qu'aucune occupation privative du sol ou du sous-sol n'y est possible qu'en vertu d'une autorisation précaire, toujours révocable si un intérêt public l'exige. Nous avons déjà signalé l'obstacle que cette situation met à l'utilisation des chutes d'eau. Comme l'usinier qui emploie la force motrice des cours d'eau navigables ou flottables, le propriétaire qui irrigue sa terre avec leurs eaux, l'industriel qui relie par une canalisation des établissements situés de part et d'autre d'une route, celui qui établit un port privé sur un canal ou un embranchement particulier sur un chemin de fer, peuvent à tout moment être invités à déguerpir. Ils sont donc toujours sous le coup d'une décision leur imposant des dépenses parfois énormes, pour continuer une exploitation basée jusque-là sur les facilités résultant des installations supprimées, dont le remplacement peut être très difficile. Il est vrai que la révocation est très rare en pratique, et que la jurisprudence du Conseil d'État sur le détournement de pouvoirs empêche qu'elle soit prononcée dans un but autre que ceux en vue desquels elle a été prévue ; elle n'en constitue pas moins une menace pour tous, et une charge énorme pour ceux qu'elle atteint. Quand il s'agit d'entreprises offrant un intérêt public, telles que les canalisations d'eau et de gaz ou les tramways, qui occupent sur une grande étendue le sol ou le sous-sol des voies publiques, il y a là une source de dépenses éventuelles qui entre naturellement dans les calculs de ceux qui les établissent, et qui renchérit d'autant les services rendus.

La loi du 11 juin 1880 a déjà supprimé la précarité pour la pose des voies des tramways, tout en laissant subsister des traces assez sérieuses de ce régime, dans l'obligation imposée au concessionnaire de subir sans indemnité les conséquences des modifications ultérieures de la voie empruntée. Les canalisations d'eau ou de gaz, l'outillage public des quais, et même les installations de toute nature faites au profit de simples particuliers ou les locations consenties à leur profit, pourraient, croyons-nous, être ramenées sous le régime du droit commun de la propriété, sans aucun inconvénient. Il serait possible, alors, de faire payer, pour les usages privés du domaine public, des loyers plus élevés que les redevances perçues aujourd'hui, presque toujours très faibles et parfois purement nominales ; en outre, l'utilisation du domaine public se développerait sensiblement, partout où une occupation privée pourrait être consentie sans nuire à la circulation, quand une fois elle comporterait moins de risques. Le budget en tirerait des recettes probablement très supérieures aux charges à subir par suite des indemnités à payer, dans les cas rares où un intérêt général exigerait la suppression des installations ainsi établies. En tout cas, cette suppression ne constituerait plus, comme aujourd'hui, une charge fort lourde, venant grever certains particuliers par des causes qui leur sont étrangères, et ne serait prononcée que si son utilité était en rapport avec le dommage causé, qu'il faudrait réparer.

L'impossibilité d'établir des servitudes sur le domaine public, de grever d'hypothèque les parties qui font l'objet de concessions, nous paraissent également des conséquences bien plus nuisibles qu'utiles de l'imprescriptibilité.

Nous ne voyons donc pas de motif réel pour maintenir le domaine public sous un régime qui n'est qu'une survivance des législations anciennes, absolument injustifiée dans un pays doté d'une administration et d'un budget réguliers. L'application de la propriété de droit commun aux voies affectées à l'usage du public, qui ferait disparaître ces précarités toujours nuisibles à la bonne utilisation économique des biens, peut être contraire à des préjugés fondés sur de vieilles traditions ; elle ne nous paraît de nature ni à se heurter à aucune difficulté réelle, ni à léser aucun intérêt public.

Le domaine public, national ou local, s'est accru considérablement, dans le cours du xixᵉ siècle, par le développement des chemins de fer et tramways, des distributions d'eau, de gaz, d'énergie électrique, de telle sorte qu'il représente aujourd'hui une part considérable de la richesse sociale.

B. — Les établissements publics, les établissements d'utilité publique et les associations. — Si l'Etat et ses démembrements territoriaux constituent les organes collectifs d'une nation, seuls armés des pouvoirs nécessaires pour assurer certains services, ayant seuls une compétence générale pour pourvoir à tous les besoins publics auxquels ne pourvoirait pas l'initiative privée, l'étendue même de leurs attributions et de leurs moyens d'action les rendent peu propres à collaborer avec les particuliers, pour les œuvres qui peuvent solliciter le concours désintéressé de ceux-ci. En effet, les règles générales qui président à l'action administrative ne se prêtent guère à la création d'institutions assez variées pour offrir à toutes les bonnes volontés l'occasion de se manifester comme elles le désirent, et d'autre part, les particuliers se soucient peu d'apporter aux services alimentés par le budget un concours pécuniaire, qui serait une goutte d'eau dans le torrent des dépenses publiques. Il est donc nécessaire de prévoir l'existence d'organes spéciaux, pourvus des aptitudes légales nécessaires pour posséder des biens et pour accomplir les actes de la vie civile, créés les uns par l'Etat, les autres par l'initiative privée, en vue de gérer les œuvres offrant un intérêt collectif dans lesquelles l'action privée peut jouer un rôle. Tel est le but des institutions que nous allons examiner dans le présent paragraphe.

Lorsqu'elles sont créées par l'Etat, elles se distinguent des services publics ordinaires en ce qu'elles possèdent des biens propres, ayant une affectation spéciale, de telle sorte qu'il n'appartient pas à la puissance publique d'en modifier l'emploi pour répondre à tel ou tel besoin passager. Lorsqu'elles sont créées et gérées par des groupes de particuliers, elles se distinguent des sociétés civiles ou commerciales, qui feront l'objet du paragraphe suivant, en ce qu'elles ne constituent pas des *entreprises* poursuivant un but de lucre pour les associés, et que, dès lors, leurs biens n'ont pas le caractère d'une propriété commune dont ceux-ci puissent disposer dans leur intérêt privé. En réalité, ces biens n'appartiennent à personne : ils appartiennent à l'œuvre à laquelle ils ont été légalement consacrés, à la destination que leur ont donnée les anciens propriétaires qui, ayant le droit d'en disposer, l'ont fait au profit d'une personne civile fondée pour atteindre certaines fins d'ordre moral, intellectuel, patriotique, etc. L'affectation ainsi reçue a une durée illimitée, sans que personne ait normalement qualité pour la modifier ; c'est pourquoi ces biens, qui cessent de passer de mains en mains par les ventes ou les successions, ont reçu le nom de biens de *mainmorte*, — nom que des dispositions fiscales que nous exposerons ultérieurement étendent improprement aux biens de certaines sociétés commerciales.

Les biens de mainmorte, appartenant à des œuvres qui ne produisent pas de richesses, ne peuvent leur venir que de libéralités : menues libéralités, telles que produits de quêtes, souscriptions et cotisations, libéralités plus importantes résultant de donations ou de testaments, ou enfin subventions prélevées sur les budgets alimentés par l'impôt.

Le développement des biens ainsi consacrés à des intérêts d'ordre supérieur et général est un grand avantage social, tant que l'importance de ces biens reste en rapport avec celle des divers emplois auxquels ils sont destinés. Mais il peut arriver que l'utilité de tel ou tel de ces emplois diminue ou même cesse complètement, par suite du changement des circonstances ou de l'évolution des idées. Il faut bien, alors, que quelqu'un ait qualité pour remplacer l'affectation perpétuelle devenue sans objet par une autre destination. On ne saurait admettre que les revenus de capitaux importants restent affectés à des fins qui ont perdu tout intérêt, par exemple à étudier, de nos jours, les moyens de prévenir les naufrages des trirèmes, à hospitaliser les lépreux, à enseigner l'astrologie ou à entretenir le culte de Jupiter. La puissance publique devrait donc y pourvoir légalement, si les révolutions violentes n'y avaient pourvu depuis longtemps. C'est là un point délicat, où la solution pratique des difficultés d'espèce exige une extrême prudence, mais où aucun principe absolu ne saurait fournir une règle de conduite invariable. Certes, le législateur ne pourrait, sans une véritable confiscation, modifier arbitrairement l'emploi donné à certains biens, dans les formes légales et à une époque suffisamment récente, par ceux qui avaient le droit d'en disposer. Mais on ne peut admettre que la volonté de propriétaires morts depuis des siècles continue à entretenir des services devenus inutiles, ridicules ou scandaleux, par suite de transformations sociales dont les donateurs ne pouvaient avoir aucune idée, ni qu'il existe des biens dont aucune volonté, présente ou future, ne puisse disposer, à perpétuité. Quand la manière dont a été définie la destination donnée aux fondations anciennes, et l'organisation des établissements qui les gèrent, n'offrent pas une souplesse suffisante pour suivre l'évolution des besoins auxquels ils répondent, il faut bien que finalement, ce soit la loi qui y pourvoie.

La perpétuité de la propriété n'offre d'ailleurs pas, pour la bonne exploitation de ces biens, l'utilité capitale qu'elle présente pour les biens privés. Elle est bien loin, en effet, de donner les mêmes garanties, en ce qui concerne la vigilance de la gestion et les vues d'avenir, car le stimulant de l'intérêt privé fait défaut. Le souci désintéressé de la prospérité d'une œuvre n'est pas toujours suffisant pour entretenir le zèle de ceux qui administrent ses biens, même quand l'utilité de l'œuvre est incontestable — à plus forte raison en est-il ainsi, lorsque cette utilité devient douteuse, ou trop restreinte eu égard à l'importance de sa dotation. C'est un fait bien connu, que partout où les biens de mainmorte deviennent trop considérables, leur exploitation laisse beaucoup à désirer.

C'est faute d'avoir réussi à organiser la révision périodique de l'affectation de ces biens, que le législateur a été souvent amené à prendre des mesures de précaution contre leur extension. Ces précautions sont de deux sortes, les unes, relatives à la création des personnes civiles, les autres, relatives aux libéralités qu'elles peuvent recevoir.

Au point de vue de la *création* des êtres moraux aptes à accomplir les actes de la vie civile, deux systèmes peuvent être admis : tantôt, la puissance publique se réserve le droit de constituer chacun d'eux, ou tout au moins de lui donner une investiture spéciale ; tantôt, la loi édicte des règles générales, auxquelles il suffit que les particuliers se conforment pour fonder des œuvres capables de posséder. Le droit romain, très méfiant vis-à-vis des associations, reposait en général sur le premier système, et il en était de même de l'ancien droit français, avec certaines intermittences dans l'application. La Révolution alla beaucoup plus loin : elle supprima successivement toutes les personnes civiles, et attribua leurs biens à l'Etat, en faisant de l'entretien des services qu'elles assuraient, notamment du culte et de l'assistance, une dette de la nation. Déjà sous le Directoire, puis sous l'Empire, on revint sur ces mesures radicales ; mais le droit de conférer la personnalité civile fut pendant longtemps presque exclusivement réservé au gouvernement, statuant dans les formes les plus solennelles, par décret délibéré en Conseil d'Etat. C'est peu à peu que le régime de liberté, pour la fondation des associations qui se contenteraient d'une capacité restreinte, a été admis d'abord à l'égard de certaines catégories exceptionnelles d'œuvres, puis s'est étendu jusqu'à devenir le droit commun, de telle sorte qu'aujourd'hui, c'est la nécessité d'obtenir une autorisation qui ne s'applique plus qu'à des cas limitativement énumérés.

Les plus importantes, parmi les personnes civiles, sont les *établissements publics*, chargés de gérer de véritables services publics, constituant des démembrements de l'administration générale, et qui dès lors ne peuvent être créés que par l'Etat ou par ses délégués. Il en existe de très nombreux, ayant chacun un objet distinct, dont ils ne peuvent sortir, en vertu du principe de la *spécialité* de leurs attributions, lequel est la conséquence même de leur nature. Ils sont chargés surtout de services d'un ordre intellectuel ou moral : culture et enseignement des lettres, des sciences ou des arts (académies, universités, lycées, écoles diverses, caisses des écoles) ; cultes (fabriques, séminaires, menses curiales ou épiscopales, consistoires); assistance (hospices, hôpitaux, bureaux de bienfaisance) ; prévoyance (caisses nationales d'assurances, de retraites)—ou encore d'intérêts généraux, commerciaux ou agricoles (chambre de commerce, chambres consultatives d'agriculture). Les textes qui les instituent déterminent l'organisation des commissions qui les administrent et les pouvoirs des autorités qui les surveillent, en tenant compte du caractère national ou local des services rendus par eux. Ils sont souvent subventionnés par l'Etat, les départements ou les communes, et leur budget est nécessairement contrôlé par l'administration à laquelle ils se rattachent.

On donne le nom d'*associations* aux personnes civiles fondées, non plus par l'Etat, mais par des particuliers unissant leur action dans un but autre que celui de partager des bénéfices, but qui peut d'ailleurs être absolument quelconque. Pour obtenir la capacité d'accomplir tous les actes de la vie civile, les associations doivent être reconnues comme *établissements d'utilité publique* par un décret délibéré en Conseil d'Etat. Cependant, depuis longtemps déjà, diverses lois spéciales avaient reconnu une personnalité restreinte à des associations ayant reçu seulement une autorisation préfectorale (sociétés de secours mutuels approuvées) ou même ayant fait l'objet d'une simple déclaration (sociétés de secours mutuels libres, syndicats professionnels). En vertu de la loi du 1er juillet 1901, toute association qui a fait connaître ses statuts et le nom de ses directeurs, dans les formes voulues, peut ester en justice, toucher des cotisations, en faire emploi, posséder les immeubles nécessaires à l'accomplissement du but qu'elle se propose. Seules, les *congrégations religieuses* ne peuvent être autorisées que par une loi, et chaque établissement nouveau que fonde une congrégation autorisée doit l'être par un décret délibéré en Conseil d'Etat.

Les lois qui règlent ainsi l'acquisition de la personnalité civile ne doivent pas être confondues avec les lois de police qui déterminent les conditions dans lesquelles les citoyens peuvent se réunir, pour s'occuper en commun de certains objets. En France, jusqu'ici, aucun groupe de plus de 20 personnes ne pouvait se réunir périodiquement sans autorisation, sous les peines inscrites à l'art. 291 du Code pénal. La loi de 1901 vient d'abréger cet article, et ne laisse sous le coup de pénalités que certaines associations, telles que les congrégations non autorisées, ou les associations qui continueraient à subsister après que leur dissolution aurait été prononcée, soit judiciairement (art. 7), soit administrativement (art. 12), dans des cas déterminés.

Les associations qui, sans être illicites, ne remplissent pas les conditions nécessaires pour obtenir la personnalité, ne peuvent faire les actes de la vie civile que par *personnes interposées*, c'est-à-dire que les biens qu'elles possèdent, en fait, sont gérés par un ou plusieurs associés qui, légalement, en sont seuls propriétaires, et qui ne sont tenus envers l'association que par un engagement moral. Il n'y a plus, alors, forme spéciale de la propriété, mais simple exercice, par des particuliers, du droit général de faire de leurs biens tel usage qu'ils veulent. Le législateur méconnaîtrait ce droit, s'il frappait de confiscation les biens auxquels s'appliquent des arrangements que la loi n'a pas à connaître, et qu'elle ne devrait réprimer que s'ils avaient un but dangereux pour l'ordre public ou pour les bonnes mœurs. Mais les tribunaux, de leur côté, empiètent sur les attributions de la loi, quand ils donnent, comme l'ont fait certains arrêts, une sanction légale aux engagements pris par des particuliers envers des associations qui n'avaient pas qualité pour les recevoir, car si la société de fait qui existe entre les associés peut bien être invoquée contre eux par les tiers, elle ne saurait l'être par eux pour se créer une situation que la loi leur refuse.

L'administration des établissements d'utilité publique, comme celle des associations simplement autorisées, n'est soumise, en principe, à aucun contrôle administratif, et l'assemblé générale des associés, constituée conformément aux statuts, dispose souverainement des biens, sauf les recours, devant l'autorité judiciaire, des associés, des donateurs ou de leurs représentants, quand ils croient avoir le droit de s'opposer à certains actes.

Au point de vue des *dons et legs*, qui constituent l'élément essentiel de l'accroissement des biens de mainmorte, la capacité de recevoir n'appartient, sauf de rares exceptions, qu'aux établissements publics ou d'utilité publique. Ils ne pouvaient accepter ces libéralités, en vertu des articles 910 et 937 du Code civil, que moyennant une autorisation du gouvernement. Une loi du 4 février 1901 a codifié les lois antérieures sur la matière, en ne conservant, d'une manière générale, la forme solennelle de l'autorisation par décret délibéré en Conseil d'État, que pour les cas où il y a des réclamations des familles, et en admettant, dans bien des circonstances, l'acceptation sans autorisation ou avec l'autorisation du préfet seulement.

Il faut bien remarquer que le défaut d'autorisation, qui empêche les libéralités de recevoir leur effet quand il s'agit d'établissements publics dont les actes sont contrôlés par l'administration, ou même lorsqu'il s'agit d'autres établissements, et que les héritiers ne répugnent pas à s'en prévaloir pour retenir le montant d'un legs, n'empêche pas les associations privées d'encaisser fréquemment des sommes qu'elles n'ont pas la qualité ou l'autorisation nécessaire pour recevoir, mais qui leur sont remises comme dons manuels, soit par le donateur lui-même ou par ses héritiers, soit par personnes interposées.

Par une survivance d'idées remontant à l'époque où la richesse immobilière était la seule qui eût de l'importance, le législateur se montre particulièrement hostile au maintien des *immeubles* dans les biens de mainmorte. Il a craint de voir se reconstituer un domaine analogue à celui des biens du clergé qui, au moment de la Révolution, possédait pour environ 1 milliard de terres, 1 milliard de bois, 1 milliard de maisons, soit environ 3 milliards de biens en tout, alors que la valeur totale de la propriété rurale en France était évaluée à une trentaine de milliards. Aujourd'hui, les associations, même reconnues d'utilité publique, ne peuvent conserver que les immeubles nécessaires à leur fonctionnement ; les autres doivent être vendus, et leur prix placé en titres nominatifs. Les établissements publics peuvent garder des immeubles ; en fait, ils possèdent des biens ruraux dont l'étendue est de 300.000 hectares environ, et quelques maisons de rapport. Mais la partie importante de leur avoir immobilier est constituée par les édifices affectés aux services hospitaliers, dont nous avons indiqué l'importance dans notre premier volume, page 537. D'après une statistique récente, d'ailleurs contestée, les immeubles appartenant aux congrégations religieuses, avant la loi de 1901, atteignaient une valeur totale de

600 millions pour les congrégations autorisées et de 400 millions pour celles qui ne l'étaient pas ; mais ces immeubles, construits en vue d'un usage tout spécial, seraient probablement très difficiles à utiliser pour un autre objet, ou à vendre.

La distinction que fait la loi entre les immeubles et les autres capitaux ne répond plus à la situation économique actuelle. Sans doute, il serait fâcheux que les personnes morales possédassent des terres, si elles devaient les exploiter directement, car elles y sont peu aptes, comme d'ailleurs à diriger des entreprises industrielles. Mais il est difficile de comprendre pourquoi elles ne possèderaient pas, comme placement, des terres affermées ou des maisons louées. Avec le développement actuel des valeurs mobilières, cette interdiction ne gêne en rien l'accroissement de leur fortune, et elle en rend seulement la surveillance plus difficile pour l'autorité publique.

On peut se demander si l'extrême complication de notre législation sur les biens de mainmorte est bien justifiée, au point de vue économique.

En ce qui concerne les rapports des personnes civiles avec les particuliers avec qui elles sont en relations, le régime actuel ne donne que de médiocres garanties, à cause du défaut de publicité. On donnerait bien plus de sécurité aux particuliers qui peuvent être lésés par les associations de toute nature, si on astreignait tous ces établissements, depuis les syndicats professionnels jusqu'aux congrégations, à publier leurs bilans, leurs comptes et la liste complète des associés et adhérents. Une pareille mesure, moins restrictive de la liberté que la législation actuelle, donnerait aussi de plus réelles garanties, au point de vue de l'ordre public.

En ce qui concerne les biens retirés à la circulation, si un contrôle doit être exercé, ce n'est pas au moment où les donations sont faites par ceux qui ont le droit de disposer de ces biens, et qui, à défaut de cet usage, en feront peut-être un moins bon ; c'est périodiquement qu'il faudrait reviser l'ensemble de la situation de toute institution qui détient des capitaux consacrés à un usage spécial pour une durée indéfinie, de manière à reporter les sommes provenant de dons ou de legs très anciens, d'une affectation surabondamment dotée sur une affectation du même ordre qui l'est insuffisamment. Le seul point, en effet, qui distingue économiquement les biens de mainmorte des autres propriétés, c'est la perpétuité de leur affectation ; c'est donc ce caractère spécial qui justifie seul une intervention de l'autorité. En ce qui concerne les affectations très anciennes, une révision peut être prévue par les lois, sans impliquer aucune atteinte indue aux droits des anciens donateurs, qui ne pouvaient lire dans l'avenir. Mais il importe que le délai au bout duquel cette intervention pourrait s'exercer soit fort long, sans quoi cette éventualité détournerait les particuliers de faire des libéralités aux établissements publics ou aux associations. Or, le développement de ces libéralités offre un intérêt public considérable, car seules elles fournissent, sans charger le budget, les ressources nécessaires à une foule d'œuvres qui sont l'honneur d'un pays civilisé.

C. — **Les sociétés civiles ou commerciales et les associations syndicales libres.** — La troisième catégorie de personnes morales que nous devons envisager, est constituée par les groupements formés en vue de poursuivre des entreprises dont les bénéfices se partageront entre les associés, groupements auxquels notre droit donne généralement le nom de *sociétés*, par opposition aux associations constituées sans but de lucre.

Les opérations auxquelles les sociétés se livrent peuvent être de toutes natures, agricoles, industrielles, commerciales ou purement civiles. Mais, comme c'est dans les affaires que le Droit range parmi les actes de commerce que leur rôle est, le plus important, de beaucoup, c'est la législation commerciale qui règle de la manière la plus complète leur constitution et leur fonctionnement. On a même parfois dénié la personnalité aux sociétés constituées dans un but qui ne se rattache pas au commerce, à celles que la loi appelle *sociétés civiles*, par opposition aux *sociétés commerciales*. Mais une société n'est capable de jouer un rôle sérieux, dans la vie économique, que si elle a une existence propre, si elle peut posséder, contracter et ester en justice par ses représentants légaux, sans que tous les associés soient obligés d'intervenir. Aussi la jurisprudence a-t-elle fini par reconnaître aux unes comme aux autres une véritable personnalité. Les sociétés dont l'existence engendre ainsi une propriété collective sont les seules dont nous nous occuperons ici, laissant de côté les simples *participations*, qui peuvent être organisées entre plusieurs personnes pour une affaire déterminée.

Les sociétés se distinguent, au point de vue légal, comme au point de vue du caractère économique que la propriété prend dans leurs mains, en trois catégories principales : les sociétés en nom collectif, les sociétés anonymes (dont les sociétés à capital variable sont un cas particulier), les sociétés en commandite. Nous y joindrons les associations syndicales libres, qui sont des sociétés agricoles offrant un caractère spécial.

La *société en nom collectif* est celle dans laquelle chacun des associés engage éventuellement tous ses biens présents et futurs, en se rendant nominativement responsable des engagements pris par la société, pour sa part en matière civile, et pour le tout, solidairement avec ses associés, en matière commerciale (art. 22 du Code de Commerce). Elle permet de grouper les ressources de plusieurs personnes, en donnant les plus larges garanties aux tiers qui traitent avec elles; mais un homme prudent ne consent à y entrer que s'il a l'intention de suivre de près des opérations dont l'issue malheureuse peut avoir pour lui les conséquences les plus graves, quelque faible que soit la part proportionnelle qu'il a entendu y prendre. C'est ainsi qu'en 1878, la faillite de la banque de Glasgow, établie sous le régime de la responsabilité illimitée, a ruiné en Écosse de nombreuses familles, qui ont dû verser, pour couvrir le passif, six ou sept fois le montant des sommes versées pour constituer l'affaire.

C'est pour éviter cet inconvénient qu'ont été imaginées les sociétés que l'on désigne sous les noms de *sociétés anonymes* en France, de sociétés à responsabilité limitée (*limited*) en Angleterre, et qui, avec des formes diverses, jouent un rôle de plus en plus considérable dans le mouvement économique de tous les pays modernes. Ce sont des sociétés non plus de personnes, mais de *capitaux*; chacun s'y engage pour une somme déterminée, et une fois cette somme versée, nul ne peut plus être recherché pour le paiement des dettes de la société, lors même que celle-ci serait incapable de faire face à ses obligations.

Ces conditions facilitent énormément le groupement des capitaux nécessaires à la production en grand, en permettant de faire appel à un public étendu. La limitation des risques permet à bien des personnes d'engager une certaine somme dans une affaire, sur une connaissance générale de sa nature et de l'honorabilité de ceux qui la dirigent, même sans avoir le temps et la capacité nécessaire pour en suivre la gestion dans ses détails. Il devient bien plus facile de constituer le capital nécessaire à des entreprises très aléatoires, quand les associés sont maîtres de ne risquer, dans chacune d'elles, que la somme qu'ils veulent, et peuvent compenser les bonnes et les mauvaises chances, en divisant leurs placements sans s'engager au delà de leurs ressources.

Mais, par le fait même qu'elle permet de s'adresser au grand public et d'attirer les capitaux de personnes qui étudient fort peu l'affaire à laquelle elles participent, la constitution des sociétés anonymes offre des facilités particulières à la spéculation parfois frauduleuse. D'autre part, le capital limité d'une société étant la seule garantie des tiers avec qui elle traite, il est essentiel qu'au moins ce capital soit connu, intégralement versé, et ne soit pas détourné de son emploi. Les dispositions à adopter, pour concilier les garanties indispensables avec la liberté d'action nécessaire au développement des entreprises, constituent un des problèmes les plus délicats de la législation moderne.

D'après le Code de commerce, les sociétés anonymes ne pouvaient se constituer qu'en vertu d'une autorisation du gouvernement, qui approuvait leurs statuts en Conseil d'État. La loi du 24 juillet 1867 a substitué à ce régime celui de la liberté, sous diverses conditions, notamment au point de vue de la publicité. Les sociétés anciennes, dont les statuts ont été approuvés, ne peuvent les modifier qu'avec l'approbation du gouvernement ; mais généralement celui-ci, quand il est saisi de demandes de cet ordre, les autorise simplement à se placer sous le nouveau régime de liberté, dont elles usent ensuite à leur gré. Souvent, elles préféreraient conserver leur situation antérieure, en raison de la confiance qu'inspire au public l'approbation des statuts par le gouvernement. Mais de trop nombreux exemples montrent combien cette garantie est illusoire ; nous n'en citerons qu'un, récent et très topique. En 1885, la société de l'ancien Comptoir d'Escompte approchant de son terme, le Conseil d'État fût saisi de la modification des statuts nécessaire pour proroger sa durée. Sur les instances du gouvernement, le Conseil consentit à déroger à sa jurisprudence et à laisser la société sous le régime des statuts approuvés, en raison de la nécessité spéciale des garanties qu'ils donnaient, disait-on, dans une affaire intéressant notre expansion coloniale ; ces statuts renfermaient, en effet, une clause qui soumettait à la ratification du ministre des finances le choix du directeur et du président du conseil de la société. Ce fut l'administration qui avait reçu, à cette occasion, une nouvelle investiture officielle, qui quatre années après menait l'affaire à une chute retentissante. Il est infiniment préférable de ne pas engager la responsabilité du gouvernement, en le faisant intervenir dans des affaires dont il ne peut suivre la gestion, et de laisser à ceux qui les fondent et les dirigent plus de liberté d'action, avec la pleine responsabilité de leurs actes.

Cette responsabilité ne doit d'ailleurs prendre un caractère pénal, ou même simplement pécuniaire, que quand les administrateurs se sont rendus coupables de dol ou de faute lourde, car en engageant la société, ils ne s'engagent eux-mêmes, en principe, ni vis-à-vis de ses membres, ni vis-à-vis des tiers; ils ne sont que des mandataires. L'entrepreneur, dans le sens économique du mot, celui qui prend à ses risques et périls l'affaire en vue de laquelle la société anonyme est constituée, c'est cette société elle-même, c'est un groupe de capitaux, dont les gérants ne sont que des agents salariés, aussi bien quand leur salaire comprend une participation aux bénéfices que quand il est fixe.

On a souvent demandé que le législateur aggrave la responsabilité des administrateurs, qu'il ouvre contre eux au moins un recours civil, non seulement pour ces fautes lourdes que la jurisprudence assimile au dol, mais même pour les négligences ou les erreurs d'appréciation qu'un mandataire diligent ne devrait pas commettre. Mais si la loi et les tribunaux doivent être suffisamment sévères, il faut remarquer qu'une sévérité excessive diminuerait les garanties données au public, au lieu de les accroître. En effet, elle détournerait de prendre part à la direction de beaucoup d'affaires les hommes soucieux de ne pas s'exposer à des responsabilités parfois écrasantes, pour des erreurs que nul n'est certain d'éviter, de sorte que les conseils d'administration se composeraient surtout d'hommes n'ayant rien à perdre, ou de simples prête-noms. Ce qui serait plus utile, peut-être, ce serait simplement de limiter le nombre des administrateurs, de manière à ne pas laisser diviser la responsabilité, au moins morale, de ceux qui ont la direction effective d'une affaire, entre des personnes trop nombreuses pour s'occuper sérieusement de sa gestion.

Le *capital* auquel est constituée une société anonyme, est la somme jusqu'à concurrence de laquelle les associés se sont engagés ; il se divise en parts, appelées *actions*. La valeur nominale d'une action est le montant des versements passés ou futurs qu'elle représente ; mais sa valeur réelle, à une époque quelconque, est celle d'une fraction déterminée de l'actif social, laquelle peut être très supérieure ou très inférieure au capital versé, selon que l'affaire a été heureuse ou malheureuse. Dans une entreprise fondée au capital d'un million, divisé en 2.000 actions de 500 francs, chaque action ne vaut plus que 250 francs si la moitié du capital engagé a été perdue, et en vaut au contraire 1.000, si ce capital a été doublé par une gestion habile et par la constitution de fortes réserves. Le prix auquel l'action se vend, quand un associé cède une ou plusieurs de ses parts à une autre personne, dépend des résultats acquis et de ceux que l'on espère, et nullement de la valeur nominale du titre.

La valeur nominale de chaque action ne peut pas, en France, être inférieure à 100 francs pour les sociétés dont le capital excède 200.000 francs, et à 25 francs pour celles dont le capital ne dépasse pas ce chiffre.

Le versement du capital pour lequel chaque souscripteur s'est engagé, peut se faire en une ou plusieurs fois. D'après la loi française, la société n'est constituée que quand un premier versement a libéré chaque action de 25 francs, ou du quart de sa valeur nominale si celle-ci dépasse 100 francs. Les appels de fonds se font ensuite suivant les besoins. Tant que tous les versements exigibles n'ont pas été effectués, le titulaire de chaque action est débiteur éventuel des sommes qui peuvent être encore appelées ; il faut donc que son nom soit connu, c'est-à-dire que l'action reste *nominative*. Une fois libérée, elle peut être mise *au porteur* ; aucune revendication ne pouvant plus être exercée contre son propriétaire, la personnalité de celui-ci ne présente plus d'intérêt. Tant que tout le capital n'est pas versé, chacun des titulaires successifs d'une action qui a passé de mains en mains reste responsable des versements pendant deux ans, en cas d'insolvabilité de ceux qui l'ont acquise après lui. C'est là une règle nécessaire, pour que les actionnaires d'une affaire qui tourne mal ne dégagent pas leur responsabilité, en mettant leurs titres au nom d'hommes de paille insolvables. Avant la loi du 1er août 1893, les actions pouvaient être mises au porteur une fois libérées de moitié ; cette disposition, qui subsiste dans certaines législations, rend souvent illusoire l'engagement de verser le surplus, puisque, le porteur du titre n'étant plus connu, on n'a plus d'autre gage que sa part dans l'actif déjà constitué, qui peut être fort dépréciée.

La souscription d'une action, consistant essentiellement dans l'engagement de verser son montant nominal, ne saurait être valablement effectuée moyennant une somme inférieure à ce montant ; on ne peut pas souscrire les actions au-dessous du *pair*. Il en résulte que, quand une société anonyme a notoirement périclité, si elle a besoin de se procurer de nouveaux fonds, elle ne peut pas faire appel au public en créant des actions nouvelles donnant les mêmes droits que les anciennes : personne ne souscrirait une action de 500 francs, en se contentant de partager les bénéfices futurs avec les anciens actionnaires, dont les

titres sont déjà dépréciés, de moitié par exemple, en raison de la
perte de la moitié du capital versé par eux. Il faut alors adopter
l'une ou l'autre des solutions suivantes : On peut reconstituer la
société, en *réduisant* la valeur nominale du capital ancien, ce qui
ne porte d'ailleurs aucun préjudice aux tiers, du moment où ce
capital n'en reste pas moins intégralement versé : deux anciennes
actions libérées de 500 francs sont alors remplacées par une
seule action de 500 francs, qui viendra sur un pied d'égalité
avec les actions nouvelles, pour lesquelles il a été versé 500 francs
postérieurement aux pertes auxquelles elles ne participent pas.
On peut aussi donner un droit de *préférence* aux nouveaux actionnaires, en mettant dans les statuts que les bénéfices futurs
leur seront distribués, jusqu'à concurrence de 5, 6, 7 p. 100 de
leur capital, avant que les porteurs des anciens titres en reçoivent
aucune part.

La création d'actions de préférence est fort usitée en Angleterre, même pour les affaires nouvelles. Souvent ces titres, auxquels les bénéfices appartiendront intégralement tant qu'ils ne dé-
passeront pas la somme nécessaire au service du revenu stipulé, ne
donnent droit, par contre, à aucune participation dans les excédents. Il est bon que le revenu qui leur est réservé par préférence ne soit pas trop élevé, et qu'une certaine part leur soit
attribuée dans les excédents, pour que les porteurs d'actions ordinaires et d'actions de préférence, qui participent les uns et les
autres aux assemblées générales, restent tous intéressés, à toute
époque, au développement de l'affaire. Mais, à la condition de
prendre cette précaution, la diversité des titres est très utile, car
elle facilite la constitution du capital des affaires, en permettant de
faire appel à diverses catégories de souscripteurs, les uns dési-
reux surtout d'obtenir très probablement un revenu déterminé,
sauf à avoir peu d'espérance d'obtenir davantage, les autres disposés à accepter plus de risques, pourvu que de larges perspectives de bénéfices leur soient ouvertes. En France, ce système
est peu répandu. Sa légalité a même été contestée : mais elle
est aujourd'hui reconnue par la jurisprudence, et vient d'être
consacrée par une loi du 9 juillet 1902.

Si les actions ne peuvent être souscrites au-dessous du pair,
elles peuvent l'être au-dessus. Quand les associés qui ont en
main une affaire prospère veulent en accroître l'importance, s'ils
ne souscrivent pas eux-mêmes le capital supplémentaire, il est
naturel qu'en appelant de nouveaux actionnaires à participer à
leurs bénéfices, ils leur fassent payer leur part de la plus-value

acquise par le capital ancien. On émet alors les actions d'une valeur nominale de 500 francs, par exemple, à 600 francs, 700 francs, etc. Le versement supplémentaire exigé lors de la souscription ne fait pas partie du capital nominal de la société; mais il grossit les réserves, qui constituent un accroissement effectif du capital appartenant aux associés.

Il arrive très souvent qu'une société anonyme est constituée pour reprendre une affaire préexistante, soit en vue de lui donner plus d'extension, soit simplement parce que cette affaire a acquis une importance trop grande pour rester dans le patrimoine d'un particulier; il faut alors payer la valeur des établissements existants. Même quand il s'agit de créer une affaire nouvelle, ceux qui la fondent veulent ordinairement recevoir le prix des études qu'ils ont faites, des éléments de succès que représentent la conception et l'organisation de l'affaire. Au lieu d'attendre que la société soit constituée, pour lui vendre leurs usines, leur fonds de commerce, leurs brevets, leurs concessions, leurs études, etc., les fondateurs en font généralement *apport*, moyennant un prix convenu, payé soit en argent, soit en actions libérées. La vérification de la valeur des apports a été soumise, par la loi du 24 juillet 1867, à des formalités qui ont pour but de mettre les actionnaires à même de s'assurer qu'elle n'a pas été majorée; mais les assemblées générales constitutives de la société, dans lesquelles les apports sont discutés, sont presque toujours dans la main des fondateurs, de telle sorte que leur évaluation est presque toujours admise, et donne souvent lieu aux plus graves abus. Les lois du 1er août 1893 et du 9 juillet 1902 spécifient qu'en dehors du cas de fusion de sociétés préexistantes, les actions d'apport ne seront négociables qu'au bout de deux ans, de manière à empêcher au moins que les fondateurs en réalisent le prix avant que l'expérience ait permis d'apprécier la valeur réelle de l'affaire.

En Angleterre, assez souvent, les apports sont payés en actions ordinaires, tandis que les versements d'argent donnent droit à des actions de préférence. En France, on adopte parfois une combinaison analogue, en ne remboursant en argent ou en actions aux fondateurs que tout ou partie de leurs dépenses réelles, et en leur attribuant, pour rémunérer leur concours, des *parts bénéficiaires*, qui donnent droit à une fraction convenue des bénéfices en excédent, seulement après que les actionnaires auront reçu un certain intérêt sur l'argent versé par eux. De cette façon, ceux qui prétendent obtenir une rémunération spéciale, pour avoir apporté à une société une affaire exceptionnellement lucrative, ne la reçoivent que si l'affaire donne réellement des bénéfices dépassant l'intérêt normal du capital effectivement versé. Mais encore faut-il spécifier que les parts de fondateurs ne seront pas négociables avant un certain délai, pour que ceux qui les ont reçues ne les répandent pas dans le public, avant que l'on puisse savoir si les bénéfices espérés sont imaginaires.

En matière de chemins de fer, l'article 11 de la loi du 15 juin 1845 interdit aux fondateurs des compagnies concessionnaires de recevoir autre chose que le remboursement de leurs avances ; la jurisprudence étend cette disposition aux tramways. On a voulu, par là, couper court aux spéculations auxquelles donnait lieu le trafic des concessions. Le Conseil d'Etat considère comme tombant sous le coup de cette interdiction la création de parts de fondateurs, qui ne sauraient, en effet, être considérées comme un remboursement de dépenses. Ces mesures préviennent certains abus ; mais peut-être en développent-elles de plus graves. On ne peut espérer que les hommes qui ont dressé un projet de chemin de fer et ont obtenu la concession après des négociations laborieuses, qui ont risqué de perdre l'argent et le temps consacrés à étudier l'affaire, si elle n'aboutissait pas, se contenteront d'obtenir le remboursement de leurs avances (même en y comprenant le salaire de leur travail) et de partager les chances futures de bénéfices, dans la mesure du nombre d'actions qu'ils pourront souscrire, avec les actionnaires qui n'ont pas couru les mêmes risques. A défaut d'une part spéciale dans les bénéfices éventuels, ils cherchent trop souvent leur rémunération dans des marchés de travaux faits à des prix majorés, dans des commissions dissimulées, si bien qu'en fait, on voit des brasseurs d'affaires de ce genre, que trois ou quatre cessions gratuites de concessions ont rendu millionnaires. La substitution d'une société anonyme au concessionnaire primitif d'un chemin de fer doit, il est vrai, être autorisée par le gouvernement, qui vérifie que la loi de 1845 a été respectée dans la constitution de la société ; mais, en fait, cette vérification ne peut empêcher les arrangements en sous-main, les marchés à forfait signés d'avance, qui dissimulent les allocations irrégulières. Il vaudrait mieux ne pas engager la responsabilité morale de l'administration, comme on le fait en lui soumettant des arrangements financiers qu'elle n'arrive guère à connaître entièrement, et laisser les actionnaires vérifier les apports, sauf à frapper de pénalités les opérations irrégulières qui seraient signalées par les intéressés. En tout cas, les rigueurs de la loi devraient être réservées pour les combinaisons qui compromettent le succès des entreprises, en les grevant de frais d'établissement excessifs, tandis qu'elle pourrait, sans grands inconvénients, autoriser les allocations imputables seulement sur les bénéfices futurs, au cas où l'affaire apportée à une société lui en procurerait réellement.

Les actionnaires, n'ayant le droit de retirer aucune fraction du capital souscrit, ne peuvent rien toucher, si ce n'est sur des *bénéfices acquis*. Les statuts distinguent, souvent, les sommes qui leur sont attribuées pour l'*intérêt* ou l'*amortissement* des actions d'avec les *dividendes* qui s'y ajouteront éventuellement ; mais cette distinction, qui peut être utile pour déterminer les bases du partage des bénéfices entre les actionnaires, les administrateurs et les fondateurs, ne touche en rien au principe : Les actionnaires, ayant assumé l'aléa de l'affaire, en perte comme en gain, ne doivent recevoir ni intérêt, ni amortissement, tant que la société n'a pas acquitté toutes ses charges, et n'ont pas le droit de prélever sur le capital de quoi compléter leur rémunération, si les bénéfices n'y suffisent pas. La jurisprudence admet, cependant, que les actions reçoivent un intérêt, pendant la période nécessaire à la création d'une usine, à la construction d'un chemin de fer, lorsque les statuts l'ont formellement prévu ; le prélèvement nécessaire équivaut à une diminution statutaire du capital. Encore faut-il que ce prélèvement soit limité, pour ne pas trop réduire les ressources ; mais même dans ce cas, il n'est pas sans inconvénients, car il porte le public à s'imaginer que les actions comportent par elles-mêmes un droit à un revenu déterminé, tandis qu'elles constituent un placement essentiellement aléatoire. En tout cas, une fois la période d'exploitation ouverte, toute allocation aux actionnaires, qui ne serait pas prélevée sur de véritables bénéfices, constituerait une distribution de *dividendes fictifs*, punie de peines correctionnelles.

Lorsque les actions sont amorties par voie de tirage au sort, les porteurs des titres dont le capital nominal a été remboursé reçoivent, en échange, des *actions de jouissance*, qui ne participent à la distribution des bénéfices qu'après allocation de l'intérêt statutaire aux actions dont les porteurs n'ont pas encore récupéré le montant de leurs versements.

Les partisans de l'intervention de l'État, dans les affaires privées, ont souvent réclamé l'institution d'un contrôle sur les opérations des sociétés anonymes, pour prévenir les abus auxquels

donnent lieu les apports ou les majorations de dividendes destinées à amener une hausse momentanée des titres. Mais une surveillance de ce genre engagerait la responsabilité des fonctionnaires chargés de l'assurer, sans donner des résultats efficaces :
l'appréciation de la situation réelle d'une affaire, dans laquelle il
faut tenir compte des amortissements nécessaires, de la solidité
des créances en portefeuille, etc., est trop délicate, peut donner
lieu à des avis trop divergents, pour être réglée administrativement. Il vaut mieux que l'État n'endorme pas la vigilance des
actionnaires, en paraissant assumer une tâche qui leur incombe.
Tout ce que peut utilement faire le législateur, c'est de leur conférer des droits étendus pour prendre connaissance de la situation de leurs affaires, et de punir sévèrement toute falsification
des documents qui leur sont soumis.

Les *sociétés à capital variable* sont des sociétes anonymes d'un
type particulier, imaginées en vue de rendre possible le fonctionnement des associations coopératives. Pour faciliter l'entrée et la
sortie des nouveaux membres, la loi permet d'augmenter ou de
diminuer le capital sans les formalités compliquées et la publicité
coûteuses imposées aux sociétés anonymes ordinaires : dans ce
but, des titres gardés à la souche peuvent être délivrés aux nouveaux adhérents à mesure de leur admission ; les associés qui veulent se retirer, au lieu de ne pouvoir le faire qu'en se substituant
quelqu'un qui leur achète leur titre et prenne ainsi leur place,
ont la faculté de demander le remboursement de leur part. Le
montant minimum des actions est de 50 francs seulement ; elles
peuvent n'être libérées que du dixième au moment de la souscription. Elles sont toujours nominatives, et ne sont cessibles
qu'à une personne agréée par le Conseil d'administration.

Ces dispositions donnent, en fait, toutes les facilités nécessaires
aux associations ouvrières. Pour qu'elles ne soient pas détour-
nées de leur but, en servant à éluder les garanties exigées des
grandes entreprises, la loi de 1867 limite à 200.000 fr. le capital
initial des sociétés de ce type, et à 200.000 fr. également l'augmentation qu'il peut recevoir chaque année.

Les *sociétés en commandite* sont des sociétés mixtes de personnes et de capitaux. Elles comprennent, à la fois, des associés
en nom, responsables solidairement sur tout leur avoir des
engagements de la société, et des *bailleurs de fonds* ou *comman-
ditaires,* qui ne s'engagent que jusqu'à concurrence d'une

somme déterminée. La commandite peut être divisée en actions, présentant tous les caractères de celles des sociétés anonymes, et les actionnaires élisent alors un Conseil de surveillance, qui les représente et contrôle la gestion de ceux des associés solidaires auxquels la direction de l'entreprise commune est confiée. Les sociétés en commandite sont les premières qui aient répandu largement les actions industrielles dans le public, et elles ont joué un grand rôle, notamment sous le règne de Louis-Philippe. Aujourd'hui, les grandes entreprises se constituent plutôt en sociétés anonymes ; c'est seulement sous forme de concours prêté, à une entreprise individuelle ou à une société en nom collectif, par un petit nombre de personnes, que la commandite est appliquée.

Il faut ranger dans la catégorie de personnes morales que nous étudions en ce moment les *associations syndicales libres*, constituées conformément aux lois du 21 juin 1865 et du 22 décembre 1888. Ce sont des sociétés ayant pour objet de procurer à ceux qui y participent des bénéfices, qui ne leur sont pas distribués en argent, mais qui prennent la forme d'une *plus-value* de la propriété à laquelle ont profité les travaux exécutés, irrigations, dessèchement, curage, ouverture de chemins, etc. Ces sociétés sont en réalité composées, non plus de personnes, ni de capitaux chiffrés en argent, mais d'*immeubles* : c'est ce qu'exprime le règlement d'administration publique du 9 mars 1894, précisant le sens des lois de 1865 et de 1888, par son art. 2, ainsi conçu : « Les obligations qui dérivent de la constitution de l'association sont attachés aux immeubles compris dans le périmètre et les suivent, en quelques mains qu'ils passent, jusqu'à la dissolution de l'association ». Il suit de là que nul associé ne peut être poursuivi, pour contribuer à acquitter les engagements de la société, si ce n'est en sa qualité de propriétaire, et que chacun peut se dégager en abandonnant gratuitement à l'association les biens engagés — sans préjudice du droit de délaissement moyennant indemnité, réservé par la loi, dans la plupart des cas, aux propriétaires que la majorité des intéressés voudrait englober malgré eux dans une association autorisée.

Les associations libres, formées dans les conditions édictées par la loi, jouissent de la personnalité la plus étendue, et sont administrées par un syndicat élu. Elles peuvent, en se transformant en associations autorisées, acquérir le pouvoir coërcitif qui,

comme nous l'avons expliqué plus haut, fait d'elles de véritables
organes de la puissance publique.

Parmi les types de sociétés que nous venons d'énumérer, celui
qui a pris de beaucoup le plus grand développement, pour faciliter la production en grand, condition du succès de beaucoup
d'industries, est celui des sociétés anonymes. Elles ne disposent
pas seulement des capitaux représentés par les actions, qui constituent leur avoir propre, mais aussi de ceux qu'elles empruntent sous la forme spéciale d'émissions d'obligations, que nous
étudierons dans le chapitre suivant en exposant les diverses
modalités du prêt à intérêt. C'est presque toujours en prenant
cette forme que l'industrie privée prête son concours à l'État,
aux départements ou aux communes, lorsque ceux-ci, au lieu de
gérer directement les parties de leur domaine susceptibles de produire un revenu, voies de communication, distributions d'eau ou
de force, etc., préfèrent en confier l'établissement et l'exploitation à des concessionnaires. Aussi leurs titres, actions et obligations, représentent-ils une part des fortunes privées de plus en
plus considérable, dont nous chiffrerons plus loin l'importance
actuelle en France.

VII. Conclusions. — Nous avons passé en revue les formes
diverses que peut revêtir la propriété. Nous avons vu comment
la propriété collective, qui en fut le mode primitif avec les communautés agraires, après avoir été presque partout abandonnée,
se reconstitue de nos jours par les sociétés anonymes, — de
même que l'union de la propriété avec la puissance publique,
qui avait pris un caractère de plus en plus exceptionnel à mesure
que le régime féodal avait disparu, retrouve une grande importance, par le développement des services publics occupant des
immeubles dont le nombre croît sans cesse, et surtout par l'extension du domaine public livré à la jouissance commune.

Les Écoles socialistes concluent de là que la propriété individuelle n'a été qu'une forme transitoire, appelée à disparaître par
une évolution économique normale et spontanée. Elles constatent
que la prise de possession, par la collectivité sociale, est déjà
réalisée, pour les biens nationaux, départementaux ou municipaux. Elles la jugent facile à réaliser, pour les biens qui n'appartiennent plus à des individus, mais qui sont affectés à perpétuité
à des destinations dont les unes (par exemple celles qui se rattachent à l'enseignement ou à l'assistance), devraient, suivant

elles, devenir des services publics gérés directement par l'autorité centrale ou par les autorités locales, et dont les autres (celles qui concernent les cultes), sont considérées par beaucoup de socialistes comme des nuisances publiques à prohiber. Enfin cette prise de possession se prépare, disent ces Écoles, pour tous les biens des sociétés anonymes, car l'interposition de ces sociétés rompt le lien direct entre l'individu propriétaire et le bien possédé ; l'organisation bureaucratique, sous la direction de mandataires salariés, qui s'impose nécessairement aux entreprises gérées par ces sociétés, ressemble singulièrement à celle des services publics ; la distribution des dividendes, résultant du succès plus ou moins grand d'une gestion à laquelle l'actionnaire ne prend aucune part, présente une grande analogie avec la répartition générale des revenus sociaux entre tous les citoyens, et n'en diffère que par l'injuste inégalité des parts ; ainsi rien ne serait changé, en fait, à l'organisation de ces entreprises, si l'État, se substituant aux sociétés anonymes dans la propriété de leurs biens, en assumait la direction.

C'est là une vue séduisante en apparence, mais purement superficielle, et dont le caractère illusoire est facile à montrer.

En ce qui concerne l'État et ses subdivisions, le fait que, pratiquement, l'importance des services dont la charge leur incombe et des biens affectés à ces services va en augmentant, n'implique nullement un acheminement vers la main-mise sur les entreprises qui rentrent normalement dans le champ d'action de l'initiative privée et sur les capitaux engagés dans ces entreprises. Nous avons énuméré, dans le Livre premier du présent cours (Ch. II), les divers services qui, par leur nature, se rattachent plus ou moins complètement aux attributions de la puissance publique. Il en est un parmi eux, celui des voies de communication, auquel les inventions modernes ont donné une extension considérable et les progrès de la démocratie ont fait de même pour ceux d'instruction et d'assistance ; ces deux causes combinées ont aussi beaucoup développé et compliqué l'organisation de la défense nationale, des relations postales, etc. Mais elles n'ont pas changé la nature du rôle de l'État. Que les services qui lui incombent, et par suite le domaine qu'il possède pour s'en acquitter, doivent encore s'étendre dans bien des directions, qu'ils puissent être restreints dans quelques autres, que des monopoles fiscaux puissent être créés ou supprimés, rien de plus certain ; mais cela n'a aucun rapport avec la main-mise de l'État sur les biens des particuliers et sur les entreprises auxquelles ils servent, pas plus dans les branches où le groupement pour la production en grand est déjà généralisé (mines, banques, assurances, raffineries de sucre ou de pétrole, grosse métallurgie), que dans celles où la grande propriété garde un caractère exceptionnel (domaines ruraux, maisons d'habitation, commerce de détail, etc.).

En ce qui concerne les biens des établissements publics ou d'utilité publique et des associations, ainsi que les services gérés par eux, rien n'indique que la socialisation en soit prochaine, ni désirable. Sans doute, l'Etat pourrait gérer directement ou confier aux départements ou aux communes ceux qui ont le caractère de démembrements des services publics ; mais il diminuerait ainsi considérablement l'extension des concours particuliers dont la collaboration est si essentielle, pécuniairement et surtout moralement. Quant aux institutions dues à l'initiative privée, leur disparition représenterait une diminution considérable dans les éléments de progrès social. L'action de propagande individuelle, qui s'exerce si puissamment et si utilement par les associations charitables, scientifiques, morales, patriotiques, religieuses, voire même sportives, serait extrêmement réduite pour celles de ces œuvres que l'Etat absorberait, et cesserait complètement pour toutes celles que les goûts et les opinions de la majorité au pouvoir lui feraient abandonner. Ce serait une perte énorme, au point de vue de l'activité, de la liberté, de la diversité des emplois désintéressés de l'énergie humaine, — perte qu'heureusement rien ne permet de prévoir, car le nombre et l'importance des associations vont constamment en croissant, non seulement pour celles que les pouvoirs publics favorisent, mais même pour celles qu'ils cherchent à entraver, à tort ou à raison.

Mais c'est surtout en ce qui concerne les biens des sociétés, et notamment des sociétés anonymes, que l'erreur de la conception des socialistes est manifeste. Ils se trompent en fait, car si grand que soit le développement pris par cette catégorie de biens, elle ne représente encore que la moindre part des richesses accumulées par l'humanité, et rien ne permet de supposer qu'elle puisse un jour les englober intégralement. Ils se trompent surtout au point de vue économique, car le fait que la personnalité de la société anonyme s'interpose entre les biens possédés et les actionnaires, qui en sont au fond les vrais propriétaires, n'empêche pas les droits de chacun de ceux-ci d'avoir un caractère essentiellement individuel. C'est par le travail, par l'épargne, que chaque actionnaire ou ses auteurs, ont acquis les capitaux qu'il a engagés dans l'affaire ; c'est volontairement qu'il les y laisse et qu'il en confie la gestion aux hommes que la majorité des intéressés a désignés, de sorte que les chances de gain dont il bénéficie sont la légitime compensation des chances de perte auxquelles il s'expose librement. Le stimulant de l'intérêt privé et des affections de famille ne perd rien de son efficacité, puisque c'est pour soi-même et pour les siens que chaque individu travaille, s'ingénie, épargne, aussi bien quand il place ses économies en actions que quand il acquière un domaine ou un fonds de commerce. La liberté des initiatives, la diversité des entreprises, la mise en œuvre de toutes les inventions et de tous les procédés nouveaux, pourvu qu'ils inspirent confiance à des capitalistes ayant les ressources nécessaires, trouvent dans les sociétés anonymes des moyens plus puissants de se développer, et non des entraves. La concurrence les aiguillonne, exactement comme les entreprises purement individuelles, et à travers les bonnes et les mauvaises chances, elle amène, en général, le développement des mieux dirigées et l'échec des autres. Les avantages de la propriété individuelle, au point de vue de l'intérêt général, se retrouvent donc dans les sociétés anonymes — de même que tous les arguments de droit naturel qui légitiment cette propriété doivent la rendre aussi intangible, quand elle se présente sous la forme d'une participation dans l'avoir d'une société, que quand elle s'applique directement à des biens exploités par le propriétaire, ou loués par lui à des tiers.

Nous ne voyons donc nullement, quant à nous, poindre l'avènement de la propriété collectiviste, que l'école de Karl Marx croit imminent. La communauté des biens est le passé ; elle n'est pas l'avenir. Quelques théoriciens peu judicieux et beaucoup d'agitateurs politiques ont présenté comme des transformations radicales, de simples modifications portant, les unes sur l'étendue des services publics, les autres sur l'importance relative des diverses formes revêtues par la propriété individuelle, et ils ont annoncé la disparition de celle-ci comme le terme nécessaire de l'évolution économique moderne, qui au contraire a si largement étendu son domaine. Rien ne permet de croire que cette disparition se produise spontanément, et si la force, accoucheuse des sociétés, suivant l'expression adoptée par les révolutionnaires, venait à l'imposer, bien loin de hâter la naissance d'une organisation meilleure, elle supprimerait l'élément essentiel du progrès, le meilleur stimulant de l'ardeur au travail et de

l'esprit d'initiative, la condition essentielle du développement
de la production des objets nécessaires aux hommes et de l'accumulation des capitaux. En arrêtant ainsi l'action des véritables
causes de l'accroissement des salaires, elle arrêterait, bien loin
de l'accélérer, cette amélioration générale du sort matériel de
l'humanité, dont les socialistes eux-mêmes sont obligés aujour-
d'hui de reconnaître la réalité.

CHAPITRE DEUXIÈME

LA GESTION ET LA TRANSMISSION DE LA PROPRIÉTÉ

**I. — L'exploitation des biens par leur propriétaire ou par
les personnes à qui il les confie ; le crédit.** — La pleine propriété, comprenant le *jus utendi et abutendi,* se manifeste par
deux sortes d'actes, ayant pour objet, les uns de jouir des biens
que l'on possède, de les exploiter ou d'en tirer un revenu, les
autres d'en disposer, soit par voie d'échange, soit par voie de
donation entre vifs ou après décès. Nous examinerons les premiers, dans le présent paragraphe ; la cession volontaire ou forcée des biens par le propriétaire, et les conditions nécessaires
pour assurer la transmission régulière des droits réels, feront
l'objet du deuxième paragraphe de ce chapitre ; le troisième
paragraphe sera consacré à la transmission des biens lors du
décès du propriétaire, par succession testamentaire ou ab intestat.

Les usages qui peuvent être faits de la propriété, en dehors de
toute aliénation, sont de trois ordres différents : le propriétaire
peut en jouir ou l'exploiter lui-même ; il peut aussi louer ou
affermer un bien déterminé à une autre personne, qui l'utilisera
moyennant un loyer, et le lui rendra en nature à l'expiration
du bail ; il peut, enfin, réaliser ses capitaux en espèces, et les
prêter, moyennant un intérêt, à charge de restitution d'une
somme égale. Nous allons passer successivement en revue les
questions que soulève chacun de ces trois emplois, et à l'occasion
du premier, nous dirons quelques mots des restrictions générales
auxquelles est soumis le droit de propriété.

**A. — RÈGLES GÉNÉRALES RELATIVES A L'USAGE DE LA PROPRIÉTÉ ;
JOUISSANCE OU EXPLOITATION DIRECTE PAR LE PROPRIÉTAIRE.** — Le
propriétaire qui conserve ses biens entre ses mains n'est soumis,
dans l'usage qu'il en fait, à aucune autre limitation que celles
qui constituent le droit commun de la propriété. En principe, la
jouissance et l'exploitation des biens et capitaux de toute nature

sont entièrement libres, sous réserve de l'observation des lois et des mesures de police destinées à sauvegarder les droits des tiers et l'intérêt public. A cet égard, la législation de tous les pays apporte, au libre usage de la propriété immobilière, quelques restrictions dont nous devons dire quelques mots.

En premier lieu, le Code civil règle certains rapports entre propriétaires voisi , en déterminant les sujétions auxquelles chacun d'eux est assujetti, pour ne pas entraver ou même pour faciliter l'usage des droits des autres. Les art. 640 à 685, dont les dispositions ont été en parties modifiées par le Code rural (lois du 20 août 1881) les énumère sous le nom de *servitudes qui dérivent de la situation des lieux* et de *servitudes établies par la loi*. Ils règlent ainsi les droits respectifs des propriétaires des fonds supérieurs et inférieurs, en ce qui concerne l'usage et l'écoulement des eaux pluviales, des eaux de sources et des eaux courantes — les conditions dans lesquelles le bornage des propriétés, l'usage commun des murs ou fossés mitoyens, peuvent être exigés — les restrictions au droit de se clore, découlant de la nécessité de laisser un accès aux propriétés enclavées — la distance à réserver, lorsqu'un propriétaire plante près de la limite de sa propriété ou prend des vues sur celle du voisin. Ils déterminent en outre, pour quelques cas, les conditions dans lesquelles l'atténuation ou l'aggravation de ces servitudes peuvent résulter de la prescription.

En dehors de ces règles, les dispositions légales relatives à l'usage de la *propriété bâtie* n'ont guère que le caractère de mesures de police, intéressant l'hygiène ou la salubrité ; telles sont, par exemple, les dispositions inscrites dans le décret du 14 octobre 1810 et dans les règlements ultérieurs, au sujet des ateliers et manufactures dangereux, insalubres ou incommodes qui seraient établis à proximité des habitations, et les prescriptions relatives aux logements insalubres, dont nous avons déjà parlé dans le Livre deuxième. La loi du 15 février 1902, sur la protection de la santé publique, vient d'étendre considérablement les pouvoirs de police, notamment ceux qui appartiennent aux maires, en matière de salubrité des habitations.

La liberté de la *culture des terres* a été longtemps soumise, dans beaucoup de régions, à des restrictions plus importantes, dont quelques-unes constituaient des traces des anciennes communautés agraires. Tel était le cas des prescriptions qui déterminaient les emblavements auxquels serait affectée, chaque année, chaque partie du territoire d'une commune (ce que l'on appelle en Allemagne *flurzwang*) les *bans* de vendange, de fauchaison, de moisson, par lesquels l'autorité municipale réglait l'époque où serait faite, telle ou telle opération agricole. Le Code pénal de 1791 et les lois ultérieures ont aboli ces règlements en France, sauf les bans de vendange, qui encore doivent être désormais ratifiés par le Conseil général pour être valables (loi du 9 juillet 1889). L'inutilité de ces entraves est aujourd'hui généralement reconnue, car on peut s'en remettre à l'intérêt de chaque propriétaire, du soin de combiner ses opérations de manière à ne pas porter aux récoltes de ses voisins un préjudice dont il serait pécuniairement responsable. Il n'est nullement nécessaire, pour éviter des conflits rares et faciles à juger, d'édicter des règles préventives dont les unes entravent les essais d'améliorations dans les assolements, tandis que les autres peuvent, dans certains cas, entraîner la perte totale de la récolte dont la rentrée aurait été interdite avant une date fixée.

De même, la loi du 9 juillet 1889 a aboli l'interdiction de vendre les blés en vert, qui figurait dans la loi du 6 messidor an III.

La législation moderne ne contient plus guère de prescriptions ou d'interdictions, sur l'usage des biens ruraux, que pour les cas où la nature même des choses établit une solidarité entre les propriétaires d'une même région. Par exemple, les lois sur les *associations syndicales* donnent à la majorité des propriétaires intéressés le droit de contraindre la minorité à participer à certains travaux de défense ou d'amélioration, qui ne peuvent être effectués que par une opération d'ensemble. Le Code forestier autorise l'Administration à interdire le *défrichement* des bois des particuliers, quand cette opération peut porter atteinte à un intérêt général, dans des cas limitativement énumérés (loi du 18 juin 1859). Des lois de 1860 et 1864 avaient même armé le Gouvernement de pouvoirs coercitifs, pour assurer le reboisement ou le gazonnement des terrains en montagne, au moins quand ils appartenaient à des communes ou des établissements publics; mais aujourd'hui, il ne peut plus réaliser ces opérations qu'en acquiérant les terrains par voie d'expropriation (loi du 4 avril 1882).

Nous ne reviendrons pas sur les dispositions relatives à l'obligation d'exploiter les *mines*, dont nous avons parlé page 31.

La gestion des biens, par le propriétaire qui en jouit ou les exploite lui-même, n'est soumise à aucune règle légale, en dehors de ces prescriptions, qui s'appliquent d'une manière générale à l'usage de la propriété sous toutes ses formes. Du moment où cette gestion ne comporte ni location, ni prêt, ni transmission, elle n'engendre pas par elle-même des rapports économiques ni des liens de droit avec d'autres personnes, pouvant motiver une intervention du législateur ou donner lieu ici à des remarques particulières.

Il est vrai qu'elle entraîne souvent l'organisation d'une véritable *entreprise*, quand le propriétaire produit pour vendre. La qualité de propriétaire gérant lui-même ses biens n'implique pas nécessairement celle d'entrepreneur, car le propriétaire peut se contenter de jouir de ce qu'il possède, d'occuper ses maisons, de récolter les denrées nécessaires à son alimentation, de se servir de ses meubles, de consommer ses approvisionnements ; mais dès qu'il veut tirer de ses capitaux un revenu pécuniaire, par une exploitation agricole, industrielle ou commerciale, il devient par cela même entrepreneur. En sens inverse, on peut dire que la qualité d'entrepreneur implique nécessairement celle de propriétaire exploitant directement un certain avoir, puisque tout entrepreneur, pour offrir quelques garanties aux personnes avec lesquelles il traite, doit posséder au moins une certaine partie des capitaux engagés dans son entreprise. La réunion fréquente de la qualité d'entrepreneur avec celle de propriétaire ne donnera cependant pas lieu à des développements plus étendus, dans cette partie de notre ouvrage, parce que les circonstances dans lesquelles la situation de l'entrepreneur soulève des questions économiques, ou provoque l'intervention législative, se rattachent toutes soit aux rapports entre patrons et ouvriers, que nous avons étudiés dans le volume précédent, soit aux opérations commerciales, qui feront l'objet du Livre IV ci-après.

En matière agricole, on donne à l'exploitation directe des biens, par le propriétaire, le nom de *faire-valoir*. Le faire-valoir direct est le meilleur mode d'exploitation de la propriété rurale, car c'est celui qui entraîne le moins de complications, celui qui soulève le moins de conflits, puisque les intérêts du propriétaire et du cultivateur sont confondus. C'est surtout celui qui facilite le plus les progrès et l'amélioration des terres, puisque le cultivateur les réalise sur son propre terrain, et que, par conséquent, il a la perspective de profiter du résultat de ses efforts pendant un avenir indéfini. Le faire-valoir est appliqué en France à plus de la moitié des terres arables et des prairies, comme nous le verrons en étudiant la statistique agricole.

Dans la grande industrie, la propriété du sol et des bâtiments appartient, plus souvent encore que dans la culture, à l'entrepre-

7

neur, particulier ou société, en raison de l'importance de la partie
immobilière de l'outillage. Au contraire, la petite industrie et le
commerce de détail peuvent être installés dans des immeubles
appartenant à autrui, et n'impliquent généralement la propriété
que des outils et des approvisionnements.

B.— LA LOCATION DES IMMEUBLES ; FERMAGE ET MÉTAYAGE.— C'est
seulement pour les immeubles que le *louage*, à charge de paiement d'un loyer et de restitution du bien confié à autrui, présente une importance économique sérieuse. Le *prêt à usage* des
objets mobiliers que l'emprunteur doit rendre en nature (Code
civil, art. 1875 à 1891), comme le *prêt de consommation* portant
sur des choses fongibles dont il doit rendre l'équivalent en quantité et qualité (art. 1892 à 1904), ne jouent qu'un rôle tout à fait
secondaire dans les affaires, et nous ne nous y arrêterons pas.

En ce qui concerne la *propriété bâtie*, le bail à loyer ne donne
lieu à aucune considération particulière. Les dispositions légales
qui règlent les rapports du bailleur et du preneur (Code civil,
art. 1714 à 1762), ne font que codifier les règles résultant de
l'usage ou de l'équité, de manière à préciser les dispositions
qui seront appliquées en l'absence de stipulations contraires. Les
locaux destinés à l'exercice d'une industrie ou d'un commerce se
louent exactement dans les mêmes conditions que les locaux destinés à l'habitation ; le propriétaire se borne à toucher un loyer,
sans avoir à se préoccuper des résultats de l'entreprise installée
dans son immeuble. Dans l'un et l'autre cas, celui-ci doit lui être
remis à la fin du bail, dans l'état où il l'a loué, sauf le défraîchis-
sement normal des papiers, peintures, etc.

En ce qui concerne la propriété rurale, les conditions du louage
présentent bien plus de divergences, et entraînent des conséquences économiques qui varient beaucoup avec le régime
adopté ; elles ont en effet pour objet de régler, non pas une simple
occupation, mais le mode d'emploi de l'instrument de production
essentiel de l'industrie agricole. L'exploitation de la terre par un
locataire est le cas habituel, dans les pays de grande propriété, où
la majeure partie du sol appartient à des familles à qui l'étendue
de leurs biens ne permettrait pas de les faire valoir directement,
lors même que leur richesse ne leur enlèverait pas le goût du
travail assidu qu'exige toute entreprise. Aussi les rapports entre
les propriétaires qui n'exploitent pas leurs domaines et les entrepreneurs de culture méritent-ils une étude particulière. La *tenure
des terres* se présente sous deux formes principales, le fer-

mage et le métayage. Les règles légales qui s'y appliquent, en France, sont d'abord les articles 1714 à 1751 du Code civil, communs au louage des maisons et à celui des biens ruraux, puis les articles 1763 à 1778, spéciaux à ces derniers, enfin la loi du 18 juillet 1889 sur le métayage.

Le *fermage* est le système dans lequel le cultivateur paye au propriétaire un loyer fixe, et prend à son compte tout l'aléa de l'exploitation. Profitant ainsi de toute augmentation du produit de la terre, il a intérêt à rendre l'exploitation aussi fructueuse que possible, et tant que le fermier a devant lui une certaine durée de bail, ce stimulant assure de sa part une bonne gestion, à la condition bien entendu qu'il possède les connaissances et les capitaux nécessaires. Aux approches de la fin du bail, au contraire, l'intérêt du fermier est de ne plus faire d'autres frais que ceux dont il doit retirer tout le profit en très peu de temps, de restreindre les fumures et d'épuiser le sol. Ni les stipulations des baux, ni la surveillance du propriétaire n'arrivent à y mettre obstacle, de sorte que le seul moyen d'assurer à la culture les vues d'avenir indispensables, est d'avoir des baux suffisamment longs et de les renouveler à l'avance. La durée de 9 ans est un minimum, et celles de 18 ou de 27 ans sont préférables.

Pendant la période de hausse de la rente du sol, les propriétaires répugnaient souvent à consentir ces longs engagements, qui retardaient le moment où ils profiteraient de l'accroissement régulier du revenu des terres. Au contraire, au début de la crise amenée dans l'Europe occidentale par la baisse du coût des transports et par les facilités d'importation qui en résultent, ce sont les fermiers qui en ont souffert ; beaucoup d'entre eux se sont trouvés dans l'impossibilité de continuer à payer des fermages devenus hors de proportion avec le produit net de leur exploitation. Pour remédier à ces inconvénients, on a proposé une sorte d'échelle mobile des loyers, réglant le prix annuel du bail d'après le cours moyen des principaux produits agricoles ; mais il est difficile d'accroître le fermage, quand la hausse des cours tient à une mauvaise récolte. Il n'y a guère d'autre moyen pratique de tenir compte des crises, qu'une revision amiable des contrats qui ont encore une longue durée à courir, lorsque surviennent des circonstances sortant absolument des prévisions. Les propriétaires intelligents ont reconnu eux-mêmes, il y a une vingtaine d'années, qu'ils n'avaient pas intérêt à acculer leurs fermiers à la ruine ; mais ceux-ci ont néanmoins subi de fortes pertes, de même qu'ils avaient réalisé de grands bénéfices dans les périodes antérieures,

L'entente amiable est également le seul moyen de réaliser, en cours de bail, les améliorations durables qui exigent l'immobilisation de capitaux importants, telles qu'irrigations, drainages, clôtures, ou modifications à apporter aux bâtiments à l'occasion des grosses réparations qui incombent au propriétaire. On a proposé d'introduire dans les lois l'obligation, pour ce dernier, de payer une indemnité au fermier sortant, en raison des améliorations que celui-ci aurait réalisées. Mais on ne peut obliger un propriétaire à rembourser des dépenses considérables faites sur sa terre, lorsqu'il n'avait pas le désir ni peut-être les moyens de les faire ; quand, au contraire, il ne s'agit que de menues améliorations, les expertises nécessaires impliquent trop de frais, eu égard à l'importance des intérêts en jeu.

En Angleterre, une loi de 1875 règle les indemnités de ce genre dues dans divers cas, et une loi de 1883 déclare nulles les clauses des baux qui dérogeraient à ces prescriptions. Cette intervention du législateur, dans les contrats privés, s'explique par le caractère particulier des rapports entre les grands propriétaires anglais, descendants de l'aristocratie, et leurs fermiers, descendants des vassaux à qui le régime féodal reconnaissait une sorte de droit traditionnel sur le sol. En effet, à côté des fermiers qui exercent la culture comme une véritable industrie, en vertu de baux de très longue durée, débattus avec soin, il existe toute une classe de tenanciers appartenant à des familles qui souvent cultivent le sol depuis des générations, sans aucun bail ; les fermiers qui sont dans cette situation, appelés *tenants at will*, peuvent être renvoyés à toute époque, mais la coutume leur reconnaît souvent un droit à indemnité, en cas de renvoi non justifié. C'est surtout dans leur intérêt que la loi a spécifié un droit au remboursement partiel des dépenses de culture dont le profit se répartit sur plusieurs années ; toutefois, lorsqu'il s'agit de travaux vraiment importants, ou même simplement d'améliorations durables, il a bien fallu laisser au propriétaire la faculté de s'y opposer, de sorte qu'au fond, l'entente amiable reste nécessaire. Les dispositions de la loi anglaise n'ont donc pratiquement un caractère obligatoire que pour le remboursement partiel de certaines dépenses, telles que le coût des engrais artificiels employés dans les trois dernières années de l'occupation, ou autres analogues, qui n'offrent pas un très grand intérêt, et qui ne se présentent d'ailleurs qu'à intervalles éloignés, lorsqu'il existe des baux d'une durée raisonnable.

En Irlande, une intervention bien autrement radicale du législateur a été justifiée par un état social impliquant un droit historique des fermiers, une sorte de copropriété. Dans ce pays, la propriété appartient encore principalement à des propriétaires (*landlords*) descendants des conquérants anglais, entre les mains de qui elle a été maintenue par le régime de substitutions que nous étudierons plus loin à propos des successions. Le souvenir de la violence qui entachait à l'origine la prise de possession des biens confisqués par les vainqueurs sur les tribus irlandaises ne s'est pas effacé, car dans la plupart des cas, les nouveaux propriétaires, habitant principalement l'Angleterre, n'ont jamais pris aucune part à la mise en valeur du sol conquis, et d'autre part, les substitutions les empêchaient de le céder à des tiers qui eussent pu, du moins, invoquer comme fondement d'un droit autre que la conquête, sur les biens achetés par eux, la légitimité de la possession du capital consacré à l'achat. De nouvelles confiscations sont même venues dépouiller ceux des descendants des premiers conquérants qui avaient pris racine dans le pays, sous Cromwell, sous Guillaume III et plus récemment encore. La population indigène a continué à exploiter le sol, divisé en fermes très peu étendues, avec des bâtiments d'habitation misérables et un matériel de culture rudimentaire ; c'est le régime auquel on a donné le nom de *tenure cottagère*. Le *tenant at will*, sans bail, payait un fermage que des sortes de fermiers principaux, souvent employés par les propriétaires absents (*middlemen*), s'efforçaient de grossir sans cesse, en suscitant en face de l'occupant traditionnel des offres concurrentes d'autres familles, toujours prêtes à contracter des engagements excessifs pour obtenir une parcelle du sol, sauf à ne pas les tenir, et à vivre ensuite perpétuellement endettées.

Dans l'Ulster, la situation des tenanciers était adoucie par un régime de véritable copropriété, défini par ce qu'on a appelé les trois *f* : *fixed tenure*, ou droit du tenancier de garder sa ferme tant qu'il remplissait ses obligations ; *free sale*, ou faculté de vendre son droit à un tiers, sous réserve de l'approbation du propriétaire ; *fair rent*, ou fermage limité à un taux raisonnable. Une première loi de 1870 transforma ces coutumes en lois, et ouvrit en outre un droit à une indemnité pour les tenanciers évincés sans motif, dans les régions où la coutume de l'Ulster n'était pas en vigueur. Une seconde loi, en 1881, étendit à toute l'Irlande le droit de l'Ulster, et institua une sorte de tribunal auquel le tenancier pouvait demander de fixer le fermage pour une durée de 15 ans, en cas de désaccord avec le propriétaire.

Des mesures analogues ont été prises au profit des *crofters*, tenanciers de certaines régions des hautes terres d'Ecosse, où la grande propriété, combinée avec une culture divisée en très petites fermes, s'était peu à peu substituée au régime des clans. On en a même demandé parfois l'extension à l'Angleterre. Mais il est difficile de croire que ce système soit préférable à la liberté des conventions, quand on ne se trouve pas en présence d'une situation toute spéciale, comme celle qui résulte, en Irlande, d'un enchevêtrement de droits et d'une mauvaise assiette des relations économiques, créés et maintenus par une situation politique absolument exceptionnelle. Les lois agraires de l'Irlande, que l'on a rapprochées avec raison des mesures prises lors de l'affranchissement des serfs en Russie, constituent, en réalité, bien moins une violation du principe de la liberté économique, qu'un essai de liquidation d'un état de fait absolument contraire à ce principe. Il ne semble pas, d'ailleurs, que ce système bâtard ait donné de très bons résultats, car les conflits auxquels il devait mettre fin, loin d'avoir cessé, paraissent reprendre en ce moment toute leur acuité.

Le *métayage* est une combinaison de louage d'un bien rural et d'association, basée sur le partage des produits bruts du sol. Il offre un exemple très remarquable de prédominance de la coutume sur les lois économiques, car la part réservée au propriétaire, au lieu d'être déterminée par le jeu de l'offre et de la demande, et de varier d'une métairie à l'autre suivant les circonstances qui établissent des différences dans la rente du sol, est généralement fixée par la coutume, d'une manière invariable pour toute une région. En France, le partage se fait presqu'uniquement par moitié, et l'on ne constate quelques divergences que dans des clauses accessoires, telles que celles qui mettent les contributions à la charge soit du propriétaire, soit du métayer, ou qui fixent certaines redevances supplémentaires en nature. Cependant, depuis quelques années, on a vu passer des contrats accroissant la part du cultivateur, de manière à tenir compte de la baisse de la rente.

Le métayage a l'avantage de rendre les mauvaises années moins lourdes pour le cultivateur, en faisant partager les pertes par le bailleur. Au plus fort de la crise agricole, il donnait lieu à moins de difficultés que le fermage, parce que le métayer, consommant pour l'alimentation de sa famille la plus grande partie des produits à lui attribués, se ressent moins de la baisse des prix, qui pèse surtout sur le propriétaire. A ce moment, on avait cru constater un certain retour vers le métayage, ou tout au moins un arrêt dans la décroissance de ce mode de tenure, constatée jusque-là en France par les statistiques agricoles. Cependant l'enquête de 1892 a relevé une nouvelle et sensible diminution, depuis 1882, de sorte que la surface cultivée par des métayers ne dépasse plus guère le quart de celle qui est affermée.

C'est qu'en effet, le métayage a un vice capital, celui de reposer sur le partage du *produit brut*. Ce mode de partage entraîne les inconvénients que nous retrouverons dans une matière toute différente, quand nous nous occuperons des formules adoptées pour régler les conditions financières de l'exploitation des chemins de fer secondaires : il détourne l'exploitant de toute amélioration. Ce ne sont pas seulement, comme dans le cas de l'affermage, les progrès exigeant l'immobilisation de capitaux importants, c'est la moindre augmentation des frais de culture qui devient onéreuse pour le cultivateur. Pour accroître le rendement des terres, il faut faire des labours plus profonds, employer plus largement les engrais ou les amendements, etc. Le métayer n'a intérêt à faire des efforts, dans ce sens, que s'il peut en espérer une augmentation du produit brut au moins *double* de celle des frais. Or, dans l'industrie agricole, comme dans toutes les autres, une fois qu'on a fait le strict nécessaire, les améliorations dans les procédés d'exploitation susceptibles de rendre 100 p. 100 de bénéfices nets sont infiniment rares ; celles même qui rendent 50 p. 100 le sont extrêmement, et l'on s'estime heureux quand on en découvre qui rapportent 20 ou 10 p. 100. Pour le métayer, dépenser 100 francs pour accroître la récolte de produits valant 150 francs, dont 75 iront au propriétaire, c'est perdre 25 francs. Il est évident que, dans ces conditions, toute initiative dans le sens du progrès lui est interdite.

Ce régime n'est donc susceptible de donner des résultats satisfaisants que si le propriétaire suit de très près la culture, et s'associe aux dépenses des opérations profitables. D'après la loi du 18 juillet 1889 (art. 5) « le bailleur a la surveillance et la direc- « tion générale de l'exploitation, soit pour le mode de culture, « soit pour l'achat et la vente des bestiaux. L'exercice de ce droit « est déterminé, quant à son étendue, par la convention, ou à « défaut de convention, par l'usage des lieux ». Il ne suffit pas que le propriétaire surveille et dirige, il faut qu'il apporte souvent un concours pécuniaire, qu'il subvienne aux améliorations de l'outillage, à l'augmentation du bétail, et qu'il fasse comprendre au métayer l'utilité des dépenses d'exploitation dont il est prêt à assumer une part. Ainsi, ce régime suppose entre eux une véritable collaboration, exigeant beaucoup de bienveillance d'un côté, de déférence de l'autre, et des traditions bien établies de relations sociales comportant une sorte de patronage. Il donne de bons résultats, dans les régions où les propriétaires résident au milieu de leurs terres, s'en occupent avec activité et compétence, et où une même famille de métayers cultive souvent un domaine depuis des générations. Quand ces conditions sont réunies, le métayage est parfois le mode d'exploitation dont on peut attendre les meilleurs résultats, dans des contrées où les cultivateurs n'auraient pas les ressources nécessaires pour acheter le train de culture d'un fermier, et surtout pour assumer l'aléa de quelques mauvaises récoltes. Mais il est peu compatible avec les goûts d'indépendance qui se répandent de plus en plus, comme avec les transformations constantes qu'imposent à la culture le progrès scientifique moderne et la nécessité de tenir compte de toutes les modifications survenant sur un marché englobant le monde entier. Il paraît donc appelé à disparaître, avec les traditions patriarcales qu'il supposait, sans qu'il y ait lieu de le regretter.

Le *bail à cheptel* est une sorte de métayage, appliqué aux animaux ; le propriétaire confie un troupeau à un cultivateur (qui, dans la plupart des cas, est son métayer) à charge de partager le croît ou la perte, et parfois aussi la laine, le laitage, etc. Toutefois, la perte totale est supportée par le bailleur seul (Code civil, art. 1827). Il en résulte que, quand la majeure partie du troupeau a péri dans une épizootie, par exemple, le preneur a tout intérêt à ne pas trop s'ingénier pour sauver le reste, puisque, s'il y réussissait, il garderait à son compte une part de la perte, qui passera au compte du propriétaire si tous les animaux périssent sans faute apparente de celui à qui ils étaient confiés. C'est un exemple remarquable des effets des mesures législatives soi-disant protectrices des faibles, prises sans qu'on ait suffisamment réfléchi sur les conséquences qu'elles peuvent entraîner.

Il n'existe rien d'analogue au fermage ou au métayage, pour l'exploitation des établissements industriels. Nous avons vu cependant qu'en Angleterre, les mines sont souvent affermées par les propriétaires du sol, moyennant le paiement de redevances calculées d'après le nombre de tonnes extraites. Mais ce système, peu favorable même dans les conditions très avantageuses résultant de la configuration des gisements en Angleterre, serait inapplicable dans les pays où leur mise en valeur exige des travaux plus considérables et plus aléatoires. D'une manière générale, on peut dire que l'industrie exige des transformations trop fréquentes, dans les installations immobilières consacrées à la production, pour s'accommoder d'un régime qui établirait une séparation entre la propriété de ces installations et la direction de l'entreprise qui les exploite. Si l'entrepreneur n'a pas les capitaux nécessaires, c'est par l'emprunt qu'il se les procure, de manière à devenir débiteur de sommes d'argent, tout en restant propriétaire des établissements créés ou agrandis avec ces sommes, dans les conditions que nous allons exposer maintenant.

C. — LE PRÊT A INTÉRÊT ; CRÉDIT RÉEL ET PERSONNEL ; LOIS SUR LE CRÉDIT ET SUR LE TAUX DE L'INTÉRÊT. — Le prêt d'argent est la forme sous laquelle, en pratique, tous les capitaux autres que ceux qui sont incorporés au sol sont mis, par les personnes à qui ils appartiennent, à la disposition de celles qui ont le désir et la capacité d'en tirer parti. Il est consenti moyennant un intérêt fixé à *forfait*, et à charge de restitution d'une somme *égale*, en monnaie ayant cours à l'échéance. Lorsque le prêteur doit participer éventuellement aux bénéfices de l'entreprise, il devient une sorte d'associé et l'on rentre dans le cas de la *commandite*, dont nous avons parlé ci-dessus (p. 87). Lorsqu'il participe à certains risques, le prêt se combine avec une opération d'assurances ; tel est le cas du *prêt à la grosse aventure* (Code de commerce, art. 311 à 331), fort usité autrefois, dans lequel le prêteur renonçait à réclamer les sommes avancées en vue d'une opération de commerce maritime, en cas de naufrage. Nous n'examinerons ici que le cas ordinaire du prêt pur et simple, dans lequel un capitaliste met à la disposition d'autrui, à des conditions déterminées à forfait, le pouvoir général d'achat que représente une partie de son avoir réalisée sous forme de monnaie.

Pour le *prêteur*, l'avantage de l'opération est de tirer un revenu du capital qu'il ne peut faire valoir lui-même, pour quelque motif que ce soit. La faculté de placer son argent dans les entreprises d'autrui peut seule rendre l'épargne réellement productive, pour quiconque n'est pas entrepreneur, par exemple, pour les salariés, pour les hommes exerçant les professions libérales, pour les propriétaires qui ne font pas valoir et même pour les entrepreneurs, dans le cas très fréquent où les besoins d'extension de leurs affaires ne coïncident pas exactement avec leurs disponibilités. Elle est la condition même de la formation de la petite épargne et de la constitution de réserves pour la vieillesse des travailleurs.

Pour l'*emprunteur*, l'opération est également avantageuse, s'il emploie le capital mis à sa disposition de manière à en tirer probablement un bénéfice supérieur à l'intérêt qu'il paye. Aristote disait que la monnaie n'engendre pas la monnaie, et le dicton *nummi nummos non pariunt* a été invoqué par tous les adversaires du prêt à intérêt. Mais la monnaie n'est là qu'un moyen de transmission, et il appartient à l'emprunteur d'en faire usage pour acquérir les instruments de production qui constituent le capital véritable.

Malheureusement, tous les emprunts ne sont pas consacrés à des emplois rémunérateurs. Ils peuvent être contractés dans trois buts bien distincts : 1° pour servir à la *production*, en accroissant le capital engagé dans une entreprise industrielle, agricole ou commerciale ; 2° pour faciliter la *circulation*, en simplifiant, d'une part, le règlement des comptes entre négociants, et en retardant, d'autre part, le paiement des marchandises acquises en vue d'être revendues avec ou sans transformation, de manière à donner plus d'élasticité au fonds de roulement des entreprises commerciales ; 3° pour subvenir à la *consommation* des personnes dont les ressources disponibles sont momentanément inférieures aux besoins.

Dans ce dernier cas, les intérêts constituent, pour l'emprunteur, une charge pure et simple — non pas une charge sans compensation, puisque l'emprunt lui permet de disposer de ses ressources futures pour ses besoins immédiats — mais enfin une charge que n'atténue aucun bénéfice corrélatif, et qui souvent finit par devenir écrasante. C'est la prédominance du prêt destiné à la consommation, aux époques où les entreprises industrielles et commerciales étaient trop peu développées pour recourir largement au crédit comme moyen d'accroître leurs bénéfices, qui a jeté longtemps un grand discrédit sur le prêt à intérêt, et qui l'a même fait condamner par les lois et les religions. Mais il est évident que le droit à une rémunération, pour le prêteur qui se prive d'un capital susceptible d'être employé fructueusement, ne saurait dépendre de l'usage que l'emprunteur en fera. Si l'intérêt est légitime, comme cela nous semble évident, quand l'argent prêté sert à accroître la production d'une industrie, il ne peut cesser de l'être, parce que celui qui a sollicité un prêt en a fait un emploi différent

Nous ne nous arrêterons donc pas à discuter les objections auxquelles a donné lieu la légitimité du prêt à intérêt, ni les distinctions que l'on a cherché à établir, à cet égard, suivant sa destination. Du moment où l'on admet deux propositions dont nous croyons avoir démontré la vérité, savoir : 1° que le capital concourt à la production ; 2° que la propriété privée du capital est légitime — il en découle nécessairement que celui qui prête son capital a droit à un intérêt.

Le prêteur ne connaît d'ailleurs pas d'une manière certaine la destination en vue de laquelle l'emprunt est contracté, car celui qui emprunte peut dissimuler ses intentions ou les modifier ultérieurement. Cependant les formes sous lesquelles le crédit se présente varient, en général, avec le but en vue duquel on y recourt.

Quand un entrepreneur veut se procurer de l'argent pour accroître ses moyens de *production*, il règle généralement les conditions de son emprunt, pour une durée assez longue, au moyen d'un *contrat* régulier. Le même procédé peut être employé par ceux qui veulent se procurer des ressources en vue de faciliter le règlement des affaires courantes d'une entreprise, ou qui cherchent simplement à pourvoir à leur consommation ; mais, en général, dans ces deux derniers cas, on recourt à des formes d'emprunt spéciales, que nous devons indiquer.

Quand il s'agit de faciliter la *circulation* et le règlement des comptes entre négociants, on recourt à ce qu'on appelle le *crédit commercial*, qui donne lieu à la création des *effets de commerce* et aux opérations de *banque*. Nous étudierons spécialement cette forme du crédit dans notre livre IV, consacré au commerce, et nous indiquerons alors les tentatives faites en vue d'étendre les avantages qu'il procure, pour la constitution des fonds de roulement, aux cultivateurs, aux artisans ou à d'autres catégories de producteurs ; c'est ce que l'on appelle le *crédit agricole*, le *crédit populaire*, etc.

Les avances destinées à la *consommation* sont souvent obtenues des détaillants sous la forme du *crédit au livre*, consistant simplement à laisser aux clients un délai indéterminé, pour le paiement des fournitures courantes. Cette forme de crédit est très employée aux deux extrémités de l'échelle sociale, par les riches très dépensiers ou par les ouvriers souvent gênés. Ceux qui en profitent le croient gratuit, et ne se rendent pas compte qu'ils le paient fort cher, par une majoration souvent considérable des prix, destinée à couvrir l'intérêt du capital immobilisé et surtout les risques de perte ; les bons payeurs paient pour les mauvais. C'est là une forme de crédit détestable, car elle encourage les dépenses excessives. Dans l'immense majorité des cas, elle est nécessitée uniquement par de mauvaises habitudes ; la plupart de ceux qui y recourent se sont trouvés, à maintes reprises, en situation de s'en affranchir, s'ils avaient eu quelque prévoyance, en profitant d'un moment d'aisance relative pour se constituer la petite avance nécessaire aux dépenses courantes. Sans doute, il arrive souvent que des malheurs imprévus réduisent une famille ouvrière à une gêne temporaire ; mais, à défaut d'assurances, mieux vaudrait qu'il y fût pourvu par des formes spéciales de crédit populaire, ou même d'assistance avec remboursement éventuel, que par le crédit au livre. Les cas où ce crédit rend des services qui ne peuvent être obtenus autrement sont très rares, par rapport à ceux où il est purement malfaisant.

On distingue le crédit, d'après sa durée, en crédit *à long terme*, consenti pour des années, et en crédit *à court terme*, consenti pour quelques semaines ou pour quelques mois tout au plus. Le premier comporte, en général, un intérêt plus élevé, puisque le prêteur renonce pour plus longtemps à disposer de ses fonds. Mais quand il s'agit d'opérations qui peuvent se prolonger, le crédit à court terme devient souvent très onéreux, par suite des frais accessoires et des paiements de commissions qu'entraîne le renouvellement du prêt à chaque échéance.

Le crédit peut être consenti aussi *sans terme fixe*. C'est le cas pour les dépôts de fonds, remboursables à vue, faits dans les banques ou dans les caisses d'épargne, et pour les avances consenties sous forme de crédit au livre. La situation du débiteur est alors très périlleuse, s'il n'a pas constamment en réserve de quoi s'acquitter, car le créancier, qui a le droit de réclamer le remboursement à toute époque, ne manque pas d'user de ce droit dans les moments où le loyer de l'argent renchérit, notamment quand les capitaux deviennent rares et difficiles à trouver, par suite de crises commerciales, de guerres, de révolutions.

Inversement, le créancier peut renoncer à réclamer à aucune époque le remboursement de ses avances, en acceptant en échange une *rente perpétuelle*. Le débiteur ne peut alors être contraint à payer le capital, hormis dans certaines circonstances déterminées qui rendraient le paiement ultérieur des arrérages très problématique.

Le terme est présumé stipulé au profit du débiteur (Code

civil, art. 1187) ; celui-ci peut donc, quand il le veut, se libérer par anticipation, et il a avantage à le faire, quand, par exemple, il trouve à emprunter ailleurs à un taux plus bas. Dans ce cas, le créancier aurait au contraire avantage à n'être pas remboursé prématurément, si la baisse du taux de l'intérêt, présentant un caractère général, ne lui permettait pas de retrouver un emploi aussi productif de ses fonds. En conséquence, il a la faculté de spécifier au contrat que le remboursement anticipé ne pourra pas lui être imposé, et l'article 1187 admet même que, sans stipulation formelle, il peut résulter des circonstances du prêt que le terme est stipulé à son profit.

Toutefois, d'après la loi française (art. 1911), la rente perpétuelle est toujours rachetable, malgré toute stipulation contraire, sauf observation d'un délai de préavis convenu ; le Code a voulu prévenir ainsi le rétablissement des redevances perpétuelles, qui impliquaient une sorte de sujétion féodale.

Le remboursement du capital se fait peu à peu, lorsque l'emprunteur paie une annuité comprenant l'amortissement progressif du capital dans un délai convenu ; la part de cette annuité qui représente l'intérêt, et celle qui constitue un remboursement partiel, s'ajoutent alors l'une à l'autre, dans chaque paiement, tout en restant théoriquement distinctes.

Une autre distinction, sur laquelle il importe de s'arrêter, est celle qui existe entre le crédit *personnel*, dans lequel le prêteur se contente des garanties que lui donne la situation générale de l'emprunteur, et le crédit *réel*, dans lequel il exige en outre un gage spécial.

A défaut de stipulation particulière, l'obligation du débiteur garde un caractère purement *personnel* ; l'ensemble de ses ressources constitue la garantie commune de l'ensemble de ses créanciers. Autrefois, sa personne même faisait partie de ce gage, et parfois il pouvait être vendu comme esclave, à défaut de paiement ; la loi des douze tables allait jusqu'à prévoir le partage de son corps entre ses créanciers. Après l'abolition de l'esclavage, les lois ont longtemps admis l'emprisonnement pour dettes. La *contrainte par corps* n'avait pas pour unique but de permettre au créancier frustré d'exercer une vengeance, d'ailleurs onéreuse pour lui, puisqu'il devait faire l'avance des frais d'entretien du prisonnier ; elle pouvait amener le débiteur lui-même à révéler l'existence de biens cachés, ou sa famille à payer pour lui en vue de le libérer. Depuis la loi du 22 juillet 1867, la con-

trainte par corps est abolie en matière civile et commerciale ; elle
ne peut plus être appliquée que pour le recouvrement des amen-
des, frais et dommages-intérêts prononcés par les tribunaux statuant en matière pénale. L'application de la prison au débiteur
est, en effet, une rigueur inutile, quand il est certainement insolvable ; mais il se présente bien des cas où elle serait parfaitement
justifiée. Il vaudrait mieux la maintenir en principe, et attribuer
au juge un pouvoir d'appréciation, que de désarmer les créanciers de l'habile homme qui vit publiquement dans le luxe, sans
payer ses dettes, après avoir dissimulé sa fortune ou l'avoir mise,
en temps utile, sous le nom de sa femme et de ses enfants.

Le fait, pour un débiteur, de rester insolvable, n'implique plus
aucune pénalité, ni même aucune déchéance personnelle, sauf
contre le commerçant mis en *faillite*. Celui-ci est frappé de certaines incapacités électorales et commerciales, et encourt même
des peines corporelles s'il est déclaré banqueroutier ; or d'après
le Code de commerce (art. 585 et 586) le délit de *banqueroute*
simple peut résulter du fait d'avoir exagéré ses dépenses personnelles, d'avoir joué à la Bourse, d'avoir irrégulièrement tenu ses
livres de commerce, d'avoir dissimulé son insolvabilité par des
moyens propres à l'aggraver. La réhabilitation du failli ou du
banqueroutier simple peut être prononcée en justice, seulement
après paiement intégral de ses dettes. Il y a une tendance marquée de nos jours à adoucir ces rigueurs. C'est à elles, cependant,
qu'est dû, au moins en partie, l'état d'esprit qui fait considérer l'insolvabilité d'un commerçant comme une tache pour lui et pour
tous les siens, et qui a engendré cette religion de la signature, si
favorable à la sécurité des transactions.

En dehors de ces dispositions, exclusivement applicables en
matière commerciale, c'est seulement par la saisie de ses biens
que la loi atteint celui qui ne paie pas ses dettes. Tant que
celles-ci ont un caractère purement personnel, tout son avoir, présent ou futur, reste le *gage commun* de ses créanciers. Chacun
d'eux, à défaut de paiement à l'échéance, peut faire saisir et
vendre les biens meubles ou immeubles de son débiteur, et mettre
opposition sur les sommes qui lui sont dues par des tiers. S'il y
a plusieurs créanciers, et si les biens du débiteur sont insuffisants
pour qu'ils soient tous payés, l'actif est réparti au marc le franc
entre tous, après prélèvement des sommes nécessaires pour solder
les créances auxquelles la loi attribue un *privilège général*, telles
que frais de justice, frais de dernière maladie, salaires des gens
de service, etc. (Code civil. art. 2101 à 2105).

Nous examinerons, en étudiant la transmission des biens, les règles spéciales auxquelles sont soumises la saisie et la vente des biens du débiteur. Nous devons indiquer seulement ici que la loi soustrait à l'action des créanciers, dans un intérêt d'humanité, les objets strictement indispensables au débiteur, ainsi que la majeure partie des salaires ou des pensions, et qu'elle entoure, la saisie des immeubles de garanties et de formalités dont l'effet principal est de grossir démesurément la durée et les frais de la procédure. Ces mesures protectrices ont pour résultat de diminuer, dans une très large mesure, le crédit de ceux que le législateur protège ainsi, car on trouve difficilement à emprunter, quand les capitalistes auxquels on s'adresse savent que la loi, bien loin de faciliter le recouvrement de leurs avances, opposera aux poursuites, le cas échéant, toutes sortes de restrictions et de difficultés.

Lorsque le prêteur n'a pas une confiance suffisante dans la solvabilité de l'emprunteur, il exige des garanties spéciales pour le recouvrement de sa créance. Ces garanties peuvent consister dans la *caution* d'un tiers, qui s'engage personnellement à payer la dette, à défaut du débiteur principal ; elles peuvent consister aussi dans l'affectation spéciale de certains biens au paiement d'une dette déterminée.

C'est alors que le crédit devient *réel*, en ce sens que le créancier n'a plus seulement une action contre son débiteur personnellement, mais qu'il a un droit direct sur une partie du patrimoine de celui-ci, reçue en nantissement. Ce droit n'est pas celui de disposer librement du *gage*, à défaut de paiement à l'échéance ; une clause dans ce sens, insérée dans l'acte de prêt, serait même nulle d'après le Code civil (art. 2078). C'est le droit d'être payé sur le prix du bien engagé, en cas de vente volontaire ou forcée, par *préférence* à tout autre créancier. Lorsque le bien affecté à la garantie d'une créance est un immeuble, le droit conféré au créancier prend le nom d'*hypothèque*, et comporte, en outre du droit de préférence, un droit de *suite*, si l'immeuble passe aux mains d'un tiers.

Nous examinerons, en étudiant la transmission des biens, comment se constituent et se conservent le droit de gage sur les meubles ou les créances et celui d'hypothèque sur les immeubles. Nous nous bornerons ici à indiquer qu'en général, ils résultent de *conventions*, mais que parfois la loi les fait découler directement de la qualité de certaines créances. Le Code civil donne le nom de *privilèges* aux droits ainsi établis, par exemple (art. 2102 et

2103) : au profit du vendeur, sur l'objet vendu, pour le paiement du prix encore dû ; au profit des entrepreneurs et ouvriers, sur l'immeuble construit ou sur la plus-value de l'immeuble amélioré, pour leurs salaires et fournitures ; au profit du transporteur, sur l'objet transporté, pour le prix du transport ; au profit du propriétaire, sur les meubles et sur le matériel de culture qui garnissent les locaux loués, pour le paiement des loyers et fermages.

Des *hypothèques légales* sont également instituées par le Code, au profit des femmes mariées et des pupilles, sur les biens des maris et des tuteurs (art. 2121), au profit de celui qui a obtenu un jugement, sur les biens de la partie adverse (art. 2123), pour le montant des sommes dont les uns ou les autres sont créanciers en ces diverses qualités. Enfin la loi établit, sous une forme différente, un véritable privilège, au profit du créancier qui se trouve en même temps débiteur d'une personne peu solvable, dans tous les cas où elle admet la *compensation*, grâce à laquelle les sommes dues par ce créancier sont entièrement affectées à éteindre ses propres créances, alors que les autres créanciers ne sont pas intégralement payés (Code civil, art. 1289 à 1299).

L'acquisition d'un droit réel, sur un objet dont la valeur couvre entièrement ses avances, est le seul moyen pour un créancier d'avoir la certitude d'être payé, car si solvable que soit son débiteur à l'origine, des malheurs ou des fautes peuvent ultérieurement grossir son passif bien au-delà de son avoir, et compromettre par suite le paiement de ses dettes anciennes. Mais, pour que le gage ou l'hypothèque donne ainsi la sécurité indispensable au développement et au bon marché du crédit, il faut qu'une bonne législation définisse et précise d'une manière invariable l'étendue des droits de chacun, et en assure la conservation. Nous ne pourrons étudier les divers procédés adoptés pour remplir ces conditions, qu'en étudiant la transmission des biens.

Le crédit est peut-être la matière à propos de laquelle l'impossibilité de mettre obstacle, par des prescriptions législatives, au jeu naturel des lois économiques, a été le mieux établie par l'expérience. Les législations religieuses et civiles se sont épuisées à prohiber le prêt à intérêt, sans parvenir à le supprimer. Par un préjugé singulier, tandis qu'on reconnaissait la légitimité du fermage, on niait celle de l'intérêt ; le peu de développement de la production, en dehors de l'agriculture, explique seul cette anomalie. Il est bizarre, cependant, que la faculté de tirer un loyer du sol approprié, à la suite de l'occupation privative ait paru justifiée, et que la liberté, pour un particulier, de fixer les conditions auxquelles il se dessaisira de l'épargne créée par lui ait été en même temps contestée, alors que la légitimité de la propriété individuelle, impliquant le droit de disposer d'un bien de toutes les manières, est beaucoup plus évidente dans le second cas que dans le premier. La Bible, l'Evangile, les Pères de l'Eglise et le Coran ont été d'accord pour flétrir le prêt à intérêt, et tant que les lois civiles ont été basées sur les idées religieuses, elles l'ont prohibé plus ou moins complètement.

De nos jours, les lois ne prohibent plus l'intérêt, mais elles l'ont limité, jusqu'à ces derniers temps, dans bien des pays. En France, la loi du 8 septembre 1807 interdisait de fixer le taux conventionnel à plus de 5 p. 100 en matière civile et de 6 p. 100 en matière commerciale ; une loi du 12 janvier 1886 a abrogé la limitation en matière commerciale, mais l'a laissé subsister en matière civile. Le fait de prêter habituellement à un taux supérieur au maximum légal constitue le délit d'*usure*, puni de peines correctionnelles (loi du 19 décembre 1850).

Naturellement, des lois de ce genre ne peuvent faire que ceux qui ont besoin d'argent en trouvent moyennant un taux inférieur à celui que comportent, d'une part, la *productivité* des capitaux, d'après les emplois possibles à chaque époque et dans chaque lieu, et d'autre part, les *risques* spéciaux à chaque prêt. On tourne la loi, quand elle interdit le prêt à intérêt, en simulant une *vente à réméré*, dans laquelle le remboursement du prêt, avec les intérêts, sera censé un rachat effectué moyennant un prix plus élevé que le prix de la première vente — ou encore une *constitution de rente*, dans laquelle le capital prêté est présenté comme le prix d'achat d'une rente rachetable à une date convenue. On tourne celles qui limitent le taux des prêts, en déguisant sous le nom de *commission* une partie de l'intérêt, en majorant la somme prêtée, de telle sorte que l'intérêt soit payé en partie sous l'apparence d'un remboursement fictif, etc. Si les risques du prêteur sont augmentés par le danger de voir contester la légalité des engagements pris envers lui, et même de subir des poursuites correctionnelles, il en résulte tout simplement une majoration plus forte du taux, puisqu'il faut bien, pour trouver des capitaux à emprunter, payer la prime répondant à l'assurance contre les dangers de toute nature que comporte l'opération. L'impossibilité de faire respecter des lois de ce genre conduit à tolérer qu'on les viole ouvertement, et l'on a vu les gouvernements qui les avaient édictées, tantôt emprunter eux-mêmes moyennant un intérêt réel supérieur au taux légal, tantôt autoriser les banques nationales à élever leur escompte au-delà de ce taux, ou instituer des monts-de-piété dont les prêts sur gage, avec les frais accessoires, le dépassent largement.

Inversement, de nos jours, le législateur se préoccupe, non plus d'interdire l'intérêt qui est la base même du crédit, mais au contraire de procurer du crédit à ceux qui n'en ont pas. Mais, par une singulière aberration, il combine souvent ce souci avec celui d'adoucir, pour le débiteur insolvable, les conséquences de sa situation ; or, ce sont là deux idées contradictoires. Rien ne peut faire que des capitalistes consentent à avancer des fonds dont le recouvrement serait par trop problématique ; plus la loi les arme, au contraire, de pouvoirs énergiques et d'un usage facile pour opérer ce recouvrement, et frappe le débiteur insolvable dans ses biens, dans sa considération et même dans sa personne, plus, par cela même, elle développe le crédit, en accroissant la probabilité de remboursements des avances consenties.

La loi tend donc à restreindre le crédit de l'ouvrier, lorsqu'elle limite au dixième la portion saisissable de son salaire, lorsqu'elle lui interdit de faire cession par contrat de plus d'un autre dixième, lorsqu'elle n'admet également que pour un dixième du salaire la compensation avec les avances faites par le patron (loi du 12 janvier 1895). Elle restreint le crédit du propriétaire rural, lorsqu'elle complique la saisie immobilière. Quant au fermier, son crédit est toujours assez limité, par le seul fait qu'en réalité il emprunte déjà au propriétaire le principal élément de sa production, le bien même qu'il fait valoir. Il est évident qu'un entrepreneur de culture qui est déjà débiteur, chaque année, du revenu du fonds qu'il exploite, ne peut plus avoir un crédit très étendu ; quoique la loi du 19 février 1889 ait limité le privilège du bailleur, sur le matériel de culture, aux sommes dues pour deux années échues, pour l'année courante et pour celle qui la suivra, elle n'a pu modifier cette situation. Peut-être, obtiendrait-on plus de résultats, en appliquant au cultivateur, en cas d'insolvabilité, les mêmes rigueurs qu'au commerçant.

C'est qu'en effet, il est contraire à la nature des choses, de prétendre développer le crédit ouvrier ou le crédit agricole, par des moyens autres que ceux qui ont réussi pour le crédit commercial, dont le mécanisme sera étudié plus loin. En réalité, il n'y a pas un crédit commercial, un crédit ouvrier, un crédit agricole ; il n'y a qu'un crédit, intimement lié à la confiance qu'inspire l'emprunteur et à la facilité des recouvrements. L'État n'a qu'une manière de l'accroître, c'est de rendre ceux-ci aussi assurés que possible. Les seules lois efficaces, en faveur du crédit, sont les lois contre les mauvais payeurs.

Il est vrai qu'on a imaginé parfois un autre moyen d'une efficacité certaine : c'est de faire faire des prêts par l'Etat, ou par des établissements auxquels il donnerait sa garantie contre les pertes éventuelles. Il est évident qu'en ouvrant ainsi le budget à tous ceux qui désirent se procurer des capitaux, quand ils n'inspirent pas assez de confiance pour en trouver chez les particuliers, on développerait le crédit autant qu'on le voudrait — mais en développant les impôts dans la même proportion, de sorte qu'il est douteux que la prospérité générale y gagne.

L'intervention du législateur, en matière de crédit, ne peut donc s'exercer utilement que par des dispositions qui rentrent dans sa compétence normale. Il en est de trois natures :

Les premières, sur lesquelles nous avons déjà insisté, sont celles qui assurent le prompt règlement des litiges entre prêteurs et emprunteurs, et qui arment les uns et les autres pour obtenir l'exécution de leurs engagements réciproques.

Une seconde catégorie de mesures, qu'il appartient aussi à l'Etat de prendre, comprend celles qui ont pour objet de suppléer, le cas échéant, au silence des contrats, en fixant le *taux légal* qui servira de base au calcul des intérêts, à défaut de convention. Si les parties doivent être libres de régler ce calcul comme elles l'entendent, il faut bien que la loi supplée à l'absence d'accord, toutes les fois qu'une partie devient débitrice d'une autre sans contrat, par suite d'un délit, d'un quasi-délit, de l'inexécution de l'obligation de faire une chose, etc. La loi du 3 septembre 1807 fixait l'intérêt légal à 5 0/0 en matière civile et à 6 0/0 en matière commerciale ; celle du 7 avril 1900 l'a réduit à 4 0/0 dans le premier cas, à 5 0/0 dans le second. En l'absence de convention spéciale, le retard dans le versement de toute somme due donne lieu au paiement des intérêts, calculés à ce taux, depuis le jour où il a été fait sommation de payer, à titre de dommages-intérêts fixés à forfait (Code civil, art. 1153). La loi de 1900 admet cependant le paiement de dommages-intérêts s'ajoutant aux intérêts moratoires, quand la mauvaise foi du débiteur a causé au créancier un préjudice exceptionnel ; c'est là une disposition imposée par l'équité.

Enfin, en troisième lieu, la loi a la mission de réprimer les manœuvres frauduleuses, et c'est là qu'on peut admettre un délit d'*usure*, à la condition de le définir tout autrement que ne le fait

la loi de 1807. S'il est absurde de punir le fait de subordonner un
prêt au paiement d'un intérêt trop élevé, alors que le taux convenu peut être parfaitement en rapport avec la nature de l'opération et la situation du marché, il est nécessaire de réprimer
les opérations frauduleuses des spéculateurs qui abusent de la
faiblesse intellectuelle de ceux avec qui ils traitent, pour les
engager dans des emprunts ruineux. L'usure, ainsi entendue, se
pratique largement vis-à-vis de deux catégories de personnes :
les paysans ignorants et avides d'arrondir leurs biens ; les fils
de famille prodigues. Des pénalités sévères peuvent être appliquées aux usuriers qui incitent les uns ou les autres à recourir
au crédit dans des conditions anormales. Mais il est très difficile
de définir avec précision les circonstances qui caractérisent les
actes susceptibles d'être frappés par la loi, et il importe de ne pas
exagérer la rigueur de celle-ci, pour ne pas entraver les opérations de crédit utiles au développement de l'industrie, du commerce, de l'agriculture, ou même les prêts faits de bonne foi
pour la consommation. C'est donc une des nombreuses matières
où les dispositions répressives doivent conférer un large pouvoir
d'appréciation aux juges, et où il vaut encore mieux laisser
impunis quelques actes répréhensibles, que d'entraver les transactions honnêtes, en même temps qu'on habituerait le public à
transgresser ou à tourner les lois.

Le développement du crédit est, en effet, un des éléments
essentiels du progrès économique. Il n'est pas vrai qu'il *crée des
capitaux*, comme on le dit parfois, car tous les capitaux qu'il
met à la disposition des uns, les autres cessent d'en disposer. Le
titre que détient le créancier ne constitue pas un capital nouveau,
distinct de celui que le débiteur utilise, comme on se l'imagine
trop souvent ; il est la simple représentation d'un droit sur l'avoir
de ce dernier. L'effet réel du crédit, c'est de faire passer l'*exploitation du capital existant* entre les mains les plus capables de
l'utiliser, sans dépouiller de leurs droits ceux qui ont acquis
légitimement ce capital.

C'est seulement quand le crédit est employé dans ce but, qu'il
est réellement utile. Aussi est-ce une grave erreur, de considérer
comme désirable l'extension du crédit sous toutes ses formes.
Dans les milieux où il sert surtout à la consommation, il est plus
nuisible qu'utile. C'est par là que l'interdiction de la saisie-arrêt
sur les petits salaires est une mesure défendable : elle enlève
aux ouvriers un crédit dont, en pratique, ils font usage surtout au

cabaret. Même employé à la production, le crédit peut être ruineux, s'il sert à étendre les opérations d'un entrepreneur d'industrie ou de culture au-delà de ses forces : le paysan qui emprunte pour acheter de nouveaux champs, alors qu'il n'a pas le matériel et le bétail nécessaire pour bien cultiver ceux qu'il possède déjà, assume généralement des charges d'intérêt supérieures au revenu qu'il tirera d'une terre de plus, imparfaitement exploitée, et il marche à la ruine. Cela n'empêche pas que les heureux effets du crédit dépassent de beaucoup les abus qu'il entraîne ; il n'est nécessaire ni d'exagérer les premiers, ni de masquer les derniers, pour voir en lui un des facteurs principaux du développement de la production et du bon emploi de toutes les forces dont dispose l'humanité. C'est pourquoi il importe d'en faciliter autant que possible la pratique, sauf à punir les manœuvres frauduleuses auxquelles il donnerait lieu, et à tâcher de répandre les connaissances et les habitudes nécessaires pour qu'il en soit fait un bon usage.

D. — **Les emprunts publics et les obligations des sociétés anonymes.** — Dans le placement des capitaux prêtés à intérêt, une place à part doit être faite, de nos jours, aux emprunts des personnes civiles, à qui l'importance de leurs opérations crée des besoins exceptionnels, en même temps que leur durée illimitée leur permet de s'engager pour un long avenir. Ces emprunts sont réalisés sous la forme d'émission de titres d'une nature spéciale, que le langage courant groupe, avec les actions des sociétés anonymes, sous la dénomination de *valeurs mobilières.*

Ces emprunts revêtent souvent le caractère de rentes *perpétuelles.* Souvent aussi ils sont *amortissables par voie de tirage au sort*, dans une période déterminée ; on éteint la dette dans cette période, en affectant au service de l'emprunt une annuité fixe qui comprenne, en outre de l'intérêt, une faible somme destinée à l'amortissement, et en ajoutant chaque année, à la somme affectée l'année précédente à rembourser les titres sortis, celle qui était absorbée dans les années antérieures par l'intérêt des titres déjà amortis.

La somme que le débiteur doit rembourser, obligatoirement si un délai d'amortissement est stipulé, ou facultativement si aucun terme fixe n'a été convenu, est généralement la valeur nominale du titre, que l'on appelle le *pair.* Les titres sont très souvent émis au-dessous du pair ; c'est ce qui a lieu, toutes les fois que le taux *nominal* de l'intérêt convenu est inférieur au taux *réel* auquel l'état du marché et le crédit de l'emprunteur lui permettent de trouver de l'argent : par exemple, un État emprunte en rente 3 p. 100 émise à 80 francs, quand il ne trouve pas à vendre plus de 80 fr. les titres par lesquels il se reconnaît débiteur d'une rente de 3 francs, jusqu'à ce qu'il rembourse un capital de 100 francs ; une société émet à 460 francs des obligations 4 p. 100, de 500 fr., si elle s'engage à payer 20 fr. de rente et à rembourser 500 francs, moyennant une avance de 460 francs seulement.

L'écart, entre le *prix d'émission* et le *pair*, est la *prime de remboursement*, qui constitue un avantage supplémentaire s'ajoutant à l'intérêt promis. Le caractère aléatoire de cet avantage, qui peut être encaissé plus ou moins promptement, pour les emprunts amortissables par voie de tirages, selon que le titre sortira plus ou moins tôt, en fait un appât particulièrement tentant pour certaines personnes. On y ajoute parfois des *lots* plus ou moins considérables, pour les premiers titres sortis à chaque tirage. En France, les valeurs à lots ne peuvent être émises qu'avec l'autorisation du Gouvernement, et le monopole en est réservé, en fait, à la ville de Paris, au Crédit foncier, et à quelques entreprises jugées dignes d'une faveur exceptionnelle, telles que les canaux de Suez ou de Panama, etc. L'expérience montre que, toutes choses égales d'ailleurs, on peut réaliser, moyennant une même annuité, un capital plus élevé, quand on affecte une partie de l'annuité à distribuer des lots, dont la petite épargne est très avide.

L'émission au-dessous du pair offre aux prêteurs un autre avantage que l'éventualité de la prime ; c'est celui de laisser une certaine marge de *hausse* pour le cours du titre, si l'état général du marché amène une diminution générale du taux courant de l'intérêt, ou si le crédit personnel de l'emprunteur s'affermit. Un titre de rente 3 p. 100 émis à 80 francs, qui constitue en réalité un emprunt au taux de 3 : 80 = 3,75 p. 100 pourra se vendre 85 fr., 90 fr., voire même 100 francs, si l'état du marché est tel, qu'il se trouve des capitalistes disposés à devenir créanciers de l'État emprunteur, en se contentant d'un intérêt réel descendant progressivement jusqu'à 3 p. 100.

Le cours du titre ne peut guère dépasser le pair, quand le débiteur a gardé le droit de se libérer à toute époque, en remboursant la somme convenue. Si, en effet, l'état de son crédit devient tel, qu'il y ait des capitalistes prêts à lui verser plus de 100 francs pour obtenir de lui un intérêt de 3 francs, il a avantage à s'adresser à eux, en contractant un nouvel emprunt au taux de

2.75 p. 100, par exemple, en vue de rembourser l'ancien. Il fait alors une *conversion* de dette. Généralement, il offre à ses créanciers antérieurs l'option, en leur laissant le choix entre le remboursement du capital de 100 francs, ou la réduction des intérêts qui leur sont servis. Parfois même, il leur offre un nouveau titre au-dessous du pair, pour les tenter par une nouvelle marge de hausse : par exemple, un Etat qui a émis un emprunt 4 p. 100, et dont le crédit permettrait d'emprunter à 3,50 p. 100, peut échanger les titres anciens contre des titres 3 p. 100 sur le pied du prix d'émission de 86 francs. Chaque porteur de l'ancienne rente reçoit alors autant de fois 3 fr. de rente nouvelle que le capital dont il est créancier contient de fois 86 francs, soit, pour une créance de 100 francs, $3 \times \frac{100}{86} = 3$ fr. 488, mais avec la chance de bénéficier de la hausse des cours, de 86 fr. à 100 francs.

Il arrive aussi que le prêteur s'engage à ne pas rembourser le capital avant un délai déterminé, et alors le titre peut monter au-dessus du pair. Un arrêt de la Cour de Paris du 21 avril 1896, confirmé en Cassation, a admis qu'à défaut de stipulation formelle, les conditions d'émission des obligations de chemins de fer, amortissables par voie de tirage au sort, impliquaient renonciation du débiteur à la faculté de se libérer par anticipation, et par conséquent au droit d'opérer des conversions.

Les emprunts en valeurs mobilières peuvent aussi être amortis par le *rachat des titres en bourse,* c'est-à-dire au cours du jour. Le débiteur peut toujours opérer, sous cette forme, un amortissement complémentaire ; mais il ne peut considérer ce rachat comme *remplaçant* le remboursement au pair d'un certain nombre de titres tirés au sort, qu'avec le consentement des porteurs des titres restant en circulation, puisque ce procédé les prive de la chance de toucher la prime de remboursement.

Les Etats, les provinces, les villes, les associations syndicales, émettent des emprunts en *rentes,* soit perpétuelles, soit amortissables, lorsqu'ils veulent exécuter de grands travaux d'intérêt général, aux dépenses desquels ils ne pourraient faire face sur leurs budgets ordinaires. Les travaux qu'ils exécutent ainsi constituent des capitaux, véritables instruments de production communs à tous, dont les générations futures profiteront, et dont il est juste qu'elles supportent les charges. Souvent aussi, ils empruntent des capitaux considérables, simplement pour les consommer, soit parce que des calamités exceptionnelles, telles que les grandes guerres, imposent des charges qu'il serait impossible de repartir immédiatement entre les contribuables, soit même sans autre raison que la nécessité de combler les arriérés accumulés des budgets en déficit ; dans ces deux derniers cas, l'emprunt public aboutit à une *destruction* de capitaux, puisqu'il absorbe l'épargne des prêteurs, pour des usages non productifs, et une nécessité absolue peut seule l'excuser.

Les établissements publics ou d'utilité publique, les associations n'ayant pas un but de gain, ne peuvent pas émettre d'emprunts, puisqu'ils n'ont aucune ressource assurée, en dehors des revenus de capitaux acquis, qu'il serait plus simple d'aliéner. Il n'en est autrement que quand ils gèrent quelques entreprises productives de revenu, ou quand ils ont été autorisés à percevoir des taxes spéciales, pour gager un emprunt, comme cela arrive aux Chambres de commerce.

Les sociétés anonymes, au contraire, réalisent très souvent une partie des capitaux nécessaires à leurs entreprises, par voie d'émission *d'obligations* amortissables. On a parfois mis en avant l'idée de donner aux porteurs de ces titres une part dans la direction de l'affaire, par le motif que l'échec de celle-ci compromettrait le paiement des intérêts et le remboursement de leur capital. Cette idée est fondée sur une entière méconnaissance du caractère des obligataires, qui sont créanciers et non copropriétaires. Sa réalisation paralyserait l'esprit d'entreprise dans les sociétés anonymes, car les obligataires, n'ayant aucun intérêt à voir les produits de l'exploitation dépasser les sommes nécessaires au service de leurs titres, entraveraient toute initiative susceptible d'impliquer le moindre risque, quelques belles que fussent les chances de bénéfices. Mais si l'intervention des obligataires dans la gestion de l'entreprise, en temps normal, est inadmissible, il serait bon de leur donner les moyens de se concerter et d'agir en commun, pour défendre leurs intérêts, quand leur gage est compromis. Aujourd'hui, c'est seulement quand l'insolvabilité d'une société est constatée, que les obligataires, comme les autres créanciers, peuvent intervenir, et même se substituer à leurs débiteurs pour gérer l'entreprise, dans les conditions que nous examinerons en parlant des faillites — mais alors il est trop tard.

Pour que cette situation ne se produise pas au moindre mécompte, il faut que le capital-actions ait une importance suffisante pour parer à quelques pertes. Les promoteurs des entreprises hasardeuses ont une tendance naturelle à réduire la proportion du capital réalisé en actions, toujours plus difficile à constituer ; la réduction du nombre des actions accroît d'ailleurs les chances de plus-value de chacune d'elles, en concentrant les bénéfices sur peu de titres. Mais quand cette tendance est poussée trop loin, l'affaire perd toute solidité. Si le quart seulement du capital initial nécessaire à une affaire est constitué en obligations, dont l'intérêt et l'amortissement exigent une annuité de 4 0/0, il faudrait que le produit net descendît au revenu infime de moins de 1 0/0 du capital total, pour que le service de l'emprunt cessât d'être assuré ; si la proportion d'obligation est de moitié, la société reste encore solvable tant qu'elle tire 2 0/0 de l'ensemble de ses capitaux ; si cette proportion monte à trois quarts, l'insolvabilité se manifeste dès que le revenu descend au-dessous de 3 0/0, ce qui peut se produire fort aisément et sans aucun mécompte ayant un caractère exceptionnel. Aussi la constitution d'une affaire n'est-elle saine, que si les obligations n'y entrent que pour une part minime, au moins au début, et se multiplient seulement lorsque les résultats acquis permettent de leur offrir, comme gage, un revenu presque assuré.

En matière de chemins de fer d'intérêt local et de tramways, la loi du 11 juin 1880, en France, limite à la moitié de la dépense totale, incombant au concessionnaire, la portion du capital initial qui peut être réalisée en obligations. C'est peut-être peu, lorsqu'un concessionnaire fournit la totalité du capital d'établissement, et qu'un minimum de revenu lui est garanti par l'autorité concédante, de sorte que les aléas sont très atténués ; c'est beaucoup, quand le revenu futur dépend exclusivement d'un trafic sur lequel on n'a que des évaluations très incertaines, ou quand la totalité du capital fourni par la compagnie ne représente qu'une faible fraction des dépenses d'établissement, celles-ci étant couvertes principalement par des subventions. La loi permet de grossir la proportion d'obligation, lorsqu'une compagnie possède déjà des lignes en exploitation donnant un revenu acquis ; dans ce cas, en effet, d'une part, le risque est moindre, et d'autre part, il serait difficile d'obliger une société ancienne à modifier sa constitution, pour grossir son capital, chaque fois qu'elle ajoute une ligne nouvelle à son réseau, ou qu'elle exécute des travaux complémentaires.

Pour les grandes compagnies, aucune loi ne fixe un maximum aux émissions, et l'extension progressive des réseaux s'est faite uniquement au moyen d'obligations. Il en résulte que celles-ci ont atteint une proportion excessive ; elles avaient fourni, au 31 décembre 1900, un capital de 12.511 millions, tandis que les

actionnaires n'ont versé que 1.470 millions. Il est vrai que les
inconvénients de cette disproportion sont très atténués par trois
circonstances : d'abord, les excellents résultats de l'exploitation
des premières lignes ont beaucoup grossi, à l'origine, le revenu
des actions, qui représente environ 160 millions par an, et ont
par suite grossi également leur valeur réelle en capital, qui atteint
plus de 4 milliards aux cours actuels ; en second lieu, l'État
garantit aux compagnies la continuation de ce revenu, par les
conventions financières que nous étudierons ultérieurement ; en
troisième lieu, le quart peut-être des obligations représente en
réalité des emprunts émis pour le compte de l'État, qui supporte
les charges d'intérêt et d'amortissement. Néanmoins, l'insuffisance du capital actions n'est pas sans inconvénients ; le nombre
trop faible des titres entre lesquels se répartiraient les oscillations
du produit net, est l'obstacle principal à toute modification du
régime financier qui tendrait à donner un caractère moins absolu
à la garantie d'intérêts, en laissant aux Compagnies une participation immédiate dans les déficits ou dans les excédents de recettes.

Les autres compagnies d'intérêt général, notamment les compagnies algériennes, souffrent également de la faiblesse de leur
capital-actions, par rapport à leur chiffre d'affaires.

Les lois ou les conventions soumettent les émissions d'obligations des chemins de fer et tramways à l'autorisation préalable
du Ministre des travaux publics. C'est là une prétendue sauvegarde, bien inutile pour les compagnies d'une solvabilité certaine. Pour celles dont l'insolvabilité est évidente, l'administration arrête les émissions, qui sans doute eussent eu bien peu de
chances de réussir. Dans les cas douteux, la nécessité d'une
autorisation présente plus d'inconvénients que d'avantages, car
si l'administration la refuse, elle place dans une situation singulièrement critique le concessionnaire auquel est enlevé le moyen
de réunir les capitaux sur lesquels il comptait, et si elle l'accorde,
elle paraît donner, aux titres à émettre, une sorte de garantie
morale, que l'on ne manque pas d'invoquer auprès du public,
pour lui inspirer une confiance parfois peu méritée. En outre,
du moment où le ministre intervient, il est amené à examiner
les conditions de l'émission, le cours auquel elle s'effectuera,
à se faire ainsi juge du taux du crédit de chaque entreprise, et à
accorder ou refuser sa sanction à des combinaisons dont il lui est
bien difficile d'apprécier le caractère, tantôt nécessaire, tantôt
abusif. Il serait bien préférable de ne pas engager la responsabilité de l'administration dans des opérations financières privées,

toujours aléatoires, et parfois liées à des arrangements qu'elle ne peut connaître. L'expérience a montré que son intervention n'empêche nullement les compagnies de chemins de fer de faire faillite, comme toutes autres entreprises ; il vaudrait donc mieux laisser les capitalistes seuls juges de la confiance que méritent les affaires faisant appel à leur concours.

Le Crédit foncier de France présente également un exemple d'une société dont le capital-obligations dépasse énormément le capital-actions ; ce dernier n'était que de 170 millions, et vient seulement d'être porté à 200 millions, tandis que les obligations en circulation représentent près de 3 milliards 1/2. Il est vrai qu'en principe, cet établissement doit uniquement servir d'intermédiaire entre les prêteurs, qui lui fournissent les fonds représentés par ses obligations, et certaines catégories d'emprunteurs offrant des garanties exceptionnelles. Il a été institué, en 1852, pour donner aux propriétaires qui veulent contracter un emprunt hypothécaire la possibilité de s'adresser au grand public, et pour permettre aux capitalistes d'employer leurs fonds en prêts ainsi garantis, sans avoir à examiner personnellement la situation d'un bien particulier servant de gage spécial à leurs avances. Le Crédit foncier prête sur première hypothèque, et jusqu'à concurrence seulement de moitié de la valeur des immeubles ; certaines facilités spéciales, sur lesquelles nous reviendrons, lui sont accordées pour la purge des hypothèques antérieures, ainsi que pour la réalisation de son gage en cas de non-paiement. Ses opérations ont été étendues, en 1860, aux prêts aux départements et aux communes.

Les emplois donnés aux fonds provenant des émissions d'obligations du Crédit foncier ne paraissent donc comporter que des risques infimes. Cependant, il y a quelques années, au moment où la baisse du taux de l'intérêt était très rapide, le Crédit foncier a été exposé à des embarras sérieux, par suite des remboursements anticipés opérés par ses débiteurs, dont beaucoup voulaient profiter de la situation du marché des capitaux pour remplacer leur dette par une dette nouvelle portant un intérêt moindre. Obligé de continuer à supporter les charges des anciens emprunts contractés à un taux plus élevé, ou de payer immédiatement la prime de remboursement pour toutes les obligations qu'il retirait de la circulation, le Crédit foncier a vu absorber ainsi presque toute la plus-value réalisée par ses titres au cours d'une longue prospérité.

Ainsi, même lorsque des considérations spéciales permettent

de grossir la proportion du capital-obligations d'une entreprise, bien au delà du chiffre raisonnable dans les conditions habituelles, il est préférable de ne pas trop s'en écarter, et d'augmenter le capital-actions sur lequel porte l'aléa des affaires, lorsque le chiffre de celles-ci s'accroît.

L'habitude d'user des *actions de préférence* permet aux sociétés anglaises de moins grossir leurs emprunts ; ces actions constituent, en effet, des titres mixtes ; elles ressemblent aux obligations, en ce que le revenu auquel elles ont droit est servi, même quand il n'y a pas des produits nets suffisants pour distribuer un intérêt raisonnable aux actions ordinaires, de sorte qu'elles sont bien plus faciles à placer que celles-ci ; mais elles ressemblent aux actions, en ce que les porteurs sont des associés et non des créanciers, de sorte que la suspension ou la réduction du paiement du coupon n'entraîne pas la faillite. Leur développement ne compromet donc en rien la vitalité d'une entreprise.

Les emprunts que nous venons d'étudier peuvent, comme tous les autres, être garantis par des sûretés spéciales ; cependant, c'est un cas exceptionnel. Les États obérés, dont le crédit est ébranlé, affectent parfois au service de certains emprunts des revenus particuliers, dont la perception est confiée à des commissions internationales. Quant aux sociétés, elles peuvent hypothéquer leurs immeubles. Toutefois, en France, les plus importantes d'entre elles, les compagnies de chemins de fer, ne peuvent consentir d'hypothèque sur les lignes qu'elles exploitent, puisque le caractère domanial des voies ferrées ne permet de les grever d'aucun droit réel ; même pour affecter, par privilège, les subventions ou les garanties de l'État au service des obligations, il faut une loi spéciale, de sorte que cela ne s'est fait que très rarement. Dans d'autres pays, des hypothèques sont instituées au profit des obligataires ; mais la nécessité de ne rien faire qui compromette ou interrompe le service public rend bien difficile la réalisation de leur gage.

C'est surtout par la diffusion des fonds d'État et des obligations que le *placement* de la petite épargne s'est développé de nos jours. Grâce à la facilité avec laquelle ces titres se négocient, lorsqu'ils sont cotés à une Bourse, ils permettent de combiner les avantages du placement à long terme avec la faculté de recouvrer la libre disposition de son argent à toute époque. De plus, les titres de rente et les obligations ont, comme les actions des sociétés anonymes, le grand avantage de permettre à chaque particulier de diviser les risques qu'il court, par la diversité des emplois donnés à un capital même peu considérable.

Cependant, les placements les plus rémunérateurs, pour lesquels ces risques sont généralement assez grands, restent peu accessibles aux personnes qui ne sont pas renseignées, et qui ne peuvent consacrer le temps nécessaire à l'étude difficile de la situation financière d'un État secondaire ou d'une société commerciale. On a imaginé, en Angleterre, de leur donner les moyens de tirer un intérêt plus élevé de leurs placements, sans cependant les faire au hasard, en constituant des groupements de capitaux, appelés *trusts*. Les financiers qui dirigent ces associations, se consacrant à la recherche et à l'étude de placements avantageux, sont à même d'acheter ou de vendre à propos, pour leur compte, les titres aléatoires. Les personnes qui veulent participer à ces entreprises reçoivent, en échange de leurs fonds, des parts dans le *trust*, qui se constitue un portefeuille de valeurs à gros revenu, et qui répartit entre les intéressés les produits annuels, ou éventuellement les pertes. Cette combinaison ingénieuse peut offrir une réelle utilité, pourvu qu'elle ne constitue pas, comme cela est arrivé trop souvent, un moyen pour les banquiers de repasser au public des valeurs dépréciées.

A côté des avantages qu'il présente, le développement des valeurs mobilières expose les petits capitalistes à des dangers réels, par suite de la facilité extrême qu'il donne pour acheter et vendre des titres sur la valeur réelle desquels il est souvent difficile de se renseigner. Le public prend l'habitude de placer ainsi son argent, sans étudier sérieusement les garanties offertes par l'emploi qui en est fait. On ne saurait trop insister sur la nécessité de n'acquérir qu'à bon escient les titres autres que ceux qui constituent les placements de tout repos, emprunts des États sagement gouvernés ou des entreprises ayant une assiette ancienne et solide. A défaut de renseignements précis sur la situation financière des États ou des établissements qui émettent des titres, on peut du moins se faire une idée des garanties offertes par les personnes qui les dirigent. Malheureusement, c'est ce que la masse du public néglige trop souvent. Mais les imprudences ainsi commises et les abus qu'elles permettent ne doivent pas faire méconnaître les immenses avantages du développement de ces valeurs, qui ont facilité à un si haut degré l'emploi rémunérateur des capitaux et, par suite, la constitution ou le développement des fortunes privées, petites ou grandes.

II. La transmission des biens entre vifs et la constitution des droits réels. — Nous venons de voir comment le propriétaire peut user de ses biens, soit en les exploitant directement, soit en les confiant à d'autres personnes pour en tirer un revenu. Il peut aussi en disposer en les cédant à autrui, à titre gratuit ou à titre onéreux, et parfois il y est contraint par les créanciers envers lesquels il ne s'acquitte pas à l'échéance. Nous allons examiner dans quelles conditions se fait cette transmission, et quelles sont les conséquences économiques des règles auxquelles elle est soumise.

S'il ne s'agissait que d'envisager les relations entre les *contractants*, la question serait fort simple : au point de vue juridique, comme au point de vue économique, le principe de la *liberté des transactions* suffirait à régler toutes les questions. D'après le Code civil (art. 1134) : « Les conventions légalement formées tiennent lieu de loi à ceux qui les ont faites ; elles doivent être exécutées de bonne foi ». Pourvu qu'elles soient passées entre personnes capables de contracter, qu'elles aient une cause licite, et qu'elles portent sur des objets qui sont dans le commerce (art. 1108 et 1128), elles sont exécutoires, et ne peuvent être révoquées que d'un commun accord, sauf dans quelques cas très exceptionnels. Certaines législations avaient subordonné la transmission des droits réels à des formes solennelles. Aujourd'hui, c'est un principe à peu près universellement admis que la vente, de même que tout autre contrat impliquant l'obligation de livrer un bien, est parfaite par le seul consentement des parties (art. 1138 et 1583). L'usage, la possession d'une chose peut faire l'objet d'un contrat comme la propriété (art. 1127) et toutes les combinaisons imaginables de droits peuvent résulter des conventions, si elles ne font pas l'objet d'une interdiction spéciale, qui ne se rencontre guère en pratique.

Où la difficulté commence, c'est quand il s'agit de déterminer les effets des actes translatifs de droits vis-à-vis des *tiers*, c'est-à-dire vis-à-vis des personnes qui n'ont pas participé au contrat, mais qui peuvent en ressentir les effets, en raison des relations existant entre elles et l'un ou l'autre des contractants. Quand un propriétaire cède un de ses biens, ou constitue sur ce bien un droit réel d'usage, de servitude, de gage, etc., la question de savoir dans quelle mesure cette cession totale ou partielle est *opposable* à ceux à qui il aurait antérieurement cédé des droits identiques ou analogues sur le même bien, à ceux à qui il en céderait ultérieurement, à ses créanciers présents ou futurs, est souvent fort délicate à régler. Il est évident que la sécurité de toutes les transactions essentielles à la vie économique d'un peuple dépend de l'adoption, à cet égard, de règles parfaitement claires, précises et d'une application facile. Pour que ces transactions se développent, il faut que chacun sache exactement sur quelles garanties il peut compter en passant un contrat, et ait les moyens de s'assurer que son cocontractant est en mesure de lui transmettre des droits valables d'une manière absolue, *erga omnes*, des droits dont il ne risque pas d'être évincé pour les avoir acquis de quelqu'un à qui ils n'appartenaient pas, *a non domino*.

Il est plus difficile qu'il ne semble, au premier abord, de résoudre ces questions d'une manière satisfaisante, par deux raisons principales.

La première, c'est que certains droits réels, dont la constitution limite pour l'avenir ceux du propriétaire, ne se manifestent par aucun signe *apparent* ; tel est le cas du gage, de l'hypothèque, de certaines servitudes, etc. Il faut donc déterminer comment ces droits peuvent être établis, avec la publicité indispensable pour qu'ils soient opposables aux tiers avec qui le propriétaire viendrait à passer ultérieurement des contrats dont ils entraveraient l'exécution.

La seconde raison, c'est que les signes extérieurs d'un droit peuvent ne pas se trouver dans les mêmes mains que le droit lui-même. C'est ce qui explique la distinction que fait la loi entre la *possession* et la *propriété*. La possession, d'après le Code civil (art. 2228) « est la détention ou la jouissance d'une chose ou d'un droit que nous tenons ou que nous exerçons par nous-mêmes, ou par un autre qui la tient ou qui l'exerce en notre nom ». Elle n'implique pas la propriété, mais elle la fait présumer ; elle peut même l'engendrer, le jour où le propriétaire véritable n'est plus admis à faire valoir ses droits, parce que le temps requis pour la prescription est écoulé.

On dit quelquefois que la possession est un fait, tandis que la propriété est un droit. Cela n'est pas tout à fait exact, car le possesseur lui-même a certains droits : D'abord, la présomption qui résulte, en sa faveur, de la situation de fait, a cette conséquence, que c'est à ceux qui veulent revendiquer le bien qu'il possède à prouver le bien fondé de leurs prétentions ; or, dans les cas fréquents où il n'existe pas de titres réguliers, la *charge de la preuve* suffit à trancher les litiges contre la partie à qui elle incombe. D'autre part, si ceux qui élèvent des prétentions à un droit ten-

tent de s'en mettre en possession par la force, la puissance publique, à qui il appartient d'assurer l'ordre, maintient ou remet le possesseur paisible dans la situation de fait dont il jouissait, situation qu'il doit conserver jusqu'à ce qu'il ait été prouvé, devant le juge compétent, qu'il la détient à tort ; c'est ainsi que le possesseur d'un immeuble peut intenter une action *possessoire*, devant le juge de paix, contre ceux qui le troublent dans sa jouissance, et les faire condamner à respecter sa possession, jusqu'à ce qu'ils aient fait juger leurs prétentions au *pétitoire*, par un tribunal plus élevé, et en suivant la procédure plus complexe nécessaire pour faire trancher les litiges portant sur la question de propriété. La possession est donc bien un droit, mais d'une nature plus fragile que la propriété. La question de savoir quelle sera la situation des tiers, lorsqu'ils voudront traiter avec un possesseur qui peut n'être pas propriétaire, est souvent délicate.

Nous allons passer rapidement en revue les principes juridiques et économiques qui règlent la transmission de la propriété et de ses démembrements, en ce qui concerne d'abord les meubles, puis les immeubles, et enfin les meubles incorporels (créances, valeurs mobilières) ; nous examinerons, ensuite, les règles spéciales posées par la loi, pour la cession de certains biens appartenant aux incapables, ou pour la vente forcée de ceux des débiteurs insolvables, et plus particulièrement les mesures prises pour assurer la juste répartition de l'avoir de ces derniers entre leurs créanciers.

A. — La cession des biens meubles et la constitution du droit de gage. — La difficulté d'individualiser les objets mobiliers, d'une manière suffisamment précise pour que l'on sache toujours auquel d'entre eux s'appliquerait un droit qui ne se manifesterait pas par la possession, a fait exclure, en ce qui les concerne, toute idée de *droit de suite*, permettant de revendiquer, entre les mains d'un tiers détenteur, soit la propriété complète, soit un droit spécial démembré de cette propriété. C'est ce que le Code civil exprime en disant que « en fait de meubles, la possession vaut titre » (art. 2279). La revendication n'est permise que pour les objets perdus ou volés, pendant trois années ; encore, si le tiers détenteur de bonne foi a acheté l'objet revendiqué à un marchand de choses semblables, c'est-à-dire dans des conditions qui ne pouvaient éveiller ses soupçons, le propriétaire ne peut-il le reprendre qu'en lui en remboursant le prix.

Aucun démembrement de la propriété appliqué, aux biens

meubles, ne peut donc être rendu opposable aux tiers, et tout contrat relatif à leur transmission, ou aux usages qui peuvent en être faits, n'engendre que des obligations personnelles entre les contractants. Ces obligations ne s'éteignent que par la prescription trentenaire.

Les biens meubles ne peuvent également être affectés par privilège au paiement d'une dette, que si cette affectation est manifestée par la possession. Le droit de *gage* est établi par un acte écrit ; mais il ne subsiste que si l'objet donné en gage reste en la possession du créancier, ou d'un tiers détenteur choisi par les parties (Code de commerce, art. 92 ; Code civil, art. 2074 et 2076). De même, les privilèges établis par la loi au profit du bailleur, de l'aubergiste, du voiturier, ne peuvent s'exercer que sur les meubles qui garnissent le local loué, sur les effets qui sont dans l'auberge, ou sur les objets qui sont encore entre les mains du transporteur ; ils cessent avec la possession.

Les facilités que le prêt sur gage peut donner au recel des objets volés et à l'usure, ont conduit à le réglementer, en France et dans divers pays. Il s'exerce sous deux formes principales : par les Monts de piété, ou au moyen des Magasins généraux.

En vertu de la loi du 16 pluviôse an XII, aucune maison de prêt sur nantissement ne peut être établie qu'au profit des pauvres et avec l'autorisation du Gouvernement. Le monopole de ces opérations est ainsi réservé aux *Monts de piété*, dont l'institution est née en Italie au xv° siècle, et qui sont régis aujourd'hui par la loi du 24 juin 1851. Il en existe 43 en France ; ce sont des établissements publics, ayant un caractère en partie municipal, dotés par des fondations charitables, et dont les bénéfices sont versés aux hospices. Ils prêtent, en fait, une soixantaine de millions par an, sur des bijoux et des meubles appartenant le plus souvent à des familles dans la misère ; le montant moyen des prêts est de 17 francs, en dehors des prêts sur valeurs mobilières. Ceux-ci sont autorisés, à Paris et dans quelques grandes villes seulement, en vertu de la loi du 25 juillet 1891.

L'insuffisance de la dotation des Monts de piété, les frais de toute nature qu'entraînent la multiplicité des petites opérations, l'estimation et la conservation des gages, les obligent généralement à exiger un intérêt que la loi déclarerait usuraire entre particuliers. Tandis que quatre ou cinq d'entre eux font des prêts gratuits, et à peu près autant des prêts au taux légal, tous les autres exigent de 6 à 10 et même 12 0/0, commissions comprises ;

celui de Paris, dont les opérations représentent les deux tiers du total, prend de 6,25 à 7 0/0. Ils prêtent les deux tiers de la valeur du gage, estimée plutôt bas, de sorte que le déposant peut encore emprunter, auprès d'usuriers, sur la *reconnaissance* constatant le dépôt fait par lui, ou la vendre à des brocanteurs. Les objets non dégagés à l'échéance sont vendus, et si le prix dépasse la dette, le boni appartient au porteur de la reconnaissance. La vente forcée n'est appliquée qu'à 9 ou 10 p. 100 des dépôts ; mais beaucoup sont dégagés par les acquéreurs des reconnaissances, dont le trafic donne lieu à tous les abus que pourrait engendrer le prêt direct par des usuriers, de sorte qu'on ne voit vraiment pas quels avantages l'intervention de l'autorité publique procure à la clientèle des Monts de piété.

Les *Magasins généraux* sont des établissements privés, qui jouent deux rôles distincts : celui de *dépositaire,* pour des marchandises que les transactions commerciales feront sans doute changer plusieurs fois de propriétaire avant qu'elles soient livrées au consommateur ou au détaillant ; celui de *tiers détenteur,* pour celles de ces marchandises qui servent de gage à un emprunt. Très employés en Angleterre depuis longtemps, ils n'ont commencé à fonctionner en France qu'en 1848, sous une surveillance minutieuse du gouvernement. Une loi du 28 mai 1858 a réglementé leurs opérations, et une loi du 31 août 1870 a supprimé la surveillance à laquelle ils étaient soumis, en les soumettant seulement à une autorisation préfectorale et au dépôt d'un cautionnement.

Ils délivrent à chaque déposant un *récépissé*, accompagné d'un *warrant* ou bulletin de gage ; ces deux titres sont transmissibles par une simple mention inscrite au dos, suivant les formes simples que nous examinerons à propos de la cession des créances connues sous le nom d'effets de commerce, et avec la même responsabilité pour les *endosseurs* successifs. La possession simultanée du récépissé et du warrant confère le droit absolu de disposer de la marchandise. Quand le warrant a été séparé du récépissé et transmis à un prêteur, afin de lui conférer le droit de gage, le titulaire du récépissé ne peut plus disposer de la marchandise qu'en justifiant du paiement de l'avance ainsi gagée, ou en en consignant le montant entre les mains du dépositaire. Le prêteur qui a reçu le warrant doit faire transcrire aussitôt le montant de sa créance sur les registres du Magasin général, et celui-ci devient ainsi responsable de la conservation du gage, vis-à-vis des porteurs successifs du warrant.

Ce système d'avances n'a pris que peu de développement en France. Certains abus, notamment la délivrance de récépissés inexacts, ont fait réclamer, par les partisans de l'intervention de l'Etat, le rétablissement d'une surveillance qui serait sans doute plus gênante qu'efficace. Il semblerait plus sage de donner à l'industrie des Magasins généraux une pleine liberté, en supprimant l'autorisation administrative, plus propre à inspirer une sécurité trompeuse qu'à donner de véritables garanties.

Les Magasins généraux n'existent que dans les grands centres commerciaux. On a cherché récemment à faire bénéficier les agriculteurs de la facilité d'emprunter sur des produits non encore vendus, sans les astreindre à supporter des frais du transport jusqu'à un Magasin, parfois élevés et inutiles. Une loi du 18 juillet 1898 a institué des *warrants agricoles*, constituant un véritable droit de gage sur les produits récoltés par un cultivateur, sans que ceux-ci quittent la ferme. Pour remplacer la garantie résultant de la possession du gage par le créancier ou de son dépôt chez un tiers, la loi édicte, contre l'emprunteur qui détournerait les denrées données en gage, les pénalités sévères inscrites dans le Code pénal pour le cas d'abus de confiance. Mais il est évident que, quand la simple signature de l'agriculteur qui veut emprunter n'inspire pas une confiance suffisante, les dispositions pénales ne donnent pas des garanties équivalentes à la main-mise sur le gage. Il était donc facile de prévoir que la loi de 1898 aurait peu d'applications, et en fait, elle n'en a presque pas. Elle prescrit une inscription de l'emprunt au greffe de la justice de paix, qui impose des dérangements et quelques frais ; un projet de loi a été déposé pour supprimer ces formalités, auxquelles on attribue en partie l'échec du système. Nous doutons fort que, sous une forme quelconque, il soit possible de rendre pratique une législation dont l'idée mère est l'application du droit de gage à des objets mobiliers, en dehors des garanties qu'exigerait la nature même de l'objet engagé.

Il y a un cas, cependant, où il a pu être dérogé au principe général qui lie à la possession l'acquisition des droits réels sur les biens meubles ; c'est celui des *navires de mer*. La nature des choses permet que chacun de ces navires revête une individualité bien distincte, et les règlements relatifs à la navigation maritime soumettent les opérations auxquelles ils donnent lieu à une surveillance administrative, justifiée en partie par les conditions mêmes d'exercice de la juridiction d'une nation sur des dépendances exterritoriales, en partie par les liens existant entre la marine marchande et la marine militaire. Ces règlements exigent, notamment, que tout navire ait une sorte de domicile, appelé *port d'attache*, et que la personnalité des propriétaires soit constatée sur l'acte de *francisation* qui constitue son état civil, ainsi que sur les registres administratifs. La transmission de la propriété doit résulter d'actes écrits, et n'est valable vis-à-vis des tiers que si elle est mentionnée sur l'acte de francisation (art. 195 du Code de commerce et art. 17 de la loi du 27 vendémiaire an II), de sorte que la maxime « possession vaut titre » n'est pas applicable à ces navires. Il a donc été possible de les affecter, par privilège, à la garantie de certaines créances (Code de commerce, art. 190 à 194) et de les rendre susceptibles d'être hypothéqués (lois des 10 décembre 1874 et 10 juillet 1885), dans des conditions qui se rapprochent bien plus du régime des immeubles que de celui des meubles. L'hypothèque leur est souvent appliquée, notamment pendant la construction pour garantir les droits du constructeur.

Mais les projets mis en avant pour étendre ce régime aux *bateaux affectés à la navigation intérieure*, dont l'individualité est bien moins marquée et qui ne sont pas soumis à la même surveillance de l'autorité, ne paraissent pas susceptibles de fonctionner avec sécurité, et n'ont pas abouti jusqu'ici.

B. — La cession des immeubles, les démembrements de la propriété et les hypothèques. — La situation des immeubles est exactement inverse de celle que nous venons d'étudier pour les meubles : tandis que ces derniers ne peuvent être individualisés d'une manière sûre, chaque immeuble est nettement caractérisé par sa situation topographique invariable ; tandis que, pour les meubles, la possession est un fait visible, pour les immeubles, elle cesse d'être apparente toutes les fois que le propriétaire les loue, au lieu de les occuper et de les exploiter personnellement. Il suit de là que ce n'est plus dans la possession, mais dans l'existence de *titres* susceptibles d'être rendus *publics*, que l'on doit chercher les bases d'un régime assurant la transmission régulière et sûre des droits réels.

Du fait que ces droits réels, au lieu d'être liés à une circonstance unique, la possession, sont définis par des titres dans lesquels des stipulations complexes peuvent être insérées, il résulte qu'ils peuvent présenter des modalités très diverses. Ces modalités sont pratiquement fort utiles, en raison de la nécessité d'adapter à des convenances variées : 1° les rapports entre héritages voisins ; 2° les procédés appliqués à la mise en valeur de certains domaines ; 3° les arrangements de famille, pour la transmission ou la jouissance des fortunes dont les immeubles constituent l'élément principal ; 4° enfin les garanties attribuées à certains créanciers. Nous allons passer rapidement en revue les diverses catégories de droits immobiliers répondant à chacun de ces besoins.

Les charges imposées, en dehors du droit commun, à un fonds en faveur d'un fonds voisin, reçoivent le nom de *servitudes établies par le fait de l'homme* (Code civil, art. 686). Tels sont : un droit de passage, de conduite d'eau, de vue, établi dans des conditions dérogeant aux règles habituelles inscrites dans le Code, une interdiction de bâtir, etc. Beaucoup de travaux utiles seraient impossibles, si celui qui y engage ses capitaux ne pouvait acquérir une servitude, donnant aux propriétaires successifs du fonds où ces travaux auront été exécutés la certitude perpétuelle de ne pas en voir le bénéfice perdu par le fait d'un voisin, qui userait des droits normaux de tout propriétaire, soit pour couper le passage des eaux nécessaires à une culture ou à une usine, soit pour masquer par un bâtiment les vues d'une maison, etc. L'établissement et le maintien de servitudes de cet ordre sont la condition nécessaire de beaucoup d'améliorations des biens immobiliers. Aussi ne sont-elles pas rachetables en principe.

Les contrats passés pour la mise en valeur de certains fonds constituent une seconde catégorie de démembrements de la propriété ; ils revêtent ce caractère, lorsqu'ils confèrent à celui qui doit exécuter des travaux sur le fonds d'autrui des droits dépassant la durée normale d'un bail, et reçoivent alors le nom d'*emphytéose*. En Angleterre, on voit souvent des locations consenties pour une durée d'un siècle ou même davantage, à la condition que les plantations et constructions faites par le preneur reviendront gratuitement au bailleur en fin de bail : c'est ainsi que se sont constituées les fortunes colossales de quatre ducs, aujourd'hui propriétaires de quartiers entiers de Londres ; ces quartiers ont été construits au cours de baux emphytéotiques qui avaient été passés bien avant que la métropole eut pris son développement actuel, et ils ont fait retour aux familles des propriétaires, au terme de ces baux. Ce système peut faciliter la mise en valeur des terrains sur lesquels il faut faire des dépenses que le propriétaire n'est pas disposé à engager ; mais il est peu favorable à leur bonne utilisation, lorsque l'approche de la fin de bail ne laisse plus au preneur le temps d'amortir les dépenses nouvelles qu'il ferait. Très usité en France sous l'ancien régime, il ne l'est plus guère aujourd'hui, et se concilierait mal avec nos lois successorales, qui impliquent la division ou la vente des biens à chaque décès. Une loi des 18-29 décembre 1790 en avait limité la durée à 99 ans ; au delà, l'emphytéose prend le caractère d'une constitution de rente, toujours rachetable. Le Code civil ne mentionne pas ce contrat ; mais la jurisprudence admettait néanmoins sa légalité, qui vient d'être consacrée par une loi du 25 juin 1902. On trouve des combinaisons de droits analogues, et comportant souvent une durée illimitée, dans le *domaine congéable* (loi du 8 février 1897) ou le *bail à complant* (loi du 8 mars 1898), encore usités dans les régions de l'Ouest.

Les arrangements pris par des raisons de famille, pour assurer à certaines personnes la jouissance de biens qui feront retour à d'autres, constituent la troisième cause de démembrements de la propriété : dans cette catégorie rentrent les droits d'*usufruit*, d'*usage*, d'*habitation* (Code civil, art. 578 à 636). La coexistence des droits d'un usufruitier, qui recueille les produits d'un bien, et d'un nu-propriétaire à qui le fonds appartient, rend nécessaire, pour toute modification de l'état des lieux, l'accord de deux personnes dont les intérêts ou les idées peuvent différer complètement ; elle est donc très peu favorable au progrès économique. Elle met obstacle à la libre circulation des biens, qui est si souvent la condition de leur bonne utilisation, car on ne vend pas sans difficultés et sans pertes un usufruit séparé de la nue propriété, ou inversement. Cependant, ces combinaisons répondent souvent à des convenances respectables, et elles constituent, en tout cas, une manière de disposer que la loi ne saurait interdire sans porter atteinte à la liberté des propriétaires. Mais il est bon que les situations qu'elles engendrent ne se prolongent pas indéfiniment, car elles amèneraient des enchevêtrements de droits inextricables, lorsque le partage des successions aurait multiplié le nombre des participants à chaque fraction de la propriété. La loi française y a pourvu, en décidant que l'usufruit prend nécessairement fin par le décès de l'usufruitier, ou au bout de 30 ans quand il est institué au profit d'une personne civile qui ne meurt pas (articles 617 et 619). Elle interdit également, sauf dans des cas très limités, les donations entre vifs ou par testament comportant une *substitution*, c'est-à-dire imposant à celui qui reçoit un bien l'obligation de le conserver en vue de le rendre à un tiers, ce qui rend sa situation très analogue, au point de vue économique, à celle d'un simple usufruitier (Code civil, art. 896). Mais elle admet, dans les conventions matrimoniales, des arrangements qui ne sont pas moins contraires à la libre circulation des biens, en autorisant le *régime dotal* ; sous ce régime, en effet, le droit des époux se réduit presque, au fond, à un simple droit de jouissance, puisque les immeubles constitués en dot sont devenus inaliénables, sauf dans des cas très restreints (art. 1554).

Enfin les immeubles peuvent être affectés en garantie au paiement de certaines créances. Cette affectation peut résulter de la loi : tel est le cas des *privilèges* réservés au vendeur sur l'immeuble vendu, pour le prix de vente, et aux cohéritiers, pour les sommes dues à raison des partages faits entre eux (Code civil, article 2103). Quand la dation d'un immeuble en garantie d'une dette est conventionnelle, elle peut être liée, comme pour les meubles, à la remise du bien entre les mains du créancier, qui perçoit alors les fruits en déduction de sa créance ; c'est ce que l'on appelle l'*antichrèse* (Code civil, art. 2085 à 2091). Bien plus souvent, la garantie résulte d'une *hypothèque*, qui n'implique aucune dépossession du débiteur : l'hypothèque confère seulement à un créancier un droit de *préférence*, soit sur le prix de l'immeuble, en cas de vente volontaire ou forcée, soit sur l'indemnité due par l'assureur, en cas de sinistre (loi du 19 février 1889). Ce droit suit l'immeuble en quelques mains qu'il passe ; si le créancier hypothécaire n'est pas payé à l'échéance, le droit de *suite* lui permet de poursuivre le recouvrement de sa dette par la saisie de l'immeuble entre les mains du détenteur, quel qu'il soit (article 2166), sans même être obligé d'établir l'insolvabilité de son débiteur en *discutant* préalablement celui-ci par la saisie de ses biens (art. 2171). Le prix de la vente faite à la suite de la saisie est attribué aux créanciers ayant une hypothèque ou un privilège antérieur aux droits du tiers détenteur, suivant le rang attribué à chacun d'eux d'après la date ou la nature de son titre. La vente d'un immeuble grevé de privilège ou d'hypothèque ne peut en transférer à l'acquéreur la libre propriété que s'il a procédé aux formalités nécessaires pour opérer la *purge* de ces charges. Ces formalités, déterminées en France par les articles 2181 à 2195 du Code civil, ont pour objet essentiel d'avertir les créanciers ayant un droit réel sur l'immeuble, pour qu'ils fassent valoir ce droit. L'acquéreur se libère en payant immédiatement ou en consignant les sommes garanties par les hypothèques, jusqu'à concurrence du prix de son achat ; mais les créanciers privilégiés ou hypothécaires peuvent faire procéder à la vente aux enchères, si ce prix ne suffit pas à les désintéresser, et si, espérant en obtenir un plus élevé par l'appel à la concurrence, ils se portent garant d'une surenchère du dixième.

On voit combien sont divers les droits réels qui peuvent être créés sur les immeubles. Les uns sont souvent la condition même d'une bonne exploitation ; tel est le cas de certaines servitudes ou des hypothèques grâce auxquelles le propriétaire peut emprunter, à un taux avantageux, les capitaux destinés à des améliorations profitables. Les autres constituent parfois des complications de droit entravant la libre circulation des biens, comme l'emphytéose, à laquelle la vente serait généralement préférable, ou comme l'usufruit, qui souvent serait avantageusement remplacé par la constitution d'une rente viagère. Mais les uns et les autres résultent d'actes de disposition qui rentrent dans l'usage normal qu'un propriétaire peut faire de ses droits. Le législateur doit donc prescrire les mesures nécessaires pour en assurer la paisible jouissance à ceux qui les ont acquis de bonne foi, et surtout, pour donner à quiconque acquiert, d'un propriétaire apparent, un droit réel sur un immeuble, la certitude que son titre sera valable à l'égard de tous.

La seule manière d'y arriver, c'est de fournir aux titulaires de droits réels les moyens de leur donner une *publicité* complète, et de décider que les actes translatifs de droits de cette nature ne seront opposables aux tiers qu'après avoir reçu cette publicité, de telle sorte qu'en cas de conflit entre acquéreurs de bonne foi, celui-là l'emporte qui aura le premier pris les mesures nécessaires pour rendre son titre public. Pour cela, le seul moyen efficace est de faire tenir, par un officier public, un *registre* sur lequel sont mentionnées toutes les cessions ou constitutions de droits réels sur les immeubles, et de décider que la validité relative de ces actes sera déterminée par leur *ordre d'immatriculation.* Dès lors, il suffit, pour être certain d'acquérir un droit valable *erga omnes*, de s'assurer que celui de qui on l'acquiert en est bien le titulaire, d'après les mentions portées sur le registre public antérieurement au contrat, et de faire immatriculer celui-ci immédiatement, de manière à obtenir à son tour un titre valable vis-à-vis des tiers. Cela ne veut pas dire, bien entendu, que le contrat entaché de fraude ou de violence, par exemple, ne pourra plus être annulé une fois immatriculé. Mais aucun litige qui surgirait, à cet égard, entre le vendeur ou ses ayants cause et l'acquéreur, ne doit préjudicier aux tiers qui auraient traité de bonne foi avec ce dernier. C'est pourquoi il convient de décider que, tant que l'annulation n'aura pas été prononcée, et mentionnée à son tour sur le registre où la vente était constatée, celui qui y était inscrit comme titulaire de la propriété, ou d'un droit réel quelconque, a pu valablement céder ou démembrer son droit, et les tiers qui tiennent leur titre de lui ne sauraient être inquiétés — à moins qu'ils ne soient personnellement tenus de subir les conséquences des causes qui viciaient le titre de leur auteur, soit comme complices d'un acte dolosif, soit comme héritiers à titre universel.

C'est dans cet ordre d'idées que toutes les législations modernes ont organisé la transmission des droits réels sur les immeubles ; mais il s'en faut que cette organisation soit partout complète et parfaitement satisfaisante. En France, elle avait été à peu près réalisée par deux lois du 9 messidor an III et du 11 brumaire an VII ; mais le Code civil l'avait en partie détruite, en ne maintenant l'*inscription* sur des registres publics que pour les privilèges et hypothèques, de telle sorte que la vente d'un immeuble était opposable aux tiers dès que l'acte avait date certaine, sans aucune publicité. C'est seulement par une loi du 23 mars 1855 que la *transcription*, sur un registre tenu à la Conservation des hypothèques, a été étendue à tous les actes entre vifs et jugements translatifs de propriété ou constitutifs d'antichrèse, de servitude, d'usage, d'habitation, ainsi qu'aux baux de plus de dix-huit années et aux actes donnant quittance anticipée de plus de trois années de loyer. Malheureusement, le système de publicité ainsi organisé est encore loin d'être satisfaisant, au point de vue du fond comme à celui de la forme.

Au point de vue du *fond*, trois sortes de lacunes graves existent dans les dispositions de nos lois relatives à la publicité.

D'abord, la chaîne des transmissions successives ne se retrouve pas complètement dans les registres, car si les ventes et les donations y doivent être transcrites, les mutations par suite de décès et de partages ne le sont pas. Ainsi, celui qui traite avec l'héritier apparent d'un immeuble, n'a aucun moyen de s'assurer que les actes par lesquels ce dernier justifie de ses droits n'ont pas été ultérieurement modifiés, par d'autres actes qui seront opposables aux tiers sans avoir reçu aucune publicité.

En second lieu, il est impossible de remonter jusqu'à un titre initial valable *erga omnes*. Le possesseur actuel d'un bien peut, sans doute, établir que ce bien est entre ses mains, ou entre celles de ses auteurs, depuis un temps suffisant pour qu'à défaut de titre valable, la prescription lui soit acquise, — c'est-à-dire depuis au moins 30 ans, s'il ne justifie d'aucun titre, et depuis 20 ans, s'il a acquis de bonne foi et par un titre en apparence régulier ; 10 ans suffiraient même dans ce dernier cas, si le propriétaire véritable habitait le ressort de la même Cour d'appel (Code civil, art. 2265). Mais comme la prescription ne court pas contre les mineurs, contre les femmes mariées sous le régime dotal, etc. (art. 2252 à 2256), elle peut avoir été suspendue pendant des délais qu'il est impossible de connaître, du moment où l'on ne connaît pas le véritable propriétaire ; par suite, si haut que l'on soit remonté dans l'examen des titres afférents aux transmissions successives, on n'a pas la certitude absolue d'avoir touché un point de départ à l'abri de toute contestation.

Enfin, et c'est là le vice capital de notre régime foncier, certaines hypothèques (celles du mineur sur les biens de son tuteur ou de la femme sur ceux de son mari) et certains privilèges sont opposables aux tiers, tout en restant *occultes* ; les droits de ceux à qui la loi les confère prennent rang du jour où s'est produit le fait qui leur donne naissance, et subsistent sans avoir besoin d'être inscrits, tant que dure, par exemple, la minorité ou le mariage. Par suite, l'acquéreur qui tient à être sûr que le bien qu'il achète est franc de charges de cette nature, n'a d'autre moyen que de procéder à une purge spéciale, qui est nécessaire même quand l'absence de toute inscription hypothécaire permettrait d'éviter les frais de la purge ordinaire, et qui exige en tout cas des formalités distinctes, puisque celles qui s'appliquent aux hypothèques inscrites, supposant connu le domicile du créancier, ne sont pas applicables aux hypothèques occultes. Quant au prêteur auprès de qui un homme marié ou un tuteur contracte un emprunt hypothécaire, il n'a aucun moyen de s'assurer que son droit ne sera pas primé par une hypothèque occulte, car la loi ne l'autorise pas à procéder à la purge, qui n'est prévue qu'en cas de vente. S'il s'agit de l'hypothèque légale d'une femme mariée sous un régime autre que le régime dotal, le prêteur prudent peut, il est vrai, obtenir d'elle, dûment autorisée par son mari, une subrogation à ses droits ; mais, vis-à-vis des mineurs ou de la femme dotale, aucune combinaison analogue n'est réalisable. Les inconvénients de cette situation sont tels, que, pour donner quelque sécurité aux opérations du Crédit foncier, des dispositions spéciales lui ont conféré la faculté de procéder à la purge des hypothèques occultes, pour les biens sur lesquels il prête (loi du 10 juin 1853). Il est incroyable qu'une procédure d'une utilité aussi évidente soit restée, depuis si longtemps, le monopole d'une seule société.

Au point de vue de la *forme*, l'existence des deux catégories de registres prévus par la loi française, les uns pour l'inscription des hypothèques, les autres pour la transcription des aliénations, est la cause de complications regrettables. Ces registres ont, en outre, un vice capital : c'est que les répertoires sont dressés par *nom de propriétaire*, au lieu de l'être par *immeuble*. On ne peut donc se renseigner, sur l'existence des actes soumis à la publicité que l'on pourrait se voir opposer, que si l'on connaît le nom des personnes qui avaient qualité pour les consentir valablement.

Il faut ajouter que l'inscription hypothécaire n'est valable que pour 10 années, ce qui oblige à des renouvellements onéreux ; on ne voit pas pourquoi elle n'a pas une durée de validité égale à celle de l'emprunt qu'elle garantit.

La nécessité de remédier à ces inconvénients a donné naissance, pendant tout le cours du siècle, à des études et à des projets de loi innombrables. Les travaux les plus récents sont ceux de la grande Commission extraparlementaire du Cadastre, qui a publié, de 1891 à 1900, des documents, rapports et procès-verbaux du plus haut intérêt.

Au point de vue de la *forme*, tout le monde est d'accord pour reconnaître la nécessité d'étendre l'obligation de la publicité, par voie d'inscription sur les registres tenus par un service spécial, à tous les actes portant création, translation ou reconnaissance d'un droit réel. Pour y arriver, en ce qui concerne particulièrement les hypothèques, il faudrait appliquer rigoureusement le principe de la *spécialité*, c'est-à-dire supprimer les hypothèques générales qui, d'après notre droit, frappent dans certains cas tous les biens du débiteur, et qui portent à son crédit une atteinte considérable, pour la garantie de droits parfois minimes. Ce seraient alors les actes constitutifs de la tutelle ou du régime matrimonial et les jugements de condamnation qui détermineraient les biens à frapper d'une hypothèque ; mais celle-ci ne prendrait rang que du jour de son inscription. De même, nul privilège ne primerait les droits inscrits avant lui.

Il existe cependant un cas où il semblerait possible de déroger au principe de l'ordre chronologique, sans porter atteinte aux droits acquis : c'est celui où un propriétaire s'endette, en vue d'améliorer un fonds déjà hypothéqué. Les droits des créanciers antérieurement inscrits ne portent que sur la valeur ancienne de l'immeuble ; on peut donc, sans les léser, établir un privilège qui garantisse les dettes ou les emprunts contractés pour réaliser l'amélioration, à la condition de le faire porter seulement sur la *plus-value* qui en est résultée. Telle est l'idée mère des privilèges institués par l'article 2103 du Code civil au profit des architectes et ouvriers, et par la loi du 26 juin 1856 au profit soit des entrepreneurs qui exécutent des travaux de drainage, soit de l'État lorsqu'il avance à un propriétaire les fonds nécessaires à l'exécution de ces travaux. La spécialité du gage est portée là à l'extrême, puisqu'il ne comprend qu'une fraction de la valeur de l'immeuble. Mais la nécessité de faire déterminer le montant de cette fraction par des expertises, qui constatent l'état de l'immeuble avant et après les travaux, et dont les résultats soient inscrits, rend l'opération trop complexe et trop coûteuse pour qu'elle s'applique couramment aux améliorations rurales. Les prêts en faveur du drainage, pour lesquels le Crédit foncier a été substitué à l'État en 1858, n'ont pris aucun développement. L'application du principe général qui fixe le rang des créances par l'ordre des inscriptions paraît donc préférable, à la condition qu'on puisse toujours dégager l'immeuble sur lequel on voudrait emprunter en vue de le transformer, en opérant la purge des hypothèques antérieures, moyennant consignation des sommes garanties, même en dehors de toute vente.

Reste la difficulté d'établir un *titre initial*, dont la publicité mette à l'abri de toute contestation les droits de quiconque aura traité avec le propriétaire régulièrement inscrit, et avec ses ayants cause successifs. Ce qui fait la gravité de cette difficulté, c'est que, pour créer ainsi un droit absolu, tout en assurant une légitime indemnité aux propriétaires qui se trouveraient dépouillés par une inscription portée à tort sur les registres, l'immatriculation doit être faite sous la responsabilité et la garantie de l'État. Quand on se borne à inscrire, comme en France, les actes déclarés, il suffit que le fonctionnaire qui tient les registres (le Conservateur des hypothèques) soit personnellement responsable de l'exactitude des transcriptions d'actes et des extraits qui en sont délivrés ; c'est à chaque intéressé à tirer de ces actes telles conséquences que de droit. Quand on veut aller déjà plus loin, et établir une filiation régulière des titres, mais seulement à partir du premier titre immatriculé, il est encore assez facile de confier au bureau qui enregistre les transmissions ultérieures la mission : 1° de constater, directement ou par la production de pièces émanant d'un officier public, l'existence des actes dont on requiert l'immatriculation, ainsi que l'identité des personnes de qui la réquisition émane ; 2° d'accepter l'immatriculation quand elle n'est pas en désaccord avec celles qui figurent déjà au registre, ou de la refuser dans le cas contraire (par exemple, si l'acte à immatriculer constatait la cession d'un droit par un autre que celui qui est inscrit comme son titulaire), le tout sauf aux requérants à faire constater, par un jugement, leur droit d'obtenir l'immatriculation refusée. La charge ainsi imposée aux fonctionnaires n'implique pas encore une responsabilité excessive. Mais la première immatriculation relative à chaque immeuble exige un examen bien autrement délicat, car elle doit constituer un titre valable *erga omnes*, établi alors que les mentions inscrites sur les registres publics, sous le régime antérieur, ne suffisent pas à démontrer la réalité des droits du propriétaire apparent qui la requiert. Il est nécessaire, cependant, que l'autorité publique assume la tâche d'apprécier les titres invoqués pour obtenir cette première immatriculation, si elle veut instituer des registres fonciers ayant une autorité réelle, et qu'elle se porte garante des conséquences, parfois fort graves, qui peuvent résulter d'une erreur dans cet examen.

L'une des meilleures solutions du problème est celle qui résulte de l'*Act Torrens*, édicté en Australie, en 1858, sur l'initiative de Sir Robert Torrens, et adopté depuis, sauf quelques modifications de détail, par la plupart des colonies anglaises, par la Tunisie etc. Il dépend du propriétaire de placer un immeuble sous le régime que cet acte institue; c'est à celui qui veut donner à son titre la sécurité qu'il assure, à demander l'immatriculation. Celle-ci est prononcée, après examen des titres constatant le droit du requérant, par un *registrar général* armé d'un pouvoir d'appréciation très étendu, puis elle reçoit la publicité nécessaire pour mettre les tiers à même de porter devant les tribunaux, dans un délai déterminé, les prétentions contraires qu'ils croiraient pouvoir élever. Une fois un immeuble immatriculé définitivement, nul droit réel ne peut plus être exercé sur lui que par le titulaire inscrit, ou par ses ayants cause. Si les tribunaux reconnaissent ultérieurement qu'une erreur commise dans l'examen ou l'inscription des titres a porté atteinte à un droit légitime, ce droit se résout en dommages-intérêts, dont l'État est garant à défaut des auteurs du préjudice causé. Pour couvrir les charges de cette garantie, une taxe d'assurance est perçue sur les biens immatriculés.

La loi du 16 février 1897 a institué, en Algérie, une procédure de purge, à la suite de laquelle il est délivré des titres qui assurent, de même, la propriété à leur bénéficiaire à l'égard de tous.

Un régime analogue est établi en Allemagne. La loi prussienne du 5 mai 1872 rend l'immatriculation obligatoire, et en fait la condition de la transmission de tout droit réel, non seulement vis-à-vis des tiers, mais même entre les parties contractantes. Les bureaux fonciers, qui tiennent les registres, sont dirigés par des juges, et ont un véritable pouvoir de juridiction pour apprécier la validité des titres qui leur sont soumis ; l'État est responsable des erreurs, en cas d'insolvabilité des fonctionnaires qui les ont commises.

En Angleterre, des registres fonciers, établis dans des conditions analogues, existent depuis fort longtemps dans quelques comtés. Le *Land transfer act* de 1875 a généralisé cette institution, et a donné aux propriétaires la faculté d'obtenir un titre opposable aux tiers, en faisant enregistrer leurs droits, après examen et approbation par un *registrar*, sauf appel devant les tribunaux. Mais les résistances intéressées des gens de lois avaient rendu très rares les applications de cet acte. Une loi de 1897 a complété sur divers points celle de 1875 ; elle a prévu l'allocation d'indemnités par l'État aux personnes dépossédées ou lésées par suite d'inscriptions erronées ; enfin, elle a autorisé le gouvernement à rendre obligatoire, dans les comtés qu'il désignerait, l'enregistrement du titre de tout immeuble qui ferait désormais l'objet d'une vente.

Sans aller jusqu'à rendre l'immatriculation obligatoire, on peut espérer que, partout où elle serait bien organisée, les avantages de sécurité qu'elle procure finiraient par en généraliser l'usage, pourvu qu'elle n'entraînât pas de frais excessifs. Mais quelle que soit l'organisation adoptée, la nécessité de subordonner à la publicité toute constitution de droits opposables aux tiers est indiscutable car cette publicité est la base essentielle de la sécurité des transactions et du développement du Crédit.

Elle exige, il est vrai, pour être efficace, que les droits régulièrement établis et publiés ne soient pas sujets à être annulés rétrospectivement. Des mesures telles que la *rescision* de la vente pour cause de lésion de plus des sept douzièmes du prix (Code civil, art. 1674), la *révocation* d'une donation pour cause de survenance d'enfant (art. 960 et suivants), ou sa *réduction* parce qu'elle excède la quotité disponible au décès du donateur (art. 920) ne devraient, en aucun cas, être opposables aux ayants-cause de celui qui a cédé des droits sur un bien dont il disposait, à ce moment, en vertu d'un titre transcrit conformément aux lois. A vrai dire, la plupart des lois que rendent aussi annulables des actes régulièrement accomplis, ont infiniment plus d'inconvénients, par l'insécurité qu'elles donnent aux transactions, que d'avantages effectifs. Le droit moderne a supprimé la plupart des *retraits* qui étaient admis autrefois, et qui donnaient, notamment, aux descendants des anciens propriétaires d'un immeuble, la faculté de dépouiller les acquéreurs, dans des cas très nombreux; la suppression des droits analogues qui subsistent, et dont nous parlerons ultérieurement (retrait litigieux, retrait successoral) n'aurait que des avantages. En tout cas, quand un acte constitutif de droits immobiliers tombe ainsi, en vertu de faits postérieurs à son inscription, ou même quand il est frappé de nullité par des causes que les tiers pouvaient ignorer, le maintien des droits acquis par ceux-ci dans l'intervalle est la condition essentielle d'un bon régime foncier.

Au point de vue de la *forme*, trois conditions sont nécessaires pour que les titres fonciers présentent une absolue sécurité : il faut que les registres où ils sont transcrits soient facilement consultables, que la définition du bien auquel chaque inscription se réfère soit nettement établie, enfin que les limites de ce bien soient bien déterminées.

La première condition est réalisée par l'institution des *livres fonciers* qui existent en Allemagne, en Autriche et dans tous les pays où l'Act Torrens est en vigueur. Ces livres sont des registres des droits immobiliers, dans lesquels un feuillet spécial est consacré à chaque immeuble, de telle sorte que tous les actes qui s'y rapportent sont inscrits les uns à la suite des autres ; toutes les fois qu'un immeuble est morcelé, un feuillet distinct est établi pour chaque fraction, de manière à prévenir toute confusion. Les *terriers* tenus jadis par les seigneurs féodaux constituaient les premiers modèles de ces registres. Leur usage a été adopté dans tous les pays soucieux d'assurer un caractère pratique à la publicité des droits réels. Il a été notamment rendu obligatoire, dans toute l'Allemagne, par une loi du 24 mars 1897, qui constitue une annexe du nouveau Code civil mis en vigueur le 1er janvier 1901.

Ce régime rencontre, il est vrai, deux catégories d'adversaires : d'un côté, les officiers ministériels craignent que leurs services soient souvent rendus inutiles par la simplification des transmissions ; de l'autre, certains esprits hostiles au mouvement moderne considèrent la facilité de transmettre la propriété rurale, ou d'emprunter en la donnant pour gage, non comme un bien, mais comme un mal, en raison de l'instabilité qu'elle apporte dans la situation des fortunes et des familles rurales. L'intervention d'un grand nombre de notaires a amené les Congrès de la propriété tenus à l'occasion des Expositions récentes, à se prononcer contre le principe du livre foncier. Mais les avantages de cette institution n'en restent pas moins certains.

Pour que la seconde condition d'un emploi commode des registres soit remplie, que l'immeuble auquel s'applique chaque feuillet du livre foncier soit désigné sans ambiguïté possible, il est à peu près indispensable que ce livre se réfère à un *Cadastre* bien dressé et tenu à jour. Le Cadastre est un état général de la propriété immobilière, comportant l'établissement de plans à grande échelle, sur lesquels chaque parcelle distincte est figurée. Il en existe un en France, dressé de 1807 à 1850, en vue d'établir l'assiette de l'impôt foncier. Mais aucune mesure coërcitive n'ayant été prise pour assurer la déclaration et l'inscription des modifications apportées à la situation des domaines, le Cadastre n'a pu être tenu à jour que d'une manière très imparfaite. Les communes peuvent faire procéder à sa réfection à leurs frais, quand il remonte à plus de 30 ans ; mais elles usent peu de ce droit, si bien qu'en dehors des départements annexés en 1860, 1.300 communes seulement ont un Cadastre postérieur à 1850. La réfection du Cadastre, en prenant pour point de départ les opérations de triangulation et de nivellement de la carte de France, est une œuvre dont l'utilité est unanimement reconnue ; mais elle exigerait un travail méthodique et de longue haleine, et entraînerait une dépense de 500 à 600 millions, que les nécessités budgétaires font reculer d'année en année.

Enfin, la délimitation, sur le terrain, des parcelles inscrites et cadastrées, déterminerait seule d'une façon certaine la situation de chaque bien. Il résulte d'une enquête récente qu'en France, un tiers environ des terrains sont délimités par des enceintes continues, haies, murs, fosses, etc. ; un tiers est marqué de bornes, et un tiers est dépourvu de tout bornage. Le peu de stabilité des clôtures et des bornes employées dans beaucoup de régions, le défaut de concordance des titres avec la superficie réelle des terrains, font de la question des limites une source de procès dont le nombre atteint 5.000 ou 6.000 par an, sans compter les litiges soumis à l'arbitrage des géomètres. Le Code civil confère à chaque propriétaire le droit d'obliger son voisin à faire le *bornage* à frais communs. Mais l'établissement contradictoire des limites des propriétés, et l'insertion des surfaces réelles dans les titres, est une opération qui ne peut se faire d'une manière complète et économique que pour l'ensemble d'une région. L'*abornement général*, à frais communs, ou tout au moins la *délimitation* des parcelles d'un territoire déterminé, rentrent dans les améliorations agricoles pour lesquelles la loi des 21 juin 1865-22 décembre 1888 autorise la constitution d'associations syndicales, avec pouvoir coërcitif de la majorité sur la minorité ; mais il n'en est fait que de trop rares applications.

Une loi du 17 mars 1898 a prévu l'allocation de subventions, par l'Etat et les départements, aux communes qui entreprendraient la réfection de leur Cadastre, et l'institution de Commissions ou de syndicats chargés de constater la situation des propriétés. Mais elle n'a donné jusqu'ici qu'une très faible impulsion à ces opérations.

La création de livres fonciers présente de grandes difficultés d'application, tant que la réfection du Cadastre et la délimitation des terres ne sont pas réalisées. Il est très fâcheux de subordonner une réforme législative aussi importante à l'exécution préalable d'opérations dont le coût et la durée seront considérables. Cependant, en Alsace-Lorraine, les lois du 12 avril 1888 et du 22 juin 1891, qui ont rendu l'immatriculation obligatoire, ont ajourné l'établissement définitif des livres fonciers, dans chaque commune, jusqu'à la réfection du cadastre ; on peut ainsi procéder progressivement, en répartissant le travail et la dépense sur un nombre d'années suffisant.

La réforme du régime foncier apporterait une amélioration considérable dans la situation des propriétaires ruraux, en facilitant la vente des terres, en développant le crédit, en rendant plus rares des procès ruineux. Mais pour qu'elle produisît tous les bons effets qu'on en peut attendre, il faudrait qu'elle fût accompagnée de réformes fiscales réduisant considérablement le coût des transactions sur les immeubles.

Actuellement, le droit perçu pour les mutations entre vifs de propriétés foncières, avec la transcription, s'élève à 7,125 0/0 du prix de vente. Le ministère d'un notaire n'est pas imposé par la loi ; mais les particuliers qui veulent être assurés d'avoir un acte régulièrement dressé y recourent généralement, et paient des honoraires qui atteignent environ 1 0/0. En y ajoutant le coût

du papier timbré, des expéditions, les frais de la purge des hypothèques, on arrive à 8,5 ou 9 0/0 de frais pour les grosses
ventes, 12 0/0 pour celles d'un millier de francs, et bien
davantage pour les petites. Ainsi chaque transmission absorbe
le revenu de deux ou trois années.

Ces frais entravent singulièrement les transactions. Pour
qu'une vente s'opère, il faut que l'acheteur attache, à acquérir
l'immeuble vendu, un intérêt qui se chiffre par une somme supérieure d'au moins 9 à 10 0/0 au prix minimum moyennant
lequel le vendeur trouverait avantage à céder son bien. Beaucoup de transmissions, qui seraient à la fois profitables à
l'acheteur et au vendeur, mais dans lesquelles le total des gains
que l'un et l'autre attendent de l'opération n'atteint pas un
chiffre aussi élevé, sont dès lors empêchées, et c'est là une perte
sèche pour la société, sans bénéfice pour le fisc. En particulier,
l'achat d'un bien en vue de le revendre n'est possible que si les
deux actes se suivent d'assez près pour que l'intermédiaire fasse
faire directement la mutation légale du nom de son acheteur à
celui de son vendeur, de manière à échapper, par une fraude, à
la nécessité de payer deux fois les droits. C'est ainsi qu'opèrent
les *marchands de biens* ; leur intervention, dans ces conditions,
ne sert qu'à dispenser les vendeurs de se mettre en rapport avec
les acheteurs, sans procurer un écoulement provisoire aux terres
pour lesquelles il n'y a pas amateur dans le pays, au moment de
la vente. Il en résulte qu'en cas d'offres surabondantes, les prix
peuvent tomber extrêmement bas. La réduction des droits permettrait à des capitalistes de guetter les ventes de biens momentanément dépréciés, pour les acheter en vue de les revendre au
bout d'un certain temps, et l'intervention de ces spéculateurs, la
concurrence qui s'établirait entre eux, donneraient aux propriétaires obligés absolument de vendre à un moment défavorable,
plus de chances de trouver un acquéreur dans des conditions
acceptables.

Une loi du 3 novembre 1884 a réduit, il est vrai, l'impôt total à
0,25 0/0, droit de transcription compris, pour les échanges d'immeubles, quand ils sont situés dans la même commune ou dans
deux communes limitrophes, ou quand ils sont effectués entre
deux propriétaires dont l'un possède une parcelle contiguë de la
parcelle qu'il acquiert. Cette réduction a pour objet de donner à
chaque propriétaire plus de facilités pour grouper toutes les
terres qu'il possède dans une même région. Un dégrèvement
analogue, applicable aux ventes et portant sur les frais accessoi-

res en même temps que sur le droit de mutation, faciliterait le passage des terres dans les mains de ceux qui sont le mieux à même de les exploiter, et serait, par suite, un des meilleurs moyens de remédier aux maux causés par la crise agricole.

De même, la constitution des hypothèques est grevée de frais qu'il importerait beaucoup de réduire : 0,50 ou 1 0/0, suivant les cas pour les honoraires du notaire dont le Code exige l'intervention, 1,50 0/0 pour les droits d'inscription et d'enregistrement, plus les salaires du conservateur des hypothèques, les copies de rôles, etc., ce qui fait environ 3 0/0 pour les opérations importantes, et davantage pour les petites.

Les mutations immobilières n'en portent pas moins sur une valeur totale de deux milliards environ par an, et des inscriptions hypothécaires sont prises pour un ensemble de créances se chiffrant par une somme à peu près égale. La propriété foncière supporte, du chef des frais de ces opérations, des charges fort lourdes, et l'obstacle apporté aux transactions qui ne se font pas représente pour elle des pertes peut-être encore plus considérables. Le régime fiscal appliqué aux ventes d'immeubles est fondé sur l'idée ancienne que ces biens sont destinés à rester dans les mêmes familles, et ne donneront par suite lieu qu'à de rares opérations. La facilité actuelle des transports, qui d'une part a habitué les populations rurales elles-mêmes à des déplacements fréquents, qui d'autre part contraint les cultivateurs à introduire à chaque instant, dans leurs opérations, les modifications exigées par la situation du marché général du monde, est incompatible avec cette fixité de la propriété. Il faudrait donc faciliter les mutations, en les rendant moins onéreuses, et il est déplorable que le gaspillage continu des ressources budgétaires mette obstacle à une réforme aussi nécessaire.

C. — LA CESSION DES MEUBLES INCORPORELS, DES VALEURS MOBILIÈRES ET DES CRÉANCES. — Le Code civil range parmi les biens meubles les parts dans les associations et les créances (art. 529) ; les fonds de commerce, brevets, etc., rentrent dans la même catégorie. Grâce au peu d'importance que l'on attachait à ces biens, dans un temps où la propriété foncière constituait le seul capital considérable, où le dicton *res mobiliaria vilis* était en usage, ils ont échappé aux règles restrictives auxquelles le droit de disposer des immeubles a été souvent soumis. Cependant, le développement que cette partie de la richesse nationale a pris de nos jours, spécialement sous la forme de valeurs mobilières, a obligé la législation et la pratique à s'adapter aux besoins spéciaux de cette sorte de biens. C'est ainsi qu'une loi du 27 février 1880 a soumis à diverses restrictions les pouvoirs du tuteur pour l'aliénation des valeurs mobilières appartenant aux mineurs. De même, ces valeurs peuvent être constituées en dot, et très souvent, on spécifie dans les contrats qu'en cas de vente des titres dotaux, les fonds qui en proviendraient seraient remployés en titres analogues. Ces stipulations trouvent une sanction dans le fait que les officiers ministériels qui prêteraient leur concours à un transfert, sans s'être assurés de l'accomplissement de la condition à laquelle il est subordonné, deviendraient responsables, si les fonds provenant de la vente étaient détournés.

Cette sanction implique l'obligation de mentionner, sur le titre, le nom et la qualité du mineur ou de la femme dotale. Quand on étudie les caractères réels des valeurs mobilières au point de vue de la transmission des droits, on constate qu'ils diffèrent du tout au tout, selon que ces valeurs sont au porteur ou nominatives.

Le titre *au porteur* présente tous les caractères juridiques et économiques d'un bien meuble, transmissible par simple tradition, et pour lequel possession vaut titre. Le fait que les coupons de rente, les actions ou les obligations d'une même série se distinguent les uns des autres par des numéros, permet de mettre opposition à la négociation de ceux qui ont été perdus ou volés, mais sans qu'il en puisse résulter de préjudice pour le tiers qui les a acquis régulièrement (lois du 15 juin 1872 et du 8 février 1902). Aucun *démembrement* de la propriété n'est pratiquement réalisable, et la constitution de *gage* implique le dépôt matériel du titre entre les mains du créancier ou d'un tiers.

Au contraire, le titre *nominatif* présente avec les immeubles ce caractère commun, que la propriété se transfère, non par la tradition, mais par un acte constaté sur des registres; seulement, au lieu d'être tenus par un officier public, ces registres sont tenus par la personne civile qui a émis le titre : Etat, département, ville, société commerciale pour les actions ou obligations. Le transfert doit être fait sur justification d'un accord valablement établi entre les parties intéressées, ou d'une décision de justice; bien qu'aucune disposition légale ayant un caractère général ne détermine les pièces justificatives à produire, le transfert opéré à tort engage la responsabilité de l'administration ou de la compagnie qui l'a effectué, s'il y a eu faute de sa part.

L'*usufruit* peut être séparé de la nue propriété, et cette situation est constatée par une mention sur le titre et sur les registres où sont inscrits les droits des propriétaires. Le *nantissement*, au profit d'un créancier, est également rendu opposable aux tiers par un transfert spécial (art. 91 du Code de commerce).

Le titre nominatif donne bien plus de sécurité que le titre au porteur, qui peut être facilement détruit ou volé. Les mutations dont il fait l'objet sont un peu plus compliquées ; mais, quoi qu'on en dise souvent, les formalités nécessaires n'entravent nullement le développement des transactions : on en trouve la preuve dans l'étendue des opérations de bourse auxquelles donnent lieu, en Angleterre, beaucoup de titres de sociétés qui sont exclusivement nominatifs. En France, les intermédiaires dissuadent souvent leurs clients de rendre nominatifs les titres pour lesquels on a le choix entre les deux régimes ; les tarifs en usage ont le défaut de les rendre peu favorables à cette forme de titres, en ne leur accordant aucune rémunération, en sus du courtage, pour les opérations complexes auxquelles donne lieu leur transfert. L'Etat n'a évidemment pas à interdire l'un ou l'autre régime ; mais il est bon que le tarif des droits de mutation ne détourne pas le public de l'emploi des titres nominatifs, et tende au contraire à l'encourager. D'après la législation française, la vente des valeurs nominatives donne lieu au paiement d'un droit de 0,50 0/0 ; les valeurs au porteur paient un abonnement annuel, calculé à raison de 0,20 0/0 du cours moyen, ce qui revient à faire payer un droit de mutation tous les deux ans et demi. Peut-être pourrait-on forcer la proportion du droit sur les valeurs au porteur, car il est rationnel d'admettre que cette forme ne doit être conservée que pour des titres destinés à changer de mains fréquemment.

Nous réservons pour le Livre suivant, consacré aux opérations commerciales, l'étude des transactions auxquelles les valeurs mobilières donnent lieu dans les Bourses.

Les créances autres que les valeurs mobilières sont très rarement au porteur ; cette forme n'est guère employée que pour celles qui jouent le rôle de papier monnaie, que nous étudierons ultérieurement. D'après le Code civil, la cession d'une créance nominative est opérée, entre les parties contractantes, par la remise du titre ; mais elle n'est opposable aux tiers que quand elle a été notifiée au débiteur (art. 1689 et 1990).

La loi se montre peu favorable à la cession de certaines créances, portant sur des revenus qui ont souvent un caractère alimentaire. Elle n'autorise la cession des salaires des ouvriers ou des appointements inférieurs à 2.400 fr. que jusqu'à concurrence d'un dixième (loi du 12 janvier 1895). Elle interdit celle des pensions civiles et militaires (lois des 11 et 18 avril 1831 et 9 juin 1853) et de diverses autres catégories de retraites. Ce sont là des mesures qui garantissent les ouvriers ou les pensionnés contre leur propre imprévoyance ; mais il faut reconnaître qu'elles sont très défavorables à leur crédit.

La loi voit également avec défaveur la cession de certains droits incorporels, et permet en conséquence aux tiers intéressés d'évincer celui qui les aurait acquis. C'est ainsi qu'en cas de cession d'une part dans une succession ou d'un droit litigieux, les cohéritiers du cédant, ou la personne contre qui le droit litigieux serait exercé, peuvent évincer l'acquéreur, s'ils le veulent, en lui remboursant ses débours (art. 841 et 1699). Il en résulte que la vente de ces droits aléatoires n'est pas réalisable, puisque celui qui les achèterait garderait les mauvaises chances, sans pouvoir profiter des bonnes. Le désir d'éviter l'intervention d'agents d'affaires processifs a fait porter là une atteinte aux droits des particuliers intéressés dans des successions ou engagés dans des procès, souvent fort gênante pour eux, car ils peuvent avoir un intérêt majeur à réaliser immédiatement la valeur de ces droits, même en en sacrifiant une partie.

Les créances commerciales se transfèrent par des procédés d'une simplicité exceptionnelle. Elles se constatent par les *effets de commerce*, qui prennent trois formes principales, celles du billet à ordre, de la lettre de change et du chèque.

Le *billet à ordre* est un titre créé par le débiteur, qui constate sa dette par écrit ; il est ainsi conçu : *A l'ordre de M... et à telle date, je paierai la somme de...*

La *lettre de change* est un titre créé par le créancier, qui *tire* sur son débiteur, en l'invitant à payer à un tiers la somme qu'il lui doit ; elle est libellée en ces termes : *A l'ordre de M... et à telle date, vous paierez la somme de...* Pour constater que le *tiré* se reconnaît tenu de se conformer à l'injonction du *tireur* il faut que la lettre de change soit revêtue de son acceptation.

Le *chèque*, réglementé par la loi du 14 juin 1865, est libellé comme la lettre de change, avec cette différence qu'il peut être au porteur et qu'il est payable à vue ; il a pour seul objet de disposer d'une somme disponible, portée au crédit du tireur chez le tiré, qui est généralement un banquier.

Les effets de commerce se transmettent par simple *endossement*. Celui au nom de qui l'effet est libellé le transfère à un tiers en inscrivant au dos : *Payez à l'ordre de M...* Le nouveau titulaire peut, dans la même forme, le céder à un troisième, et l'effet circule ainsi de mains en mains, représentant une créance de mieux en mieux garantie après chaque transmission, car à défaut de paiement à l'échéance, tous les endosseurs successifs sont solidairement responsables de la valeur qu'ils ont cédée l'un après l'autre. La constitution d'un droit de gage, sur ces créances, peut également se faire par un endossement spécial, libellé à cet effet.

Nous étudierons, à propos du commerce de Banque, les opérations auxquelles donnent lieu la circulation et l'escompte des effets de commerce. Nous n'avons à constater ici que la simplicité du mode de transmission. Nous avons dit qu'il est aussi appliqué aux *récépissés* représentant les marchandises déposées dans les magasins généraux, ainsi qu'aux *warrants* constatant les emprunts gagés sur ces marchandises.

On l'a étendu également, dans certains pays, aux titres ou *lettres de gage* représentant les créances hypothécaires. En Allemagne, le propriétaire foncier peut créer, soit à son nom, soit au nom d'un créancier, des *cédules hypothécaires* qui sont délivrées par le *bureau foncier* et transmissibles par voie d'endossement. Le crédit hypothécaire est singulièrement facilité, par la faculté que ce mode de négociation donne au créancier, de rentrer dans ses fonds, en cas de besoin, au moyen d'une cession de son titre à un tiers, n'exigeant aucune formalité.

On a voulu, parfois, étendre ce mode de transmission à la propriété elle-même, et la *mobiliser*, en la représentant par des titres transmissibles suivant les formes simples usitées dans le commerce. Si convaincu que nous soyons de l'utilité de faciliter les transactions sur les immeubles, nous ne voyons guère quels avantages une transmission aussi rapide offrirait, pour des biens dont la valeur ne peut être appréciée par l'acquéreur qu'au moyen d'un examen sur place.

Mais, en ce qui concerne les créances, il est difficile de comprendre par quel motif on a refusé, jusqu'ici, à celles qui n'ont pas un caractère commercial, des facilités dont l'expérience a montré les grands avantages. La transmission par endossement des engagements de toute nature, notamment de ceux qui comportent la garantie d'un gage ou d'une hypothèque, est une mesure qui ne peut que contribuer au développement du crédit et à la facilité des transactions. Déjà, elle est admise pour le chèque, dont l'usage ne constitue pas nécessairement un acte de commerce. Sa généralisation n'impliquerait aucun inconvénient sérieux, pourvu que la validité du paiement soit subordonnée à quelques garanties relativement à l'identité du porteur, qui font parfois défaut en France pour les chèques.

En ce qui concerne la propriété intellectuelle ou commerciale, la loi a pris quelques précautions, pour assurer dans certains cas la transmission régulière des droits dont elle peut être l'objet. C'est ainsi que la cession d'un brevet d'invention n'est opposable aux tiers, en vertu de la loi du 5 juillet 1844, qu'après un enregistrement à la préfecture, suivi d'une publication. Une loi du 1er mars 1898 a décidé, de même, que tout nantissement d'un fonds de commerce devrait être inscrit sur un registro tenu au greffe du Tribunal de commerce. Mais aucune législation complète n'est encore intervenue sur la matière. La nature même des biens qui font l'objet de cette propriété exigerait cependant des dispositions spéciales, car il est évident que leur transmission ne peut pas, en général, s'opérer par simple tradition, et doit être portée à la connaissance des tiers dans des formes qu'il appartient à la loi de régler.

D. — VENTES JUDICIAIRES ET VENTES FORCÉES; FAILLITE, LIQUIDATION JUDICIAIRE ET DÉCONFITURE. — Nous venons d'indiquer les règles auxquelles est soumise la transmission des biens de toute nature, lorsqu'elle s'opère par la volonté d'un propriétaire jouissant de la plénitude de ses droits. La puissance publique n'a alors d'autre mission que d'assurer la constatation de l'accord des parties contractantes, tant au point de vue de leurs rapports entre elles qu'à celui de leur situation vis-à-vis des tiers, et n'a pas à se préoccuper de savoir si les intérêts de l'une ou de l'autre ont été suffisamment défendus, puisque chacune d'elles était libre de disposer de ses biens comme elle l'entendait. Mais la transmission des biens s'opère souvent dans des conditions telles, que le principe de liberté ne suffit plus pour guider le législateur, parce que le libre consentement du propriétaire fait défaut. Cette situation se présente dans deux cas principaux : 1° celui où le propriétaire n'a pas la capacité de consentir, soit en raison de sa faiblesse d'esprit, par exemple s'il est mineur ou interdit, soit par suite de dispositions législatives d'une utilité plus ou moins contestable, par exemple quand il s'agit d'immeubles dotaux;

2° celui où une aliénation est imposée à un propriétaire récalcitrant, soit par ses copropriétaires, s'il s'agit d'un bien indivis qui ne peut pas être partagé, soit par ses créanciers impayés. Dans ces diverses circonstances, des précautions sont nécessaires pour que l'aliénation soit réalisée dans des conditions qui sauvegardent les intérêts que le propriétaire ne peut défendre lui-même, c'est-à-dire moyennant un prix aussi élevé que le permet l'état du marché.

Deux tendances sont alors en conflit constant : les jurisconsultes, en général, ont surtout la préoccupation de prévenir les négligences ou les collusions, et inclinent à multiplier les formalités protectrices prescrites à peine de nullité, les notifications faites par des officiers ministériels en vue de mettre en cause tous ceux qui peuvent avoir un intérêt dans l'affaire, les mesures de publicité, les autorisations à obtenir du tribunal, etc. Les économistes font remarquer que, si chacune de ces mesures peut être bonne en elle-même, leur multiplicité entraîne des délais qui font perdre les occasions favorables, des frais qui absorbent une partie de la valeur des biens vendus, si bien que finalement, à force de protéger les mineurs ou les débiteurs malheureux, on arrive souvent à les ruiner. En particulier, l'intervention de nombreux gens de lois entraîne nécessairement des frais, singulièrement accrus par les droits de timbre et d'enregistrement, que le fisc ne manque pas de percevoir à l'occasion de tous les actes qu'ils font, et aussi par l'élévation de la rémunération des avoués, notaires, huissiers, greffiers, etc., conséquence de la vénalité des charges. Les tentatives faites pour simplifier la procédure se heurtent aux intérêts associés du budget et des officiers ministériels. Elles répondent cependant à un intérêt très réel, car s'il faut absolument entourer les transmissions dont nous parlons de certaines garanties, du moins faut-il réduire les formalités et les dépenses qu'elles entraînent au strict nécessaire, et c'est là une des branches de la législation où il y a le plus de progrès à réaliser.

C'est surtout en matière d'immeubles que l'abus de la procédure est criant. Les entraves qui en résultent pour les ventes n'étaient nullement considérées, par les anciens législateurs, comme un inconvénient. Les préjugés conservateurs faisaient envisager comme un intérêt social le maintien des biens-fonds dans les mêmes familles, et non leur passage entre les mains les plus capables d'en tirer parti. On voyait donc un avantage, plutôt qu'un inconvénient, dans les obstacles opposés à certaines aliénations par la complication et les frais des formalités qu'elles comportaient. Le peu d'importance que l'on attachait aux biens meubles les a heureusement préservés de ces mesures soi-disant protectrices.

Le mode d'aliénation qui paraît offrir le plus de garanties est la vente aux enchères publiques. Mais en pratique, les formalités de l'adjudication écartent souvent certains concurrents; la réunion des autres, dans le local où se font les enchères, facilite les er. tentes entre eux ; la difficulté de recommencer une opération coûteuse ne permet de renvoyer la vente à un autre jour que si les offres sont dérisoires. Par suite, bien souvent, la vente de gré à gré serait plus avantageuse. Cependant, lorsqu'il s'agit de ventes forcées, il faut bien recourir à l'adjudication, qu'il s'agisse de meubles ou d'immeubles, puisque personne n'a qualité pour traiter de gré à gré, en suppléant au refus de consentement du propriétaire ou de l'un des propriétaires indivis ; il n'y a que pour les valeurs mobilières que la vente en Bourse, au cours du jour, offre des garanties qui permettent de s'en dispenser. Quand il s'agit de biens de mineurs, le tuteur et le conseil de famille sont là, pour les représenter : la loi les autorise à vendre les meubles à l'amiable, moyennant certaines garanties ; mais, d'après notre Code, celle des immeubles doit toujours se faire avec publicité et concurrence.

Les ventes judiciaires d'immeubles sont fréquentes. En 1899, il en a été fait 23.500, dont moitié environ étaient la suite de partages, dans lesquels généralement la participation de mineurs avait imposé ces formalités, et dont le tiers étaient la suite de saisies. Celles qui sont amenées par cette dernière cause étaient beaucoup plus fréquentes il y a une dizaine d'années, au fort de la crise agricole : leur nombre, qui est tombé au-dessous de 8.000, dépassait 13.000 en 1890.

Le montant total des adjudications s'est élevé, en 1899, à 375 millions, et elles ont entraîné près de 16 millions de frais, soit environ 4,18 0/0, d'après le compte rendu annuel de la justice civile ; ce chiffre laisse encore en dehors quelques-unes des dépenses de procédure, et ne comprend pas, bien entendu, les droits de mutation de 7,125 0/0 mentionnés plus haut. Malheureusement, ces frais spéciaux aux ventes judiciaires sont très loin de porter proportionnellement sur toutes les ventes, car ils sont constitués en grande partie par des droits fixes, indépendants du montant de l'opération. Une loi du 23 octobre 1884 a dégrevé de tout impôt la procédure relative aux ventes dont le produit est inférieur à 2.000 francs, et a réduit d'un quart les émoluments alloués aux officiers ministériels pour celles de moins de 1.000 fr. Depuis lors, l'autorité judiciaire s'est constamment appliquée à réduire les charges des très petites ventes. Autrefois, pour les immeubles de moins de 500 fr., les frais étaient très supérieurs au produit de la vente, de sorte que le propriétaire, non seulement ne touchait rien, mais se trouvait finalement redevable d'une somme assez élevée. La seule amélioration obtenue, jusqu'ici, a été d'arriver à peu près à l'équilibre. En 1899, pour environ 2.000 ventes judiciaires d'immeubles dont le prix a été inférieur à 500 francs, le produit moyen a été de 272 fr. et les frais de 273 fr.; pour un nombre égal de ventes d'immeubles entre 500 et 1.000 fr., le produit moyen a été de 747 fr. et les frais de 317 ; enfin, pour 3.400 ventes de 1.000 à 2.000 fr., le produit moyen étant de 1.485 fr., les frais ont atteint 385, soit encore plus du quart. De 2.000 à 10.000 fr., les frais absorbent encore 12 0/0 du prix, ce qui porte les charges totales, avec le droit de transmission, à un cinquième environ de la valeur du bien.

Il importe de remarquer que, pour réduire ces frais, il ne suffit pas de réduire les tarifs, il faut surtout simplifier les formalités. Si, en effet, on conserve celles-ci, en cessant d'allouer aux agents qui en sont chargés la somme minimum nécessaire pour les rémunérer, ils s'acquitteront mal d'une mission mal payée, et ce seront les intéressés qui en souffriront.

La vente aux enchères des biens meubles, quoiqu'impliquant moins de formalités, n'en est pas moins grevée de frais encore beaucoup trop élevés.

En dehors des aliénations d'immeubles appartenant à des mineurs et des partages litigieux, les ventes par adjudication publique ont pour origine, le plus souvent, les poursuites exercées contre les débiteurs qui ne s'acquittent pas à l'échéance. Nous devons nous arrêter un moment sur les moyens mis à la disposition des créanciers, pour saisir et faire vendre, à leur profit, les biens de leurs débiteurs, jusqu'à concurrence des sommes qui leur sont dues ; en effet, le plus ou moins d'efficacité de ces moyens de contrainte exerce une grande influence sur le développement du crédit, et par suite, les règles auxquelles sont soumises les transmissions de bien rentrant dans cette catégorie ont une importance économique toute particulière.

Le créancier qui n'est pas payé à l'échéance peut pratiquer

une *saisie-arrêt* sur toute somme due à son débiteur (Code de procédure, art. 557 à 582) ; il suffit, d'après la loi française, qu'il ait un titre, même sous seing privé, pour pouvoir mettre provisoirement *opposition* à tout paiement qui pourrait être effectué par un tiers entre les mains de ce débiteur, sauf à assigner à brève échéance celui-ci, pour faire prononcer par le tribunal la validité de la saisie. Une fois cette demande en validité formée et dûment notifiée, le tiers entre les mains de qui la saisie a été pratiquée ne peut plus se libérer valablement qu'en consignant la somme due, jusqu'à décision de justice.

Le créancier muni d'un titre *exécutoire*, c'est-à-dire d'un jugement de condamnation prononcé contre son débiteur, d'un acte notarié constatant la dette ou d'un acte administratif équivalent, peut pratiquer une *saisie-exécution* sur les meubles de celui-ci, une *saisie-brandon* sur les fruits de ses immeubles, et faire procéder à la vente aux enchères, sauf au débiteur à faire arrêter les poursuites par décision de justice (art. 583 à 635).

Quand il s'agit d'un *immeuble*, au contraire, de nombreuses formalités doivent précéder la saisie (art. 673 à 748). Il faut qu'un délai de 30 jours se soit écoulé, depuis le commandement de payer fait en vertu d'un acte exécutoire, pour qu'un huissier puisse procéder à la saisie ; celle-ci doit contenir une constitution d'avoué par le saisissant devant le tribunal ; il en est dressé un procès-verbal qui est visé par le saisi ; un acte de dénonciation de la saisie est signifié au débiteur ; le tout doit être transcrit au bureau des hypothèques ; un cahier des charges de la vente est déposé au tribunal, et notification en est faite au débiteur saisi, à sa femme et à celles des précédents propriétaires, au subrogé-tuteur des mineurs dont le débiteur exercerait la tutelle, à ses créanciers hypothécaires inscrits, au procureur de la République, pour que chacun puisse faire ses observations ; le tribunal fixe le jour de l'adjudication ; il est fait des affiches et annonces dans les journaux ; au jour dit, les enchères sont formulées par ministère d'avoué ; une surenchère peut être faite dans la huitaine, et amène de nouvelles enchères ; enfin l'adjudication est prononcée par jugement. Une foule de formalités sont prescrites à peine de nullité de la procédure, qui doit alors être recommencée ; des quantités d'incidents, puis d'appels contre les jugements qui les ont tranchés, peuvent retarder la décision. Enfin, pour qu'il soit bien certain que nul n'échappera aux frais de ces innombrables formalités, l'art. 742 du Code de procédure déclare nulle et non avenue ce que l'on appelle la clause d'*exécution parée*, c'est-à-dire la disposition par laquelle le débiteur consentirait d'avance à ce qu'en cas d'inexécution de ses engagements, ses biens puissent être saisis et vendus sans l'accomplissement de toutes ces opérations préliminaires.

On conçoit que de pareilles procédures, avec les frais qu'elles entraînent, constituent une entrave considérable au développement du crédit hypothécaire. Aussi le décret-loi du 28 février 1852 et la loi du 10 juin 1853, qui ont institué le régime spécial dont bénéficie le Crédit foncier de France, lui ont-ils conféré des facilités plus grandes pour le recouvrement de ses avances : la procédure de saisie des immeubles hypothéqués est simplifiée, les délais sont abrégés, la faculté d'appel est supprimée dans divers cas. En dehors de ces avantages, dont on s'explique mal que le monopole lui ait été si longtemps réservé, le Crédit foncier jouit d'une faculté qu'il serait plus difficile d'étendre à des créanciers offrant moins de garanties que cet établissement : en cas de non-paiement des sommes qui lui sont dues, s'il juge le moment défavorable pour vendre un bien sur lequel il a consenti un prêt, il peut obtenir un jugement qui lui en confie l'exploitation, à titre de séquestre, avec affectation des revenus, par privilège, au paiement des annuités échues.

Lorsqu'un même débiteur se trouve en retard vis-à-vis de plusieurs créanciers, chacun peut exercer des poursuites ou intervenir dans celles qu'un autre a engagées, et la répartition des deniers saisis ou du produit des ventes est faite en tenant compte d'abord du rang des créanciers privilégiés et hypothécaires, puis en répartissant entre les autres, au prorata de leurs créances, ce qui reste après que les premiers ont été désintéressés (Code de pr., art. 656 à 672 et 749 à 779). Dans la procédure d'*ordre* ou de *contribution* qui aboutit à cette distribution, comme dans les diverses saisies, chaque créancier opère individuellement et pour son compte. Il en résulte d'abord des frais plus élevés et des ennuis pour chacun ; en outre, l'impatience d'un seul, qui provoque une vente intempestive, peut compromettre les intérêts de tous les autres.

Notre législation n'a rien fait pour remédier à ces inconvénients, lorsque le débiteur insolvable n'est pas commerçant. Mais lorsqu'il s'agit d'un négociant, nécessairement en relation d'affaires avec de nombreuses personnes, leur gravité devient telle, qu'il a bien fallu y pourvoir, en organisant une opération d'ensemble, pour assurer la réalisation de l'actif dans des conditions aussi avantageuses que possible. Le négociant qui ne peut plus faire face à ses échéances doit cesser tout paiement et déposer son bilan au tribunal de commerce, qui déclare la *faillite* (Code de commerce. Livre troisième). Il est aussitôt dessaisi de l'administration de tous ses biens, et leur gestion passe aux représentants de l'ensemble de ses créanciers. Toutes les créances existant contre lui deviennent exigibles ; mais elles ne peuvent plus donner lieu à des poursuites individuelles, et cessent de porter intérêt, à moins qu'elles ne soient spécialement garanties par un privilège ou par une hypothèque. La loi constitue, entre tous les créanciers, une sorte d'association, dans laquelle chacun participe en proportion du montant des sommes pour lesquelles ses créances sont admises ; les mesures à prendre, dans l'intérêt commun, sont décidées à la majorité des voix, sous la surveillance d'un *juge commissaire,* désigné à cet effet par le tribunal de commerce, et sous l'autorité de ce tribunal. Les créanciers peuvent remettre leur débiteur à la tête de ses affaires, en lui accordant un *concordat,* qui recule l'échéance de ses dettes et parfois les réduit, dans la mesure nécessaire pour qu'il ait le temps et les moyens d'y faire face. Ils peuvent aussi se constituer en *Union,* qui désigne des *syndics* chargés de liquider les opérations. Ces syndics pourvoient au recouvrement des créances du failli, à la vente des meubles et des marchandises, sans qu'aucune formalité dispendieuse leur soit imposée ; la procédure des saisies ne reste applicable que pour la vente des immeubles. L'Union des créanciers peut même continuer, aussi longtemps qu'elle le juge utile à ses intérêts, l'exploitation de l'industrie ou du commerce du failli. En ce cas, les créances nouvelles auxquelles donnent lieu les opérations postérieures à la faillite sont privilégiées, de sorte que les membres de l'Union sont dans une situation analogue à celle des actionnaires d'une société anonyme, copropriétaires de l'actif après acquittement des engagements sociaux ; la seule différence, c'est que l'actif lui-même et les bénéfices ne leur appartiennent que jusqu'à concurrence de leurs créances, et que, s'ils arrivaient à être intégralement payés, l'excédent qui subsisterait reviendrait au failli.

Une loi du 4 mars 1889 a adouci les rigueurs de cette législation, en donnant au tribunal de commerce le droit d'admettre le négociant malheureux et de bonne foi au bénéfice de la *liquidation judiciaire.* Les effets en sont à peu près les mêmes que ceux de la faillite ; seulement le débiteur, au lieu d'être complètement évincé de la direction de ses affaires, dirige lui-même la liquidation, avec l'assistance de *liquidateurs* qui représentent l'ensemble des créanciers.

L'importance des faillites et des liquidations judiciaires varie beaucoup d'une année à l'autre, suivant la situation des affaires ; celle des procédures civiles d'ordre et de contribution, pour la répartition du produit des saisies, varie également, quoique dans une mesure moindre. Si nous prenons les procédures closes au cours de la dernière année pour laquelle la statistique de la justice civile ait paru, qui est l'année 1899, répondant à une situation assez satisfaisante, et si nous la comparons à l'année 1890, au cours de laquelle ont pris fin les opérations de faillites d'une importance exceptionnelle, nous trouvons les chiffres ci-après :

	en cours ou ouvertes dans l'année	NOMBRE DE PROCÉDURES			Résultat des procédures closes dans l'année par concordat ou répartition finale	
		terminées dans l'année				
		closes faute d'actif	abandonnées ou jointes à d'autres	concordat ou répartition finale	actif réparti	passif
1899					millions	millions
Faillites......	12.630	3.728	424	2.708	32	154
Liquidations judiciaires..				1.857	47	199
Ordres et contributions..	17.277	»	1.873	8.119	96	223
1890						
Faillites......	14.004	3.744	376	3.074	262	544
Liquidations judiciaires.,	3.942	384	214	1.564	89	108
Ordres et contributions..	26.019	»	2.420	12.859	177	410

On voit que les pertes subies, sur les créances dont le recouvrement donne lieu à des répartitions judiciaires, atteignent des chiffres fort élevés : 401 millions en 1899, 534 en 1890 ; il ne faut pas oublier que ces chiffres ne comprennent pas les pertes subies sur le montant des créances qui n'ont donné lieu qu'à des poursuites individuelles, ou qui ont été simplement abandonnées.

La durée et les frais des procédures contribuent beaucoup à amener ces résultats déplorables. Les mesures adoptées pour le règlement des affaires des commerçants insolvables sauvegardent mieux, à cet égard, les intérêts de leurs créanciers, que les dispositions de la loi civile — d'abord en permettant de régler l'ensemble de la situation du débiteur par une opération unique, pendant le cours de laquelle les poursuites individuelles sont arrêtées, — puis en punissant son imprudence par les déchéances que nous avons indiquées (p. 110). L'extension de ces dispositions aux relations civiles a été souvent demandée. En Angleterre et en Allemagne, la législation des faillites est applicable à toutes les personnes insolvables, commerçants ou autres. En France, la situation du particulier qui a de nombreuses dettes en souffrance, à peine mentionnée par le Code sous le nom de *déconfiture*, ne modifie pas les règles relatives aux poursuites dont il est l'objet. Les objections faites à l'application de la législation des faillites, en ce cas, ne paraissent pas insurmontables. En cette matière, comme en beaucoup d'autres, la législation commerciale, sous la pression de la nécessité, a marqué la voie dans laquelle le droit civil devrait entrer, pour répondre aux besoins modernes.

Cependant, même dans les faillites, les frais sont souvent élevés, et les opérations traînent fort longtemps. Les syndics n'ont pas assez de temps à y consacrer, s'ils sont pris parmi les créanciers, qui ont d'autres occupations ; dans les grandes villes, ils sont choisis parmi des hommes d'affaires qui en font leur profession, et qui n'ont pas intérêt à hâter la clôture des opérations dont ils vivent. Quant aux juges commissaires, pris parmi des négociants dont le temps est absorbé en majeure partie par leurs affaires personnelles, ils ont beaucoup trop de faillites à suivre pour les surveiller efficacement. On cherche en vain, depuis longtemps, à trouver un régime qui évite ces inconvénients.

Mais c'est surtout dans le recouvrement isolé des petites créances que les frais sont écrasants. Pour les familles modestes à qui leur travail assure normalement des ressources suffisantes, ces frais transforment souvent une gêne momentanée, qui les a amenées à contracter de petites dettes, en une ruine définitive. Quand les débiteurs sont insolvables, les frais restent à la charge des créanciers, et la crainte de cette éventualité renchérit singulièrement le crédit pour les pauvres gens.

Il faut ajouter que l'efficacité des poursuites dirigées contre eux est encore diminuée par un certain nombre d'exceptions apportées au droit de saisie, dans un intérêt d'humanité. C'est ainsi que notre droit rend insaisissables les *pensions civiles et militaires* (lois de 1831 et 1853), et aussi celles qui sont servies par la *caisse des retraites sur la vieillesse*, jusqu'à concurrence de

360 francs (loi du 20 juillet 1886, art. 8). La saisie-arrêt n'est permise que pour un cinquième sur les *traitements des fonctionnaires* (loi du 21 ventôse an IX), et pour un dixième sur les *salaires des ouvriers* et les *traitements inférieurs à 2.000 francs* (loi du 12 janvier 1895); il est même question de la supprimer entièrement dans ce dernier cas, car, limitée comme elle l'est, elle offre peu d'utilité, et elle est, pour le patron une source de difficultés qui amènent souvent le renvoi de l'ouvrier dont le salaire est saisi. D'autre part, l'article 592 du Code de procédure soustrait à la saisie mobilière le *coucher* nécessaire, les *vêtements* dont le débiteur est revêtu, les *outils* des artisans, etc.

On a souvent demandé l'extension de l'insaisissabilité aux maisons d'habitation ou aux biens ruraux occupés par le propriétaire, lorsqu'ils ne dépassent pas l'importance du logement nécessaire à une famille modeste, ou de l'exploitation agricole susceptible d'assurer sa subsistance. Des dispositions de ce genre figurent dans la législation de beaucoup d'États américains, sous le nom de *homestead exemption*. Pour en jouir, le propriétaire doit avoir fait une déclaration inscrite sur un registre public ; il en perd le bénéfice, dès qu'il cesse d'occuper ou d'exploiter lui-même son bien. On a proposé, à diverses reprises, d'appliquer en France des dispositions analogues aux habitations ouvrières.

Des limitations de ce genre, aux droits des créanciers, peuvent être justifiées, dans la mesure où elles sont strictement commandées par l'humanité. L'insaisissabilité des lits, des vêtements, voire même des petits salaires ne saurait être critiquée. Mais il ne faut pas se dissimuler qu'elle enlève tout crédit à celui qui n'offre pas d'autre garantie. Nous inclinons à croire qu'il en résulte plus d'avantages que d'inconvénients, pour les familles qui ne vivent que de leur travail ; il n'en est pas moins vrai que les inconvénients sont sérieux. L'ouvrier qui ne possède que les meubles strictement nécessaires et insaisissables est maître de ne pas payer son terme : les frais des poursuites nécessaires pour l'expulser de son logis resteront à la charge du propriétaire, si bien que parfois, celui-ci trouve avantage à donner à son locataire une petite somme pour qu'il s'en aille sans résistance, au lieu de recourir à l'huissier; mais l'importance des pertes amenées par cette situation contribue à renchérir le loyer des petits logements, et comme toujours, en pareil cas, les bons payeurs paient pour les mauvais. C'est là un mal très grave, qu'on perd trop aisément de vue. Il faut se garder de multiplier des mesures exceptionnelles qui, dès qu'elles cessent d'être indispensables, ont plus d'inconvénients que d'avantages.

11

Il est vrai qu'on a fait valoir parfois, à l'appui de l'insaisissabilité du bien de famille, les dangers qu'il y a, pour le propriétaire d'une maisonnette ou d'un petit domaine, à recourir au crédit en vue de s'agrandir ou d'améliorer sa terre. Sans doute, la tentation d'emprunter, en pareil cas, est souvent plus dangereuse qu'utile ; si justifiée que soit une dépense, la sagesse, pour le petit propriétaire, est d'attendre pour la faire qu'il ait pu en épargner le montant. Mais enfin, en cas de nécessité absolue, mieux vaut encore recourir au crédit que d'être obligé de vendre son bien, faute de pouvoir emprunter dessus. Or, c'est à cette dernière solution qu'aboutit nécessairement l'insaisissabilité.

Il existe, en droit français, une autre catégorie de bien qui est soustraite à l'action des créanciers, par des considérations toutes différentes : ce sont les *Rentes sur l'Etat*, que la loi du 8 nivôse an VI a déclarées insaisissables. Cette disposition, destinée à accroître la faveur dont jouit ce mode de placement, ne saurait lui attirer une clientèle sérieuse, et elle amène parfois des abus scandaleux.

Nous pensons donc que les exceptions apportées au principe général, qui fait des biens de toute nature du débiteur le gage de ses créanciers, doivent être limitées au strict nécessaire. C'est en facilitant la réalisation de ce gage, en réduisant les frais abusifs qu'elle comporte, que l'on peut réellement atténuer, pour les débiteurs malheureux, les conséquences des difficultés avec lesquelles ils sont aux prises.

Nous devons rappeler, en terminant, que la faculté de poursuivre le recouvrement des créances, par voie de contrainte, ne s'exerce pas vis-à-vis des autorités publiques. C'est une règle absolue, en droit français, que les *deniers publics* sont insaisissables. Les biens de l'Etat, des départements, des communes, des établissements publics, ne peuvent pas davantage être saisis, et certains arrêts ont même étendu cette règle au matériel affecté à un service public concédé, comme les wagons des chemins de fer. L'aliénation des biens des personnes morales préposées à la gestion des intérêts généraux ou locaux, l'emploi des deniers qui en proviennent, comme celui des ressources de toute nature des administrations publiques, est soumis à des règles spéciales auxquelles on ne peut déroger. Pour que les créanciers soient payés, l'inscription d'un crédit au budget est indispensable. S'il s'agit de l'Etat, il faut nécessairement que les Chambres l'aient voté ; il n'y a pas de puissance supérieure qui puisse exercer une contrainte sur la puissance publique. S'il s'agit de services départementaux et municipaux, ou d'établissements publics, l'autorité supérieure est armée des pouvoirs nécessaires pour inscrire d'office au budget les crédits nécessaires, et pour assurer le mandatement des sommes dues. Elle reste juge des cas où l'acquittement des dettes excéderait les forces des contribuables, et par suite ne pourrait plus être assurée ; c'est à elle à ne pas tuer leur crédit, en admettant trop aisément leur insolvabilité. Ainsi, le juge des litiges que les particuliers ont avec les administrations publiques ne peut que constater l'exigibilité des créances existant contre celles-ci, sans avoir les moyens d'en assurer le recouvrement.

La saisie des biens d'un État étranger n'est pas davantage admise. Quand les États désorganisés cessent d'acquitter leurs dettes, s'ils comptent parmi leurs créanciers des sujets d'autres gouvernements, ceux-ci peuvent intervenir, pour appuyer les réclamations de leurs nationaux ; parfois, de véritables tutelles internationales ont été constituées, dans les pays dont la situation financière compromettait les intérêts de créanciers étrangers. Mais ces interventions diplomatiques ne rentrent pas dans le fonctionnement normal des juridictions de droit commun, car celui-ci s'arrête nécessairement, quand c'est le législateur lui-même qui se refuse à acquitter les dettes qu'un pays a contractées.

III. La transmission des biens par l'héritage. — Nous avons exposé les raisons de droit naturel et d'intérêt général sur lesquelles se fonde la faculté, pour tout propriétaire, de transmettre ses biens après sa mort par voie d'héritage ; nous ne reviendrons donc pas sur les discussions auxquelles elles donnent lieu. Ce que nous voulons examiner ici, ce sont les conditions dans lesquelles s'opère cette transmission, et les conséquences économiques des différents régimes qui peuvent résulter, à cet égard, des mœurs et des lois.

La transmission héréditaire soulève, au point de vue de la constatation des droits réels et des mesures nécessaires pour les rendre opposables aux tiers, les mêmes questions que la transmission entre vifs ; elles comportent les mêmes solutions, avec moins de difficultés toutefois, puisque la date de la dépossession du propriétaire décédé ne saurait faire doute. Mais en matière d'hérédité, comme en matière de vente, des règles doivent être établies pour que les tiers sachent avec qui ils peuvent traiter, sans que les litiges ultérieurs sur la validité des droits de leur auteur compromettent ceux qu'ils auraient acquis d'un héritier apparent. Nous n'avons rien à ajouter, sur ce point, à ce que nous avons dit dans les paragraphes précédents.

La transmission des biens après décès peut être réglée de deux manières bien différentes : par la volonté qu'a exprimée le défunt dans un *testament*, ou par *la loi*. Suivant les temps et les lieux, tantôt le premier de ces systèmes, tantôt le second a été considéré comme le mode normal de règlement des successions, et l'autre n'a été admis qu'à titre d'exception. Partout où règne l'idée de *copropriété familiale*, les parents, unis par une sorte d'association au membre de la famille qui disparaît, ont un droit propre sur tout ou partie de ses biens, et la loi détermine les conséquences de ce droit, de telle sorte que la liberté de tester est naturellement restreinte aux biens restés en dehors de la communauté, tels que pécule individuel, acquets, meubles à usage personnel. Au contraire, si l'on envisage la propriété comme ayant un caractère essentiellement individuel, c'est la volonté du propriétaire qui est la base normale de la transmission de ses biens, et c'est seulement à défaut de testament exprimant cette volonté, que la loi intervient pour y suppléer, par des présomptions établies d'après les dispositions habituelles des hommes, dans chaque pays et à chaque époque.

A côté de ces conceptions diverses du droit naturel, le désir de faire prévaloir certaines tendances, d'ordre *politique et social*, peut amener le législateur à intervenir dans le règlement des successions. Dans une organisation *aristocratique*, la conservation des biens dans les mêmes familles est considérée comme un intérêt public, et la division des fortunes comme un mal ; si même certaines fonctions sociales sont liées à la propriété, comme dans le régime féodal ou censitaire, les règles de la transmission des biens sont naturellement liées à la constitution de l'Etat. Au contraire, les idées *démocratiques* conduisent naturellement à favoriser la division des fortunes, ainsi que le passage facile des biens des mains du descendant d'un ancien propriétaire entre celles d'une famille nouvelle qui serait plus apte à en tirer parti. Enfin, les tendances *socialistes* trouvent satisfaction dans les lois qui attribuent à l'Etat les héritages, dans un plus ou moins grand nombre de cas.

Certaines idées religieuses ou philosophiques influent aussi sur les lois et les habitudes en matière de successions. L'institution d'un héritier a été parfois considérée comme ayant pour objet, non seulement de transmettre des biens, mais aussi de créer un *continuateur de la personne* du défunt. Partout, les héritiers légitimes ou testamentaires qui succèdent *à titre universel*, c'est-à-dire qui reçoivent, non pas certains biens déterminés, mais la totalité ou une fraction mathématique de la fortune d'une personne, sont tenus, sous des conditions variables, d'acquitter les charges qui grèvent cette fortune ; mais souvent aussi, on admet qu'ils représentent celui dont ils ont hérité, qu'ils succèdent à ceux même de ses droits et de ses obligations qui avaient un caractère essentiellement personnel. La question de savoir dans quels cas la loi ou la volonté d'un citoyen décédé ont pu donner à celui-ci un véritable continuateur, qui prenne sa place dans la cité au point de vue de ses droits comme de ses obligations, est une de celles qui ont exercé la sagacité des jurisconsultes, dans bien des pays.

Le législateur peut chercher à *imposer* ses conceptions sur tous ces points, et c'est une des matières dans lesquelles les doctrines interventionnistes ont rencontré le plus d'adhérents, même parmi des hommes très attachés aux doctrines libérales, sur la plupart des autres questions. Des écrivains très peu suspects de socialisme d'État ont considéré le droit du propriétaire comme s'arrêtant à sa mort, et les successions comme une création de la loi, subordonnée entièrement aux vues politiques les plus conformes à l'intérêt de l'État. Nous ne saurions admettre ce point de vue. Mais il importe de remarquer que le législateur n'a pas besoin d'user du pouvoir coercitif, pour exercer une *influence* considérable sur la dévolution des héritages. Par le seul fait qu'il établit certaines règles pour les successions *ab intestat*, même en laissant toute liberté d'y déroger dans les testaments, il rend les dérogations exceptionnelles. Quand un particulier fait un testament, s'il exclut de sa succession les parents que la loi y appellerait, dans le cas où il n'aurait pris aucune disposition, il a le sentiment qu'il les *deshérite*, et il hésite à le faire totalement sans de graves motifs. C'est un fait d'expérience, que quand la législation relative aux successions présente, dans un pays, une certaine stabilité, même sans restreindre la liberté de tester, elle influe considérablement sur l'usage qui en est fait. C'est seulement quand la loi successorale est en opposition directe avec les mœurs établies dans certaines régions, que l'on voit persister très longtemps l'habitude d'user de la liberté qu'elle laisse, pour déroger aux règles qu'elle applique en l'absence de testament, ou de la tourner, si elle est impérative et limite le droit de tester.

Soit qu'elle prohibe certaines dispositions, soit qu'elle se borne à interpréter les volontés manifestées peu clairement, ou à suppléer à l'expression de celles qui ne se sont pas manifestées du tout, la loi englobe souvent, dans une même réglementation, les donations entre vifs et les successions. C'est ainsi qu'en droit français, les *donations et les testaments* sont réunis dans un même titre du Code civil, les *dons et legs* aux personnes morales sont soumis aux mêmes règles administratives. En effet, les donations de quelqu'importance ont presque toujours le caractère d'une *avance d'hoirie*. Dans le total des donations que constate chaque année l'administration de l'enregistrement, la grande majorité est constituée soit par les *dots* que les parents donnent à leurs enfants à l'occasion du mariage, pour assurer au nouveau ménage la jouissance immédiate d'une partie des biens qu'ils lui laisseraient plus tard, soit par les partages que les ascendants font, de leur vivant, entre leurs descendants. En 1898, par exemple, sur près d'un milliard de donations, plus de 600 millions résultaient de contrats de mariage, et près de 400 de partages anticipés. Si donc le législateur veut limiter le droit de disposer dans les successions, il est amené naturellement à appliquer les mêmes restrictions aux donations.

Mais l'efficacité pratique de la réglementation est bien moindre dans ce dernier cas, car le propriétaire qui veut se dépouiller de son vivant tourne la loi, bien plus facilement que celui qui dispose de ses biens seulement pour l'époque où il ne sera plus là et où il ne pourra plus exécuter lui-même ses volontés. Le développement des valeurs mobilières au porteur tend même à rendre illusoires les restrictions apportées au droit de disposer, en permettant de transmettre de véritables fortunes de la main à la main, sans qu'il en reste aucune trace. Les *dons manuels*, qui jadis ne pouvaient porter que sur des objets d'une importance relativement minime, constituent aujourd'hui un mode de transmission très facile, qui permet à un propriétaire de disposer de sa fortune malgré toutes les interdictions légales, quand il attache à les violer assez d'intérêt pour ne pas hésiter à se déposséder de tout ou partie de ses biens avant sa mort.

La supériorité que les économistes reconnaissent à la propriété purement individuelle, les considérations par lesquelles ils justifient l'héritage — droit du propriétaire sur les biens qu'il a créés ou conservés par le travail et l'épargne — intérêt public qui s'attache à donner au travail et à l'épargne l'incomparable stimulant résultant, pour chacun, de la faculté de disposer de ses biens après lui, au profit de ceux à qui il porte affection — expliquent qu'ils inclinent très généralement à préférer le *régime de la liberté de disposer* par testament, à celui de la dévolution des biens fixée *impérativement par la loi*. Quant à nous, nous n'hésitons pas à considérer la liberté testamentaire comme la conséquence nécessaire du principe de la propriété privée, et l'intervention de la loi ne nous paraît justifiée que par la nécessité d'assurer l'exécution des obligations contractées envers des tiers par l'ancien propriétaire décédé, ou de suppléer au défaut d'expression de sa volonté. Nous allons donc, dans l'étude rapide que nous ferons des avantages et des inconvénients économiques des divers systèmes, examiner d'abord les successions testamentaires et les restrictions que comporte le droit de disposer ; nous parlerons ensuite seulement des successions *ab intestat.*

Il importe d'ailleurs de remarquer que, si les restrictions que la loi apporte au droit de disposer sont parfois de nature à atténuer l'efficacité du principe de l'héritage comme stimulant économique, elles n'en font pas perdre les avantages généraux, quand elles ne sont pas en contradiction complète avec les idées et les volontés de la plupart des citoyens. Si l'on envisage les deux principales des restrictions usitées en pratique, le droit d'aînesse d'un côté, le partage obligatoire des biens entre les enfants, de l'autre, on reconnaît que, sans doute, dans quelques circonstances exceptionnelles, elles peuvent diminuer le zèle qu'un père de famille apporte à accroître sa fortune, ou même faire violence à ses sentiments en point de l'en désintéresser complètement. Mais dans la plupart des cas, ce à quoi tient surtout l'homme qui a des enfants, c'est à ce que sa fortune leur profite ; si la répartition qui en sera faite entre eux n'est pas celle qu'il préférerait, il pourra chercher à tourner plus ou moins la loi, il ne renoncera pas pour cela à acquérir et à épargner.

Ces réflexions s'appliquent notamment aux restrictions du droit de disposer contenues dans la législation française, à laquelle nous nous attacherons particulièrement. Cette législation présente un mélange de tous les principes que nous venons d'énumérer. Les Droits divers d'où elle tire ses origines avaient, en effet, des caractères très différents. A Rome, la faculté de disposer, comme les successions *ab intestat,* étaient primitivement liées à la puissance paternelle ; le père de famille était le seul véritable propriétaire, et il désignait celui ou ceux à qui ses biens passeraient, par un acte qui était originairement une sorte do loi (*legs, lex*). Dans l'ancienne Germanie, il semble que la copropriété familiale excluait toute faculté de tester. En France, pendant le moyen-âge, aussi bien dans les provinces de droit écrit que dans celles de droit coutumier, les deux idées se sont mélangées dans des propositions diverses, puis se sont combinées avec le système féodal, qui impliquait la transmission des biens nobles à un héritier unique, le mâle le mieux en état de s'acquitter des fonctions civiles et militaires liées à la propriété de ces biens. La Révolution a voulu briser ce qui restait des habitudes aristocratiques, et sur ce point le Code Napoléon a conservé les principes qu'elle avait adoptés. Mais il renferme des traces de tous les autres systèmes antérieurs, de sorte que les commentateurs ont souvent peine à savoir quelle est l'idée directrice qui doit guider, dans l'interprétation de telle ou telle disposition.

Nous n'avons pas, bien entendu, l'intention d'entrer dans ces controverses, et nous nous bornerons à énoncer les principales règles qui dominent nos lois, pour en indiquer les conséquences économiques.

A. — LE DROIT DE DISPOSER PAR TESTAMENT ET LES LIMITES QU'IL COMPORTE. — Si l'on admet, en principe, le droit, pour tout propriétaire, de léguer ses biens à qui il veut, la première tâche du législateur est de poser les règles nécessaires pour assurer la constatation régulière de sa volonté. Le droit romain, à l'origine, soumettait le testament à des formes solennelles ; aujourd'hui, il suffit qu'il soit écrit de la main du testateur.

Quand la dernière volonté a été exprimée à une époque où l'esprit était affaibli par l'âge ou la maladie, la question de savoir si elle pouvait encore être valablement formulée est une question de fait. Le danger de captation est une des objections formulées contre la liberté de tester ; mais nul droit privé ne subsisterait, si l'on abolissait tous ceux dont l'usage peut être faussé exceptionnellement par la faiblesse humaine. Il appartient aux tribunaux de juger les cas où un testament a pu être dressé par une personne inconsciente ou soumise à toutes les influences par l'effet d'un affaiblissement anormal, et de tenir compte, dans l'appréciation des faits, de la contradiction que certaines donations présenteraient avec les dispositions connues de leur auteur, au temps où il jouissait de toutes ses facultés. La loi française frappe de nullité certaines libéralités qui sont particulièrement suspectes, comme celles qui seraient faites en faveur du médecin ou du ministre des cultes assistant un malade (art. 909) ; elle entoure de certaines restrictions les donations entre époux (art. 1099) ; elle limite même les dispositions permises en faveur des enfants naturels, punissant ainsi sur eux la faute de leurs parents (art. 908). Ce sont là des mesures exceptionnelles, que remplacerait avantageusement un pouvoir d'appréciation exercé plus largement par les tribunaux, pour annuler les conséquences de la captation, quand elle a été pratiquée sur un esprit affaibli.

En dehors des conditions nécessaires à la validité des volontés exprimées, le droit de disposer rencontre deux limites : d'une part, les biens de chacun ne sont réellement disponibles qu'après acquittement des obligations qui lui incombent ; d'un autre côté, nul ne peut prétendre formuler une volonté s'étendant à un avenir qui dépasse les prévisions humaines. C'est à ces deux ordres de considérations que se rattache tout ce qu'il peut y avoir de légitime dans les diverses restrictions apportées à l'exécution des donations entre vifs ou testamentaires. Nous allons les examiner rapidement.

En premier lieu, les biens ne passent aux héritiers de leur propriétaire que grevés des *dettes* dont ils étaient le gage. Si les successeurs à titre universel d'un homme endetté confondent la fortune dont ils héritent avec la leur propre, ils deviennent personnellement débiteurs des sommes dues par le défunt, aussi bien que des legs particuliers qu'il a pu faire. Quand les héritiers craignent que les dettes ne dépassent l'actif, et ne veulent pas se charger de l'excédent, ils doivent avoir soin de maintenir, jusqu'à la liquidation complète, la séparation entre leurs biens propres et le patrimoine sur lequel peuvent s'exercer les poursuites des créanciers du défunt, en acceptant la succession seulement *sous bénéfice d'inventaire*. Ce mode d'acceptation est même le seul autorisé pour les mineurs, ce qui complique beaucoup, et souvent sans utilité, le règlement des successions dans lesquelles ils participent, à moins qu'on ne s'entende pour l'ajourner jusqu'à leur majorité. Les créanciers d'une personne décédée peuvent, de même, demander la *séparation des patrimoines*, pour que leur gage ne se confonde pas avec les biens d'héritiers endettés eux-mêmes.

En dehors des dettes proprement dites, il existe des obligations morales découlant de la solidarité familiale, qui peuvent, dans divers cas, devenir des obligations légales : c'est ce qui a lieu, même vis-à-vis d'une personne vivante ayant quelques res-

sources, quand la loi ouvre, à ses ascendants ou à ses descendants malheureux, le droit à une pension alimentaire. Ce sont
ces obligations qui expliquent et justifient, même en dehors
de toute idée de copropriété, la limitation du droit de disposer,
résultant des lois qui établissent une *réserve* au profit des parents
qui eussent pu éventuellement réclamer des aliments. Il est
naturel que le législateur se montre plus large, quand il réserve
une part dans un héritage aux ascendants ou aux descendants,
que quand il leur ouvre un droit de créance sur un homme
vivant, qui a encore des besoins propres, et l'on conçoit que le
droit à la réserve ne soit pas subordonné à la justification du
défaut de ressources personnelles, comme le droit aux aliments.
Vis-à-vis de ses enfants, notamment, et plus particulièrement
vis-à-vis des filles qui peuvent moins aisément que les garçons
améliorer leur sort par le travail, le père de famille a une dette
qui va au delà du strict nécessaire. En les élevant dans des habitudes et dans un milieu en rapport avec sa situation de fortune, il
leur a créé des besoins qu'il est tenu de les aider à satisfaire, dans
une certaine mesure. Il est donc assez rationnel que ce soit une
part proportionnelle de la fortune totale qui constitue la réserve
à laquelle les enfants auront droit. C'est seulement pour les très
grosses fortunes, qu'une limitation à un chiffre maximum, par
tête d'enfant, serait rationnelle.

La loi française a, de tout temps, tenu un large compte de ces
considérations. Si les fortunes territoriales d'origine féodale, sous
l'ancien régime, se transmettaient à l'aîné des mâles, les biens
roturiers, les fortunes mobilières, étaient en général soumis à la
règle du partage, et les cadets avaient, en tout cas, droit à ce que
l'on appelait la *légitime*. La Révolution a rendu le partage obligatoire, surtout dans un intérêt démocratique. Nos lois actuelles
réduisent la quotité disponible à la moitié de la fortune totale, s'il
n'existe qu'un enfant, au tiers s'il y en a deux, au quart s'il y en
a trois ou plus.

On ne saurait dire que la proportion ainsi réservée aux enfants soit excessive, pour les fortunes médiocres ou moyennes.
Pour celles qui atteignent de très gros chiffres, on pourrait, sans
inconvénients, laisser les parents disposer d'une part plus forte
de leurs biens. Mais cette dérogation eut été en opposition avec
l'idée directrice d'une législation inspirée autant par le désir de
diviser les grandes fortunes, que par l'intérêt des enfants.

En cas de décès sans postérité, la réserve des ascendants
qui survivent est d'un quart pour ceux de la ligne paternelle, et

d'un quart pour ceux de la ligne maternelle. Il semblerait assez rationnel de ne leur ouvrir le droit à la réserve qu'en cas de besoin justifié, lorsque la fortune ne vient pas de leurs dons. Nous admettrions volontiers une disposition analogue en faveur de l'époux survivant, à qui le droit français, à l'inverse du droit allemand, n'accorde aucune réserve.

Dans le Nord et le Centre de la France, les prescriptions du Code civil sont si loin d'être en contradiction avec les mœurs, que les parents usent rarement de la faculté d'avantager un de leurs enfants. Dans le Midi, au contraire, l'usage d'attribuer la quotité disponible au fils aîné est assez répandu, et souvent même, on cherche à aller, dans ce sens, au delà de ce que la loi permet. Cette pratique a trouvé des défenseurs : les économistes et les jurisconsultes qui ont réclamé chez nous un élargissement de la liberté de tester ont été, en général, inspirés par l'idée de donner aux parents la faculté de laisser toute leur fortune à un de leurs enfants, bien plutôt que la possibilité de la transmettre à des étrangers. C'est donc surtout au point de vue des avantages ou des inconvénients qu'il y a, à reconnaître aux parents le droit de *faire un aîné*, que la question doit être examinée.

Les principaux arguments invoqués, contre le régime du Code civil, sont les suivants :

L'école de Le Play l'accuse surtout de diminuer *l'autorité du père* sur ses enfants et d'amener la division et la dispersion des familles. Mais nous avons dit que la vraie raison d'être de la puissance paternelle est l'intérêt des enfants ; si le partage des biens répond à leurs intérêts légitimes, il serait absurde d'y renoncer pour mieux assurer l'autorité du père, car on ne doit pas sacrifier le but au moyen. Quant à l'idée de maintenir les familles groupées autour d'une *souche*, en faisant de l'héritier choisi par le père une sorte de chef, tenu d'héberger les autres enfants ou de les soutenir dans leurs entreprises extérieures, elle est en contradiction avec toutes les tendances modernes, et nous paraît bien plus propre à engendrer les divisions entre frères ou la paresse chez les cadets, qu'à maintenir la *paix sociale*.

On a beaucoup accusé la division obligatoire de pousser à la *dépopulation* : ne pouvant faire un aîné, le propriétaire qui ne veut pas diviser son bien fait, dit-on, un fils unique. Que cette pensée puisse inspirer quelques familles aristocratiques, où le désir de soutenir l'éclat du nom a plus de force que tout autre sentiment, c'est possible ; mais dans l'immense majorité des cas, si un père désire ne pas voir sa fortune se diviser, c'est dans l'intérêt de ses enfants et non dans celui de son domaine, et l'homme qui craint d'appauvrir ses fils, en les multipliant, redouterait de laisser des cadets sans ressources à côté d'un aîné riche, plus encore que de laisser plusieurs enfants dans une situation médiocre. Il paraît, au contraire, bien probable que le système de la famille souche réduirait la natalité, en poussant les cadets au célibat. Les chiffres prouvent d'ailleurs que la diminution de la natalité se produit, dans les pays où la liberté de tester existe, tout aussi bien que dans les autres, quand les habitudes et les idées d'où elle découle s'y propagent (voir tome I, page 275).

On a présenté comme un avantage du droit d'aînesse l'obligation où il met les cadets de chercher à gagner leur vie par le travail; il ne fait *qu'un sot par famille* disait Johnson. Mais les fortunes assez grandes pour faire plusieurs sots sont rares. La meilleure situation, pour le développement des entreprises industrielles, commerciales, coloniales, n'est pas celle d'un pays où les uns ont une fortune suffisante pour ne pas désirer l'accroître, et où les autres manquent de capitaux; c'est plutôt celle d'un pays où beaucoup de citoyens possèdent un certain capital, qui leur permet de se lancer dans des entreprises, mais qui ne leur suffit pas pour assurer à leur famille l'existence à laquelle elle est habituée ; or, c'est cette dernière situation qu'amène le partage des biens. Si les cadets des grandes familles ont contribué au développement industriel et colonial de l'Angleterre, c'est que l'esprit d'entreprise était développé dans le pays, et que les aînés eux-mêmes s'entendaient à exploiter leurs biens. Aux époques où les chefs des familles nobles françaises ne goûtaient que la vie de Cour, les cadets se réfugiaient dans l'armée ou dans l'Église, et non dans l'industrie.

Ces objections pratiques contre le partage des biens nous touchent donc peu. A notre avis, le seul défaut réel de notre législation, c'est d'amener à diviser des exploitations dont le fractionnement diminue beaucoup la valeur, ou à vendre les biens indivisibles, dans des conditions très onéreuses. Les inconvénients de la réserve sont fort aggravés, à cet égard, d'abord par l'art. 815 du Code civil, d'après lequel « nul n'est tenu de rester dans l'indivision et le partage peut être toujours provoqué, nonobstant prohibitions et conventions contraires » puis par l'art. 832, qui porte qu' « il convient de faire entrer dans chaque lot, s'il se peut, la même quantité de meubles, d'immeubles, de droits ou de créances de même nature et de même valeur ». Le même article spécifie d'abord, il est vrai, que l' « on doit éviter autant que possible de morceler les héritages et de diviser les exploitations ». Mais les mœurs et la jurisprudence tiennent un compte insuffisant de cette restriction. Dans les campagnes, notamment, chaque héritier, pour être certain de n'être pas lésé, réclame souvent une partie de chaque pièce de terre. Souvent aussi, la mise en vente des biens trop importants pour entrer dans un lot est exigée ; et si des mineurs sont intéressés au partage et à la vente, les formalités dont la loi les entoure absorbent une part considérable de l'héritage.

On a cherché à remédier à ces inconvénients, dans divers pays, en permettant au propriétaire d'un bien de le rendre *indivisible*, par un acte volontaire, sur lequel il peut toujours revenir, mais qui est public. Ces mesures ont été prises quelquefois pour permettre aux grandes familles de reconstituer une aristocratie territoriale. Mais dans bien des cas, c'est surtout l'intérêt des petits cultivateurs que leurs auteurs ont eu en vue ; souvent même, le bénéfice en est limité aux petits domaines, à ceux qui sont susceptibles d'être cultivés par une famille sans auxiliaires.

En Amérique, où la liberté absolue de tester est la règle générale, la législation relative aux biens de famille se rattache à l'*homestead exemption*, dont nous avons parlé à propos de la saisie des biens, et qui a pris place dans les lois de la plupart des États. Le domaine rendu insaisissable ne peut faire l'objet d'une disposition testamentaire que d'accord entre le mari et la femme. A défaut de volonté exprimée dans cette forme, il reste indivis entre l'époux survivant et les enfants mineurs qui l'occupent.

En Allemagne, l'extension, aux diverses provinces conquises en 1866, des lois prussiennes sur les successions très analogues à notre Code civil, a été accompagnée de dispositions destinées à ménager les coutumes anciennes contraires au partage. On trouve le type de ces lois dans celle du 2 juin 1874, relative au Hanovre ; des mesures analogues, prises depuis lors pour la plupart des provinces, ont reçu de nombreuses applications. Elles permettent de constituer, par une inscription sur le registre terrien, un *bien de famille* indivisible, qui passe à un héritier unique, ou *Anerbe*, désigné par le père ; à défaut de testament, c'est l'aîné des fils. Cette faculté est tantôt restreinte à de petits domaines, à ce que l'on appelle *Bauernhof* (ferme de paysan), tantôt étendue à des propriétés plus considérables. Le nouveau Code civil de l'Empire autorise les divers États à statuer sur les héritages par des lois spéciales, de manière à ne pas supprimer ces dispositions exceptionnelles de l'*Anerben Recht*.

La législation autrichienne comprend des dispositions analogues. Elles avaient été un moment abolies ; la loi du 1er avril 1889 les a rétablies.

On a souvent réclamé l'introduction des mêmes facultés dans notre législation. La seule mesure prise, dans ce sens, est l'art. 8 de la loi du 30 novembre 1894 sur les habitations à bon marché. Lorsqu'au décès du propriétaire, les habitations construites dans les conditions que cette loi prévoit sont occupées par son conjoint ou ses enfants, il peut être fait opposition à toute demande en partage pendant un délai de 5 à 10 ans ; en outre, chaque héritier a le droit de reprendre la maison sur estimation, au lieu de la laisser vendre. Des mesures analogues pourraient offrir un certain intérêt pour les biens ruraux, ou pour les exploitations commerciales ou industrielles dont la division offre de sérieux inconvénients et dont la vente est difficile.

Mais il faut bien remarquer que, quand il y a plusieurs enfants, la faculté, pour le père, de placer dans le lot de l'un d'eux l'établissement qu'il veut maintenir dans la famille, n'est conciliable avec le partage égal, que si la fortune est suffisante pour que chacun des autres reçoive la part qui lui revient, sous une forme différente. On a contesté cette conséquence, en mettant en avant l'idée de transformer les droits des héritiers qui ne seraient pas remplis de leur réserve, en une créance sur celui d'entre eux qui garde le domaine ; les lois allemandes obligent, en général, celui-ci à verser à la masse à partager tout ou partie de la valeur du bien qui lui est attribué, et la législation autrichienne, en lui imposant la même obligation, lui accorde un délai de quelques années pour s'acquitter. Mais c'est placer une exploitation agricole ou industrielle dans une bien mauvaise situation, que de la grever, dès le début, de dettes relativement importantes. Si l'héritier qui la garde est débiteur de soultes dépassant les sommes qu'il pourra acquitter promptement sur ses bénéfices, il y a de grandes chances pour que la faveur qui lui est faite aboutisse tôt ou tard à une dépossession ; la seule différence sera que le bien sortira de la famille par voie de saisie, au lieu d'en sortir par voie de licitation.

Nous croyons donc difficile de concilier, dans tous les cas, la constitution du bien de famille indivisible avec le maintien de la réserve héréditaire, dont nous avons admis la légitimité, au moins dans une large mesure. Ce que l'on pourrait faire, ce serait d'affranchir le père de famille des règles posées par l'art. 832 pour la composition des lots, règles que la jurisprudence applique aux partages faits par les ascendants, et de l'autoriser à attribuer, par exemple, tous les immeubles à un enfant et la fortune mobilière aux autres; ce serait, ensuite d'attribuer aux tribunaux un pouvoir d'appréciation plus grand, pour autoriser le maintien provisoire de l'indivision, quand il y a des enfants mineurs, et aussi pour sanctionner des dispositions testamentaires comportant une légère atteinte à la réserve, quand il y a un avantage manifeste à éviter une licitation.

Ce sont également des préoccupations politiques qui ont fait introduire dans nos lois l'interdiction des *substitutions*. Mais cette interdiction se justifie parfaitement, dans certaines limites, si on la fonde sur la seconde règle générale que nous énoncions au début du présent paragraphe : l'impossibilité d'admettre qu'une volonté exprimée, jadis, par quelqu'un qui ne peut plus la modifier suivant les circonstances, prévaille indéfiniment sur les volontés des vivants. On donne en effet le nom de substitutions aux dispositions par lesquelles un propriétaire règle la dévolution de ses biens, non seulement pour le moment de son décès, mais encore pour un avenir plus éloigné, en fixant la manière dont ils seront transmis de génération en génération. Les substitutions sont employées surtout pour assurer la conservation de la propriété territoriale dans les familles, et pour éviter la division des fortunes, de sorte que leur objet est presque toujours d'assurer la transmission de mâle en mâle, par ordre de primogéniture. C'est pourquoi le Code civil (art. 896 et 897) les limite étroitement. Elles sont autorisées seulement au premier degré, au profit de *tous* les enfants nés ou à naître d'un descendant, d'un frère ou d'une sœur du testateur. Dans ces limites, elles ne peuvent être appliquées que pour empêcher un proche parent, dont on redoute la prodigalité ou l'imprévoyance, de gaspiller les biens qui lui sont légués en vue d'assurer l'avenir de sa famille. Les dispositions exceptionnelles par lesquelles l'Empire avait admis la constitution de *majorats*, formant la dotation de titres héréditaires, sont aujourd'hui abrogées.

La substitution présente tous les inconvénients économiques de l'usufruit, qui attribue les revenus d'un bien à une personne et la nue propriété à une autre, et qui est admis par nos lois. A vrai dire, l'héritier grevé de substitution ressemble beaucoup à un usufruitier, puisqu'il est tenu de conserver le fonds pour le transmettre aux héritiers subséquents désignés par le testateur ; seulement, quand la substitution peut être établie au profit de descendants à naître et pour plusieurs générations, les difficultés qu'elle entraîne sont bien plus graves qu'en cas d'usufruit. Elle met obstacle à toute aliénation, à toute constitution de gage ou d'hypothèque; elle doit donc recevoir la publicité nécessaire pour avertir les tiers que les droits qu'ils acquerraient du propriétaire momentané ne seraient pas opposables aux propriétaires futurs, lesquels tiendront leur titre, non de lui, mais directement de ses auteurs. Elle exige la constitution d'une sorte de tutelle, pour assurer la conservation des droits de ces héritiers futurs, pour sanctionner les transformations ou les aliénations qu'imposerait une nécessité absolue, et pour veiller au remploi des capitaux provenant de ces dernières. Il en résulte des complications, des formalités, des entraves à la libre circulation et à la bonne exploitation des biens, très défavorables au progrès économique.

Ce régime a été, cependant, le droit commun des biens nobles, partout où les traditions féodales se sont conservées. En Allemagne, la loi permet d'instituer des *fidei commis*, grâce auxquels beaucoup de grandes propriétés sont replacées sous le régime du droit d'aînesse, pour plusieurs générations, et rendues insaisissables. Les *Rittergüter* (biens de chevaliers) sont souvent dans ce cas. Le nouveau Code civil, en limitant assez étroitement les substitutions en droit commun, a eu soin d'autoriser, sur ce point, le maintien de la législation particulière des divers États.

En Angleterre, c'est par les substitutions, que la grande propriété aristocratique s'est conservée. La transmission des biens est très souvent réglée à l'avance, par des arrangements au profit successif de divers membres de la famille, appelés *family settlements*. Ces arrangements sont autorisés entre personnes vivantes, et au profit d'un héritier à naître, institué en queue *entail*. Mais à la majorité de celui-ci, un nouveau *settlement* intervient généralement, qui assure au bénéficiaire futur de la fortune un certain revenu immédiat, à charge de proroger la substitution au profit d'une génération nouvelle, de sorte que le bien reste indéfiniment grevé d'indisponibilité. Une loi de 1848 a autorisé, en Irlande, la vente des domaines grevés de substitutions, lorsqu'ils étaient surchargés de dettes ou de rentes (*encumbered estates bill*). Une loi de 1877 a donné aussi, dans certains cas, des facilités pour l'aliénation des biens substitués, dans la Grande Bretagne. La circulation de beaucoup d'immeubles reste néanmoins entravée par ce régime.

Il ne constitue pas, à notre avis, une application normale de ce droit de disposer, que nous avons admis comme une consé-

quence nécessaire du droit de propriété. Si celui qui a acquis et
conservé des biens peut les transmettre à sa mort à qui il veut,
il ne peut prétendre que sa volonté continue à les régir, quand il
ne sera plus. là pour tenir compte des faits et des besoins nou·
veaux, qui eussent sans doute modifié ses idées, n'étaient les limites de la vie humaine. L'intérêt général exige que tout capital ait
un véritable propriétaire, ayant les pouvoirs nécessaires pour le
gérer et en disposer. Les facilités que notre loi donne, pour instituer des usufruits ou pour établir certaines substitutions limitées, nous paraissent le maximum des enchevêtrements de droits
que l'on peut autoriser, pour concilier le respect des volontés
des testateurs avec la liberté de la propriété.

C'est aussi la difficulté d'admettre que la volonté d'une personne décédée règle à *perpétuité* l'affectation de certains biens,
qui justifie les restrictions apportées par les lois à la faculté de
faire des dons et des legs aux *établissements publics ou d'utilité
publique.* Nous avons exposé ci-dessus (page 71) les règles de
notre droit en cette matière, et nous avons dit qu'il nous parat-
trait plus rationnel de ne pas soumettre, à un contrôle administratif, comme le font nos lois, des dispositions qui constituent le
libre usage des droits d'un propriétaire, mais de réserver au
législateur la faculté de réviser périodiquement l'affectation des
biens appartenant depuis suffisamment longtemps à des personnes morales, puisque celles-ci n'ont pas qualité pour en modifier
elles mêmes l'emploi, dans le cas où cet emploi ne répondrait
plus à aucun besoin.

Nous venons d'énumérer les limites qu'apportent nécessairement au droit de disposer les obligations qui incombaient au
propriétaire au moment de son décès, où la nécessité de tenir
compte des circonstances postérieures qu'il ne pouvait prévoir.
Sous ces réserves, le droit de disposer à titre gratuit découle du
droit même du propriétaire, qu'il s'agisse de libéralités exécutoires de son vivant ou à son décès.

Les restrictions apportées autrefois à ce droit, pour assurer
la conservation des biens dans les familles, ne répondent à
aucun intérêt social réel. Elles sont même de nature à entraîner de très sérieux inconvénients économiques, quand elles
font tomber rétrospectivement des droits régulièrement acquis.
Les innombrables droits de *retrait* que comportait la législation ancienne, et qui permettaient aux descendants d'un ancien
propriétaire de reprendre un immeuble franc de toutes les char-

ges consenties par ceux qui l'avaient possédé dans l'intervalle, enlevaient toute sécurité aux transactions. Ils ont disparu aujourd'hui. Mais notre Code admet encore que la *révocation* d'une donation pour cause de survenance d'enfants, sa *réduction* par application des règles relatives à la réserve, fassent tomber les hypothèques établies du chef du donataire (art. 929 et 963 du Code Civil). Ce sont là des dispositions inconciliables avec un bon régime de la propriété.

Notre conclusion sera donc que la liberté de donner et de tester ne doit être limitée que par des motifs d'une extrême gravité, et qu'en aucun cas, les restrictions qu'elle peut comporter ne doivent entraver la gestion du propriétaire muni d'un titre régulier, ni surtout laisser planer aucune incertitude sur la validité des contrats passés avec lui.

B. — LES SUCCESSIONS AB INTESTAT. — Si la faculté de tester est un droit naturel, la succession *ab intestat* est incontestablement une création de la loi. Dans la mesure où elle s'applique à des biens qui eussent constitué la *réserve* de certains héritiers, la dévolution établie par le législateur n'est que la conséquence du droit propre qu'il reconnaît à ceux-ci. Au-delà, elle a pour unique base rationnelle une présomption de volonté du propriétaire décédé : en l'absence de testament valablement dressé, la loi attribue les biens qu'il laisse à ceux à qui on doit présumer qu'il les eût laissés, si la mort ne l'avait surpris.

Lorsque le défunt laisse des *descendants*, il ne peut y avoir, à cet égard, aucun doute. La volonté de transmettre ses biens à ses enfants ou à ses petits-enfants est si générale, qu'en leur attribuant l'héritage du père ou de l'aïeul mort sans exprimer sa volonté, ou peut-être après l'avoir exprimée dans un acte perdu ou détruit par accident, le législateur est certain que, dans l'immense majorité des cas, il ne fera que suppléer au silence de celui-ci.

Où il peut y avoir doute, c'est sur la répartition à faire de ces biens. A cet égard, la volonté que l'on doit considérer comme probable est celle qui répond aux habitudes constatées. Dans les pays aristocratiques, il est naturel de supposer que l'aîné des fils eût été choisi pour hériter des domaines de la famille : c'est pourquoi le droit d'aînesse était la base de la dévolution *ab intestat* des biens nobles sous l'ancien régime, et est encore appliqué en Angleterre pour les immeubles ; de même, en Autriche, la loi qui autorise le père de famille à transmettre à un seul enfant le bien de famille de moyenne importance, l'attribue au fils aîné, à défaut de testament. En France, au contraire, le partage égal est la règle ; il en est de même en Allemagne, pour les biens que leur propriétaire n'a pas placés sous les régimes spéciaux mentionnés ci-dessus (Bauernhof, Fideicomissen).

Les lois de la Révolution ont devancé les mœurs, dans une partie de la France, en instituant le partage égal. Mais à la condition que le législateur laisse au père de famille la liberté de tester comme il le voudra, dans la mesure où nous en avons reconnu la légitimité, on ne saurait dire qu'il exerce une intervention abusive, quand il règle suivant le mode qui lui paraît le meilleur la dévolution des biens dont le propriétaire n'a pas pris soin de disposer.

Quand le prédécès d'un fils fait passer directement la succession d'un aïeul à ses petits-enfants, le Code civil établit des règles très rationnelles, en admettant la *représentation* ; les enfants du fils défunt le représentent, pour hériter dans la même proportion que lui, et ainsi de suite. Les biens du père de famille se partagent donc également entre les diverses branches sorties de lui au premier degré, puis, dans chaque branche, se partagent de même entre les descendants au deuxième degré ; si quelques-uns de ceux-ci ont eux-mêmes disparu en laissant des enfants, ces derniers se partagent la part de leur père ou de leur mère, calculée comme s'il vivait encore. La dévolution des biens s'opère donc comme si les décès s'étaient succédé dans l'ordre normal, de génération en génération (art. 739 à 744).

Quand il n'existe pas de descendants, les présomptions sur la volonté du défunt sont moins faciles à établir. Il serait rationnel d'admettre que, sauf l'attribution de la réserve alimentaire aux ascendants, s'il y a lieu, le *conjoint* survivant est le successeur naturel, car le lien conjugal est le plus fort de tous ; il justifierait même un partage avec les enfants, quand il en existe. Les auteurs du Code civil, hantés par la vieille idée de la conservation des biens dans les familles, n'avaient admis l'époux à succéder qu'à défaut de parents jusqu'au douzième degré. C'est seulement par une loi du 9 mars 1891 qu'un droit plus effectif, quoiqu'encore bien insuffisant, lui a été reconnu : à défaut de testament ou de donation par contrat de mariage, l'époux survivant a l'usufruit du quart de la succession, s'il existe des enfants, et celui de la moitié, s'il n'y a que des ascendants ou des collatéraux. La loi crée ainsi elle-même l'usufruit, qui est une combinaison fort peu recommandable, et qui n'est guère justifié, ni quand les enfants vivants sont communs aux époux, puisque la part de la succession qui serait attribuée au conjoint survivant leur reviendrait au décès de celui-ci, ni quand il n'existe que des collatéraux, dont les titres devraient s'effacer absolument devant ceux de l'époux. Ce n'est guère que quand un héritage va à des enfants d'un autre lit, qu'un usufruit, au profit de l'époux survivant, se justifie.

A défaut d'enfants, d'après nos lois, les *ascendants* et les *collatéraux* sont appelés à la succession, sauf pour l'usufruit attribué à l'époux.

D'après le droit ancien, le partage s'opérait de manière à faire revenir les biens dans la famille de laquelle ils provenaient. C'est ce qu'exprimait l'adage *paterna paternis, materna maternis.* Cette règle ne pouvait guère s'appliquer que quand le principal élément des fortunes était formé par des immeubles, dont l'aliénation était un fait rare. Elle a laissé des traces dans la législation de certains pays; en Angleterre, par exemple, pour succéder à la propriété d'un immeuble, il faudrait, en principe, descendre de l'acquéreur qui l'a le premier fait entrer dans la famille. Ces distinctions n'ont plus aucune raison d'être, avec la mobilité actuelle des fortunes; les propriétés dont l'origine peut être constatée n'en constituant plus la partie prépondérante, il n'y a plus lieu de s'inspirer de cette considération.

En France, la loi ne tient plus aucun compte de l'origine des biens; mais on serait fort en peine de trouver une explication rationnelle aux règles qu'elle édicte, pour les successions, en l'absence de descendants. La première opération qu'elle prescrit est la *fente*, d'après laquelle les biens se partagent entre la ligne paternelle et la ligne maternelle, chaque moitié constituant en quelque sorte une succession indépendante. Mais on n'admet pas la *refente*, de sorte que, dans chacune des deux lignes, tous les biens vont au parent le plus proche; c'est là une combinaison peu logique, car il y a exactement les mêmes raisons pour subdiviser l'héritage en quatre, en huit, etc., quand il faut remonter jusqu'aux grands-parents, aux arrière-grands-parents, etc., pour trouver un auteur commun entre le défunt et les héritiers du sang, que pour le partager entre les deux lignes au premier degré. La *représentation* est admise pour les descendants de frères et sœurs, de telle sorte que la succession se partage, entre les frères et sœurs qui survivent et les neveux ou nièces descendant de ceux

qui sont morts, d'abord par branche, puis dans chaque branche
par tête. Mais s'il n'existe ni frères, ni sœurs, ni descendants de
frères ou de sœurs, les plus proches, parmi les autres parents,
héritent seuls : s'il n'y a qu'un cousin germain survivant, il exclut
les descendants de tous les autres cousins germains prédécédés.
Enfin, les collatéraux jusqu'au douzième degré sont appelés à
succéder, de sorte que l'on voit des héritages transmis à des
parents tellement éloignés, qu'ils ignoraient même l'existence
du défunt ; parfois, ce sont les agences à la piste des successions
en deshérence qui la leur ont révélée, moyennant une forte
commission.

Pour introduire quelque logique dans l'ordre des successions,
il faudrait limiter à un degré bien plus rapproché les transmissions *ab intestat*. On pourrait alors admettre, sans arriver à une
complication excessive, le système de la fente et de la refente,
d'une part, celui de la représentation à l'infini, de l'autre. C'est le
régime qui prévaut, tant qu'on n'arrive pas à un degré trop éloigné, dans le nouveau Code civil allemand.

Il est assez rationnel : Si le défunt ne laisse ni descendants, ni
conjoint, l'ordre habituel des affections fait attribuer la succession *au père* ou à *la mère*, et à défaut de l'un d'eux, aux descendants qui le représentent, frères ou sœurs, neveux ou nièces.
En l'absence de descendants du même père ou de la même mère,
le partage naturel doit se faire entre les *grands-parents* ; mais
lorsqu'ils sont morts, la part de chacun d'eux devrait se répartir
entre ses descendants, sans que le hasard du prédécès d'un oncle
du défunt prive de leur part les descendants de cet oncle, car il
arrive souvent, en fait, que la branche avec laquelle l'intimité
était la plus grande ne soit pas celle dans laquelle survit le parent
le plus proche. Déjà, au delà de la descendance d'un même
aïeul, l'attribution d'une succession *ab intestat* devient contestable ; son attribution au *bisaïeul* qui survivrait, après la mort
des parents et des grands-parents et de tous leurs descendants,
est encore rationnelle ; mais les collatéraux qui descendent de
lui, et qui dans la même génération sont au degré de cousins
issus de germains, sont déjà bien éloignés pour que la parenté, à
elle seule, leur serve de titre à succéder. Cependant, nous admettrions encore, à la rigueur, la représentation pour les descendants d'un bisaïeul commun, à défaut de parents plus rappro-
chés. Mais lorsqu'il faut remonter plus haut, pour trouver un
auteur commun, la parenté devient si lointaine, que dans la
société moderne, elle ne constitue plus un lien réel, et est même
souvent ignorée,

Nous estimons donc qu'à défaut de descendant d'un bisaïeul commun, ce qui, dans la même génération, répond à une parenté au 6ᵉ degré, les biens dont le propriétaire n'a pas disposé sont des biens vacants et sans maître, qui doivent revenir à l'*État*.

Des propositions dans ce sens ont été souvent formulées. Elles ont été combattues par beaucoup d'économistes et de jurisconsultes, comme portant atteinte au principe de la propriété privée. Nous ne saurions nous rallier à cette manière de voir.

Ce que le respect de la propriété exige, c'est qu'on laisse le droit de disposer de leurs biens à ceux qui veulent en user. Ce qui est une atteinte à la propriété, à cet égard, ce sont les *impôts* énormes que l'on perçoit, dans bien des cas, sur les successions testamentaires, comme sur les successions *ab intestat*. Ces droits présentent, en France, une double progression : depuis longtemps, ils croissent à égalité de fortune, quand la parenté s'éloigne ; depuis les lois du 25 février 1901 et du 30 mars 1902, ils croissent aussi, à égalité de parenté, quand la fortune léguée augmente. Ce sont là des mesures très justifiées. L'impôt progressif ne soulève nullement, en matière de droits de succession, les objections auxquelles il donne lieu en matière d'impôt sur le revenu, et que nous étudierons dans notre Livre V. Dans la mesure où il est appliqué en ligne directe, partant de 1 0/0 sur les petites successions, pour atteindre 4 ou 5 0/0 sur les très grosses successions seulement, il garde un caractère purement fiscal. Mais il n'en est plus de même des droits sur les successions collatérales, ou entre personnes non parentes. Ceux-ci atteignent aujourd'hui, suivant le degré de parenté et l'importance de l'héritage, de 8,50 à 15.50 0/0, entre parents au 2ᵉ ou au 3ᵉ degré, de 12 à 17,50 et à 19,50 au 4ᵉ, au 5ᵉ ou au 6ᵉ degré, de 15 à 20,50 entre parents plus éloignés ou personnes non parentes. Des impôts aussi élevés, qui sont déjà de 8,50 à 15 0/0 sur les plus petits legs, si souvent destinés à pourvoir à des besoins de première nécessité, et qui atteignent 18 et 19 0/0 dans des cas encore assez fréquents, sont absolument abusifs, et prennent un caractère de confiscation partielle. Nous estimons qu'un impôt partant de 2 ou 3 0/0 sur les petits legs, qu'il y ait ou non parenté, pour atteindre tout au plus 10 à 12 0/0, devrait constituer le maximum des prélèvements opérés au profit du fisc, sur les biens dont le propriétaire a disposé.

Mais quand un propriétaire n'a pas pris la peine de régler le sort de sa succession, quand le législateur est obligé de suppléer à sa volonté non exprimée, on ne saurait dire que l'Etat abuse en s'attribuant tout ou partie de ses biens. C'est seulement en ligne directe que la présomption de volonté équivaut tellement à une certitude, que la succession *ab intestat* et la succession testamentaire doivent venir sur le même pied ; le désir de ne pas laisser ses biens à ses enfants est en effet si rare, que l'un des fondements très sérieux de la réserve établie en faveur de ceux-ci, est l'idée que le père qui les déshérite avait sans doute l'esprit troublé. On peut encore admettre que, vis-à-vis des frères et sœurs et de leurs descendants, le silence du défunt équivaille à l'expression d'une volonté très conforme aux idées générales et que l'attribution faite par le Code soit assimilée à celle qui résulterait d'un testament. Au delà, la succession *ab intestat* constitue réellement un bienfait de la loi ; aussi l'Etat, qui admet bénévolement une présomption de volonté, peut-il déjà sans abus s'attribuer, par des impôts très forts allant jusqu'à 20, 30, 50 0/0, une part notable de la succession dont aucun testament ne règle le sort. Quand enfin la parenté n'est plus qu'un mot, c'est à la collectivité que la fortune entière doit revenir.

Bien loin de consolider le principe de la propriété, l'attribution d'une fortune à des parents qu'aucun lien réel n'unissait à l'ancien propriétaire le compromet ; la richesse qui leur arrive ainsi a, en effet, le caractère d'un don du pur hasard, puisqu'ils ne la doivent ni à leurs propres efforts, ni à la volonté de ceux qui l'ont constituée. On dit que l'Etat y a encore moins de titres qu'eux ; mais ce n'est pas en vertu d'un titre propre qu'il y prétend, c'est parce que lui seul peut recueillir les biens à la possession desquels personne n'a de titres. L'appréciation du degré auquel la parenté cesse d'en constituer un doit varier, suivant les lieux et les époques. La facilité des déplacements, la mobilité des relations, dans la société contemporaine, ont certainement beaucoup rapproché la limite où s'arrêtent les liens réels, et à cet égard, il n'est pas douteux que le Code civil ne réponde plus aux mœurs actuelles.

L'objection la plus sérieuse, contre une modification législative qui multiplierait les successions en déshérence attribuées à l'Etat, est tirée de la destruction de capitaux qui en résulterait. L'Etat affecte à ses dépenses annuelles ses ressources de toute nature, et si, au lieu de prélever ces ressources sur les revenus des citoyens, il prend possession de certains capitaux, il détruit l'œuvre de l'épargne passée. Or, nous avons vu que l'augmenta-

tion des capitaux par l'épargne est un des éléments essentiels
du progrès économique, de la hausse des salaires, et par suite,
de l'amélioration du sort de ceux mêmes qui ne participent pas
à la propriété des instruments de production accumulés.

Ce serait là un argument d'un grand poids, si les successions
ab intestat entre parents éloignés, que nous proposons de supprimer, portaient sur des sommes considérables. Mais en fait, il
n'en est rien. Il suffit, pour s'en convaincre, de consulter la
statistique, dressée par l'administration de l'Enregistrement, des
capitaux taxés à l'occasion des successions en 1897. Voici les
chiffres qu'elle a publiés, exprimés en millions de francs :

Ligne directe { descendante	3.645
Ligne directe { ascendante.	73
Entre époux	603
Entre frères et sœurs ou oncles et neveux	768
Entre cousins germains.	74
Entre grands-oncles et petits-neveux.	85
Entre parents au 5e et 6e degré	97
Entre parents du 7e au 12e degré	23
Entre personnes non parentes.	228
Legs à des personnes morales.	26
Successions en déshérences recueillies par l'Etat. . .	14
Total	5.636

Le montant des successions en déshérences avait accidentelle-
ment atteint, en 1897, un chiffre tout à fait anormal ; en moyenne,
il n'est que de 3 millions. Les sommes qui y seraient ajoutées, si
on limitait le droit de succéder *ab intestat* aux descendants du
bisaïeul du défunt, ne comprendraient qu'une partie des 23 millions transmis entre parents du 7e au 12e dégré ; dans ces 23 millions figurent, en effet, un certain nombre de transmissions,
testamentaires ou *ab intestat*, qui ne seraient pas atteintes,
même si la modification législative que nous indiquons ne chan-
geait rien aux habitudes du public. Or, il y a tout lieu de croire
que cette modification réduirait le nombre des cas où des personnes qui n'ont pas de proches parents meurent sans avoir testé,
car parmi celles qui laissent aujourd'hui leurs biens aller à des
héritiers naturels éloignés, il en est qui disposeraient de ces biens,
soit en faveur de ces mêmes personnes, soit en faveur d'autres,
plutôt que de les laisser se perdre dans les revenus de l'Etat.
Enfin les époux, primés aujourd'hui par les parents éloignés,
recueilleraient aussi, en l'absence de testament, une partie des
biens auxquels ceux-ci n'auraient plus vocation.

Même si l'on allait plus loin, si la succession *ab intestat* était supprimée, ou tout au moins réduite pas des impôts considérables, pour les descendants du bisaïeul du défunt, nous ne croyons pas qu'il en résultat une forte augmentation des successions en deshérence. Les transmissions atteintes sont comprises dans les $85 + 97 = 182$ millions de biens transmis entre grands-oncles et petits-neveux et entre parents au cinquième ou au sixième degré ; mais la majeure partie, de beaucoup, ne serait pas touchée, car les successions allant d'un grand-oncle à un petit-neveu, d'un oncle à la mode de Bretagne aux enfants de son cousin germain, ne le seraient pas, et elles sont bien plus fréquentes que les successions en sens inverse. Si on déduit également les legs compris dans les chiffres ci-dessus, et ceux qui résulteraient de la fréquence plus grande des testaments, on voit qu'il resterait sans doute fort peu de chose.

Ainsi, même si l'on allait jusque-là, et à plus forte raison si l'on supprimait l'héritage *ab intestat* seulement quand il n'existe plus de descendants d'aucun bisaïeul, la considération des produits que l'Etat retirerait d'une réduction dans le nombre des degrés successibles serait à peu près négligeable, tout comme celle de la destruction de capitaux qui en résulterait. Ce qui nous rend partisan de cette mesure, c'est le désir de faire cesser des dévolutions qui ne sont fondées sur aucune base rationnelle, car entre parents à un degré si éloigné, il n'y a plus, de nos jours, ni communauté d'intérêts, ni présomption sérieuse d'affection. L'acquisition de la propriété qui en provient a un caractère d'effet du hasard et de don arbitraire de la loi, tout à fait propre à compromettre le principe même de la transmission héréditaire des biens.

Les considérations que nous avons développées, dans le présent chapitre, montrent quelle action exercent, sur le développement économique d'un pays, les lois civiles relatives 1° aux contrats qui interviennent entre les propriétaires des capitaux de toute nature et ceux à qui ils les confient pour en tirer parti, 2° à la transmission des biens entre vifs ou après décès.

La législation en vigueur, dans la plupart des pays, est restée, sur ces divers points, imprégnée de traditions qui ne sont plus en harmonie avec les besoins actuels. Les anciennes conceptions de la propriété, telles que la communauté entre les membres d'une même famille, ou l'union féodale entre la possession du sol et l'exercice de la puissance publique, ont laissé des traces dans beaucoup de lois, et la Révolution elle-même ne les a pas fait entièrement disparaître en France. Le désir de faciliter l'essor économique moderne, en assurant la sécurité et la rapidité des transactions, est encore combattu par d'anciens préjugés contre le crédit, par l'idée conservatrice du maintien des biens dans les mêmes familles, par une certaine crainte de la publicité, ou par un formalisme que le développement de l'instruction générale a rendu inutile. Les biens mobiliers, dont l'importance égale déjà et dépassera sans doute bientôt celle des immeubles, sont encore traités parfois comme d'importance secondaire.

L'évolution du droit suit lentement, sur tous ces points, le mouvement économique, et il ne saurait en être autrement, car le législateur ne peut prévoir les besoins qui se révèleront, et l'expérience montre que, quand il veut pousser au développement d'opérations ou de transactions qui ne naissent pas spontanément, il y échoue lamentablement. Ce qu'il faut lui demander, c'est de ne pas entraver celles dont l'utilité se manifeste. La législation commerciale est en général, à cet égard, en avance sur le droit civil, parce que c'est dans les affaires que le poids des entraves inutiles se fait le plus lourdement sentir. L'extension aux relations entre personnes non commerçantes, et notamment à celles qui concernent l'agriculture, des facilités admises depuis longtemps dans les transactions entre négociants et industriels, la réalisation des progrès dont la nécessité est unanimement reconnue au point de vue du régime foncier, l'atténuation des prescriptions trop strictes en matière de partage de successions, par dessus tout la simplification des procédures, offrent un vaste champ à des améliorations législatives, moins retentissantes, mais plus réellement favorables au progrès, que les prétendues réformes sociales si en honneur aujourd'hui.

CHAPITRE TROISIÈME

IMPORTANCE ET ROLE ÉCONOMIQUE
DES DIFFÉRENTES CATÉGORIES DE BIENS

I. La valeur des diverses catégories de biens, et l'influence des variations du taux de capitalisation ou du cours des produits. — Nous avons examiné la nature, la constitution et le mode de transmission des droits dont peuvent devenir l'objet les principales catégories de biens. Pour compléter l'étude du rôle de chacune d'elle, dans la vie économique, il est nécessaire de donner quelques indications sur son développement et sur les affectations principales qu'elle reçoit. Ce sera l'objet du présent chapitre. Nous tâcherons d'y présenter un tableau aussi complet que possible des divers éléments qui constituent la richesse acquise en France, et nous y joindrons, à l'occasion, quelques chiffres comparatifs pour les principaux pays étrangers.

Nous passerons d'abord en revue les biens corporels : terre et outillage agricole ; mines ; maisons et usines ; propriétés publiques et moyens de transport ; mobiliers, approvisionnements et numéraire. Puis nous évaluerons, autant que possible, les biens incorporels : valeurs mobilières ; créances, propriété intellectuelle, clientèles et offices.

Après avoir donné les renseignements que les statistiques fournissent sur ces divers éléments, nous chercherons à en déduire, d'une part, le total de la richesse acquise de la France considérée dans son ensemble, et d'autre part, le total des fortunes des particuliers ; puis nous contrôlerons ce dernier chiffre, au moyen des constatations faites par le fisc à l'occasion des successions, et nous le rapprocherons des chiffres analogues constatés dans le passé, ainsi que de ceux que nous connaissons pour les pays étrangers.

Mais avant d'aborder l'examen spécial de chaque catégorie de biens, nous devons donner quelques indications préalables sur un phénomène dont l'influence s'exerce sur elles toutes : c'est la variation du *taux de l'intérêt*, qui a amené de si grandes variations dans la valeur des capitaux divers, indépendamment de tout changement dans la valeur des produits et du revenu net que les uns ou les autres procurent à leurs propriétaires.

Les oscillations du taux de l'intérêt influent, en effet, sur l'évaluation de la richesse d'un pays aux diverses époques, bien moins par leur influence sur le revenu des capitaux qui se placent à chacune de ces époques, que par leur répercussion sur la valeur en capital des anciennes sources de revenu, dont la productivité ne change pourtant pas. A tout moment et dans tout pays, il y a des capitaux importants en quête de placement : en effet, cette situation n'est pas seulement celle de l'épargne qui *s'ajoute* à la richesse antérieurement acquise ; c'est aussi celle de la partie des produits annuels qui doit *remplacer* les capitaux hors d'usage (édifices détruits, outillages usés ou démodés, approvisionnements vendus par les négociants), tant qu'elle n'a pas encore reçu une affectation définitive, de sorte qu'elle est en réalité disponible. Mais, si considérables qu'ils soient, ces capitaux libres ne représentent qu'une fraction infime de ceux qui sont immobilisés dans des emplois dont la nature ne peut plus être modifiée, terres, maisons, outillage industriel ou commercial, de sorte que leur valeur, à un montant donné, n'atteint certainement pas un vingtième, peut-être à peine un cinquantième ou un centième de la richesse totale du pays.

Seulement, cette faible part est celle qui joue le principal rôle dans la détermination du taux courant de l'intérêt, par le jeu de l'offre et de la demande ; elle est, en effet, la seule qui soit réellement *offerte* ou *demandée* pour créer l'outillage répondant aux besoins nouveaux de la production, tout le reste de l'épargne accumulée pouvant bien changer de mains ou de mode d'emploi, mais non d'affectation et de nature.

Nous avons étudié longuement, dans notre Livre premier (Chapitre IV), les *lois économiques qui fixent le taux de l'intérêt*. Nous avons montré que ce taux dépend de la quantité disponible de capital et de travail, d'une part, de la productivité respective de ces deux éléments, de l'autre. Le capital ne peut rien produire sans le concours du travail, ni le travail sans celui du capital. Il faut donc que le capital, dont les propriétaires ne veulent laisser aucune partie improductive, s'associe avec les ouvriers, dont aucun ne peut se passer d'un gagne-pain, pour s'employer utilement. Si le capital disponible est rare, par rapport aux demandes résultant soit du besoin de produire davantage pour satisfaire à la consommation, soit de celui de remplacer des installations détruites ou de substituer des machines de types nouveaux à un outillage ancien, il est absorbé par les usages les plus avantageux pour lui, par ceux dans lesquels son emploi, en quantité modérée, peut dispenser de faire appel à une grande quantité de main-d'œuvre, et il reçoit une rémunération élevée, par rapport à celle du travail, lequel est obligé, au contraire, d'accepter des emplois très peu rémunérateurs. Inversement, quand le capital en quête d'emploi abonde, il ne trouve preneur que par l'extension de l'usage des machines à des travaux dans lesquels beaucoup de capital remplace peu de main-d'œuvre ; ce sont les ouvriers qui ne suffisent plus qu'aux tâches les plus avantageuses pour eux, et l'intérêt baisse relativement au salaire.

Comme pour toutes les marchandises, c'est *le prix le plus bas* jusqu'où il faut descendre, pour caser soit tout le capital, soit tout le travail offert, qui fixe le *cours* pour toute la quantité disponible ; par suite, ce qui fixe la proportion dans laquelle le produit net total de leur collaboration se partage entre eux, c'est leur productivité respective, dans les emplois *les moins avantageux* dont il faut que chacun d'eux se contente, pour que l'ensemble du capital et l'ensemble du travail soient employés.

Ainsi, abstraction faite des modifications qu'apportent aux taux des divers placements, soit les risques spéciaux qu'ils comportent, soit leurs chances propres de plus-value, soit le besoin d'attirer dans chacun d'eux un surcroît plus ou moins grand de fonds, l'intérêt que produiront les capitaux en quête d'emploi subit des variations générales, dépendant de six causes principales, savoir :

1° L'abondance de l'épargne ;

2° Les facilités plus ou moins grandes que l'organisation du marché, la sécurité des transactions donnent à l'emploi utile de l'épargne qui se forme :

3° Le mouvement de la population et la quantité de travail qu'elle offre ;

4° La consommation par tête d'habitant, qui dépend elle-même de la richesse acquise ;

5° La destruction normale ou accidentelle des capitaux antérieurement accumulés ;

6° L'invention de machines supérieures aux anciennes, qui produisent plus que celles-ci, mais qui obligent à les mettre de côté plus ou moins promptement.

Suivant que l'action de ces causes s'exerce plus ou moins énergiquement, dans un sens ou dans l'autre, le cours de l'intérêt hausse ou baisse sur le marché des capitaux disponibles. Mais, par cela même, un mouvement inverse se produit dans la valeur des capitaux anciens, et c'est là un fait sur lequel on ne saurait trop insister, car on perd très souvent de vue son influence.

Le *taux de capitalisation*, pour les capitaux anciens, est en général, et toutes choses égales d'ailleurs, l'*inverse* du taux de l'intérêt des capitaux nouveaux. Si celui qui a une épargne de 100.000 francs à placer peut en tirer 5.000 francs de revenu, en la mettant à la disposition des personnes solvables qui veulent bâtir des maisons, fonder ou étendre des usines, améliorer des terres, etc., on vendra environ 100.000 francs un bien qui rapporte 5.000 francs, dans des conditions égales de sécurité, de chances de plus-values et de facilité de surveillance. Le jour où le capital disponible de 100.000 francs ne pourra plus rapporter que 4.000 francs, le droit à un revenu acquis de 5.000 francs se vendra 125.000 francs. Ainsi, une baisse d'un cinquième dans la productivité des capitaux libres, lesquels représentent, dans un pays comme la France, quelques milliards seulement par an, fera hausser dans la même proportion la valeur en capital de tous les biens acquis, qui se chiffre par centaines de milliards, et inversement.

Bien entendu, la variation ne se produit pas avec la même rapidité pour tous les capitaux. C'est sur les valeurs mobilières, se négociant en Bourse, qu'elle se manifeste le plus nettement. L'effet est instantané, pour toutes celles qui sont identiques aux titres nouveaux qui se créent : le cours auquel les Compagnies de Chemins de fer doivent vendre les obligations nouvelles, pour obtenir les capitaux dont elles ont besoin, est exactement celui des obligations anciennes, sauf quelques menus frais. Pour les valeurs similaires, l'action se fait sentir promptement : les titres d'une Compagnie qui ne fait pas d'émissions, ou les valeurs que l'opinion leur assimile, suivent de près les cours des valeurs analogues pour le placement desquelles on continue à faire appel à l'épargne. Les placements mobiliers dont les conditions diffèrent les unes des autres, gardent entre eux l'écart qui répond à l'appréciation qui est faite de leur valeur respective ; mais ils suivent des marches *parallèles*, sauf les écarts amenés par des causes spéciales à quelques-unes. Les maisons dans les villes, les établissements industriels, suivent un peu plus lentement, parce qu'ils font l'objet de transactions moins actives, et les biens ruraux plus lentement encore. Mais la vigilance des capitalistes, sans cesse en quête de placements avantageux, ne permet pas que certaines valeurs ou certains biens échappent au mouvement : tout changement un peu durable dans le taux de capitalisation répondant à certains placements, qui n'est pas amené par considérations propres à ces placements, s'étend plus ou moins promptement à toute la richesse d'un pays ; grâce à la facilité actuelle des communications, la hausse ou la baisse s'étend même aux pays voisins, gagnant en étendue ce qu'elle perd en intensité.

Depuis une trentaine d'années, c'est dans le sens de la *baisse du taux de l'intérêt* que le mouvement s'est produit. Certains économistes, exagérant les théories qui avaient permis à M. Paul Leroy Beaulieu de prévoir, avec beaucoup de sagacité, la durée et l'intensité de ce phénomène, ont cru pouvoir le présenter comme une loi naturelle. C'est commettre une erreur analogue à celle de l'École de Ricardo, qui a compromis l'autorité de l'une des plus belles découvertes de la science économique, en présentant la hausse du revenu des terres comme la conséquence nécessaire de la loi de la rente, et non pas seulement comme une de ses conséquences éventuelles et temporaires. Suivant les temps et les lieux, l'accumulation des capitaux peut devancer les besoins, ou marcher moins vite qu'eux, et l'intérêt croît ou décroît suivant les cas.

Dans les temps anciens, les oscillations présentaient une amplitude plus grande et un caractère plus local que de nos jours. Les moyens de communication ne permettaient pas à une partie des disponibilités de tous les pays civilisés de venir, comme elles le font aujourd'hui, combler les besoins momentanés d'une région, pour profiter des occasions avantageuses de placement qu'ils offrent. D'un autre côté il n'existait rien d'analogue au marché actuel des valeurs mobilières, pour donner la mesure générale des variations du taux de l'intérêt. Enfin, le taux des prêts d'argent n'avait qu'un rapport très lointain avec celui auquel se capitalisaient les immeubles, à cause du défaut de liberté et de sécurité des transactions.

Il est donc impossible de suivre, à travers l'histoire, le mouvement du taux de l'intérêt ; mais on peut, par quelques chiffres, donner des exemples des variations qu'il a subies. Aux temps prospères de la Grèce ou de la République romaine, divers auteurs citent, comme un intérêt raisonnable, celui de 12 p. 100 (1 p. 100 par mois). Sous l'Empire, on constate des chiffres moi-

tié plus bas, et même, sous Justinien, celui de 4 p. 100. Au
moyen âge, les emprunts étaient devenus effroyablement coûteux ; la condamnation du prêt à intérêt par l'Eglise avait jeté
les débiteurs aux mains des usuriers sans scrupule, ou des
races en lutte avec la société du temps ; les taux de 10, 15
ou 20 p. 100 étaient fréquents. Au xive ou au xve siècle, les
placements en maisons ou en prêts de tout repos, dans les
centres d'affaires, étaient descendus à 6 ou 8 p. 100. Puis le prix
des capitaux diminua beaucoup, dans les pays où ils s'accumu-
laient. On constate des emplois de fonds considérables et de
longue durée, au xviie siècle, au taux de 3 1/2 ou de 3 p. 100,
à Venise ou en Hollande, et même au taux de 2 1/2 dans ce
dernier pays. L'Angleterre, moins avancée, a cependant commencé à disposer de capitaux à bon marché après la révolution
de 1688 : au début du xviiie siècle, sous la reine Anne, l'intérêt des fonds d'Etat y était de 5 p. 100 ; il était tombé à
3 p. 100 au milieu du siècle.

La baisse qui se manifestait, à ce moment, fut interrompue par les
besoins de capitaux qui se firent sentir, dans le dernier quart du
siècle, pour la mise en œuvre des premières inventions de l'industrie moderne, et surtout par l'immense consommation de richesse
qu'entraînèrent les guerres de la Révolution et de l'Empire.
De 1790 à 1820, le taux des placements de tout repos était de
5 p. 100 au moins. A partir de 1820, une baisse notable se mani-
festa. Elle fut arrêtée, de 1845 à 1868, par le grand essor de la
construction des Chemins de fer susceptibles de desservir des
courants de trafic importants, qui donna un emploi rémunérateur
à des sommes considérables. La baisse recommençait, quand la
guerre de 1870 créa des besoins qui l'enrayèrent pendant quelques
années. Elle reprit en 1874, et jusqu'en 1897, elle a été marquée et
continue. A partir de 1897, il s'est produit un léger mouvement
en sens inverse : d'une part, en effet, les industries nouvelles dues
aux applications de l'électricité, ainsi que le mouvement d'expansion coloniale et de mise en valeur de l'Asie et de l'Afrique, ont
fourni des débouchés aux capitaux nouveaux ; de l'autre, la
guerre de Chine et surtout celle du Transvaal, ont prélevé des
sommes considérables sur les marchés occidentaux.

Il serait cependant téméraire d'en conclure que nous soyons
arrivés à une période de recul durable, ou simplement à l'état
stationnaire. Si les débouchés actuels assurent un emploi à d'importants capitaux chaque année, l'épargne s'est tellement accrue
que, suivant toute vraisemblance, son abondance ne tardera pas

à amener un baisse nouvelle. Le ralentissement de l'essor de la population, la diminution du travail qu'elle fournit, à effectif égal, par suite des lois nouvelles et de l'action syndicale, ne peuvent qu'accentuer cette tendance. Il faudrait, pour qu'il en fût autrement, ou bien des cataclysmes sociaux ou internationaux amenant des pertes colossales et une diminution notable de la sécurité générale, ou bien des découvertes obligeant à renouveler une partie considérable de notre outillage.

Mais la baisse ne saurait être indéfinie. Elle est constamment enrayée par ce fait, déjà mis en évidence par Turgot, que chaque diminution du taux de l'intérêt permet d'effectuer toute une série de travaux qui n'eussent pas couvert les charges du capital à un taux plus élevé, et étend ainsi le champ ouvert aux entreprises et à l'emploi des procédés mécaniques. Le jour où, malgré ces débouchés nouveaux, l'emploi des capitaux deviendrait trop peu rémunérateur, le goût de l'épargne en serait sensiblement diminué, de même qu'il est très stimulé par les besoins qui se révèlent après les guerres. Ainsi, à toute époque, on voit nécessairement le taux de l'intérêt osciller autour de la position dans laquelle il y a équilibre entre la *formation* et les *besoins* de capitaux nouveaux, l'une réglée par le développement des idées de prévoyance et par l'attrait de la rémunération offerte sur le marché, les autres dépendant du mouvement de la population et de l'état de l'art industriel.

La meilleure manière de connaître les variations du taux de l'intérêt *en France*, au xix° siècle, est de suivre les cours du plus important des placements offrant un marché large et régulier, la rente 3 p. 100. Il ne faut pas oublier, cependant, que dans les États modernes bien assis, les fonds publics, en raison même de l'ampleur de leur marché qui en fait le type du placement facile à réaliser, et aussi de l'existence de nombreuses œuvres d'assistance ou de prévoyance qui les adoptent comme emploi habituel de leurs réserves, sont toujours à un cours plus élevé que les valeurs offrant les mêmes garanties. Le taux normal de capitalisation des autres placements de tout repos suit donc une marche parallèle à leur cours, mais en restant notablement au-dessous ; il y a déjà un léger écart pour les obligations de chemins de fer, qui sont le titre qui s'en rapproche le plus, et l'écart est bien plus sensible pour les valeurs industrielles. C'est seulement en cas de secousse politique, que les fonds publics peuvent être plus touchés que les autres titres. D'autre part il faut remarquer que, toutes choses égales d'ailleurs, le cours des valeurs à coupons fixes est relativement moins élevé, dans les périodes de prospérité, où la hausse des valeurs industrielles attire à celles-ci la faveur de l'épargne, que dans les moments de crise, où les pertes éprouvées sur les placements aléatoires portent le public à attacher plus de prix à la sécurité et à la régularité du revenu. Ainsi, tout en prenant le cours de la rente comme la meilleure indication des variations du taux courant de l'intérêt, il ne faut pas oublier qu'il n'en constitue pas une mesure rigoureusement exacte.

Nous donnons à la page suivante la représentation graphique du coût d'un franc de revenu, calculé : 1° d'après la moyenne entre le cours le plus haut et le cours le plus bas de chaque année pour la rente 3 p. 100 ; 2° d'après le cours moyen des obligations des 6 grands réseaux de chemins de fer. En vue de faciliter la comparaison, nous avons fait le calcul, pour les obligations, en déduisant du coupon l'impôt sur le revenu ; mais nous devons rappeler qu'elles supportent, en outre, un droit de transmission, dont la rente est exempte, et dont il est impossible de chiffrer exactement la répercussion.

Pour comparer le taux de l'intérêt, dans d'autres pays, à celui de la France, on peut recourir au même terme de comparaison. Seulement, suivant l'état politique, social ou financier d'un pays, le crédit public, généralement supérieur aux crédits privés de premier ordre, peut s'en rapprocher, ou même leur devenir inférieur. Un Etat, qui a compromis son crédit, peut ne trouver à emprunter qu'à un taux inférieur au taux courant du pays. Au contraire, pour les pays neufs qui offrent quelques garanties, le fait que les emprunts publics et les valeurs des chemins de fer sont cotés sur le marché international, tandis qu'il faut trouver sur place la plupart des capitaux nécessaires pour les emplois de moindre importance, peut accentuer considérablement l'écart au profit des premiers.

En *Angleterre*, les consolidés, qui ne rapportent que 2 3/4 p. 100 jusqu'en 1903, et qui rapporteront seulement 2 1/2 ensuite, valaient de 110 à 114 avant la guerre du Transvaal. Leur cours était maintenu à un niveau bien supérieur à celui qui eût répondu au taux général de l'argent dans le pays, par un amortissement actif et par l'absorption continue des rentes sur l'Etat dans le portefeuille d'innombrables fondations. Ils sont tombés à 94 ou 96, ce qui fait encore, par rapport au revenu nominal très prochain de 2 1/2, un taux de capitalisation 2 5/8 p. 100.

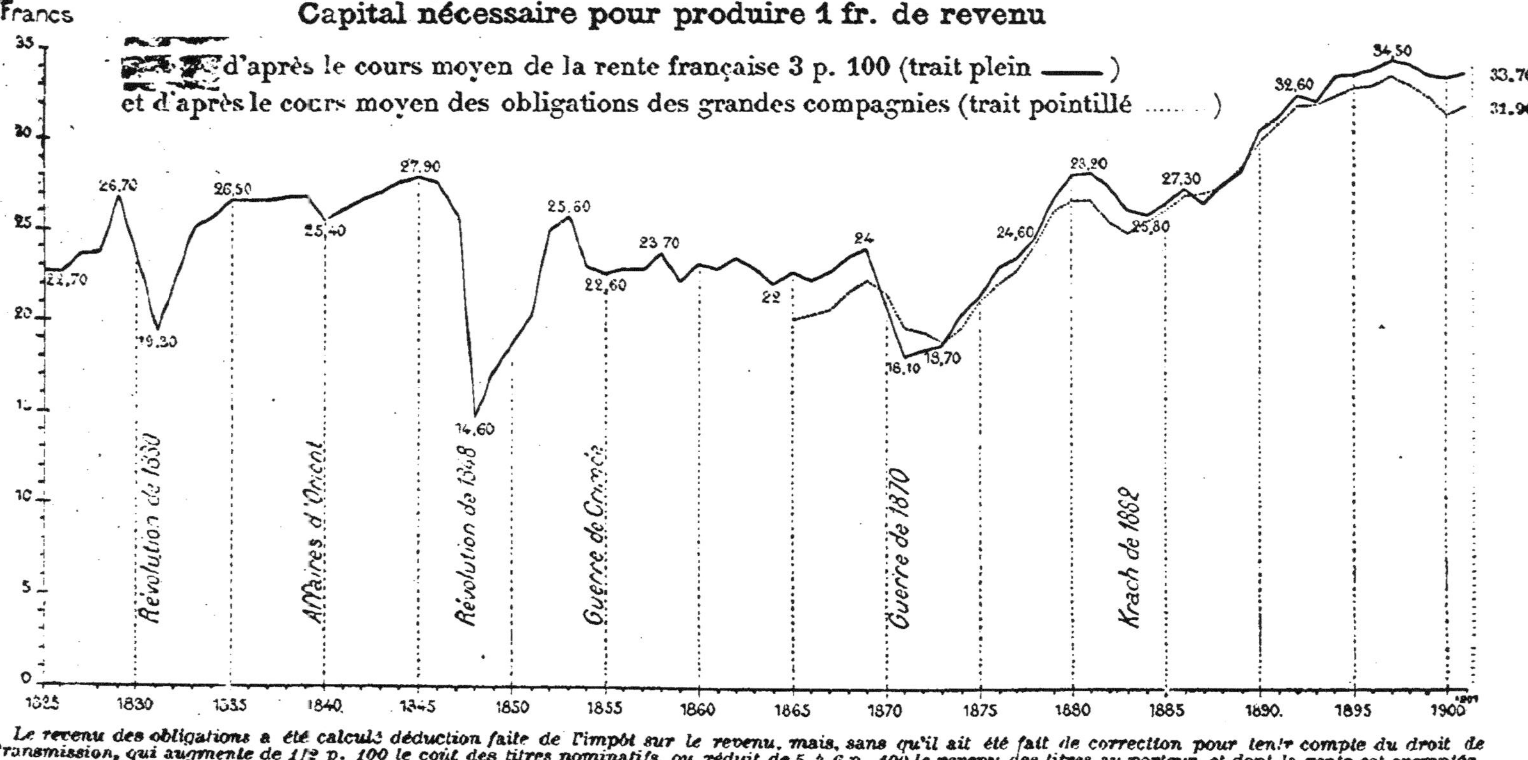

Francs
Capital nécessaire pour produire 1 fr. de revenu
d'après le cours moyen de la rente française 3 p. 100 (trait plein ———)
et d'après le cours moyen des obligations des grandes compagnies (trait pointillé ………)
35
30
25
20
15
10
5
0
24.70
26.70
19.20
26.50
25.40
27.90
14.60
25.60
22.60
23.70
22
24
18.10
18.70
24.60
23.90
25.80
27.30
32.60
34.50
33.70
31.90
Révolution de 1830
Affaires d'Orient
Révolution de 1848
Guerre de Crimée
Guerre de 1870
Krach de 1882
1825
1830
1835
1840
1845
1850
1855
1860
1865
1870
1875
1880
1885
1890
1895
1900
Le revenu des obligations a été calculé déduction faite de l'impôt sur le revenu, mais, sans qu'il ait été fait de correction pour tenir compte du droit de transmission, qui augmente de 1/2 p. 100 le coût des titres nominatifs, ou réduit de 5 à 6 p. 100 le revenu des titres au porteur, et dont la rente est exemptée.
VARIATIONS DU TAUX DE CAPITALISATION

En *Allemagne*, le 3 0/0 de l'Empire et celui de la Prusse ont oscillé, depuis quelques années, entre 86 et 93 francs, ce qui répond à un taux de 3 1/4 à 3 1/2 p. 100.

En *Autriche*, en *Hongrie*, en *Russie*, les emprunts du type 4 0/0 dépassent un peu le pair ; en *Italie*, la rente 5 0/0, dont le revenu réel est réduit à 4 par l'impôt, y arrive également.

Aux *États-Unis*, où les emprunts émis lors de la guerre de la Sécession ont été presqu'entièrement amortis, on peut prendre pour type les bonnes obligations de chemin de fer, qui se capitalisent, depuis quelques années, sur le pied de 4 1/4, 4 ou même 3 3/4 p. 100.

Quant aux États de l'*Amérique du Sud*, leur crédit est soumis à de brusques soubresauts, et si, à certains moments, ils ont trouvé de l'argent à 5 0/0 et même moins, souvent aussi le taux de leurs emprunts monte à 6, 7 0/0 et même davantage.

Sans vouloir tirer des chiffres que nous venons de citer des termes de comparaison applicables à tous les capitaux d'un pays, on peut y trouver des indications utiles.

Les variations du taux de capitalisation analysées ci-dessus constituent l'un des éléments essentiels, et parfois le plus important, dans les variations, d'une époque à l'autre, de la valeur de l'ensemble des biens que nous allons étudier à tour de rôle.

Il ne faut pas oublier, d'autre part, que pour chaque catégorie de capitaux, le montant des revenus annuels varie, d'année en année, avec le *cours des produits ou des services rendus*. Lorsque le prix du blé ou celui des loyers baisse ou hausse, le revenu de toutes les terres et de toutes les maisons baisse ou hausse en même temps. Nous avons étudié, dans la théorie de la rente et dans celle des prix, les motifs divers qui amènent ces variations : Quand l'augmentation des besoins oblige à chercher les moyens d'y satisfaire en cultivant des terres de plus en plus éloignées ou de moins en moins fertiles, en allant habiter des maisons de plus en plus écartées du centre des agglomérations, la hausse des blés, ou celle des loyers dans les quartiers bien situés, accroissent sans cesse le revenu des propriétaires. Quand, au contraire, la facilité plus grande des communications permet de s'approvisionner ou de se loger au loin sans frais excessifs, quand les progrès de la science agricole donnent les moyens de produire partout plus de blé avec moins de dépenses, les loyers et les récoltes se paient moins cher. Abstraction faite des changements qui se produisent dans le taux de capitalisation, la valeur

du capital suit naturellement celle du revenu, toutes les fois que
les modifications de celui-ci paraissent durables. Il en est de même
des outillages industriels, dont la valeur tantôt croît avec celle des
produits qu'ils servent à fabriquer, tantôt subit une réduction
rapide, quand l'invention d'un nouveau procédé oblige à vendre
ces produits à un cours qui ne peut plus rémunérer qu'une partie
du capital représenté par l'outillage ancien ; la valeur vénale d'un
établissement métallurgique suit les cours du fer, comme celle
des terres arables suit les cours du blé.

En outre, l'espérance de plus-values futures dans le produit annuel, ou la crainte d'une perte probable, résultant de la situation
spéciale de telle ou telle catégorie de biens, fait que le revenu
se capitalise, pour ces biens, soit au-dessus, soit au-dessous de la
moyenne, et il y a là encore une cause de variations.

Enfin, il n'est pas besoin de développements étendus pour
faire comprendre que la valeur des approvisionnements et des
marchandises en magasin, qui constituent un élément important
de l'avoir d'un pays et du capital des diverses entreprises, suit
jour par jour toutes les fluctuations des marchés.

L'action de ces diverses influences, spéciales à chaque branche de la richesse publique, ne peut pas, comme celle du taux de
l'intérêt, être résumée dans un tableau d'ensemble. Elle n'en doit
pas moins être prise en sérieuse considération, et nous la signalerons au cours de notre étude, dans tous les cas où elle s'est
manifestée d'une manière continue et générale.

Par toutes ces raisons, la valeur des capitaux accumulés subit
des variations incessantes, tantôt parallèles à celles qu'éprouvent
les revenus correspondants, tantôt plus accentuées ou moins
accentuées que ces dernières. Pour une période un peu courte,
ces variations dépassent de beaucoup le montant des capitaux
nouveaux qui viennent ajouter à la richesse acquise, et masquent
souvent les effets de l'épargne actuelle ; mais à la longue, elles se
compensent en grande partie, de sorte que finalement, c'est l'importance de l'épargne *utilement employée* chaque année qui, agissant constamment dans le même sens, fait la richesse relative
des différents pays

Néanmoins, ces observations préliminaires étaient indispensables, pour faire comprendre les modifications subies, notamment au cours du xixe siècle, par les divers éléments de la fortune
de la France, que nous allons étudier successivement.

II. La propriété rurale et la production agricole. — Le ministère de l'agriculture a publié, en 1840, 1852, 1862, 1882 et 1892, des statistiques renfermant des renseignements très étendus sur la situation et les résultats des diverses cultures en France. Ces statistiques, qui doivent en principe se succéder de 10 en 10 ans, paraissent en général 4 ou 5 années après celle à laquelle se réfèrent les renseignements recueillis, de sorte que la publication relative à 1892 sera encore, pendant longtemps, la plus récente. Des statistiques annuelles, moins complètes et moins précises, font connaître approximativement les modifications qui se produisent dans l'intervalle. Les unes et les autres sont dressées d'après des renseignements recueillis sur toute la surface du territoire, auprès de personnes plus ou moins aptes à se rendre un compte précis des faits que l'administration leur demande de traduire en chiffres, de sorte que les indications qu'elles fournissent ne sauraient être considérées comme reposant sur des bases bien solides. Elles constituent, cependant, les renseignements les plus sérieux que l'on puisse donner sur cette partie si importante de la vie économique du pays, et à ce titre, nous allons les passer en revue, en ayant soin d'arrondir les chiffres, pour ne pas leur donner une apparence de précision qui ne répondrait pas à la réalité.

A. — Répartition des cultures ; animaux de ferme et outillage. — La surface totale du territoire français est d'environ 53 millions d'hectares, dont 2 millions 1/2 sont occupés par les édifices, les routes et chemins, rivières, canaux, etc. Le territoire agricole comprend donc 50 millions 1/2 d'hectares, ainsi répartis :

CULTURES	HECTARES Millions	VARIATIONS
Terres labourables assolées :		
Céréales.	14,8	En progression jusqu'en 1875 ; depuis, la concurrence des blés exotiques a amené une diminution, qui avait atteint 300.000 hectares de 1882 à 1892, et qui paraît s'être encore accentuée. Le froment occupe la moitié de la surface totale, l'avoine un quart, le seigle, l'orge, le sarrazin réunis un quart. La proportion du froment a doublé dans le cours du xixᵉ siècle, par sa substitution progressive aux céréales inférieures.
Pommes de terre . . .	1,5	Progression continue, très rapide jusqu'en 1882, plus lente depuis.

CULTURES	HECTARES Millions	VARIATIONS
Grains, racines et légumes pour l'alimentation humaine	0,8	Progression très marquée et qui s'accentue, notamment en ce qui concerne les cultures maraîchères.
Cultures fourragères, prairies artificielles ou temporaires . . .	4,8	Avait plus que doublé de 1840 à 1882; progresse encore, mais moins rapidement.
Betteraves à sucre. . .	0,25	Cette surface, restée stationnaire de 1882 à 1898, a notablement augmenté depuis trois ans, sous l'influence des primes à l'exportation du sucre.
Autres cultures industrielles	0,25	Décroissance marquée. La culture des textiles et des graines oléagineuses occupait une surface double, lors des premières enquêtes agricoles; elle a encore diminué de moitié depuis 1892, et disparait peu à peu devant l'importation étrangère.
Jachères	3,4	La portion du sol laissée en jachère, chaque année, pour se reposer, atteignait 10 millions d'hectares il y a un siècle, 6 m. 5 en 1840, 3 m. 7 en 1882; elle décroît progressivement, depuis que l'on sait restituer au sol, sous forme d'engrais, les éléments de fertilité enlevés avec chaque récolte.
Total des terres labourables assolées. . . .	25,8	
Vignes.	1,8	Progression rapide jusqu'en 1875, époque où le vignoble atteignait 2.400.000 hectares ; le phylloxera en a détruit la majeure partie. Plus de la moitié de la superficie actuelle a été reconstituée, principalement en plants américains ; mais la surface totale a continué à décroître, par suite de la disparition progressive des vignes à faible rendement.
Oliviers, mûriers, parcs, vergers, etc.	0,9	Le développement des vergers compense la diminution très marquée des plantations de mûriers.
Prairies permanentes et pâtures.	6,2	En progression continue, en raison de la substitution de la production de la viande à celle des céréales ; augmentation : 1.800.000 h. de 1840 à 1882 ; 300.000 h. de 1882 à 1892.
Bois et forêts	9,5	Progression légère, par suite des reboisements administratifs.
Landes, marais, montagnes incultes, etc.	6,2	Diminution d'un million d'hectares de 1852 à 1882, par le partage des communaux, la mise en valeur des landes de Gascogne, etc.; actuellement stationnaire.
Total général.	50,4	

L'agriculture emploie, pour l'exploitation du sol, des animaux et un outillage sur l'effectif desquels l'enquête de 1892 donne les renseignements ci après :

ANIMAUX	Millions de têtes	VARIATIONS
Chevaux et poulains. .	2,8	Paraît avoir triplé de 1789 à 1840 ; stationnaire depuis lors.
Anes et mulets	0,6	Décroissance lente, mais continue.
Bœufs, vaches et veaux.	13,7	Progression continue, qui a atteint en moyenne, par an, 40.000 têtes de 1840 à 1882, et 70.000 têtes depuis 1882.
Moutons.	21,1	L'effectif était de 32 millions en 1840 ; décroissance continue, amenée par la disparition des jachères et des terres incultes, et par la baisse des prix de la laine.
Chèvres	1,8	Paraît stationnaire.
Porcs	7,4	Augmentation continue, de 50.000 têtes en moyenne par an.
Volailles et lapins. . .	88	Chiffre particulièrement douteux.

INSTRUMENTS AGRICOLES	Millions d'unités	
Véhicules (charrettes, tombereaux, etc.) . .	3,8	Recensé pour la première fois en 1892.
Charrues.	3,7	Augmentation sensible.
Houes à cheval, semoirs, faucheuses et moissonneuses, machines à battre, etc.	0,65	L'effectif de ces engins avait triplé de 1862 à 1882 ; il a encore augmenté de 30 p. 100, de 1882 à 1892.

Les moteurs mécaniques ne jouent, jusqu'ici, qu'un rôle très peu important dans l'agriculture française ; la statistique annuelle des appareils à vapeur donne, pour la force totale de ceux qu'elle emploie, les chiffres suivants :

1882	47.000	chevaux-vapeur
1892	95.000	—
1900	133.000	—

B. — TENURE DES TERRES ET TRAVAILLEURS RURAUX. — La statistique décennale donne, sur l'organisation des exploitations agricoles, des renseignements intéressants, en indiquant à quelle surface s'applique chacun des divers régimes que nous avons étudiés page 98 — et aussi comment la population employée dans ces exploitations se répartit, entre les diverses catégories d'entrepreneurs et de salariés.

Au point de vue de la tenure des terres, la première enquête qui fournisse des renseignements est celle de 1882. Les chiffres qu'on y trouve ne sont pas absolument comparables avec ceux de 1892, car si, en principe, les deux relevés comprennent toutes les terres sauf les bois et les terrains incultes, les surfaces laissées en dehors n'ont pas été exactement les mêmes dans les deux. Le rapprochement des résultats met néanmoins en évidence une augmentation notable de l'affermage.

MODE DE CULTURE	SUPERFICIE (hectares)	
	1 8 !	18 2
Culture directe...............	19.380.000	18.321.000
Fermage...................	8.953.000	12.629.000
Métayage..................	4.839.000	3.767.000
Totaux.............	32.872 000	34.730.000

Au point de vue de la décomposition de la population rurale, on peut faire remonter les relevés jusqu'en 1862; il ne faut pas oublier qu'entre 1862 et 1882, la perte de l'Alsace-Lorraine nous a enlevé 160.000 propriétaires-cultivateurs, 117.000 travailleurs ruraux non propriétaires et 27.000 propriétaires non cultivateurs.

La partie de la population qui se consacre aux travaux des champs va en diminuant peu à peu, à mesure que le perfectionnement des méthodes permet d'obtenir un rendement plus élevé, tout en employant moins de bras, et aussi à mesure qu'une partie plus grande de l'alimentation des pays de vieille civilisation est fournie par l'importation des produits des pays neufs. D'après les renseignements publiés à l'occasion des trois dernières enquêtes agricoles, en ajoutant aux travailleurs les membres de leurs familles, la population agricole aurait représenté 53,1 0/0 de la population totale en 1861, 48,4 0/0 en 1881 et 45,5 0/0 seulement en 1891. La diminution a porté sur les agriculteurs propriétaires comme sur les non propriétaires, et elle est même relativement un peu plus forte pour les premiers que pour les derniers, ainsi que le montre le tableau suivant.

CATÉGORIES D'AGRICULTEURS	1862	1882	1892
Propriétaires cultivateurs			
Cultivant exclusivement leurs biens....	1.813.000	2.151.000	2.199.000
Travaillant en même temps pour autrui comme fermiers..........	619.000	500.000	476.000
métayers..........	201.000	117.000	123.000
journaliers.........	1.131.000	727.000	589.000
Totaux pour les propriétaires.....	3.800.000	3.525.000	3.387.000
Travailleurs non propriétaires			
Régisseurs............................	10.000	18.000	16.000
Fermiers.............................	387.000	468.000	586.000
Métayers............................	201.000	195.000	221.000
Journaliers (hommes).................	869.000	733.000	621.000
Domestiques de ferme hommes..............	1.458.000	1.422.000	1.370.000
femmes..............	638.000	532.000	462.000
Totaux pour les non propriétaires.	3.563.000	3.388.000	3.276.000
Totaux généraux.............	7.363.000	6.913.000	6.663.000

L'enquête de 1892 n'indique pas le nombre total des propriétaires, car elle ne donne pas de renseignements sur le nombre des propriétaires qui ne cultivent eux-mêmes aucune partie de leurs terres. Celle de 1862 évaluait leur effectif à 1.441.000, et celle de 1882 à 1.310.000 ; la diminution avait été proportionnellement un peu plus forte, dans cet intervalle de 20 années, que celle du nombre des propriétaires cultivateurs. L'augmentation considérable de la surface des terres affermées, de 1882 à 1892, porterait à croire que, dans cette période, le nombre des propriétaires non cultivateurs a dû augmenter plutôt que diminuer. En supposant seulement qu'il soit resté stationnaire, on voit que le nombre total des *propriétaires* du domaine agricole de la France serait d'environ 4.700.000.

Si, au lieu du nombre des propriétaires, on calcule celui des *entrepreneurs* de culture travaillant exclusivement pour leur propre compte (propriétaires, fermiers ou métayers), on constate qu'il a augmenté ; au contraire, celui des *travailleurs salariés* (journaliers propriétaires ou non propriétaires et domestiques) a sensiblement diminué. Les statistiques donnent les chiffres ci-après:

	1862	1882	1892
Entrepreneurs....................	3.254.000	3.461.000	3 605.000
Salariés......................	4.109.000	3.452.000	3 058 000

Le nombre des travailleurs à gages, très supérieur à celui des exploitants il y a 40 ans, lui était devenu notablement inférieur il y a 10 ans. On voit combien il est inexact de prétendre que l'évolution économique ait pour résultat de développer le *prolétariat* dans les campagnes.

Le recensement des professions, dont nous avons reproduit les résultats tome I, page 252, porte à 8.400.000 personnes la population agricole active, parce qu'il y comprend les femmes travaillant soit dans l'exploitation qu'elles dirigent avec leur mari, soit en journée, tandis que la statistique agricole ne compte que les servantes de ferme ou les femmes chefs d'établissement. Ce recensement donne une division des agriculteurs en chefs d'établissement, travailleurs employés dans un établissement et travailleurs isolés, qui ne répond pas tout à fait à celle de la statistique agricole, mais qui n'est pas en contradiction avec elle.

C. — VALEUR DES PRODUITS ET CAPITAL DES EXPLOITATIONS AGRICOLES. — La production agricole, liée aux circonstances climatériques, subit naturellement de très fortes variations d'une année à l'autre. Mais si l'on envisage des moyennes portant sur un certain nombre d'années, on constate, dans toutes les branches principales, une augmentation considérable des quantités produites, à mesure que les procédés de culture se perfectionnent. Au point de vue du prix des produits, les variations des récoltes amenaient autrefois des écarts considérables, d'une année à l'autre ; la difficulté de combler les insuffisances de la production locale, ou d'écouler les excédents, avait pour conséquence naturelle des mouvements de hausse ou de baisse très accentués. Cependant, à travers ces oscillations, le mouvement général était dans le sens de la hausse, modérée pour les blés et les vins, très accentuée pour la viande. La valeur pécuniaire de la production agricole croissait donc plus rapidement encore que son abondance, et la hausse des prix concourait avec le perfectionnement de la culture, pour faire augmenter constamment la valeur vénale des terres.

Mais dans ces dernières années, le sens du mouvement s'est renversé, en ce qui concerne les prix, et c'est ce phénomène qui a constitué la crise agricole. Cette crise avait commencé, après 1875, par plusieurs années de mauvaises récoltes de céréales, coïncidant avec le développement du phylloxéra, qui a détruit une grande quantité de vignes. Cette diminution momentanée de la production n'avait pas été accompagnée d'une hausse de prix, pour les céréales, par suite de l'essor que prenait à ce moment l'importation des blés d'Amérique ; même pour le vin, la hausse avait été enrayée par les importations d'Espagne et d'Italie. Depuis lors, la production nationale de blé a repris son essor ; mais les prix sont tombés de plus en plus bas, sauf dans quelques années exceptionnelles. La reconstitution du vignoble français a ramené des récoltes comparables à celles des plus belles années ; mais le développement des vignobles étrangers, empêchant l'exportation des vins communs de reprendre, a entraîné un véritable effondrement des cours, qui ne s'arrêtera sans doute que par la destruction de quelques-unes des nouvelles vignes donnant des récoltes extraordinairement abondantes de vins de très médiocre qualité. La viande, dont les prix avaient continué à être en hausse jusque vers 1895, est elle-même en diminution sensible depuis cette époque. Ainsi, la culture a vu baisser considérablement les prix des trois produits de consommation dont la vente lui fournit ses principales recettes pécuniaires, puisqu'elle ne vend qu'une faible part des pailles et fourrages dont elle est elle-même le principal consommateur. Quant aux matières premières qu'elle livrait à l'industrie, laine, soie, lin, chanvre, graines oléagineuses, elles ont baissé bien davantage encore, et ne fournissent plus que des produits négligeables, malgré les primes distribuées à la sériciculture et à la culture des plantes textiles ; la betterave à sucre, il est vrai, donne momentanément de gros profits, mais elle bénéficie aussi d'un système de primes que les nécessités budgétaires ne permettront certainement pas de continuer. Seules, les denrées maraîchères, les légumes, les fruits et les produits autrefois secondaires, tels que lait, volailles, œufs, etc., restent à des prix très avantageux et donnent un revenu sans cesse croissant.

Il résulte de l'ensemble de ces faits que la valeur vénale de la production agricole a notablement diminué dans ces dernières années. L'augmentation des quantités produites a permis aux populations rurales de développer leur consommation, et a considérablement accru leur bien-être ; la baisse des produits qu'elles vendent a profité largement aux autres parties de la population, en amenant une baisse ou tout au moins un arrêt de la hausse dans les prix de l'achat au détail. Mais la valeur locative du sol, et par suite sa valeur vénale, ont notablement diminué, malgré l'importance des capitaux consacrés chaque année à son amélioration. Comme nous l'avons exposé dans notre Livre premier, la loi de Ricardo, qui expliquait la plus-value continue de la terre dans les trois premiers quarts du xixe siècle, explique également la moins-value qu'elle a subie, à la suite des découvertes qui ont diminué si prodigieusement le coût du transport des denrées produites dans les pays neufs, et de celles qui sont en train d'accroître très notablement la production du sol des pays de vieille civilisation.

Les enquêtes générales qui ont fait connaître, à diverses époques, la valeur de la production de nos cultures, permettent de suivre la marche de ces variations. Elles donnent des indications sur l'importance et le prix des récoltes et des denrées fournies par l'industrie agricole. On peut s'en servir pour calculer le montant du *produit brut* de cette industrie, à la condition, bien entendu, de déduire, de la valeur totale de la production, la partie afférente aux matières transformées en d'autres produits qui entrent eux-mêmes dans le total ; on ferait un double emploi évident, si l'on ajoutait la valeur des semences, des fumiers et de l'avoine consommée par les chevaux de labour, à celle des moissons que leur emploi a servi à produire — ou le prix des fourrages ayant servi à engraisser les animaux de boucherie, à celui de la viande. D'un autre côté, les études faites par l'administration des Contributions directes, dans un but fiscal, fournissent des éléments d'appréciation sur la valeur locative des terres, qui représente le *produit net* de la propriété foncière, après prélèvement de la rémunération des travailleurs qui l'exploitent, ainsi que sur la valeur en capital de cette propriété.

En 1789, le Comité d'imposition de l'Assemblée Constituante

avait chargé Lavoisier d'une enquête, qui l'avait conduit à évaluer le produit brut de l'agriculture, après les déductions indiquées ci-dessus, à environ 2.700 millions ; la valeur locative du sol, à cette époque, a été estimée, dans des études postérieures, à 1.200 millions, et sa valeur vénale à une trentaine de milliards. L'une et l'autre étaient d'ailleurs beaucoup plus élevées qu'au début ou même au milieu du xviii° siècle, le règne de Louis XVI ayant été marqué par un progrès agricole incontestable. Malgré les secousses de la Révolution et de l'Empire, ce progrès se continua, grâce à l'affranchissement de la petite propriété jadis soumise aux charges féodales, et grâce à la vente des biens nationaux : en 1815, d'après des études faites par Chaptal, le produit brut devait atteindre environ 3.300 millions, la valeur locative du sol à ce moment pouvait être estimée à 1.500 millions et sa valeur vénale à environ 40 milliards. Jusqu'au milieu du xix° siècle, le progrès s'est continué, avec une hausse des prix et une amélioration des cultures assez lentes, mais régulières : Léonce de Lavergne arrivait à une évaluation d'environ 5 milliards pour le produit brut antérieur à 1848 ; un travail d'ensemble fait par l'administration des Contributions directes, presque à la même époque, conduisait au chiffre de 1.900 millions pour le revenu net imposable de la propriété non bâtie, en 1851-53, et à celui de 64 milliards pour sa valeur vénale.

C'est à partir de cette époque que la hausse des prix s'est particulièrement accentuée, et c'est vers 1875 que la valeur du sol et de ses produits a atteint le chiffre le plus élevé : en 25 années, elle avait haussé de 25 0/0 environ dans le Nord et l'Est, de 50 0/0 dans l'Ouest et le Midi. La statistique décennale de l'agriculture de 1882, un peu postérieure, donnait une évaluation détaillée de la production, et, après diverses déductions faites en vue d'éviter les doubles emplois, chiffrait le produit brut du sol à 13.461 millions ; mais les déductions opérées étaient évidemment insuffisantes, et le chiffre de 11 milliards se déduirait mieux des données de l'enquête. Pour la valeur locative, la statistique de 1882 se référait aux résultats d'une évaluation faite en 1879-81 par les Contributions directes, laquelle donnait un revenu imposable de 2.645 millions et une valeur vénale de 91 milliards 1/2. Cette évaluation, comme celle de 1851-53, laissait de côté les bâtiments servant à la culture, granges, écuries, etc., qui ne sont pas imposés ; une estimation approximative, qui a été faite en 1887-89 à l'occasion de l'évaluation de la propriété bâtie, donnait, pour l'ensemble de ces bâtiments, une valeur locative de 191 millions et une valeur vénale de 6.200 millions. Il faudrait encore ajouter les bois de l'Etat, qui ne sont pas compris dans les relevés des terrains imposables, et dont la valeur vénale était d'environ 1.200 millions (d'après le tableau des biens de l'Etat dressé en 1879) et le revenu net de 28 millions. On arriverait ainsi, pour l'estimation de la propriété rurale vers 1880, à un total voisin de 99 milliards comme capital, et de 2.960 millions comme revenu net.

La baisse des prix, qui commençait seulement à ce moment, s'est considérablement accentuée depuis lors. Dès 1884, l'administration des Contributions directes, revisant l'évaluation de 1879-81, trouvait une baisse de 3 0/0. L'enquête de 1892 devait donc faire ressortir une réduction bien plus sensible, dans le capital et dans la valeur des produits. Le tableau ci-après en résume les résultats généraux ; nous croyons utile de les reproduire, tout en rappelant qu'ils ne peuvent être considérés que comme des indications approximatives.

PRODUITS	VALEUR millions	OBSERVATIONS
Froment.	1,976	La production moyenne représente 110 millions d'hectolitres, pesant environ 77 kilogrammes. La production par hectare, qui était de 10 hectolitres vers 1820, de 14 vers 1860, dépasse aujourd'hui 16 hectolitres. Mais le prix moyen de l'hectolitre, calculé par période décennale, qui était resté compris entre 18 et 20 fr. de 1820 à 1850, entre 21 et 23 fr. de 1850 à 1880, est tombé à 19 fr de 1881 à 1890, puis à 17 fr. de 1891 à 1900 (ce qui répond à 22 fr. le quintal) ; la valeur totale de la récolte a donc encore sensiblement baissé depuis 1892.
Autres céréales	1,378	La production moyenne a beaucoup moins augmenté, et les prix ont moins baissé, que pour le froment.
Pommes de terre, grains alimentaires, produits de l'horticulture des vergers, etc.	1.631	Diminution apparente, de 1882 à 1892, qui paraît tenir à une exactitude plus grande de la dernière évaluation. En réalité, les cultures maraîchères se développent sensiblement.
Pailles.	1.313	Produits dont la presque totalité est absorbée par les animaux de ferme, de sorte que les variations de prix influent peu sur les recettes pécuniaires des agriculteurs.
Racines et fourrages.	2.746	

PRODUITS	VALEUR millions	OBSERVATIONS
Vin	905	La production est très variable d'une année à l'autre. Elle était, en moyenne, voisine de 30 millions d'hectolitres dans la première moitié du siècle, avec des prix de 20 à 30 fr. De 1869 à 1878, la récolte moyenne atteignait 57 millions d'hectolitres, et les prix étaient restés à peu près les mêmes De 1879 à 1892, la production était tombée à 29 millions d'hectolitres, et les prix montaient entre 35 et 40 fr. De 1892 à 1900, la récolte moyenne s'est relevée à 42 millions d'hectolitres ; mais les prix sont descendus aux environs de 20 francs en moyenne, et même bien plus bas, en 1901, pour les vins de qualité inférieure.
Cultures industrielles	373	A augmenté dans les dernières années, mais pour les betteraves seulement.
Bois	289	Les prix ont beaucoup baissé.
Viande	1.763	Augmentation continue ; la quantité de viande fournie croît plus vite que le nombre d'animaux, en raison de la précocité plus grande des espèces adoptées, de l'augmentation du poids par tête, et de la grande diminution des pertes par maladie, réduites de moitié grâce à l'application des procédés Pasteur.
Lait	1.252	Augmentation rapide.
Volaille, œufs, etc.	316	Augmentation rapide.
Laine, cire, soie, etc.	96	Décroissance rapide.
Total	14.038	
A déduire	4.435	Semences, pailles et fourrages consommés par les animaux de ferme.
Reste	9.603	*Produit brut de l'agriculture.*

On pourrait ajouter quelque chose, pour la valeur des animaux vendus à l'industrie, à l'armée ou aux particuliers ; mais c'est là un chiffre trop faible pour modifier sensiblement le total.

La statistique agricole donne une *répartition* de ce produit, dans laquelle elle fait entrer pour 300 millions les impôts directs et pour autant les impôts indirects à la charge de la culture. Ce sont là deux éléments qui n'y doivent pas figurer, car si l'impôt

direct ou indirect prélève une part des revenus des propriétaires
et des bénéfices des cultivateurs, ou grossit les frais généraux
de ceux-ci, il ne constitue pas un des éléments primitifs de la
répartition. En faisant rentrer ces impôts dans les gains dont ils
constituent l'un des emplois ou dans les frais dont ils font partie,
et en arrondissant les autres chiffres fournis par la statistique,
pour ne pas leur donner l'apparence d'une précision qu'ils ne
sauraient avoir, on arrive à la répartition suivante :

Salaires des travailleurs	4.000
Loyer de la terre et des bâtiments ruraux	2.600
Intérêts du capital d'exploitation	400
Frais généraux, frais de direction et divers	1.500
Resterait, comme bénéfices d'entreprises	1.100
Total	9.600

Il faut bien remarquer qu'en France, plus de la moitié du sol
étant cultivée par de petits propriétaires qui exploitent eux-
mêmes leurs biens, et qui employent peu d'auxiliaires salariés, la
rémunération du travail, le loyer de la terre, l'intérêt du fonds
de roulement, le bénéfice d'entreprise sont réunis dans les mêmes
mains, de sorte que la ventilation faite entre ces divers articles
n'a qu'un caractère théorique. Tous se confondent, dans le produit total qui fait vivre la population rurale, et qui fournit, en
outre, un certain revenu pécuniaire aux gros propriétaires.

C'est surtout ce dernier élément qui a été atteint par la crise
agricole. Nous avons vu (tome I, page 558) que cette crise n'a pas
réduit le gain des travailleurs, et que si la hausse des salaires,
dans les campagnes, a été enrayée depuis quelques années par
l'évolution économique comportant un appel des bras vers les
villes, il n'y a pas eu de baisse. En ce qui concerne les petits
propriétaires cultivateurs, autrefois, les variations des cours les
touchaient peu, car ils consommaient eux-mêmes la plupart de
leurs produits en nature, faisant moudre leur blé à façon, tisser
les fils faits à domicile avec la laine de leurs moutons, etc. Aujour-
d'hui, ils vendent une plus grande part de leur production, et ra-
chètent ce qu'ils consomment, farine, vêtements, etc., de sorte que
la baisse des prix diminue leurs recettes ; mais comme elle diminue en même temps leurs dépenses, l'effet final est le même qu'auparavant. Cependant, les petits propriétaires, qui ne se rendent pas
compte de ces répercussions, s'émeuvent autant que les grands
de la baisse des prix. En réalité, pourtant, elle les touche beaucoup moins. Il n'y a guère que ceux qui possèdent des domaines
assez étendus pour produire sensiblement au delà de leur propre

consommation, qui pâtissent réellement de la diminution des prix, et de celle de la valeur locative des terres qui en a été la conséquence.

Les auteurs de l'enquête de 1892 évaluaient à 10 0/0 environ la baisse de la valeur locative depuis 1881, et à 15 0/0 la réduction correspondante de la valeur vénale des terres. On aurait pu s'attendre à voir la valeur du capital diminuer moins que le revenu, puisque, dans la période que nous envisageons, le taux courant de l'intérêt a beaucoup baissé. Mais le taux auquel le revenu du sol se capitalisait autrefois escomptait les augmentations futures de la rente du sol, de sorte que les placements en terre se faisaient à 3 ou 3 1/2 p. 100, alors que les placements mobiliers rapportaient encore 4 ou 5 p. 100. Aujourd'hui, le phénomène inverse se produit ; ayant vu que le produit de la terre, non seulement ne croissait plus, mais baissait constamment, les capitalistes ne consentent à en acheter que si le prix fait ressortir un revenu actuel supérieur à celui des placements de tout repos ; tandis que ceux-ci ne rapportent plus que 3 ou 3 1/2 p. 100, la terre se capitalise, dans beaucoup de régions, à 3 1/2 ou 4 p. 100.

Dans ces conditions, la statistique agricole de 1892 évaluait à 78 milliards la valeur vénale de la propriété non bâtie, en laissant de côté les bâtiments ruraux, qui y auraient ajouté 6 milliards. Beaucoup d'économistes estiment que la dépréciation ainsi admise était déjà inférieure à la dépréciation réelle, il y a 10 ans, et que celle-ci s'est encore accentuée depuis. M. Paul Leroy-Beaulieu est allé jusqu'à ramener l'estimation totale actuelle à 50 milliards, chiffre qui nous paraît reposer sur une évaluation trop pessimiste. Il est vrai qu'à la suite de deux récoltes exceptionnelles de blé, en 1898 et 1900, et de vin, en 1900 et 1901, une baisse anormale des prix a donné une véhémence nouvelle aux plaintes des agriculteurs ; mais il ne faudrait pas se laisser impressionner outre mesure par les dires des producteurs, qui voudraient bénéficier de l'abondance momentanée des produits du sol, sans subir la baisse des prix qui en résulte.

M. Daniel Zolla, qui fait autorité en ces matières, a procédé à des études comparatives portant sur les baux anciens et récents de plusieurs centaines de domaines dont la composition n'a pas varié, dans le Nord, l'Est et le Nord-Ouest de la France, et il a constaté une diminution de 25 à 31 0/0 dans la valeur locative de la terre. La diminution serait un peu moindre dans les régions d'élevage de l'Ouest. Elle aurait été plus forte dans les régions viticoles au moment du phylloxera, mais s'y serait beaucoup atténuée depuis. A l'inverse des auteurs de la statistique agricole de 1892, M. Zolla estime que la baisse de la valeur vénale serait moins marquée que celle du revenu ; mais d'autres agronomes estiment qu'elle l'est davantage.

D'après cet ensemble d'indications, nous serions porté à évaluer la diminution de la valeur des biens ruraux, depuis 20 ans, à un peu moins de 30 p. 100 en revenu, et à un peu plus en capital. Nous avons vu que, tout compris, la valeur du *sol* et des *bâtiments d'exploitation* était d'environ 99 milliards en 1881 ; nous l'évaluerons aujourd'hui à environ 68 milliards.

A la valeur de la terre, il faut joindre celle du *capital d'exploitation*, que la statistique agricole de 1892 évaluait ainsi :

Animaux de ferme	5.200	millions
Matériel et outillage	1.500	—
Semences	500	—
Fumiers	800	—

Soit un total de 8 milliards qui (en chiffres arrondis), paraît un peu faible comme fonds de roulement total de l'agriculture, car il laisse de côté les récoltes non vendues, les fourrages réservés pour les animaux, etc. Nous l'accepterons néanmoins.

Le montant total du *capital mis en œuvre par l'agriculture* atteindrait ainsi 76 milliards.

La diminution du revenu de la terre aurait été bien plus accentuée, si la baisse du prix des principaux produits n'avait été artificiellement enrayée par les *droits de douane*; pour le blé, en particulier, le droit de 7 fr. par quintal maintient les cours, en France, à 25 ou 50 0/0, suivant les années, au-dessus des prix des pays où n'existe aucun droit protecteur. Sans être aussi forte, la protection sur la viande atteint 15 ou 20 0/0. Il est probable que, si ces droits n'existaient pas, la valeur locative tomberait à peu près à rien pour la plus grande partie du sol cultivé de la France.

La baisse considérable de la valeur et du revenu des biens qui constituent la presque totalité de l'avoir des populations rurales, explique et justifie les plaintes qu'elles formulent depuis vingt-cinq ans. Mais lorsque certains agronomes cherchent à établir, par des calculs, que le produit de la plupart des cultures ne couvre plus les frais de production, ils exagèrent évidemment, ou plutôt ils basent leurs calculs sur une conception tout à fait erronée. Ils font entrer, en effet, le loyer de la terre dans les charges de la

culture, desquelles découlerait le prix de revient, et généralement, ils évaluent ce loyer à un chiffre ne répondant nullement à
la situation actuelle. Or, nous avons longuement insisté, dans
notre Livre premier, sur ce fait, que le revenu du sol est, non
pas un *élément du prix de revient*, mais la *conséquence du prix
de vente* des denrées. Sans doute, le fermier qui a un bail en
cours, dans une période de baisse des prix, se trouve en déficit
jusqu'à la fin de ce bail ; sans doute aussi, le propriétaire qui a
acquis une terre au moment où la plus-value du sol atteignait son
maximum, subit une perte considérable. Mais le fait que le prix
des baux et la valeur vénale de la terre doivent baisser n'empêche pas la valeur des produits de la culture de dépasser les frais
réels de production, tant qu'elle laisse un excédent après avoir
couvert le salaire des travailleurs, l'intérêt du fonds de roulement,
et celui des capitaux immobilisés dans le sol par des améliorations trop récentes pour pouvoir être considérées comme amorties. En ce qui concerne ce dernier élément, la mévente actuelle
des vins montre qu'en fait, les capitaux employés à la reconstitution du vignoble n'ont pas tous reçu un emploi rémunérateur, au
moins lorsque le choix des nouveaux plants a été fait en vue d'obtenir des productions énormes, sans se préoccuper de la médiocrité de la qualité. On pourrait citer d'autres cas, où des dépenses
non amorties sont restées improductives. Mais en général, atténuée comme elle l'a été en France par la protection douanière,
la baisse n'a atteint que la rente du sol et le revenu des capitaux
qui y sont incorporés de très longue date. Elle a ainsi grave-
ment déprécié la propriété foncière ; mais l'importance des revenus que celle-ci continue à donner, montre que la valeur des produits de la culture dépasse toujours largement leur prix de revient.

On a souvent préconisé le développement de la culture *intensive*, comme le seul moyen de relever le produit net du sol à son
ancien chiffre. Là encore, les affirmations trop générales et trop
catégoriques reposent souvent sur des appréciations erronées.
La culture intensive n'augmente le revenu du sol, que si la valeur
du surcroît de production qu'elle donne dépasse le surcroît de
dépense correspondant. Or, les forts rendements ne s'obtiennent
que grâce à l'emploi d'engrais et d'amendements abondants, de
labours profonds et répétés, souvent aussi de changements dans
les cultures, de drainages ou d'irrigations absorbant des capitaux
considérables. Plus la valeur des produits baisse, moins il y a
de chances, toutes choses égales d'ailleurs, pour que de très fortes
récoltes paient les frais très considérables qu'il faudrait faire pour

les réaliser. En fait, les pays où l'on obtient de grandes productions de céréales, qui peuvent être vendues avec bénéfices à des prix très bas pour l'exportation, la Russie méridionale, l'Ouest des États-Unis, la République argentine, sont des pays peu peuplés, où la culture a un caractère très *extensif* et donne un rendement très faible par hectare. Cependant, à mesure que le perfectionnement des machines et les progrès des industries chimiques permettent d'effectuer les travaux et d'acheter les engrais à des prix plus bas, à mesure que la connaissance des conditions de développement des animaux et des végétaux permet de mieux adapter les espèces choisies aux conditions de la culture, ou inversement, on peut accroître la production avec des frais de moins en moins élevés, et tout porte à croire qu'il y a là une voie de progrès considérable, dans laquelle on commence seulement à entrer. Mais la mesure dans laquelle il y a intérêt à faire de la culture intensive varie avec la densité de la population, avec le coût de la main-d'œuvre, de la force motrice, des produits chimiques, et c'est une grave erreur de signaler une transformation dans ce sens comme une panacée, porpre à remédier, dans tous les cas, aux souffrances de l'agriculture.

D. — Division de la propriété et des exploitations. — S'il est intéressant de connaître la valeur totale du domaine agricole de la France, il l'est peut-être plus encore de savoir comment ce domaine se répartit, entre ceux qui le possèdent ou qui l'exploitent. Les avantages ou les inconvénients du *morcellement* de la propriété rurale ont suscité, entre les économistes, de nombreux désaccords, dont nous devons dire quelques mots.

Il faut avoir soin, à cet égard, de ne pas confondre la question de la *grande ou de la petite propriété* avec celle de la *grande ou de la petite culture*. Les grandes propriétés sont souvent fractionnées entre des fermiers ou des métayers nombreux, qui font de la culture moyenne, comme dans le département de l'Allier par exemple, ou même de la petite culture, comme en Irlande. Inversement, de petites propriétés groupées pourraient faire l'objet d'une exploitation unique, par un fermier ou par les propriétaires associés ; et si, en fait, ce cas est assez rare, on voit beaucoup de petits propriétaires réunir à leurs biens quelques terres appartenant à d'autres, qu'ils cultivent comme fermiers ou métayers. Il n'y a donc pas de lien absolu entre les dimensions des propriétés et celle des exploitations ; mais dans un pays comme la France, où le faire-valoir s'applique à plus de la moitié du sol cultivé, elles présentent une corrélation assez directe.

En rapprochant la surface totale du territoire du nombre des propriétaires ou de celui des exploitants, on a l'étendue *moyenne* des domaines ou des cultures. Mais ce n'est pas ce chiffre qui est intéressant, car on trouverait la même moyenne dans un pays où chaque famille de cultivateur posséderait une surface suffisante pour l'occuper et la faire vivre, que dans un pays où la même surface serait partagée presque intégralement entre un très petit nombre de grands propriétaires, et cultivée par le même nombre de familles, qui posséderaient chacune un petit jardin, tout en vivant principalement de travail salarié ; or, ce sont là deux états sociaux bien différents. Il faut donc savoir comment la terre se partage entre les petits, les moyens et les grands domaines, sans oublier, cependant, que la comparaison des surfaces, la seule que fournisse la statistique, ne donne qu'une idée assez grossière de l'importance des propriétés et des exploitations, à cause de la différence énorme de valeur des terres : 10 hectares de riches vignobles, de cultures maraichères, ou même de bonnes prairies et de grasses terres de labour, constituent sans aucun doute une culture plus importante que 500 hectares de landes ou de marais.

Sous le bénéfice de ces observations, nous allons exposer les données acquises sur la répartition des terres, en France.

La surface de notre territoire agricole comprend environ 50 millions 1/2 d'hectares, dont 1.200.000 appartiennent à l'Etat, 1.500.000 aux communes, 300.000 aux établissements publics et 44.500.000 aux particuliers. Le nombre total des propriétaires étant de 4.700.000 environ, si l'on évalue à 50.000 le nombre des communes, sections de communes et établissements publics qui figurent parmi eux, on trouve que 44 millions 1/2 d'hectares se répartissent entre 4.650.000 particuliers, ce qui donnerait une surface moyenne de 9 ha. 1/2 pour chacun.

Si nous cherchons l'étendue moyenne des cultures, et non celle des propriétés, il faut également déduire les bois de l'Etat et des communes, les landes, terres incultes et pâturages appartenant à ces dernières, qui sont soumis à un mode d'exploitation spécial. En divisant la surface restante par le total des nombres que la statistique indique pour les chefs d'exploitation (3.600.000) et pour les journaliers propriétaires (600.000), on trouverait une étendue de 10 ha. 1/2. Si l'on met à part les parcelles appartenant à des journaliers, qui ne représentent qu'une minime étendue, on trouve, pour la surface moyenne des exploitations proprement dites, 12 hectares environ.

Pour avoir la *répartition* de la surface totale entre la grande, la moyenne ou la petite propriété, ou entre la grande, la moyenne et la petite culture, il faut recourir, en ce qui concerne la première, à la statistique de l'impôt foncier, et en ce qui concerne la seconde, au tableau des exploitations fourni par la statistique agricole. Ces deux relevés englobent les biens des communes, et ne laissent en dehors que ceux de l'Etat.

Au point de vue de la *propriété*, le document le plus récent est un classement des *cotes* afférentes à la propriété non bâtie en 1884, fait d'après la surface à laquelle chacune d'elles s'applique. Mais ces cotes sont établies par commune, de sorte que, dans le cas très fréquent où un même propriétaire possède des parcelles dans plusieurs communes, il a plusieurs cotes ; le même fait se produit pour des biens situés dans une même commune, dans le cas fréquent où les mutations qui ont amené leur réunion dans les mêmes mains n'ont pas été reportées sur les rôles. En outre, le classement comprend les cotes afférentes au sol des maisons qui n'ont aucune dépendance cultivable, cotes qui représentent fort peu de chose comme surface, mais qui sont assez nombreuses. Le chiffre total est donc très supérieur à celui des propriétés rurales ; il atteignait 14.075.000 en 1884, presque triple de celui des propriétaires de domaines ruraux, qui n'était que de 4.835.000, d'après la statistique de 1882.

Au point de vue des *cultures*, la statistique de 1892 donne un tableau qui porte le nombre total des exploitations à 5.700.000. Même en tenant compte des biens des communes, des jardins annexés à une maison d'habitation, l'écart entre ce chiffre et celui de 4.200.000, donné ci-dessus pour le nombre total des chefs d'exploitation et des journaliers propriétaires, paraît bien élevé ; il est à craindre que, dans l'enquête de 1892, comme d'ailleurs dans les précédentes, on n'ait compté, comme des exploitations distinctes, un certain nombre de dépendances d'autres exploitations.

Ainsi, pour les exploitations comme pour les cotes, quoique dans une mesure bien moindre, nous trouvons probablement, dans les chiffres officiels, plus d'unités, et par conséquent des surfaces unitaires moindres, que n'en comporterait la réalité. Nous donnons néanmoins ces chiffres, les seuls qui reposent sur des relevés généraux.

La statistique agricole divise les exploitations en très petite culture (comportant une surface inférieure à 1 hectare), petite culture (de 1 à 10 hectares), moyenne culture (de 10 à 40 hecta-

res), grande culture (surface supérieure à 40 hectares). Nous
gro uperons suivant la même division les cotes, pour lesquelles
la statistique fiscale donne plus de subdivisions ; nous ajouterons toutefois une catégorie spéciale pour les très grandes propriétés, qui comprennent plus de 200 hectares. Nous trouvons les
chiffres suivants :

	COTES FONCIÈRES		EXPLOITATIONS	
	Nombre	Contenance	Nombre	Contenance
	(milliers)	(milliers d'hectares)	(milliers)	(milliers d'hectares)
Au-dessous d'un hectare...	8.585	2.575	2.235	1.327
De 1 à 10 hectares........	4.628	14.902	2.618	11.245
De 10 à 40 hectares.......	698	12.700	711	14.314
De 40 à 200 hectares......	143	11.194	139	12.493
Au-dessus de 200 hectares.	18	8.017		
Totaux............	14.074	49.388	5.703	49.379

La concordance assez grande qui existe entre les chiffres des
colonnes relatives aux contenances, dans les deux statistiques,
porte à penser que, malgré la majoration du nombre d'unités de
chaque espèce, elles donnent une idée assez exacte de la répartition territoriale de la France.

Au point de vue de la propriété, la subdivision des domaines
qui sont à cheval sur plusieurs communes grossit beaucoup le
nombre de cotes, et un peu la surface totale des catégories inférieures ; mais elle ne donne pas une répartition des surfaces très
différente de la réalité, car il est rare que la partie d'une propriété
située en dehors de la commune où est son siège principal ait une
grande importance.

Au point de vue des exploitations, au-dessous de 10 hectares,
la division doit coïncider à peu près avec celle de la propriété,
car un domaine unique ne se subdivise guère en exploitations
d'une aussi faible étendue. Les exploitations de 10 à 40 hectares,
au contraire, peuvent comprendre de grandes propriétés subdivisées. Cependant, il faut remarquer que la plus grande partie du
sol compris dans cette catégorie est exploitée par les propriétaires : en effet, si l'on additionne la surface de toutes les exploitations inférieures à 40 hectares, et si l'on en déduit la part de bois et

de terres incultes qu'elles comprennent (part qu'indique un sous-détail fourni par la statistique agricole), il reste 21.868.000 hectares seulement ; or, sur la surface totale du sol, déduction faite des deux mêmes catégories de terres, la partie exploitée par les propriétaires atteint 18.324.000 hectares. Comme, en dehors des bois, c'est surtout la petite et la moyenne propriété qui sont exploitées directement, il est certain que ces deux chiffres, qui diffèrent peu, se composent à peu près des mêmes éléments. On en peut conclure que la moyenne culture comprend assez peu de grandes propriétés subdivisées. Ainsi, sans avoir de renseignements directs sur la grande propriété, nous pouvons considérer comme certain qu'elle n'englobe guère autre chose que les 22 millions 1/2 d'hectares des grandes exploitations. D'après la statistique des cotes, on pourrait admettre que près de la moitié de cette surface appartient à des propriétaires possédant plus de 200 hectares ; il est rationnel, en effet, d'admettre, pour la très grande propriété, un chiffre supérieur à celui qu'indiqueraient les cotes, lequel est de 8 millions d'hectares, car les grands propriétaires sont ceux qui ont le plus souvent des domaines dans plusieurs communes, et par suite des cotes multiples, subdivisant en apparence de très grands biens.

D'après ces indications, le sol de la France se répartirait à peu près de la manière suivante :

très petite propriété (jusqu'à 1 hectare). . . .   2 à 3 p. 100 ;
petite propriété (1 à 10 hectares). . . . .   20 à 22 p. 100 ;
moyenne propriété (10 à 40 hectares). . . . .   25 à 30 p. 100 ;
grande propriété (40 à 200 hectares) . . . . .   25 à 30 p. 100 ;
très grande propriété (au-delà de 200 hectares)   20 à 24 p. 100.

Mais il faut bien remarquer : 1° que la surface classée comme grande propriété se compose, dans une proportion très importante, de propriétés communes, et non de domaines privés ; 2° qu'elle n'a pas une valeur proportionnée à son étendue. Ces deux faits résultent de ce qu'elle comprend la majeure partie des bois (dont une fraction notable appartient aux communes), et des terres incultes (dont celles-ci possèdent la presque totalité) : d'après la statistique agricole, sur les 22 millions 1/2 d'hectares composant les exploitations supérieures à 40 hectares, 5.700.000 sont composés de bois, et 3.900.000 de terres incultes, ce qui réduit à 13 millions d'hectares la surface de terres et de prés rentrant dans cette catégorie. Comme il n'est pas douteux, d'ailleurs, que c'est sur les propriétés de plus de 200 hectares, bien plus que sur celle de 40 à 200 hectares, que doit porter la déduction des communaux, on voit que ce qui reste aux très grandes fortunes territoriales est relativement fort peu de choses.

La division d'une partie considérable de notre sol en un très grand nombre de petites propriétés n'est pas un fait nouveau. Déjà, à la fin de l'ancien régime, elle était signalée, comme un des traits caractéristiques de l'économie rurale de la France, par les bons observateurs et notamment par les voyageurs étrangers tels que Young. La Révolution n'a pas créé la petite propriété, mais elle l'a affranchie des charges féodales, et elle a notablement étendu son domaine, par le morcellement des terres du clergé et des nobles émigrés, vendues comme biens nationaux. En outre, en généralisant la règle, déjà assez répandue, du partage égal des successions en ligne directe, elle a notablement accru l'action de cette cause de division des grandes propriétés. Par suite, le nombre des propriétaires a constamment augmenté, presque jusqu'à la fin du xixe siècle.

On en trouve un indice dans l'augmentation du nombre des cotes. Jusqu'en 1882, la contribution foncière réunissait sur les mêmes rôles la propriété bâtie et la propriété non bâtie. De 10 millions en 1815, le nombre des cotes afférentes à l'ensemble avait passé à 14 millions 1/2 en 1870. Après la diminution de 700.000 cotes due à la perte de l'Alsace-Lorraine, le mouvement ascendant avait repris, mais plus lentement, et l'on arrivait à 14.334.000 cotes en 1882. Or, les chiffres pris dans la statistique agricole indiqueraient, pour la période 1862-1882, indépendamment de la perte de l'Alsace-Lorraine, une diminution de 220.000 environ dans le nombre des propriétaires de biens ruraux ; cette réduction aurait donc été plus que compensée par l'augmentation du nombre des propriétaires à cotes multiples, et des parcelles occupées par des maisons.

Depuis 1882, le nombre des cotes a sensiblement diminué ; il est tombé à 14.045.000 en 1892, et à 13.598.000 en 1901. Il est vrai que les révisions faites, d'abord en 1883, à propos de la séparation de l'impôt foncier sur les bâtiments et de l'impôt sur le sol, puis en 1898 et 1899, à l'occasion du dégrèvement des petites cotes rurales, ont amené la disparition de beaucoup de doubles cotes, conservées à tort pour les biens d'un seul propriétaire dans une même commune : sur la diminution totale de 735.000 cotes en 20 ans, près de la moitié a coïncidé avec ces deux opérations. Mais néanmoins, il est difficile de ne pas en attribuer une partie importante à la réduction du nombre des propriétaires. Nous avons vu, d'ailleurs, que la statistique agricole de 1892 accusait déjà une réduction de 138.000 dans le nombre des propriétaires cultivateurs, les seuls dont elle s'occupe.

L'événement a ainsi démenti les prédictions des économistes qui voyaient dans le Code civil une cause d'émiettement indéfini du sol. Le désir d'arrondir leurs biens, dont sont possédés la plupart des propriétaires ruraux, combat l'effet des partages périodiques; il paraît même aujourd'hui agir plus efficacement, et amener un léger recul dans la division de la propriété. Les faits ont confirmé les inductions que M. de Foville tirait, dès 1885, de l'étude de la situation économique de l'agriculture.

Les socialistes en concluent que la petite propriété est appelée à disparaître devant l'envahissement des gros capitalistes. Cependant, il ne semble pas que la surface qu'elle occupe soit en diminution, ni que la grande propriété gagne sensiblement de terrain. Si l'on compare les chiffres données en 1882 et en 1892, pour les superficies occupées par les diverses catégories d'exploitations — à défaut d'indications sur la répartition des propriétés — on voit que la surface totale des très petites exploitations, celles de moins d'un hectare, a augmenté de 243.000 hectares, soit de 22 0/0, tandis que la surface des grandes exploitations, celles de plus de 40 hectares, n'a augmenté que de 197.000 hectares, ou de moins de 1 0/0; la diminution aurait porté principalement sur les exploitations moyennes, de 10 à 40 hectares. L'administration de l'agriculture explique la disparition de quelques-unes d'entre elles par les changements de culture amenés par le phylloxera, dans les départements viticoles. Quoi qu'il en soit, la très petite culture ne perd certainement pas de terrain, et l'augmentation de 48.000 familles constatée dans l'effectif des cultivateurs vivant exclusivement de l'exploitation de leurs propres terres, de 1882 à 1892, confirme cette indication. La diminution du nombre total des propriétaires ruraux est une conséquence naturelle de la dépopulation progressive des campagnes, mais elle ne semble pas impliquer un recul dans l'étendue de la petite propriété. Ce qui a vraiment diminué, c'est le nombre des journaliers propriétaires, dont les uns ont abandonné les villages où ils ne trouvaient plus un travail suffisant, tandis que les autres ont suffisamment aggrandi leurs biens pour n'avoir plus besoin d'aller travailler dans les fermes plus importantes.

Pendant longtemps, les économistes anglais ont critiqué le *morcellement* de la propriété, en France, comme une cause sérieuse d'infériorité, au point de vue de la production agricole.

Suivant eux, les paysans propriétaires n'auraient ni les connaissances, ni les capitaux suffisants pour apporter dans l'exploitation du sol les progrès utiles ; la production en grand ne serait pas moins nécessaire dans l'agriculture que dans l'industrie, pour étendre l'emploi des machines, pour donner au travail une organisation rationnelle, réduire ainsi la main-d'œuvre nécessaire et accroître le produit net.

Il y a certainement quelque chose de fondé dans ces critiques ; mais, si le petit propriétaire est dans une situation désavantageuse, à certains points de vue, cette infériorité est largement compensée par l'ardeur beaucoup plus grande qu'il apporte à un travail consacré à exploiter et à améliorer son propre bien. Qu'importe que les méthodes qu'il emploie exigent un labeur plus grand pour obtenir un même résultat, si ce labeur, sous le stimulant incomparable de l'amour de la propriété, est plus facilement fourni, moins pénible qu'un labeur moindre sur la terre d'autrui ? Les exemples abondent, de cas où le travail incessant du petit propriétaire a réussi à tirer un excellent parti de terrains qui, dans de grands domaines, eussent été délaissés comme n'étant pas susceptibles d'une exploitation rémunératrice. Si la petite culture donne souvent moins de produit net que la grande, elle grossit le produit brut, qui nourrit plus de travailleurs, et elle paye en satisfactions morales le surcroît d'efforts qu'elle exige. L'expérience montre même que dans bien des pays, en Flandre, en Toscane, elle donne des produits nets aussi élevés, elle est aussi bien outillée et aussi pourvue de bétail, pour une même surface, que la grande culture. Sans doute, le paysan qui emprunte pour arrondir sa terre, alors que son capital d'exploitation est déjà insuffisant, cultive mal, ne parvient pas à payer les intérêts de ses emprunts, et marche à la ruine ; mais celui qui attend, pour acheter une parcelle, qu'il ait mis de côté sou par sou la somme nécessaire, constitue une épargne singulièrement profitable. En fait, les propriétés obérées ou mal cultivées sont aussi nombreuses parmi les grandes que parmi les petites, sinon plus.

La pratique de l'association peut d'ailleurs remédier à beaucoup des inconvénients de la division extrême du sol. Pour réaliser les améliorations qui ne peuvent être obtenues que par des opérations d'ensemble, irrigations, assainissement des terres humides, défense contre les inondations, des *associations syndicales* se sont constituées de tout temps, et les lois du 21 juin 1865 et du 22 décembre 1888 en ont largement facilité l'organisation, en armant la majorité des intéressés du droit de contraindre la minorité à participer aux dépenses. Pour obtenir certains produits, comme les fromages dont la fabrication exige chaque jour le lait d'un grand nombre de vaches, il existe depuis longtemps, en Suisse ou en Franche-Comté, des associations coopératives, connues sous le nom de *fruitières* ; elles se multiplient de nos jours dans les régions montagneuses de l'Est. La loi de 1884, sur les syndicats professionnels, a permis de régulariser ou de créer des *syndicats agricoles*, qui comptent aujourd'hui plus de 500.000 membres, et dans lesquels les petits cultivateurs se groupent pour acheter en gros des engrais, pour créer des laboratoires chargés de vérifier leur teneur ou d'analyser la composition du sol en vue de reconnaître quels sont les amendements nécessaires, pour créer des champs d'expériences, pour acheter des taureaux ou des béliers de race choisie, parfois même pour organiser la vente directe de certains produits aux consommateurs. Ces organisations collectives, et l'usage de louer à des entrepreneurs des machines à battre ou même des locomobiles, permettent à la petite culture de bénéficier de tous les avantages de la grande, sans rompre le lien direct de chaque travailleur rural avec les parcelles qu'il cultive — lien qui constitue l'avantage propre de la division de la propriété.

Il ne serait pas désirable, cependant, que cette division fût appliquée à la totalité du territoire. La petite culture est peu novatrice, et le progrès pénétrerait difficilement dans une région où elle existerait seule. Il est bon qu'il y ait, dans chaque pays, un certain nombre de grands propriétaires, ayant l'instruction et les loisirs nécessaires pour se tenir au courant des progrès de la science ou des améliorations réalisées ailleurs, et disposant des ressources indispensables pour tenter des essais, toujours coûteux et parfois malheureux. On a pu constater, lors de l'invasion du phylloxéra, que c'est dans les grands domaines qu'ont été faites les innombrables tentatives grâce auxquelles on a enfin trouvé les moyens de triompher du fléau, par l'emploi de remèdes tels que la submersion, ou par la reconstitution des vignobles en plants américains susceptibles de recevoir la greffe des vignes françaises. Mais une fois la valeur pratique d'un procédé reconnue, la petite culture a réussi à l'appliquer. Pourvu qu'elle soit entremêlée de propriétés plus importantes, où les initiatives puissent se produire, elle est très apte à profiter des exemples qu'elle y puise.

Si la petite propriété a de sérieux avantages, il est une autre

forme du morcellement des terres qui n'a que des inconvénients !
c'est celle qui résulte de la division des biens d'un même propriétaire en parcelles d'étendue infime, dispersées sur tout le
territoire d'une ou de plusieurs communes. A cet égard, la
constitution de la propriété, dans beaucoup de parties du territoire français, laisse vraiment à désirer. Il ne faudrait pas,
cependant, croire la dispersion aussi grande que paraîtrait l'indiquer le nombre des *parcelles cadastrales*. Le cadastre désigne
comme parcelle distincte toute terre appartenant à un même propriétaire, présentant une même culture, et non divisée par un
chemin public ou par un cours d'eau. Le cadastre actuel indique
126 millions de parcelles, y compris les parcelles bâties, et une
étude récente évalue à 150 millions le nombre de celles que
ferait apparaître sa mise à jour. Mais une enquête faite par la
Commission extraparlementaire du cadastre, sur le nombre des
îlots — formés de parcelles contiguës, appartenant à un même
propriétaire dans une même commune et non séparées par un
chemin, sans tenir compte des différences de culture — réduisait
déjà à 61 millions le nombre des pièces distinctes. En groupant
encore celles qui ne sont divisées que par un chemin, par un
cours d'eau ou par une limite de commune, on réduirait encore
sensiblement ce nombre.

Même en tenant compte de ces corrections, on doit reconnaître
que la dispersion des cultures est beaucoup trop grande. Les
groupements de biens éloignés, par les mariages, suivis de partages dans lesquels nul héritier ne veut renoncer à sa portion
des terres les mieux situées, expliquent ce fractionnement
excessif. Il entraîne des pertes de temps énormes pour les déplacements des travailleurs ruraux et des attelages, des sujétions et
des litiges incessants par suite de l'enclavement inévitable de ces
parcelles minuscules, des difficultés de surveillance, l'impossibilité d'établir des pâtures clôturées, etc.; les frais de culture
d'une parcelle de quelques ares, éloignée du domicile du propriétaire, sont parfois doublés, de ce chef.

Pour remédier à cette situation, on a souvent préconisé la
pratique des *remembrements généraux*, dans lesquels on met en
commun tout un territoire, pour le répartir à nouveau entre les
propriétaires, en rendant à chacun une surface de même étendue
et de même qualité que celle qu'il avait, mais d'un seul tenant
ou divisée tout au plus en quelques grandes pièces. En Allemagne et en Autriche, la législation donne à la majorité des intéressés, possédant, suivant les cas, la moitié, les deux tiers ou les

trois quarts de la surface, le droit de contraindre la minorité à subir cette translation des droits de chacun. Près de deux millions d'hectares de terres enchevêtrées ont été ainsi réorganisés, d'après les renseignements donnés par M. de Foville dans ses belles études sur le morcellement.

Quelques opérations analogues ont été faites, de nos jours, en Alsace et en Lorraine, donnant aux propriétés remaniées des plus-values de plusieurs centaines de francs par hectare. Des associations syndicales peuvent être constituées pour y procéder. On a discuté la question de savoir si elles rentrent dans les améliorations agricoles pour lesquelles, en France, la loi de 1888 donne un pouvoir coërcitif à la majorité des intéressés, pourvu que cette majorité soit des deux tiers en nombre et des trois quarts en surface ou inversement, et que l'utilité publique de l'entreprise ait été reconnue par décret délibéré en Conseil d'Etat. Il est bien difficile d'admettre qu'un propriétaire puisse être contraint à céder sa propriété, même pour recevoir l'équivalent dans une meilleure situation. L'accord unanime des intéressés nous paraît la condition nécessaire pour réaliser une opération de ce genre, et il faut reconnaître qu'il s'obtiendra rarement. L'attachement de chacun pour son bien, la crainte d'être finalement lésé, ne permettent guère d'espérer voir prendre une grande extension à des opérations que l'opposition d'un très petit nombre de propriétaires suffit à rendre irréalisables.

Mais, sans recourir à ces mesures d'ensemble, les réunions de parcelles peuvent être effectuées par l'initiative individuelle des intéressés, dont l'action, pour être plus lente, n'en est pas moins efficace, si elle est prolongée et continue. C'est pour permettre les échanges destinés à rétablir le groupement des terres trop morcelées, que la loi de 1884 a réduit considérablement, en ce cas, les droits de mutation ; une forte diminution des impôts qui grèvent si lourdement les achats et les ventes serait bien plus efficace. En effet, pour opérer par voie d'échange, il faut rencontrer des circonstances exceptionnellement favorables, puisqu'il faut que les parcelles isolées dont un propriétaire dispose conviennent précisément à un propriétaire de terres contiguës à celles que le premier veut agrandir ; il serait bien plus commode de pouvoir, sans trop de frais, vendre les unes et acheter les autres à des propriétaires différents. Cependant, même avec la législation actuelle, une action habile et patiente peut obtenir de grands résultats par des séries d'échanges successifs, et nous avons vu, dans notre famille, l'exemple d'un propriétaire qui, au cours de 50 années de pratique, a transformé, par ce procédé, un domaine de 143 hectares, de telle sorte que, de 526 parcelles que ce domaine comprenait à l'origine, il l'a ramené à 22.

En résumé, l'expérience ne paraît justifier ni les craintes des esprits conservateurs qui voient dans la pratique du partage des successions la cause d'un émiettement abusif du sol, ni celles des agitateurs socialistes qui annoncent l'absorption prochaine de la petite propriété par les gros capitalistes. En cette matière, comme en beaucoup d'autres, le libre jeu des forces économiques paraît suffire pour empêcher de verser d'un côté ou de l'autre. Il n'est pas nécessaire que le législateur intervienne, pour accélérer ou ralentir le morcellement ; il suffit qu'il ne mette pas obstacle à ce que les propriétés se subdivisent ou se groupent de la manière la plus avantageuse. Quand la circulation des immeubles n'est pas entravée par la loi, les occasions ne manquent pas à la petite propriété pour étendre son domaine, dans les pays où la passion de la terre domine le petit cultivateur et entretient chez lui l'ardeur au travail et l'esprit d'épargne, car chaque fois qu'un grand propriétaire veut se défaire d'un bien, il est amené à le morceler pour mieux le vendre. Mais lorsque le morcellement excessif rend trop peu productif le travail des paysans propriétaires, les jeunes gens trouvent, dans la société moderne, toutes les facilités nécessaires pour changer de résidence et pour adopter un métier différent de celui de leurs pères. Ce qu'il faudrait, c'est que la loi ne mît pas obstacle aux arrangements utiles, qu'elle permît au père de famille, dans les partages successoraux, de faire du domaine qui ne peut nourrir qu'une famille le lot de l'héritier le plus apte à l'exploiter, en constituant le lot des autres avec ses biens meubles, si sa fortune le lui permet ; qu'elle ne grevât pas les achats et les ventes de terres d'impôts écrasants et de formalités ruineuses ; qu'elle instituât un régime foncier donnant aux transactions immobilières la sécurité qui fait souvent défaut aujourd'hui.

Il reste, à cet égard, de nombreux progrès à réaliser en France. Malgré cela, la répartition de la propriété foncière y est, dans l'ensemble, aussi satisfaisante que possible. La proportion de la grande et de la petite culture paraît répondre aux véritables convenances économiques. Il n'est pas exact que la division du sol soit la cause de l'arrêt de la population, car en Belgique, dans l'Ouest de l'Allemagne, en Italie, on voit des pays où le régime de la terre est le même que chez nous, avoir une très forte natalité. Même les économistes anglais, qui jadis considéraient comme une grande infériorité l'extrême division de notre sol, reconnaissent aujourd'hui presque tous qu'elle est loin de justifier les critiques qu'on lui adressait au point de vue de la production, et qu'au point de vue de la répartition des richesses, elle présente des avantages considérables. Une organisation sociale dans laquelle les qualités de propriétaire, d'entrepreneur, de travailleur sont réunies en un aussi grand nombre que possible de citoyens, offre des garanties exceptionnelles de paix et de stabilité, sans être réfractaire au progrès. L'énergie avec laquelle les paysans propriétaires ont défendu, à maintes reprises l'ordre social né en France de longues traditions, affranchi par la Révolution des entraves féodales, et basé sur la propriété territoriale individuelle et libre, a bien montré que ce régime répondait à leurs vœux et à leurs intérêts.

Sans doute, la crise agricole a, dans les derniers temps, engendré bien des souffrances et semé bien des mécontentements. Comme tout changement brusque, fût-il salutaire, la baisse du prix des denrées, amenée par la facilité des transports, a entraîné bien des misères. Les propriétaires ne se résignent pas aisément à perdre les avantages considérables que leur procurait, jadis, la possession du sol limité qui pouvait seul fournir les denrées nécessaires à une population sans cesse croissante. Cependant, c'est encore la petite propriété, appartenant à des cultivateurs qui consomment à peu près tous leurs produits, qui a le mieux traversé les difficultés du moment. Le lien qu'elle établit entre la population rurale et le sol a ralenti, en France, le mouvement d'émigration vers les villes, qui est une nécessité moderne, mais dont la trop grande célérité est une cause grave de trouble dans les situations et dans les esprits. Si ce mouvement doit, peu à peu, diminuer le nombre des propriétaires, parce qu'il diminue le nombre total des agriculteurs, il ne semble pas devoir amener chez nous une reconstitution de la grande propriété, que nous considérerions comme un recul, au point de vue économique aussi bien qu'au point de vue social.

E. — La propriété rurale et l'agriculture dans quelques pays étrangers. — Les considérations multiples qu'il nous a fallu invoquer, pour déduire des publications françaises quelques chiffres présentant un certain degré de probabilité, les variations considérables qu'elles font ressortir au cours de périodes assez courtes, montrent l'impossibilité de tirer des renseignements comparables entre eux, des statistiques des divers pays, qui ne sont établies ni d'après les mêmes bases, ni aux mêmes époques. Il n'a pas été publié, à notre connaissance, d'étude générale et récente où se trouvent faits, avec un esprit critique suffisant, les rapprochements que nous ne saurions faire nous-même. Nous nous bornerons donc à donner quelques indications sur les caractères essentiels que présentent, au point de vue agricole, les principaux pays avec lesquels la France est en rapports ou en concurrence.

L'Angleterre est le pays sur lequel nous avons les indications les plus précises, en raison du développement ancien des études économiques, d'une part, du fonctionnement régulier de l'impôt sur le revenu, de l'autre.

Sur la surface totale du Royaume-Uni, qui est de 31 millions d'hectares — dont près de 8 pour l'Ecosse et un peu plus de 8 pour l'Irlande — les cultures proprement dites, terres labourables et prés, n'occupent que 15 millions d'hectares ; en Ecosse et en Irlande, en effet, les montagnes et terres incultes occupent près du quart de la superficie, et les bruyères, landes et autres pâtures naturelles de médiocre qualité, près de la moitié. Sur la surface cultivée, moitié environ est affectée à des prairies permanentes ; et dans les terres assolées, les prairies artificielles d'abord, puis l'avoine, puis l'orge tiennent la plus grande place, de sorte que la culture du froment, si prépondérante en France, a diminué de moitié depuis 30 ans dans les Iles Britanniques ; elle est tombée à 700.000 hectares seulement en 1901. Au contraire, l'effectif des bêtes à cornes augmente sans cesse, et il atteint 11 millions 1/2 de têtes en 1901 ; celui des moutons, qui ne décroît que lentement, est encore de 31 millions. Cette situation a été engendrée par deux causes principales : la grande propriété et le libre-échange.

Nous avons expliqué comment la division de la grande propriété féodale a été empêchée, en Angleterre, par le maintien du droit d'aînesse et des substitutions. Une enquête faite en 1872 a montré à quel point la propriété était restée concentrée. Elle a constaté, il est vrai, dans le Royaume-Uni, l'existence de 850.000 petits propriétaires possédant moins d'un acre (40 ares 1/2) ; mais leurs biens ne représentaient pas 2 p. 100 de la surface totale ; le reste du sol se partageait entre 321.000 propriétaires seulement, dont 2.000 possédaient la moitié du territoire ; parmi ceux-ci, 72 possédaient ensemble 2.580.000 hectares, 18 autres 1.700.000 hectares, et un seul 190.000 hectares.

Ces grands propriétaires ne cultivent pas eux-mêmes, de sorte que les sept huitièmes du sol sont affermés. Dans la Grande-Bretagne, les fermes sont généralement assez étendues : en 1895, en dehors des petits lots de moins de 40 ares, on comptait 520.000 exploitations, se partageant par moitié entre les cultures de 40 ares à 20 hectares, qui couvraient une surface de 1.800.000 hectares seulement, et les fermes de plus de 20 hectares, qui en occupaient 11 millions. Les fermiers, largement pourvus de capitaux, dirigent la culture comme une industrie, font un emploi étendu des machines et des engrais, ont presqu'entièrement supprimé les jachères, et obtiennent des rendements très élevés, par exemple 25 à 30 hectolitres de froment à l'hectare. Le travail des champs est effectué par des ouvriers salariés, constituant un véritable prolétariat agricole, au sein duquel les anciennes lois des pauvres, instituant le droit à l'assistance sans précautions suffisantes, ont entretenu un paupérisme très étendu (voir tome I, page 529). En Irlande, au contraire, les fermes sont, très divisées, puisque le nombre en est aussi considérable que dans la Grande-Bretagne, pour une superficie trois fois moindre, et beaucoup de cultivateurs vivent misérablement sur des terres louées à des prix excessifs.

Les propriétaires, ne cherchant pas un emploi de leur travail ni un bénéfice d'entreprise dans l'exploitation directe de leurs terres, n'ont d'autre objectif que d'en tirer le revenu net le plus considérable. C'est ce qui les a amenés à transformer les terres labourables en pâturages entourés de clôtures — jadis pour y produire la laine nécessaire aux manufactures — aujourd'hui, dans une bien plus large mesure encore, pour y développer la production de la viande et du lait, la seule qui soit rémunératrice depuis la baisse des blés — parfois même, en Ecosse, simplement pour ménager de grandes chasses. La population rurale a ainsi diminué constamment, tandis que, dans la Grande-Bretagne, la population urbaine et industrielle augmentait, et que l'émigration dépeuplait l'Irlande. Aujourd'hui, les travaux des champs ne font guère vivre que 10 à 12 p. 100 de la population totale.

L'immobilisation du sol, entre les mains de quelques familles, a donc empêché les populations rurales d'acquérir les terres sur lesquelles elles vivent, et les a laissées exposées aux expulsions en masses qui ont parfois si vivement ému l'opinion. Les pouvoirs publics ont cherché à y remédier ; mais ils ne sont entrés que très timidement dans la voie naturelle, consistant à modifier une organisation successorale qui entrave la circulation des biens ruraux. Au lieu de chercher dans la liberté des transactions sur les terres (*free trade in land*), la voie sûre, mais lente, qui ferait passer à la longue le sol aux mains de ceux qui l'exploitent, ils ont eu recours aux procédés interventionnistes. Nous avons vu (page 101) comment en Irlande, notamment, on a accordé aux fermiers des droits particuliers, qui tendraient à leur rendre une sorte de co-propriété sur le sol dont leurs aïeux ont été jadis dépossédés, mais qui, jusqu'ici, paraissent engendrer autant de conflits qu'ils en apaisent. Diverses lois ont aussi donné aux autorités locales le droit de louer ou de vendre les terres qui leur appartiennent, d'abord à des journaliers, par petits lots inférieurs à un acre (*allotment acts* de 1876, 1882, 1887), puis à des cultivateurs, par lots plus importants (*small holdings act* de 1892) ; ces actes autorisent même les conseils de Paroisse ou de Comté à acheter dans ce but des terres, soit à l'amiable, soit même par expropriation quand il s'agit de créer, dans un intérêt d'hygiène, des cottages avec jardins.

La concentration de la propriété avait fait établir de forts droits protecteurs sur les céréales, tant que l'aristocratie, intéressée à maintenir le revenu de la terre à un taux élevé, avait conservé la direction des affaires publiques. Elle permit à la ligue de Manchester de donner le caractère d'une agitation populaire au mouvement qu'elle suscita pour l'abolition de ces droits, à l'époque où l'influence des classes populaires, dont le seul intérêt en la matière était l'abaissement du prix des denrées, commençait à se faire sentir en politique. La suppression des droits fut obtenue en 1846 ; mais la hausse du prix des produits agricoles dans l'Europe entière, au cours de la période suivante, fut telle, que l'accroissement de la rente du sol fut à peine ralenti par le libre-échange. Le revenu des terres et bâtiments des fermes, — évalué, vers la fin du xvii° siècle, à 200 millions pour l'Angleterre seule, — puis, au début du xix° siècle, à 700 millions pour le Royaume-Uni, — atteignait, au total, 1.740 millions, entre 1875 et 1880, d'après les estimations dressées pour la perception de l'impôt sur le revenu. Depuis cette époque, la baisse des prix, n'ayant pas été enrayée comme en France par de nouveaux droits de douane, a amené une diminution du revenu des terres arables, bien plus marquée encore que chez nous. Mais les pâturages, qui couvrent la plus forte part du sol, ont été moins atteints, et les domaines ruraux possédés à titre de résidences d'été ne l'ont pas été du tout, ce qui a atténué la baisse moyenne. La dernière évaluation établie pour l'income-tax, en 9901, donne un revenu net de 1320 millions pour la propriété rurale, en baisse de 24 p. 100 seulement sur le chiffre maximum constaté il y a 20 ans. Toutefois, la baisse de la valeur en capital est sensiblement plus forte, par suite de la diminution du taux de capitalisation, et atteint probablement une proportion au moins égale à celle que nous avons admise pour la France. Sir Robert Giffen, dont les travaux de statistique font autorité, estimait le capital à 28 fois le revenu en 1875, et à 26 fois le revenu en 1885 ; la baisse a dû s'accentuer depuis. En prenant 25 fois le revenu actuel, on trouverait une valeur, en capital, de 33 milliards.

L'*Allemagne* a été longtemps, comme la France, un pays principalement agricole ; mais depuis la formation de l'Empire, l'industrie s'est considérablement développée, et c'est vers elle que s'est porté tout l'excédent d'une population rapidement croissante. La partie de cette population qui vit des travaux des champs est restée stationnaire de 1871 à 1895, de sorte que, de 47 p. 100 du chiffre total, qu'elle constituait à la première de ces dates, elle est descendue à 35 p. 100, à la dernière.

Sur une surface à peu près égale à celle de la France, les forêts occupent à peu près le quart du total, et les cultures assolées la moitié. Dans ces dernières, la principale place (6 millions d'hectares) est tenue par la culture du seigle, qui est encore la principale nourriture de la population ; malgré cette extension des emblavements, et malgré les droits protecteurs, l'importation fournit encore du quart au tiers de la consommation. Le froment n'occupe que 2 millions d'hectares, compris parmi les terres les meilleures et les mieux cultivées, de sorte que le rendement moyen est de 22 à 25 hectolitres à l'hectare. Il a d'ailleurs été très notablement accru, pour toutes les cultures, par l'emploi des procédés scientifiques et des engrais chimiques. La pomme de terre occupe une surface sans cesse croissante, qui dépasse aujourd'hui 3 millions d'hectares, et la betterave s'étend sur 440.000 hectares, alimentant une production considérable d'alcool et de sucre. L'effectif des bêtes à cornes est monté à 18 millions 1/2 de têtes, et celui des porcs à 12 millions, tandis que celui des moutons, jadis à peu près le même qu'en France, est tombé à 11 millions de têtes.

Au point de vue de la division de la propriété et des exploitations, la partie Nord-Est, à droite de l'Elbe, diffère totalement de l'Allemagne de l'Ouest et du Sud. Dans la première, les grands domaines, appartenant à la noblesse, couvrent la majeure partie du sol, même en dehors des forêts : les petites exploitations de moins de 5 hectares occupent, suivant les provinces, un vingtième ou un quinzième de la surface seulement, et celles de plus de 100 hectares en couvrent le tiers, la moitié ou même davantage. Dans l'Ouest et le Sud, au contraire, la petite culture (au-dessous de 5 hectares) occupe un sixième du sol cultivé en Bavière, un quart en Westphalie, un tiers sur les bords du Rhin, tandis que la grande culture (plus de 100 hectares) n'occupe plus que le vingtième ou le quarantième de la superficie, en dehors des forêts et des terres incultes. On ne constate pas de modifications sensibles, dans ces proportions, de l'une à l'autre des dernières statistiques.

Le nombre des exploitations est de 5 millions 1/2, dont 900.000 seulement sont entre les mains de fermiers non propriétaires, et la surface affermée ne représente que le sixième de la superficie totale des terres arables et des prairies.

En *Belgique* et dans une partie de la *Hollande*, la terre est très morcelée et la culture très intensive, comme dans le Nord de la France.

En *Espagne* et en *Italie*, au contraire, l'agriculture est assez peu avancée, bien que la division de la propriété y soit très marquée. Ces deux pays ont beaucoup développé la culture de la vigne, au moment où les ravages du phylloxéra, en France, assuraient un grand débouché à leurs exportations de vins ; chacune des deux péninsules en récolte aujourd'hui plus de 30 millions d'hectolitres par an, en moyenne.

L'*Autriche* et surtout la *Hongrie* sont encore des pays principalement agricoles : dans la première, plus de la moitié de la population, dans la seconde, les deux tiers, vivent de l'agriculture. Les forêts occupent le tiers du sol en Autriche, le quart en Hongrie. Sur l'ensemble des autres terres, moitié environ dépend de grands propriétaires. En Hongrie commencent les grandes cultures de froment, dépassant les besoins de la population et fournissant à l'exportation un aliment considérable, que l'on constate également en *Roumanie*.

En *Russie*, plus encore que dans les pays précédents, l'agriculture est la principale source de production et presque la seule. L'affranchissement des serfs, remontant à quarante ans et effectué moyennant des redevances dont le paiement n'est pas terminé, a institué, pour les terres à eux attribuées, un régime qui n'a pas encore pris son assiette définitive. Le territoire approprié, d'une étendue totale de 450 millions d'hectares (sur 500 millions que l'Empire comprend en Europe) se partage environ par tiers entre l'Etat, les paysans et d'autres particuliers ; mais la part de l'Etat se compose, pour sept huitièmes, de terres incultes. Le rachat des terres, effectué avec le concours de l'Etat, a porté sur 36 millions d'hectares, répartis entre 9 millions de paysans, par lots de 4 hectares environ, pour lesquels ils ont payé en moyenne 250 francs ; les annuités de rachat, d'une durée de 49 ans, absorbent souvent la totalité du produit net, dont le développement est entravé par les sujétions du *mir* (voir page 49).

Les forêts couvrent à peu près le tiers du territoire. Les céréales s'étendent sur 86 millions d'hectares, et la récolte de froment, malgré le faible rendement d'une culture très extensive, atteint et dépasse souvent 100 ou 120 millions d'hectolitres, laissant 20 ou 30 millions d'hectolitres disponibles pour l'exportation. Le seigle, dont la production est double de celle du froment, l'orge, l'avoine et le maïs fournissent également une production très supérieure à la consommation.

Dans les pays neufs, où la terre surabonde, la pénétration vers l'intérieur se produit naturellement par la création de très vastes domaines, dans lesquels les colons se bornent à utiliser la fertilité naturelle du sol par une culture extensive.

Aux Etats-Unis, sur un territoire comprenant en tout 780 millions d'hectares (non compris l'Alaska), plus des deux tiers ont été progressivement occupés ; la surface qui n'est encore ni appropriée, ni réservée pour des usages d'intérêt public, est réduite à 220 millions d'hectares. Les recensements généraux faits tous les 10 ans, sous le nom de *census*, montrent la progression du nombre des exploitations agricoles, et leur surface moyenne.

	1870	1880	1890
Nombre d'exploitation (millions)........	2,6	4	4,6
Surface totale (millions d'hectares).....	165	216	252
Surface mise en valeur (idem)........	76	115	144

Les terres publiques dont il a été pris possession chaque année, depuis le *census* de 1890, représentent en moyenne un peu plus de quatre millions d'hectares ; plus de la moitié sont délivrées par application des lois sur le *homestead* fédéral, en lots ayant généralement une surface de 65 hectares, destinés à constituer l'installation d'une famille (voir page 37). Mais il existe d'immenses propriétés, comprenant des dizaines de milliers d'hectares, dont quelques-unes sont même exploitées par des sociétés anonymes ; les pouvoirs publics se sont préoccupés d'entraver la constitution de ces domaines colossaux, dont une partie appartenait à des capitalistes anglais, et ont cherché, dans ce but, à limiter les surfaces sur lesquelles pourrait s'exercer à l'avenir le droit de préemption, acquis par l'occupation des terres publiques antérieurement à leur mise en vente — droit dont nous avons indiqué le fonctionnement dans le chapitre premier du présent Livre.

La population agricole des Etats-Unis va constamment en croissant ; mais tandis qu'au début, l'agriculture était à peu près la seule occupation des colons, les transports d'abord, puis les mines, puis enfin les industries de toute nature, ont absorbé une fraction de plus en plus grande des travailleurs. En 1890, la population agricole ne représentait plus que 43 p. 100 de la population totale de l'Union et la proportion doit être encore moindre au census de 1900.

C'est surtout par le développement de la culture du coton et des céréales que le progrès agricole s'est manifesté.

Pour le coton, la surface cultivée, qui était inférieure à 5 millions d'hectares il y a 25 ans, dépasse aujourd'hui 10 millions d'hectares, et la récolte brute a passé d'un million de tonnes à 2 millions 1/2 (11 millions de balles), dont les deux tiers sont exportés. La valeur totale de cette production n'a cependant pas notablement augmenté, par suite de la baisse des prix ; elle oscille entre 1 milliard et 1 milliard 1/2, suivant les cours et l'abondance des récoltes.

Pour le froment, le grand mouvement de production et d'exportation a commencé il y a une trentaine d'années. Entre 1868 à 1872, la surface cultivée était de 7 à 8 millions d'hectares, la production normale de 70 à 80 millions d'hectolitres, sur lesquels l'exportation en enlevait de 9 à 17 millions. De 1872 à 1880, un essor considérable s'est produit ; puis, de 1880 à 1896, la situation est restée à peu près stationnaire, la surface cultivée oscillant entre 14 et 16 millions d'hectares, la récolte normale entre 120 et 150 millions d'hectolitres, et l'exportation se chiffrant par une moyenne de 47 millions d'hectolitres. Dans les dernières années, la surface cultivée a atteint 17 millions d'hectares, la récolte normale 180 millions d'hectolitres, valant 8 à 9 francs l'hectolitre, et l'exportation s'est élevée à 70 millions d'hectolitres.

La culture du maïs a doublé depuis 25 ans ; elle occupe 33 millions d'hectares et produit 700 millions d'hectolitres, valant de 4 à 5 francs l'hectolitre, dont le dixième à peine est exporté. L'avoine occupe 10 millions d'hectares, qui produisent 250 millions d'hectolitres, valant de 3 à 4 francs sur place. La surface des prairies est de 16 millions d'hectares. Grâce surtout à leurs énormes récoltes de maïs, les États-Unis peuvent nourrir plus de 50 millions de bêtes à cornes et près de 60 millions de porcs, qui alimentent une consommation et un commerce de viandes très considérables.

Les forêts, exploitées ou non, occupent encore environ 200 millions d'hectares aux États-Unis.

Les régions tropicales, telles que les *Antilles* et le *Brésil*, pratiquent des cultures toutes différentes des nôtres, parmi lesquelles prédominent la canne à sucre et le café. Dans le Sud de l'Amérique, au contraire, on retrouve des productions analogues à celles de l'Europe. La *République argentine*, dont la surface cultivable est estimée à une centaine de millions d'hectares, mais qui n'en exploite guère que 6 millions, commence à exporter de grandes quantités de céréales. Mais sa production dominante est celle de la laine ; le nombre de moutons y est évalué à 75 millions, auxquels on peut ajouter les 15 millions existant dans l'*Uruguay*.

L'*Australie* possède une surface égale à celle des États-Unis, dont une grande partie ne paraît pas cultivable. Là aussi, la principale production agricole est l'élevage des moutons : leur nombre actuel atteint 72 millions ; il était de 124 millions en 1891, et a été très réduit par une série d'années de sécheresse exceptionnelle. La Nouvelle-Zélande en compte 19 millions. Le tout fournit 300 à 350 millions de kilogrammes de laine. Les premières concessions ou locations de terres faites aux squatters, qui ont créé ces immenses troupeaux, englobaient des surfaces considérables, atteignant fréquemment 10.000, 20.000, 30.000 hectares pour une seule exploitation. Le régime de la location à long terme des terres publiques est celui qui a été le plus fréquemment adopté ; il s'applique presqu'exclusivement aux immenses domaines des Colonies dont le territoire s'étend à l'intérieur du continent australien. Sur une surface totale d'environ 800 millions d'hectares, la moitié à peine est actuellement occupée ;

mais la partie aliénée par l'Etat n'est que de 55 millions d'hectares, et la partie louée de 325 millions.

Les gouvernements démocratiques de ces pays ont cherché à
entraver la concentration des grands domaines, en limitant les
surfaces qui peuvent être louées ou concédées à un même individu, et se sont efforcés de développer la petite et la moyenne
culture. — ou du moins ce qui constitue la petite et la moyenne
culture dans ces pays neufs, c'est-à-dire les fermes de 128, 256
ou 512 hectares. Dans les colonies où une mise en exploitation
plus avancée avait beaucoup réduit la surface disponible à portée
des régions peuplées, des lois ont autorisé le gouvernement à
reprendre une partie des terres déjà concédées, soit par réduction
des surfaces louées, soit par rachat amiable, soit même par expropriation, en vue de les louer ou de les vendre après les avoir
morcelées. M. Albert Métin, dans le rapport qui résume les résultats de sa mission de 1899, signale l'essor donné à la culture,
dans certaines régions, par ces mesures. Mais il constate, en
même temps, que, loin de redouter l'expropriation, un certain
nombre de grands propriétaires de la Nouvelle-Zélande la désirent et y trouvent un bénéfice, — de telle sorte qu'il y a lieu de
croire que le libre jeu des transactions aurait amené le morcellement des terres, sans intervention et sans sacrifices de l'Etat,
partout où le développement de la population tendait à rendre
avantageuse une culture plus divisée et plus intensive.

Dans l'ensemble, on voit que l'agriculture, qui était la principale et presque l'unique occupation productive dans les pays
primitifs, tend à perdre son importance *relative*, à mesure que la
production industrielle se développe. Même au point de vue de
sa valeur *absolue*, la terre cultivée des pays de vieille civilisation
a perdu une notable partie de la hausse engendrée antérieurement par l'accroissement de la rente, à mesure que la facilité des
communications a permis aux produits des pays neufs de venir
contribuer à l'alimentation des régions plus peuplées. La production agricole peut encore s'accroître considérablement, non
seulement par les progrès de la science, mais aussi par l'introduction des méthodes perfectionnées dans les pays arriérés, et
par la mise en valeur des immenses surfaces encore incultes dans
les pays neufs. Mais dans la plupart de ces pays, l'industrie se
développe maintenant à côté de l'agriculture. On peut donc entre-
voir, dans un avenir plus ou moins éloigné, l'époque où, ayant
eux-mêmes une population en rapport avec leur superficie, ils

cesseront d'avoir à exporter, comme aujourd'hui, un trop plein
de récoltes obtenues aisément par une culture extensive, de sorte
que la valeur du sol reprendra partout la marche ascendante
qu'elle avait autrefois — si toutefois de nouvelles transformations
dans la progression de la population et dans les conditions de la
production ne sont pas venues déjouer les prévisions que l'on
peut former aujourd'hui.

II. Les mines et les carrières. — L'exploitation des richesses
naturelles d'un pays comprend non seulement la culture du sol,
mais aussi l'extraction des matières utilisables contenues dans le
sous-sol. Longtemps très secondaire, cette branche de la production a pris, au xix° siècle, un essor considérable. Malheureusement, la France est, à cet égard, beaucoup moins bien dotée que
la plupart des grandes nations avec lesquelles elle se trouve en
concurrence.

Au point de vue de la houille, notamment, nos ressources sont
très limitées, de sorte que nous sommes obligés de tirer de
l'étranger une partie notable de notre consommation. Il en résulte
que les prix de vente, dans les différentes parties de notre territoire, sont réglés surtout par les prix du charbon sur le carreau de
la mine dans les grands bassins des pays exportateurs, augmentés des prix de transport jusqu'au point de consommation, et du
droit de douane. Or, le fret maritime, même pour les moindres
parcours, de même que le prix de revient du transport par les
canaux ou les chemins de fer dès que le parcours atteint 300 ou
400 kilomètres, s'élèvent à 5, 6, 7 francs ; le droit de douane est
de 1 fr. 20. L'ensemble forme un total très voisin du prix de la
houille, sur le carreau de la mine, en Angleterre ou en Allemagne. Il en résulte que nos industries paient leur houille sensiblement plus cher que les industries étrangères concurrentes, et que
la différence est souvent du simple au double, ou même davantage pour les établissements éloignés de notre seul bassin houil-
ler de premier ordre, celui du Nord. Les houillères de cette
région, les plus voisines des pays exportateurs, peuvent en
effet vendre normalement leurs charbons, sur place, 2 ou
3 francs plus cher que celles des pays de grande production,
et l'écart s'accentue pour les autres bassins. C'est seulement
grâce à cet écart dans les prix de vente que nous pouvons exploiter une partie de nos gisements, où le prix de revient est rendu
relativement élevé, soit par le manque d'épaisseur des couches,
soit par leur peu de régularité, soit par la profondeur à laquelle

elles sont situées. Seulement la cherté de la houille est une charge qui pèse lourdement, d'une manière directe, sur les industries telles que la métallurgie, pour lesquelles le prix du combustible est une question vitale, et qui réagit en outre indirectement sur celles dans les frais desquelles la consommation de charbon joue un moindre rôle, par le renchérissement qu'elle amène dans le prix des machines, et par les obstacles qu'elle apporte à l'abaissement du prix des transports par chemin de fer.

Les prix de vente et la production varient naturellement d'une année à l'autre, avec l'activité des affaires industrielles. Mais on ne peut pas développer la production très rapidement, quand les besoins augmentent, en raison de l'importance des travaux préparatoires, et de la difficulté de forcer le recrutement d'un personnel ouvrier absolument spécialisé ; on a même vu, récemment, la production de certaines houillères diminuer, au moment de la demande la plus forte, parce que l'accroissement des salaires avait amené un ralentissement du travail des mineurs qui, au lieu de profiter de la hausse pour gagner davantage, se contentaient de gagner autant en travaillant moins. Il résulte de là que les prix de la houille haussent considérablement, dans les périodes de prospérité industrielle. Par contre, aux époques de stagnation des affaires, pour éviter le chômage de l'outillage et du personnel, les mines s'efforcent de maintenir leur production antérieure, sauf à baisser les prix pour tâcher de l'écouler. Il en résulte que les oscillations des prix, sur une période un peu courte, sont plus amples que celles de la production ; mais si l'on envisage les moyennes applicables à un certain nombre d'années, on constate que les prix ont peu varié, tandis que la production a beaucoup augmenté ; les progrès techniques réalisés ont compensé le renchérissement de la main d'œuvre.

La production, les recettes et les dépenses des mines font l'objet de publications détaillées, basées sur les chiffres précis que le service des mines recueille, soit dans l'exercice de son contrôle, soit en vue de l'établissement de l'impôt, lequel est proportionnel au produit net des exploitations. Pour se faire une idée de l'importance des revenus que la France tire de l'industrie minière, il ne faut pas prendre les résultats des années 1899 et 1900, marquées par une hausse des prix absolument anormale ; nous remonterons donc à l'année 1898, qui était déjà bien plus prospère que les précédentes, tout en leur restant comparable. La *valeur brute* de la production minérale a atteint les chiffres suivants :

Mines, tourbières et salines	Combustibles minéraux..................	364	millions.
	Minerais de fer.	16	—
	Sel...................................	10,5	—
	Autres minerais	19	—
Carrières	Matériaux de construction............	152	—
	Ballast et empierrement...............	25	—
	Phosphates de chaux pour engrais......	15,5	—
	Autres produits.......................	39	—
	Total	641	millions.

Le nombre des *ouvriers* était de 162.000 dans les mines et de 132.000 dans les carrières ; la force des appareils à vapeur employés dans les unes et les autres atteignait 200.000 chevaux.

Si l'on envisage les *concessions de mines* sans les carrières, la statistique de 1898 montre bien le caractère aléatoire de cette industrie. Pour la dernière période de 10 ans, le nombre des concessions instituées s'était élevé au cinquième seulement des recherches constatées administrativement ; toutes les autres recherches avaient été faites en pure perte. Parmi les concessions instituées, plus des deux tiers étaient inexploitées, quelques-unes parce qu'elles constituent les réserves d'avenir de grandes entreprises, la plupart parce qu'on n'a pas pu y établir une exploitation couvrant ses frais. C'est ce qui résulte des chiffres suivants, relatifs aux gisements concédés, salines non comprises :

		Nombre	Revenu net imposable
Mines inexploitées...		1.303	
Mines où il n'a été fait que des travaux préparatoires.........		23	
Mines exploitées	en gain........	216	52.551.000 francs.
	en perte......	230	— 13.159.000 francs.

Le produit net final, obtenu en déduisant du gain des unes le déficit des autres (tous deux calculés sans compter le revenu des capitaux engagés parmi les frais d'exploitation) est inférieur à 40 millions. Il représente donc la rémunération industrielle d'un capital sensiblement inférieur à 1 milliard. Nous ne pensons pas qu'en dehors des périodes de hausse exceptionnelle et momentanée, la valeur actuelle du *capital industriel* des exploitations de mines et de carrières réunies, dépasse sensiblement cette somme.

Elle ne doit pas comporter une *plus-value* sérieuse de l'ensemble du capital total engagé, car il est difficile de croire que les dépenses faites pour les recherches infructueuses, pour la mise en exploitation des mines improductives, pour les aménagements si coûteux des mines prospères, n'atteignent pas au moins une somme égale. La plus-value prodigieuse des titres de quelques sociétés est l'appât qui attire ces capitaux vers des tentatives le plus souvent ruineuses ; mais si l'État assumait les charges de ces dernières, pour se réserver les bénéfices des exploitations fructueuses, il est douteux qu'il y gagne plus qu'il n'y perdrait. Il faut ajouter que la plus-value actuelle des titres des entreprises prospères a été souvent achetée par de longues années d'attente, pendant lesquelles l'argent engagé est resté improductif, puis par l'épargne constituée dans les bonnes années, en consacrant à des travaux d'aménagement une partie des bénéfices que les actionnaires eussent pu se distribuer ; elle ne saurait donc être considérée uniquement comme un bénéfice net, dû à leur heureux succès, dont sans doute le talent et la perspicacité des promoteurs de ces affaires ont été la principale cause, mais auquel le hasard a certainement aussi contribué.

Pour les *mines de houille*, la statistique entre dans des détails spéciaux. Elle fait connaître le total des salaires payés aux 148.600 ouvriers que ces mines emploient, de sorte qu'on en peut déduire la répartition du produit total, constitué par la valeur du charbon extrait. Cette répartition s'établirait ainsi qu'il suit, pour 1898 :

Valeur totale des produits extraits	364 millions
Salaire des ouvriers du fond et du jour........	182,5 —
Produit net constituant la rémunération du capital : 42,9 (gain) — 7,4 (pertes)........	35,5 —
Frais généraux ; rémunération des directeurs, ingénieurs, contre-maîtres, etc. ; outillage, combustible consommé, impôts............	} 146.

On voit que la part attribuée aux travailleurs manuels est plus que quintuple de celle du capital ; encore les frais généraux comprennent-ils, pour plusieurs millions, les versements des compagnies aux caisses de retraite ou de secours, et d'autres dépenses dont les ouvriers profitent. L'industrie des mines est une de celles où les salaires ont le plus augmenté ; le prix moyen de la journée de travail, qui était de 2 fr. 10 de 1844 à 1852, a atteint 4 fr. 15 de 1890 à 1895.

Le tableau ci-après met en relief les variations récentes des chiffres les plus intéressants relatifs à l'industrie houillère. Un diagramme publié récemment par l'administration montre que les résultats financiers normaux oscillent, depuis longtemps, entre ceux de 1893 et ceux de 1898 ; on ne trouve, dans le passé, que deux années comparables à 1899, et aucune à 1900.

La production du bassin du Nord et du Pas-de-Calais, seul, était de 13.900.000 tonnes en 1893, et de 20.200.000 en 1900.

DONNÉES STATISTIQUES	1893	1896	1898	1899	1900
Production (millions de tonnes).	25,7	29,2	32,4	32,9	33,4
Prix moyen (francs)..........	11,49	10,84	11,22	12,41	14,95
Salaire annuel des ouvriers du fond (francs)	1247	1274	1342	1372	1454
Production par ouvrier du fond (tonnes)..................	274	292	307	298	287
Total des salaires (millions)...;	152	165	182,5	194	216
Produit net, après déduction des pertes (millions)	25,6	26,3	35,5	55	97,2

Le développement de la production des *combustibles minéraux* dans le monde civilisé, au cours du xix° siècle, a été extrêmement rapide. Elle était évaluée en totalité, au début de ce siècle, à 12 ou 13 millions de tonnes, dont l'Angleterre produisait les cinq sixièmes. Vers 1857, la production avait décuplé ; elle atteignait 123 millions de tonnes, dont l'Angleterre produisait encore la moitié, tandis que les Etats-Unis d'un côté, l'Allemagne de l'autre, produisaient environ 15 millions de tonnes, et la France et la Belgique chacune 8 millions. Depuis trente ans, la progression se chiffre ainsi (lignites compris) :

PAYS	1878	1888	1898	1900
Iles Britanniques......	134	173	205	228
Allemagne,..........	51	82	128	150
Autriche-Hongrie.....	12	21	37	40
France.:............	17	23	32	33
Belgique...........	15	19	22	23
Russie.............	3	4	12	16
Etats-Unis............	65 *	135	200	243
Autres pays..........	3	11	29	30
Totaux..........	300	470	665	763

* Chiffre afférent à 1880.

La valeur totale de la production pouvait atteindre 5 milliards pour l'année 1898, avant la hausse absolument anormale et temporaire qui s'est produite dans les prix au cours des deux années suivantes.

Les *combustibles liquides*, naphte et pétrole, y ajouteraient environ 100 millions.

La valeur totale des *minerais métalliques* est moins facile à établir. Elle paraît s'être élevée, en 1898, à environ 500 millions de francs pour les *minerais de fer*. Pour les métaux plus rares, on peut se faire une idée de la valeur des minerais par la valeur des métaux qui en ont été extraits, car le coût du traitement métallurgique n'entre dans leur prix que pour la moindre part. Il semble que l'on puisse chiffrer ainsi qu'il suit la production totale des métaux en 1898, d'après les publications du Ministère des Travaux publics :

MÉTAUX	POIDS	VALEUR unitaire	VALEUR totale
	tonnes	francs	millions
Cuivre	450.000	1.350	507
Plomb	800.000	400	320
Zinc	500.000	500	250
Etain	72.000	1.850	133
Nickel, mercure, aluminium, platine, etc........................	»	»	100 (?)
Argent........................	5.540	99.000	549
Or........................	430	3.444.000	1.480

Si nous cherchons à déterminer la *valeur totale de la production des mines* dans les principaux pays (en laissant de côté celle des carrières et le sel gemme) nous trouvons les chiffres ci-après, en ce qui concerne l'année 1898 :

Pour l'*Angleterre*, la houille seule, à raison de 8 francs en moyenne par tonne, représentait une valeur de 1.620 millions environ ; les minerais de fer y ajoutaient 90 millions, et les autres minerais à peu près 30 millions, ce qui faisait en tout 1.740 millions.

En *Allemagne*, les combustibles minéraux se composent, pour trois quarts de houille valant environ 9 francs et pour un quart de lignite valant environ 3 francs, de sorte que leur valeur totale atteint 970 millions ; il faut y ajouter 60 millions pour les minerais de fer et 70 millions pour ceux de cuivre, de zinc, de plomb, etc., faisant en tout 1.100 millions.

Les charbons de la *Belgique*, au prix moyen de 11 francs, valent environ 240 millions ; ce pays produit pour 1 million de minerais de fer, et le *Luxembourg* pour 14 millions.

La production de charbons de l'*Autriche-Hongrie* comprend un tiers seulement de houilles, valant 9 fr. 50 la tonne, et deux tiers de lignites, valant 5 francs environ, de sorte que sa valeur totale est de 250 millions. Les autres minerais y ajoutent 50 millions.

En *Russie*, la production de charbon, à raison de 14 fr. la tonne, représente environ 160 millions. En outre, la production des naphtes et pétroles atteint 8.200.000 tonnes, d'une valeur totale à peu près égale, et celle de l'or s'est chiffrée, en 1898, par 116 millions de francs.

L'Espagne fournit pour 65 millions de minerais de plomb, et pour une somme à peu près égale de minerais de fer, de cuivre, de mercure, etc.

Aux *Etats-Unis*, le prix moyen de l'anthracite ou de la houille, en général de très bonne qualité, n'était, en 1898, que de 5 fr. 40 sur le carreau de la mine, en raison de la puissance des couches et des facilités de leur exploitation ; la valeur totale de la production a atteint 1.080 millions. Les minerais de fer y ont ajouté près de 200 millions, le pétrole 230 millions (pour 7.744.000 tonnes). Les minerais de plomb, de zinc, qui n'ont fait l'objet d'aucune évaluation, sont assez abondants. Pour les métaux précieux et le cuivre, la statistique fournit la valeur des métaux extraits, qui représente d'après les cours moyens de l'année, 320 millions pour le cuivre, 166 pour l'argent, 334 pour l'or. On voit que la valeur brute totale des minerais extraits du sol de l'Union ne devait pas être loin de 2 milliards 1/2.

Dans les autres Etats de l'Amérique, c'est surtout la production des métaux précieux qui est intéressante. Le *Canada*, à côté de 43 millions de francs de houille, a produit 13 millions d'argent et 71 d'or. Le *Mexique* a fourni pour 173 millions d'argent et pour 57 d'or ; l'*Amérique du Sud*, pour 77 millions d'argent et pour 74 d'or.

En *Asie*, la Chine et l'Inde anglaises produisent chacune environ 40 millions d'or. Comme houille, l'Inde anglaise produit 5 millions de tonnes et le Japon 7 millions. La Chine renferme d'immenses bassins houillers, que certains ingénieurs considèrent comme les plus riches du monde, et dont l'exploitation est à peine commencée.

L'Australie et la Nouvelle-Zélande produisent environ 6 millions de tonnes de houille, valant plus de 52 millions, et de l'argent pour une somme à peu près égale. Mais leur richesse principale est la production de l'or, qui a atteint, en 1898, 320 millions.

Le *Transvaal* avait produit, la même année, pour 410 millions d'or; sa production, qui avait presque doublé depuis 1896, aurait sans doute encore augmenté depuis lors, si elle n'avait été arrêtée par la guerre.

On voit combien le sous-sol de la France est relativement pauvre; la valeur de la production minière est, en Allemagne, presque 3 fois égale à la nôtre, en Angleterre plus de 4 fois, aux États-Unis plus de 6 fois. La quantité des produits obtenus, qui est le point vraiment intéressant, présente des écarts encore bien plus grands, puisque les prix unitaires sont moindres que chez nous, et il en est de même du nombre des ouvriers employés. Indépendamment des bénéfices directs qu'elle procure aux capitaux et aux travailleurs, cette richesse minière amène, dans les pays qui en bénéficient, une réduction notable du prix des matières premières; c'est là que gît la cause essentielle des difficultés que nous éprouvons à soutenir la concurrence des grands pays industriels, sur le marché du monde.

IV. La propriété bâtie. — Le second élément, comme importance, dans les richesses acquises de presque tous les pays, est constitué par les maisons et les édifices de toute nature.

En France, il est procédé à des évaluations périodiques du revenu de ces biens, pour la perception de l'impôt foncier. Une évaluation approximative avait déjà été faite en 1851-53. La transformation de l'impôt sur la propriété bâtie, qui était jadis un impôt de répartition, en impôt de quotité, a conduit à faire, en 1887-89, une évaluation précise et complète, qui doit être révisée désormais dans les 10 ans. En raison de l'obligation de faire enregistrer les baux afférents à tous les immeubles loués, les termes de comparaison certains sont assez nombreux pour donner aux évaluations une base très solide.

L'évaluation du revenu net imposable a été accompagnée d'une évaluation de la valeur vénale, faite dans chaque localité d'après le taux de capitalisation étudié sur place, qui offre aussi un caractère très sérieux. Nous devons rappeler que, si le sol occupé par les immeubles est taxé comme propriété non bâtie, c'est seulement d'après le taux appliqué aux terres arables, de sorte que l'évaluation de la propriété bâtie comprend la totalité de la *plus-value* que les terrains qu'elle couvre doivent à leur situation dans les agglomérations.

Le fisc distingue les maisons, des usines ; en effet, d'après la loi, le revenu net imposable se calcule en déduisant de la valeur locative, pour tenir compte du dépérissement et des frais d'entretien, 25 0/0 s'il s'agit de *maisons*, 40 0/0 s'il s'agit d'*usines*. La distinction établie par les lois de finances, d'après les charges probables des propriétés, dépend de la nature des immeubles, et non de leur destination, de sorte que la désignation de « maisons » ne comprend pas seulement les locaux consacrés à l'habitation, mais aussi tous ceux qui sont affectés au commerce, aux petits ateliers, etc. ; seuls, les grands établissements, comportant un outillage industriel, sont rangés parmi les usines. C'est ainsi que, pour les chemins de fer, les gares sont taxées comme maisons, et les ateliers et dépôts seuls comme usines.

Enfin, la statistique fiscale laisse en dehors les bâtiments exemptés d'impôts par la loi, savoir: d'une part, les *bâtiments ruraux*, tels que granges, écuries, dont nous avons, par ce motif, réuni l'évaluation à celle du sol cultivé ; de l'autre, les édifices appartenant à l'État, aux départements, aux communes ou aux établissements publics, lorsqu'ils sont affectés à des *services publics* et non productifs de revenus. Nous renvoyons l'estimation de ces derniers à un paragraphe ultérieur.

Nous allons résumer d'abord les évaluations officielles relatives aux maisons, puis celles qui concernent les usines.

A. — MAISONS D'HABITATION ET LOCAUX AFFECTÉS AU COMMERCE OU A LA PETITE INDUSTRIE. — Les résultats de l'enquête de 1851-53, et ceux des deux premières évaluations décennales faites en vue du nouveau mode de taxation de la propriété bâtie, peuvent se résumer ainsi qu'il suit :

DATE de l'évaluation	NOMBRE d'immeubles	REVENU NET imposable	VALEUR vénale
		millions	millions
1851-53	7.439.000	677	18.675
1887-89	8.914.000	1.948	46.137
1899-1900....................	9.174.000	2.188	53.137

On voit combien la valeur de cette partie de la richesse publique augmente rapidement. Jadis très inférieure à celle de la propriété rurale, elle lui est aujourd'hui presque égale.

Les variations du *revenu* tiennent à deux causes: 1° le mouvement de la matière imposable, résultant des constructions et démolitions; 2° les variations de la valeur locative des immeubles n'ayant pas été modifiés, ou autrement dit, les variations du *cours des loyers*. En comparant les évaluations relatives aux mêmes immeubles, en 1889 et en 1899, l'administration a pu se rendre compte de l'influence relative de ces deux causes : il résulte de cette étude qu'au cours de la dernière période décennale, sur une augmentation totale de 12 0/0, moins de 1 0/0 doit être attribué à la plus-value automatique des immeubles, et par conséquent, 11 0/0 proviennent de l'extension des constructions.

. C'est là un résultat très intéressant, car il met en évidence le rôle tout à fait secondaire que joue, de nos jours, dans l'accroissement de la fortune immobilière, la plus-value due à l'accroissement des prix par suite du développement des agglomérations, — celle dont l'Ecole de Karl Marx voit la cause dans ce qu'elle appelle les liens sociaux, et dont la loi de Ricardo est la formule scientifique. Si l'accroissement de la population est à peu près arrêté, en France, le mouvement de concentration dans les villes est encore très marqué; il semblerait donc naturel que les immeubles qui doivent leur valeur à leur situation dans les grandes agglomérations, continuassent à augmenter de valeur. Mais la facilité des transports urbains, due surtout au développement de la traction électrique, commence à produire des effets analogues à ceux que la baisse des frêts et le développement des chemins de fer dans les pays neufs, ont amenés pour la propriété rurale : elle permet à la population de se porter vers la périphérie ou dans les faubourgs, au lieu de se disputer, moyennant des prix exorbitants, les logements situés au centre des villes. Nous signalions ces faits comme probables dans notre premier volume (p. 85) ; le rapport qui résume les résultats de la dernière évaluation de la propriété bâtie montre qu'ils ont commencé à se produire. Tandis que la valeur locative des immeubles anciens a haussé de plus de 1 0/0 dans les communes de moins de 2.000 âmes, et de 2 0/0, en moyenne, dans celles de 2.000 à 100.000 âmes, elle a diminué de près de 1,5 0/0 dans les villes de province de plus de 100.000 âmes. A Paris, où l'organisation des transports en commun est restée si longtemps arriérée, on n'a pas constaté de variation appréciable du prix moyen des immeubles anciens, dans les dix dernières années. S'il s'est produit une hausse sensible à la périphérie, surtout dans les quartiers de l'Ouest, il y a eu, au contraire, une baisse moyenne de 5, 6, 10 et même 14 0/0 dans les quartiers du Palais Royal, du Mail, des Arts et Métiers. L'augmentation de 10 0/0 constatée dans le montant total de la valeur locative des maisons, à Paris, est due toute entière aux constructions neuves ; elle est très inférieure à l'augmentation constatée dans les autres communes de la Seine, qui atteint le chiffre énorme de 32 0/0, à raison du développement amené par la facilité des communications.

La Ville de Paris, à elle seule, représente 27 p. 100 de la valeur locative des maisons en France. La progression a été continue : de 48 millions en 1820, le revenu net imposable était arrivé à 150 vers 1854 ; après l'annexion, en 1865, le chiffre de 300 millions était atteint ; puis le total montait à 560 millions au 1er janvier 1891, et à 618 millions au 1er janvier 1901.

Le tableau de la page 243 montre que la *valeur vénale* des immeubles a augmenté de 15 p. 100 entre les deux dernières évaluations, tandis que le revenu n'augmentait que de 12 p. 100. C'est la conséquence de la baisse du taux de l'intérêt, et l'écart serait bien plus marqué, si l'on avait pris une période décennale plus reculée de trois ou quatre ans.

Au point de vue de la *division de la propriété* des maisons, l'enquête de 1887-89 avait fourni un renseignement très intéressant. Elle constatait que, sur 8.302.000 maisons habitées, 4.969.000 l'étaient en totalité, et 491.000 en partie, par leurs propriétaires. Il faut tenir compte, il est vrai, du fait que certaines personnes possèdent et occupent, à la fois, des maisons à la ville et à la campagne. Mais, d'autre part, beaucoup de propriétaires habitent des immeubles loués, de préférence aux maisons qui leur appartiennent. Toute compensation faite, le nombre des propriétaires d'édifices doit être plus près de 5 millions 1/2 que de 5 millions.

C'est surtout à la campagne ou dans les petites villes que la propriété bâtie est très divisée, la plupart des propriétaires ruraux, et beaucoup de petits bourgeois ou même d'ouvriers agricoles, étant propriétaires de la maison qu'ils habitent. La loi du 30 novembre 1894, sur les habitations à bon marché, a eu en partie pour objet de faciliter également aux ouvriers de l'industrie l'accès à la propriété de leur maison, à laquelle il serait fort utile d'adjoindre un petit jardin : elle a institué, à cet effet, diverses exemptions d'impôt ; elle a atténué la rigueur de notre législation sur le partage des successions, comme nous l'avons indiqué ; enfin, elle a autorisé la Caisse nationale d'assurances à faire des contrats garantissant, en cas de décès, le paiement des annuités dues pour amortir le capital consacré à acquérir une petite maison. Des institutions diverses se sont créées dans le même but. Il est, en effet, très désirable de voir la propriété du foyer domestique se généraliser, soit dans les populations rurales, parmi lesquelles les déplacements sont rares, soit dans les villes où le travailleur manuel est assuré de trouver des emplois divers ; mais on peut douter qu'il soit prudent d'inciter l'ouvrier à consacrer son épargne à acquérir une maison, dans les centres où il n'existe qu'une ou deux industries, de telle sorte qu'une crise frappant l'une de ces industries obligerait la population à émigrer en partie, et déprécierait, dans une très large mesure, la propriété bâtie.

Le développement de la propriété bâtie a été plus rapide encore en *Angleterre* qu'en France. D'après diverses estimations, le revenu qu'elle donnait, au début du xixe siècle, devait être de 350 millions environ. Les relevés de l'*income tax* portent la valeur locative brute des bâtiments de toute nature, maisons d'habitation, magasins, usines, etc. (sauf les bâtiments des fermes), aux chiffres ci-après :

1.720 millions en 1865
2.360 — 1875
3.210 — 1885
4.360 — 1900

Sir Robert Giffen, à qui nous empruntons les chiffres antérieurs à 1900, évaluait aux trois quarts du total la valeur locative des maisons d'habitation autres que les fermes. Il estimait le capital à quinze fois le revenu brut en 1885, et arrivait ainsi, pour la valeur du capital à cette date, au chiffre de 48 milliards. Depuis cette époque, le taux de capitalisation a largement haussé ; si l'on admet qu'il se soit accru seulement de 20 0/0, la valeur actuelle, en capital, atteindrait près de 80 milliards.

La propriété bâtie, comme la propriété non bâtie, constitue en Angleterre des fortunes énormes. Des quartiers entiers de Londres appartiennent à quelques familles ducales ; les terrains, loués jadis par baux emphytéotiques de 99 ans, ont fait retour aux descendants des anciens propriétaires, avec les constructions dont ils avaient été couverts à mesure que la ville s'étendait, le tout valant aujourd'hui des centaines de millions. Cependant, les cottages avec jardins, appartenant à des ouvriers, se sont beaucoup multipliés depuis peu ; nous reviendrons, quand nous étudierons le crédit mutuel, sur les *building societies*, grâce auxquelles ces constructions se développent rapidement.

Le seul document que nous possédions, sur la propriété bâtie en *Allemagne*, est le nombre des maisons d'habitation, relevé au cours de chacun des derniers recensements de la population. Il était de 5.738.000 en 1885, et de 6.372.000 en 1900. Ce chiffre, inférieur d'un septième à celui des maisons habitées en France, tandis que la population est égale à 1 fois 1/2 la nôtre, montre que la proportion des maisons occupées par une seule famille, qui constituent la forme ordinaire de la petite propriété pour les bâtiments, est bien moindre que chez nous.

B. — LES USINES ET LA GRANDE INDUSTRIE. — Les évaluations qui ont été faites, en vue de la perception de l'impôt foncier applicable aux usines, portent non seulement sur les bâtiments, mais aussi sur l'outillage fixe. Le tableau ci-dessous résume les résultats de celles qui ont été faites depuis un demi-siècle :

DATE de l'évaluation	NOMBRE d'usines	REVENU NET Imposable	VALEUR vénale
		millions	millions
1851-53...................	138.000	61	1.372
1887-89...................	137.000	142	3.181
1899-1900.................	129.000	156	3.981

La diminution légère du nombre des établissements, tandis que leur valeur augmentait d'environ 2,2 p. 100 par an, met bien en évidence le mouvement de concentration amené par le développement de la production en grand ; il faut remarquer, toutefois, que la diminution du nombre a été un peu accentuée, dans le dernier recensement, par le soin apporté à ne plus compter, comme des établissements distincts, des dépendances d'une autre usine.

Le revenu net imposable a bien plus augmenté, que la valeur vénale, entre les deux dernières évaluations, parce que la déduction à faire subir à la valeur locative, pour tenir compte des frais d'entretien et du dépérissement des immeubles a été portée, dans l'intervalle, de 1/3 à 2/5 ; le revenu net légal est donc descendu de 66,6 p. 100 de la valeur locative, à 60 p. 100, ce qui l'a diminué d'un dixième. La jurisprudence administrative a fait passer quelques établissements, comme les docks, de la catégorie des maisons dans celles des usines, ce qui a un peu grossi, en apparence, l'augmentation de la dernière période.

On peut se faire autrement un idée du développement de l'outillage des diverses industries, par la force des machines employées ; elle atteignait les chiffres suivants, pour les usines seules, en laissant de côté, l'agriculture, les mines, les services publics et les transports.

INDUSTRIES	1876	1888	1900
	chevaux-vapeur	chevaux-vapeur	chevaux-vapeur
Tissus et vêtements.....	85.000	157.000	408.000
Métallurgie....	94.000	155.000	314.000
Autres industries........	152.000	247.000	611.000
Totaux..........	331.000	559.000	1.333 000

Le nombre total des usines mues par des chutes d'eau est actuellement de 50.000, avec une force voisine de 600.000 chevaux, dont plus de la moitié sont employés par les industries alimentaires, notamment par la meunerie.

Il n'est pas possible de donner une idée de la *production totale de l'industrie,* faute de statistique générale analogue à celles que l'on trouve pour l'agriculture et les mines. A vrai dire, une pareille statistique serait impossible, car les résultats obtenus pour les diverses industries ne sont *totalisables* ni en quantité, en raison du défaut de mesure commune, ni en valeur, à cause des doubles emplois qui en résulteraient. On grossirait, en effet, le total d'une manière tout à fait indue, si l'on ajoutait, par exemple, à la valeur des vêtements produits dans les maisons de confection, celle des étoffes dont ils sont faits, qui constituent la production des tissages, puis celle des fils fabriqués par les filatures pour alimenter ces tissages. En réalité, chaque industrie ne produit que la *plus-value* donnée aux matières qu'elle transforme. Encore faudrait-il en déduire la valeur des combustibles consommés, l'usure des machines, etc. ; c'est là un travail impossible à tenter.

Cependant, nous voudrions essayer de donner ici, au moins par quelques exemples, une idée du développement des grands établissements industriels qui sont un des éléments essentiels de la richesse acquise dans les temps modernes. Nous allons donc reproduire quelques chiffres relatifs à l'importance actuelle et à la progression, dans divers pays, des deux principales branches de la grande industrie, de celles qui fournissent les matériaux mis en usage par la plupart des autres, savoir : la métallurgie du fer et l'industrie textile.

Le premier produit de la *métallurgie*, qui sert de matière première à tous les autres, est la fonte. Autrefois, la fonte au charbon de bois jouait un rôle absolument prépondérant, et le siège principal de sa fabrication était naturellement dans les régions forestières. Jusque vers 1840, elle était à peu près seule employée en France ; la valeur de la fonte brute d'affinage était de 160 à 180 francs la tonne. A mesure que la fonte au coke a remplacé la fonte au bois, cette industrie s'est transportée dans le voisinage des bassins houillers, où l'on faisait venir au besoin des minerais purs et riches ; l'Angleterre y a pris alors une situation absolument prépondérante. En même temps, les prix diminuaient ; de 1860 à 1882, ceux de la fonte d'affinage oscillaient entre 80 et 120 francs. Quand les progrès de la métallurgie ont permis d'utiliser des minerais moins riches, sulfureux ou phosphoreux, une baisse nouvelle s'est produite ; de 1885 à 1898, les prix, en France, sont restés compris entre 54 et 67 francs, et ce n'est que très exceptionnellement qu'ils sont remontés à 80 fr. en 1900. Les hautsfourneaux ont pu s'installer, de nos jours, dans les régions où abondent les minerais jadis peu utilisables, comme le département de Meurthe-et-Moselle. Malheureusement, nos gisements de l'Est, les seuls importants de la France, sont éloignés de nos mines de houille, ce qui oblige à faire subir des transports onéreux, soit au combustible, soit au minerai. Les pays les mieux dotés sont ceux où celui-ci se trouve à proximité des houillères, comme en Angleterre, ou peut y être amené facilement par une voie de transport extrêmement économique, telle que la navigation maritime, ou celle des grands lacs aux Etats-Unis.

Au début du siècle, la production totale de la fonte, dans le monde, n'atteignait pas 1 million de tonnes. En 1860, elle dépassait 7 millions de tonnes, dont près de 4 millions pour l'Angleterre seule, près d'un million pour la France, autant pour les Etats-Unis et un demi-million pour l'Allemagne. Depuis cette époque, l'industrie de l'Allemagne, et surtout celle des Etats-Unis, ont pris un essor qui est mis en relief par les chiffres ci-dessous (donnés en millions de tonnes).

PAYS	1878	1888	1893	1900
Angleterre..................	6,4	8	8,7	9,1
Allemagne et Luxembourg ...	2,1	4,3	7,3	8,5
Autriche-Hongrie............	0,4	0,8	1,4	1,5
France	1,5	1,7	2,5	2,7
Russie	0,4	0,7	2,2	2,9
Etats-Unis	2,3	6,6	12	13,8
Autres pays................	1,2	1,5	1,8	1,8
Totaux..........	14,3	23,6	35,9	40,3

Ce qui rend surtout intéressants les chiffres afférents à la production de la fonte, c'est qu'ils donnent une idée assez nette de l'importance relative de toute la métallurgie dans les divers pays, parce que les usines qui transforment la fonte brute en fonte moulée, en fer, et de nos jours principalement en acier, se développent naturellement à proximité des hauts fourneaux, surtout quand ceux-ci sont dans le voisinage des houillères. Les ateliers de construction de toute nature, qui utilisent le fer et l'acier, peuvent plus aisément s'en écarter, car l'importance relative des prix de transport diminue, à mesure que la matière employée par une industrie est plus travaillée ; cependant, le bon marché des métaux qu'ils emploient facilite leur développement dans les pays producteurs de fer et d'acier. Ainsi, une part considérable de l'industrie moderne suit, jusqu'à un certain point, dans son développement, l'industrie spéciale dont la progression est chiffrée au tableau ci-dessus.

Dans les *industries textiles*, c'est la filature qui constitue la première étape, et le tissage la seconde. La production des fils était solidaire, autrefois, de celle du lin et de la laine, et la fabrication des étoffes ne pouvait guère se développer, dans chaque pays, que dans la mesure où l'agriculture lui fournissait ces matières premières. Mais, comme leur valeur se chiffre par centaines et même par milliers de francs à la tonne, la question des transports auxquels elles peuvent donner lieu est devenue secondaire, à côté de celles du combustible, des machines et surtout de la main-d'œuvre. L'introduction des procédés mécaniques dans la filature, au XVIIIe siècle, le perfectionnement rapide de ces procédés et des métiers à tisser, au XIXe siècle, ont tellement abaissé les prix des produits fabriqués et accru la consommation, dans l'Europe occidentale, que la production indigène des matières premières n'y joue plus qu'un rôle secondaire pour l'alimentation des filatures. Celles-ci font toutes venir, dans des conditions comparables, le coton des Etats-Unis ou des Indes, la laine de l'Australie ou de La Plata, le lin, le chanvre et le jute de la Russie ou des Indes, les soies grèges de l'Italie, de la Chine ou du Japon. L'énorme développement de la production de ces matières premières, dans les pays neufs, a amené une baisse de leurs prix, qui se chiffre par plus de moitié depuis 30 ou 40 ans, et qui a encore accru la consommation.

Les manufactures ont commencé, cependant, à s'installer aux points où se récolte la matière première, et elles se multiplient, de nos jours, dans quelques-uns des pays producteurs. Le bas prix de la main d'œuvre facilite leur développement dans les régions orientales. Mais l'accumulation des capitaux, les traditions commerciales et industrielles, l'habileté héréditaire des ouvriers retardent le déplacement de l'industrie, et permettent aux anciens centres manufacturiers de soutenir la concurrence ; s'ils progressent moins rapidement, ils ne reculent pas. Ce qui est surtout remarquable, c'est que, parmi les pays où le grand essor de l'industrie est relativement récent, ceux qui ont la main-d'œuvre à très bas prix, comme la Russie, l'Inde ou la Chine, ne progressent pas plus vite que ceux où elle est à des prix moyens, comme l'Allemagne, et même à des prix très élevés, comme les Etats-Unis, mais où sa qualité est bonne, où les connaissances techniques sont répandues, et où la houille et les machines sont à bas prix.

Dès le XVe siècle, le travail de la laine avait pris un grand développement en Angleterre, et la fabrication de la toile en Hollande ; les pays maritimes étaient alors les seuls qui pussent mettre en œuvre des matières premières excédant leur production. Quand l'emploi du coton commença à se développer au xviii° siècle, l'Angleterre, grâce à ses relations avec l'Amérique, prit naturellement la tête de l'industrie nouvelle, et c'est chez elle que l'emploi des machines s'introduisit, pour s'étendre ensuite aux industries similaires.

Sa prépondérance absolue, dans la production des filés et des tissus de coton, a été l'un des éléments principaux de sa prodigieuse richesse. En 1817, sur 80.000 tonnes de coton brut que l'Europe transformait, elle en filait 45.000, et la France 12.000. En 1851, la consommation industrielle des pays civilisé étant montée à 450.000 tonnes, l'Angleterre en employait 277.000, soit les trois cinquièmes environ, à elle seule, les Etats-Unis 110.000, la France 64.000. Notre industrie cotonnière s'était surtout développée en Alsace, de sorte qu'elle s'est trouvée très réduite en 1871 ; elle s'est sensiblement relevée dans ces dernières années. De nos jours, sur une production totale de 3.500.000 tonnes de coton, l'Angleterre en consomme 750.000, les Etats-Unis 900.000, la France 175.000 seulement. Mais l'importance de la filature anglaise est relativement plus grande que ces chiffres ne l'indiqueraient, car elle produit presque seule les filés fins, dont la valeur est considérable. Elle possède 45 millions de broches, tandis que les Etats-Unis en comptent 19 seulement, l'Allemagne et la Russie 7 ou 8, la France 5,5 et les Indes 5 millions. Il est vrai que l'Angleterre ne tisse qu'une fraction des filés qu'elle produit, et en exporte la majeure partie.

Pour le lin et la laine, produits indigènes dans toute l'Europe, utilisés jadis surtout par l'industrie domestique, la concentration des manufactures a toujours été moindre. Cependant, l'Angleterre possédait, en 1850, plus des deux tiers des broches employées à la filature du lin par les procédés mécaniques ; mais cette industrie décroît chez elle, comme d'ailleurs dans l'ensemble du monde.

Pour la laine, nous tenons le premier rang : sur une production apparente totale de 1.000.000 de tonnes de laines en suint, nous en employons environ 250.000 (dont un sixième est exporté après lavage) l'Angleterre, l'Allemagne et l'Amérique à peu près 180.000 chacune.

Pour la soie, notre prépondérance a été longtemps absolue. Aujourd'hui encore, sur 16.000 tonnes environ de soie brute consommée dans le monde, notre industrie en emploie 3.600, l'Allemagne 2.700, la Suisse 1.600, la Russie 1.300 et l'Angleterre 1.100 seulement. Seuls, les Etats-Unis nous dépassent par la consommation de la matière première, qui atteint chez eux 3.800 tonnes ; mais leurs produits restent très au-dessous des nôtres comme qualité.

La laine et surtout la soie tiennent la principale place dans notre production industrielle : Roubaix et Reims pour l'une, Lyon pour l'autre, sont les plus grands centres producteurs du monde entier. Ils fabriquent des tissus dont une partie notable est exportée directement, tandis qu'une autre sert à alimenter l'industrie du vêtement, si importante en France, tant pour la consommation intérieure que pour l'exportation.

Les grandes industries, sur lesquelles nous venons de nous arrêter, ne représentent qu'une bien faible part de la production industrielle qui, sous des formes infiniment multiples, subvient aux besoins divers des peuples civilisés. A côté des vastes établissements qui fabriquent les marchandises livrées par grandes masses à la consommation, un nombre infini de petites entreprises, de travailleurs groupés dans des ateliers peu importants ou même isolés, font subir aux matières déjà travaillées les transformations nécessaires en vue de satisfaire aux désirs si variés du public, pour la nourriture, le vêtement, le logement, l'ameublement, l'éclairage, le chauffage, le transport, les distractions de toute nature, etc. Le capital représenté par les petits ateliers, que la statistique fiscale comprend dans les maisons, équivaut sans doute à celui des grandes usines.

En France, en particulier, les produits finis, de luxe, portant le cachet personnel du chef d'atelier ou de l'artisan, représentent une part considérable de la production, impossible à évaluer directement. Mais on peut se faire autrement une idée de l'importance finale des résultats obtenus. Si la consommation totale de la France se chiffre annuellement, comme nous le montrerons au chapitre suivant, par 20 ou 25 milliards, et son exportation par 3 à 4 milliards, c'est à un chiffre à peu près égal à la somme de ces deux là, qu'il faut estimer la valeur des produits finis, livrés au public par l'industrie ; en effet, d'une part, il n'est presqu'aucun produit naturel que nous consommions à l'état brut, et d'autre part, nos importations se composent surtout de produits destinés à être transformés, tandis que nous exportons des produits finis. Or, dans le total de 25 à 30 milliards, la valeur brute des produits de l'agriculture ou des mines et celle des marchandises importées, entrent pour une moitié environ ; la plus value donnée par le travail de l'industrie, grande, petite ou domestique, en représente donc l'autre moitié.

La petite industrie, dirigée dans chaque région par des milliers d'entrepreneurs, livrant directement à la consommation, se déplace et se transforme bien plus difficilement que la grande industrie, dirigée par de puissants capitalistes et travaillant pour le marché du monde. Son développement n'a donc pas donné lieu à des poussées comparables à celles que les chiffres cités plus haut font ressortir, pour la métallurgie et les industries textiles, en Angleterre dans la première moitié du xixᵉ siècle, en Allemagne ou en Amérique, depuis une trentaine d'années. Mais elle constitue une richesse plus stable, pour les pays où elle est particulièrement prospère.

C'est d'ailleurs une erreur de voir, ainsi qu'on le fait trop souvent, dans le développement des pays nouveaux, un recul pour les pays qui tenaient jusqu'ici la tête de la civilisation, comme la France et l'Angleterre. Il est naturel que l'essor industriel soit plus marqué, de nos jours, dans les pays où il commence seulement à se manifester, que dans ceux dont toutes les richesses ont été mises en valeur depuis longtemps. Sans doute, l'importance relative de notre production diminue considérablement, à mesure que le monde entier s'initie aux méthodes que seules, jadis, quelques nations savaient mettre en œuvre. Les pays dotés de riches gisements minéraux, en particulier, ont bénéficié de grands avantages, le jour où ils sont entrés dans la grande industrie : lorsque des ressources naturelles exceptionnelles ont été mises en œuvre, en partant des résultats déjà acquis ailleurs grâce à un siècle d'expérience, par des nations douées de la culture scientifique des Allemands, ou de l'esprit d'initiative des Américains, il en est résulté une explosion de prospérité qui constitue, pour les anciens centres industriels, une redoutable concurrence. On ne saurait dire, cependant, que ces anciens centres reculent, quand le pourcentage de leur augmentation est moindre que celui de centres où presque tout était encore à faire, il y a peu d'années. Mais il pourrait arriver, pour la grande industrie comme pour l'agriculture, que certaines branches spéciales de la production trouvent, dans des pays nouveaux, des conditions si favorables, qu'elles s'y transportent presque totalement. C'est pourquoi il est indispensable, pour qu'un pays garde sa prospérité, que les esprits y soient constamment tendus vers la recherche de nouveaux progrès, vers l'application de tous les procédés perfectionnés qui seraient réalisés ailleurs, et vers la découverte de nouvelles branches de production, pour remplacer celles qui viendraient à se fermer.

C. — Résumé. — En ajoutant à la valeur des maisons (53 milliards), celle des usines (4 milliards) on trouve un total de 57 milliards, assez voisin de celui de 68 milliards que nous avons admis pour la propriété agricole.

Nous verrons, dans le paragraphe consacré plus loin aux propriétés publiques, que les biens dépendant de l'Etat, des départements, des communes, des établissements publics ou d'utilité publique et des chemins de fer, entrent pour 2 milliards dans le premier de ces chiffres, pour 3 dans le second. En les déduisant, il reste, pour les biens des particuliers, 55 milliards de propriétés bâties et 65 milliards de biens ruraux, qui donnent un total de 120 milliards pour la propriété privée immobilière.

Pour apprécier le *nombre des propriétaires* entre lesquels se répartissent ces immeubles, il ne faudrait pas additionner les chiffres que nous avons trouvés pour les terres cultivées, d'une part, pour les maisons, de l'autre, car la plupart des propriétaires ruraux possèdent, à la fois, la maison qu'ils habitent et quelques terres. Lorsque l'administration des contributions directes a procédé, en 1879-81, à l'évaluation de la propriété non-bâtie, qui comprend, nous devons le rappeler, les parcelles sur lesquelles sont construits les édifices, elle a cherché à établir le nombre total des propriétaires du sol, bâti ou non, en relevant le nombre de ceux de chaque commune, et en faisant le compte de ceux d'entre eux qui étaient propriétaires dans d'autres communes, pour éviter les doubles emplois. Elle est arrivée ainsi au chiffre de 8.454.000 propriétaires, dans lequel il peut y en avoir encore quelques-uns comptés deux fois, mais certainement en petit nombre.

Depuis lors, l'effectif des propriétaires a dû légèrement diminuer, la diminution du nombre des journaliers propriétaires de lopins de terre, dans les campagnes, paraissant supérieure à l'augmentation du nombre des propriétaires de maisons. Cependant, la réduction n'est certainement pas considérable.

M. de Foville, qui a discuté, avec un sens critique très sûr, les résultats des évaluations faites à diverses époques, indique les chiffres suivants, pour le total des propriétaires fonciers :

Avant la Révolution. . .	Environ 4 millions.
Vers 1825	Plus de 6 millions 1/2.
Vers 1850	Environ 7 millions.
En 1875	Près de 8 millions.
En 1890	Entre 7 1/2 et 8 millions.

Il nous paraît probable que le chiffre actuel reste compris dans ces dernières limites. Pour une population de 38 millions 1/2 d'habitants, cela fait un propriétaire sur 5 habitants. Si l'on tient compte des groupements familiaux, on peut affirmer avec certitude que plus de la moitié des Français participent à la propriété foncière, soit directement, soit par la communauté d'intérêts avec un conjoint ou des ascendants propriétaires.

V. Objets mobiliers, approvisionnements et numéraire. — Nous avons donné, jusqu'ici, des chiffres reposant sur des données statistiques plus ou moins exactes, mais qui nous fournissaient du moins une base de discussion. Ici, nous arrivons à des éléments pour lesquels nous ne pouvons guère que faire des hypothèses presque arbitraires.

Sir Robert Giffen, dans ses études sur la richesse de l'Angleterre, estime les mobiliers, les approvisionnements, les objets d'art non productifs de revenu, à environ moitié de la valeur des maisons d'habitation; il évalue par d'autres procédés l'outillage industriel et les marchandises en magasin. Dans ces conditions la proportion qu'il admet, et que d'autres statisticiens ont admise après lui, nous paraît un peu forte, comme moyenne.

Mais notre évaluation de la propriété bâtie ne nous donne pas séparément la valeur vénale des maisons d'habitation ; elle les réunit aux locaux du commerce et de la petite industrie. L'outillage mobilier et les marchandises contenus dans ces locaux semblent devoir relever sensiblement le rapport moyen de la valeur des biens meubles à celle des immeubles qui les renferment. Dans ces conditions, le chiffre de moitié paraît assez admissible, ainsi que le montrent les considérations suivantes.

En ce qui concerne les habitations des familles ayant une certaine aisance, dans les grandes villes, les renseignements que nous avons pu recueillir nous portent à croire que la valeur du mobilier, effets, bijoux, objets d'art, etc., évaluées par les propriétaires eux-mêmes pour l'assurance contre l'incendie, est généralement supérieure à 10 fois le loyer. Dans les petites villes et dans les campagnes, les meubles nécessaires pour garnir de vastes habitations peu coûteuses, l'argenterie, les approvisionnements de linge, de vins, etc., dépassent souvent cette proportion. Or, la valeur des immeubles représente en moyenne 25 fois le revenu net, c'est-à-dire moins de 20 fois la valeur locative. Même en admettant que la dépréciation des objets usagés soit un peu plus grande qu'on ne l'admet, quand on fixe la valeur que l'on veut assurer, nous serions très près du chiffre de Sir Robert Giffen.

Pour les logements ouvriers, dans les villes, ce chiffre est certainement exagéré; le mobilier et les effets ne doivent guère représenter, en moyenne, plus de 3 ou 4 fois le loyer. Dans les campagnes, le mobilier des paysans est très rudimentaire ; mais la valeur des petites maisons est si faible, qu'il faut peu de choses pour que le contenu en représente une fraction assez importante, tout en restant très inférieure à la proportion de moitié.

Au contraire, pour les locaux consacrés au commerce et à l'industrie, dont la valeur locative atteint exactement le tiers de l'ensemble des valeurs locatives en France, la proportion de moitié est certainement trop faible. Dans les locaux affectés au commerce, la valeur du mobilier et des marchandises en magasin doit parfois dépasser celle des immeubles, et en tout cas, elle nous paraît être plus souvent voisine de l'égalité que de la proportion de moitié. En ce qui concerne les établissements industriels, qu'ils soient installés dans des maisons ou que le fisc les qualifie d'usines, l'outillage mobilier, les produits fabriqués ou en cours de fabrication, les approvisionnements, ont souvent, d'après les bilans que nous avons eu l'occasion de voir, une valeur supérieure à la moitié de celle des immeubles.

Toute compensation faite, nous admettrions volontiers la proportion de moitié pour le rapport de la valeur des meubles à celle des immeubles. Cela nous conduirait à adopter, pour l'outillage mobilier et les approvisionnements du commerce et de l'industrie, et pour les meubles meublants, vêtements, bijoux et objets d'art des particuliers, une évaluation de 27 milliards 1/2.

Ce chiffre ne comprend pas les animaux, l'outillage, les fumiers et les récoltes des cultivateurs, que nous avons évalués ci-dessus à 8 milliards, d'après la statistique agricole; nous rappelons, en effet, que les écuries, remises et granges qui les renferment ne sont pas compris dans l'évaluation de la propriété bâtie imposable, à laquelle nous venons d'appliquer la proportion de moitié. Il ne comprend pas non plus les bateaux de mer ou d'eau douce qui demeurent en permanence dans les ports ou sur les voies, et qui peuvent être estimés à 1/2 milliard, d'après les indications que nous donnerons page 260. En ajoutant ces deux éléments, nous évaluerions l'ensemble des biens meubles privés (non compris le matériel des voies ferrées concédées), à 36 milliards, sans nous faire d'illusions sur le peu de précision de cette estimation.

Pour le *numéraire* en circulation, une évaluation a été faite
par M. de Foville, en rapprochant les quantités frappées aux
diverses époques, des résultats d'un recensement des monnaies
existant dans les caisses publiques, exécuté en 1897. D'après
cette étude, le stock monétaire de la France aurait une valeur
nominale de 4.200 millions pour l'or, et de 2.175 millions pour
l'argent. Mais on sait que la valeur réelle de ce dernier métal est
un peu inférieure à la moitié de la valeur nominale. En tenant
compte de cette dépréciation, nous évaluerons à un peu plus de
5 milliards la valeur effective des monnaies existant dans les
caisses publiques, dans les banques, ou chez les particuliers.

VI. Les propriétés publiques. — A la suite des biens particuliers, que nous venons de passer en revue, nous devons énumérer ceux qui relèvent directement des autorités publiques. Les
uns sont affectés à des services d'une nature toute spéciale et
n'ont rien d'analogue dans les biens des particuliers : ce sont les
voies de communication et l'armement destiné à la défense nationale ; les autres sont semblables, par leur nature, aux biens particuliers. Nous allons donner successivement, des uns et des
autres, une estimation aussi approchée que possible.

A. — Les voies de communication et les moyens de transport. —
Nous n'entrerons ici dans aucun détail sur cette partie considérable de la richesse publique, puisque son étude approfondie
fera l'objet de la dernière partie de notre ouvrage ; nous nous
bornerons à donner les chiffres globaux qui permettent d'apprécier son importance relative.

Nous chiffrerons cette importance d'après les dépenses faites
pour la construction des voies, dans les temps modernes. Sans
doute, une partie de ces dépenses répond à des travaux inutiles ;
mais d'autres ont servi à créer des voies dont l'utilité et même
parfois le revenu actuel représentent une plus-value considérable,
et l'on peut admettre qu'il y a compensation. Quant aux dépenses
remontant à une époque un peu ancienne, il serait impossible, de
les évaluer, même approximativement. Mais il est certain que ces
dépenses étaient très faibles sous l'ancien régime, et qu'elles n'ont
pu se développer pendant la période tourmentée de la Révolution
et même de l'Empire. Ce n'est guère que vers 1822, lorsque
l'assiette des finances publiques a été rétablie, que l'on a pu commencer à consacrer aux Travaux publics des sommes importantes.
On serait certainement au-dessus de la vérité, en évaluant les dé-

penses d'établissement faites depuis la fin des guerres de religion
jusqu'à cette époque, à 3 ou 4 milliards, consacrés principalement
aux grandes routes ou aux rues des villes. La plupart des travaux
exécutés à ces époques reculées sont aujourd'hui remplacés par
d'autres ; on peut donc, sans commettre d'erreur dans l'inventaire de la richesse nationale, les considérer comme amortis, et ne
pas remonter au-delà des grandes lois de 1821 et de 1822.

Pour les chemins de fer, qui sont tous postérieurs à cette date,
les statistiques officielles donnent non seulement le relevé complet des dépenses d'établissement des voies, mais aussi le coût de
l'outillage et du matériel lesquels appartiennent à l'Etat, aux
localités ou à leurs concessionnaires, et enfin les recettes et dépenses de l'exploitation. Pour les autres voies de communication,
il n'existe pas de relevés aussi précis. Cependant l'administration
des Travaux publics a publié le montant des dépenses faites au
xix* siècle. Ces statistiques concernent uniquement l'établissement des voies ; en effet, le matériel flottant ou roulant, les
machines et animaux de trait, les bâtiments où sont installés les
services commerciaux relèvent d'entreprises privées, dont les dépenses et les recettes ne sont pas totalisées. Nous saisirons cependant l'occasion pour donner ici quelques indications sur la consistance du matériel naval, dont nous avons donné l'évaluation, sans
la justifier, au paragraphe précédent. Quant aux recettes perçues
pour l'usage des voies, elles sont négligeables ; les voies navigables, les routes et chemins sont livrés gratuitement au public,
et les péages perçus dans les ports maritimes dépassent à peine
les frais d'entretien.

Le capital d'établissement des *chemins de fer et tramways*
atteignait, au 31 décembre 1901, environ 18 milliards 1/2. Sur
ce chiffre, 15 milliards environ représentaient le coût des voies et
de leurs dépendances, 1 milliard celui des bâtiments et installations commerciales et industrielles des gares et ateliers, et plus
de 2 milliards 1/2 celui du matériel roulant, (y compris les machines, d'une force totale de 5.800.000 chevaux). Ce matériel appartient en majeure partie aux compagnies concessionnaires, qui
n'ont, sur la voie et les bâtiments, qu'un droit de jouissance temporaire. Le capital des voies ferrées a été dépensé à peu près entièrement depuis 1842, et pour moitié environ depuis 1878. Le
produit brut de l'exploitation est d'environ 1.600 millions, et le
produit net d'un peu moins de moitié.

Les dépenses faites dans nos *ports maritimes de commerce*,
depuis 1822, dépassent 1 milliard ; la presque totalité de cette

somme a été dépensée depuis 1837, et la moitié environ depuis 1878. Notre matériel naval se chiffrait ainsi, au 31 décembre 1900 :

Petite pêche : 25.000 bateaux d'une jauge nette de 110 000 tonneaux.

Grande pêche ⎧ 3.000 voiliers d'une jauge nette de 400.000 tonneaux.
cabotage ⎱ 1.100 vapeurs d'une jauge brute de 1.100.000 tonneaux,
et long cours ⎩ avec une force motrice de 620.000 chevaux.

On peut estimer la valeur actuelle de cette flotte, en tenant compte de la proportion des bateaux âgés qu'elle comprend, à quelque chose comme 400 millions.

Les dépenses faites, depuis 1822, pour la construction de *canaux* ou l'amélioration de *rivières*, approchent de 1 milliard 1/2 ; sur ce total, près de la moitié a été dépensée depuis 1878. Le matériel flottant comprend environ 16.000 bateaux, pouvant porter 3 millions 1/2 de tonnes. Les machines des bateaux à vapeur et des remorqueurs ont une force d'environ 50.000 chevaux. La valeur totale de ce matériel dépasse certainement 100 millions.

Les *routes, chemins et rues* sont les seules voies de communication dans la valeur actuelle desquelles les terrains occupés et les travaux exécutés anciennement entrent pour une part importante, quoiqu'impossible à évaluer. Les dépenses faites, depuis le milieu de la Restauration, pour la construction de Routes nationales ou départementales et de Chemins vicinaux, s'élèvent, à 4 milliards environ, dont un tiers peut-être a été dépensé depuis 1878. Quant aux dépenses faites pour la voirie urbaine, elles n'ont jamais été totalisées. A Paris, pour la période qui nous occupe, elles ont atteint environ 2 milliards, dont les deux tiers ont été dépensés sous le second Empire. Il faudrait y ajouter la valeur des canalisations souterraines, qui sont le complément nécessaire des communications urbaines : le réseau des égouts, évalué à 140 millions ; les conduites de distribution des eaux et du gaz, qui représentent une valeur au moins égale ; les fils qui transmettent l'énergie électrique, les appareils d'éclairage, les plantations. On peut donc évaluer à près de 2 milliards 1/2, sans exagération, la dépense faite, depuis 80 ans, pour les rues de Paris et leurs dépendances. Le chiffre afférent à toutes les autres communes de France réunies est certainement très inférieur ; il est presque nul dans les villages et les bourgs. Nous ne croyons pas exagérer, cependant, en admettant, pour l'ensemble des dépenses d'établissement des voies urbaines et des canalisations qu'elles comportent, tant à Paris qu'en province, le même total que pour les routes et chemins, soit 4 milliards.

Les véhicules et les animaux employés pour les transports qui

empruntent ces voies n'ont jamais été récensés. Nous n'avons pas
d'ailleurs, à en faire ici l'estimation, car ils ont été déjà comptés,
les uns dans l'outillage de l'agriculture, les autres dans les objets
mobiliers qui garnissent les bâtiments occupés par le commerce
et l'industrie ou affectés au logement des particuliers. Les seules
indications que nous possédions, sur leur effectif, sont relatives :
1° au nombre des chevaux existant en France, évalué à 4 millions par le service de la remonte ; 2° au nombre des voitures
particulières destinées aux transports des personnes, qui est de
1.600.000 d'après l'administration des contributions directes ;
3° au nombre des bicyclettes, qui est de 900.000.

Mentionnons enfin les réseaux des *télégraphes et téléphones,*
dont la dépense d'établissement est d'environ 300 millions.

En ajoutant ces divers articles, nous constatons que les voies
publiques avec leurs dépendances (y compris le matériel employé
aux transports sur les chemins de fer, le seul qui dépende d'entreprises ayant le caractère de services publics), estimées d'après
les dépenses faites depuis 80 ans pour leur établissement, auraient
en France une valeur de 29 milliards environ. Dans ce total, les
dépenses faites depuis 1878 entrent pour plus de 12 milliards.

Nous n'aurions pas tous les éléments nécessaires pour donner
les chiffres correspondants pour les *pays étrangers* ; mais les
statistiques en font connaître la partie la plus importante de beaucoup, celle qui concerne les chemins de fer d'intérêt général. Le
capital correspondant atteint actuellement plus de 29 milliards en
Angleterre, près de 16 milliards en Allemagne, 12 en Russie,
9 en Autriche ; il s'élève à près de 60 milliards aux Etats-Unis.
Le capital total représenté par les chemins de fer du monde ne
doit pas être loin de 200 milliards.

Les dépenses faites pour les ports maritimes, depuis 80 ans, ont
été en Angleterre triples ou quadruples de celles de la France, et
l'importance de la marine marchande à vapeur, la seule qui ait
un intérêt réel, y est décuple de la nôtre. Dans les autres pays
d'Europe, les dépenses en travaux ont été plutôt moindres que
chez nous. L'Allemagne possède une flotte à vapeur double de
celle de la France et celle des Etats-Unis est un peu supérieure à
la nôtre. La progression du tonnage des navires à vapeur, dans
ces divers pays, est bien plus rapide que chez nous.

Au point de vue de la navigation intérieure, la France est incontestablement le pays qui a fait les plus fortes dépenses, dans ces
dernières années. Nous inclinons à croire que nous tenons éga-

lement un des premiers rangs, pour les travaux intéressant les routes et chemins et les rues des villes, mais sans avoir sur ce point de renseignements précis.

B. — L'ARMEMENT NATIONAL. — Dans un relevé des propriétés de l'Etat dressé en 1879, les *immeubles* affectés aux divers services concernant la défense nationale, y compris les *fortifications* et les *ports militaires*, étaient évalués à 1.054 millions pour le ministère de la guerre, et à 428 millions pour celui de la marine. Depuis lors, leur importance s'est sensiblement accrue : rien que les dépenses faites par le service du génie militaire, en fortifications et casernements, sur le budget extraordinaire qui a existé de 1879 à 1890, s'élèvent à 400 millions. On peut donc estimer à 2 milliards la valeur actuelle des immeubles et travaux d'art consacrés aux besoins de la défense.

Les comptes du *matériel et des approvisionnements* publiés chaque année, en vertu des prescriptions financières, donnaient, à la fin de 1898, une estimation de 2.354 millions pour le ministère de la guerre et de 619 millions pour celui de la marine, soit ensemble tout près de 3 milliards.

La *flotte de guerre* n'est pas comprise dans ces chiffres. Les dépenses faites pour les constructions neuves ont dépassé 400 millions, de 1879 à 1890, et 800 millions de 1891 à 1901 inclus. Même en tenant compte de la rapide dépréciation des anciens types, il est difficile d'évaluer l'ensemble des navires de guerre construits ou en construction à moins de 1 milliard.

On arrive ainsi à un total d'environ 6 milliards pour le capital mobilier et immobilier consacré à la défense nationale.

C. — DOMAINE PRIVÉ DE L'ETAT, DES DÉPARTEMENTS, DES COMMUNES, DES ÉTABLISSEMENTS PUBLICS OU D'UTILITÉ PUBLIQUE. — Nous avons dit qu'il a été établi, en 1879, un relevé estimatif des biens de l'*Etat*. Ce document, malgré son ancienneté, est encore le plus récent que nous possédions sur ce sujet.

Comme propriétés productives de revenu, l'Etat ne possède guère que son domaine forestier, évalué à cette époque à 1200 millions ; sa valeur actuelle est certainement inférieure à 1 milliard et son produit net à 20 millions.

Les immeubles affectés à des services publics, en dehors de la guerre et de la marine, étaient évalués en 1879 à 633 millions. Ce chiffre a sans aucun doute considérablement augmenté depuis lors, en raison de l'importance des constructions édifiées pour les miinstères, les hôtels des postes, etc.

Les palais et jardins de l'ancienne liste civile, restés sans affectation, figuraient au relevé de 1879 pour 220 millions environ. Les cathédrales et les monuments ayant un caractère principalement artistique n'y étaient mentionnés que pour mémoire, en raison de l'impossibilité de les évaluer.

En tenant compte de ces omissions ainsi que des travaux neufs, on peut affirmer que la valeur totale des immeubles de l'Etat compris dans les diverses catégories que nous venons d'énumérer, dépasse largement 2 milliards.

Les *départements* possèdent les préfectures, les sous-préfectures, les tribunaux, les prisons, les casernements de la gendarmerie, les écoles normales, etc. Un relevé effectué en 1874 estimait à 102 millions la valeur des immeubles de celui de la Seine seul. Le chiffre correspondant, pour les autres départements, s'élève certainement à plusieurs centaines de millions.

Les *communes* possèdent des biens étendus productifs de revenus, et compris à ce titre dans les évaluations dressées par l'administration des contributions directes pour servir de base à l'établissement de l'impôt foncier : ce sont les terres, les pâtures, les bois, exploités au profit du budget municipal ou livrés à la jouissance commune des habitants, les théâtres, les marchés, les abattoirs, les réservoirs pour la distribution des eaux vendues aux particuliers, etc. Ces immeubles sont soumis à la taxe de mainmorte, pour l'établissement de laquelle il est fait un relevé spécial du montant, en principal, de l'impôt foncier qui les frappe. En admettant que le rapport de l'impôt à la valeur vénale des biens soit le même, pour ces immeubles, que pour ceux des particuliers, nous avons pu en faire une estimation approximative ; c'est elle qui nous a servi à calculer les sommes à déduire de l'évaluation totale de la propriété foncière en France, quand nous avons voulu en retrancher la valeur des propriétés publiques, pour avoir une estimation des immeubles des particuliers. Nous avons ainsi trouvé, pour les biens imposables des communes, une valeur d'environ 1 milliard 1/2 comme propriétés non bâties, et de 1/2 milliard comme propriétés bâties.

Les immeubles affectés à des services publics ne sont pas imposés. Ils comprennent, pour toutes les communes, les mairies, écoles, églises, presbytères et cimetières ; beaucoup d'entre elles possèdent, en outre, des bâtiments pour les services de la justice de paix, de la police, de l'octroi, et en outre des asiles, des musées, des facultés etc. Pour la ville de Paris, un relevé dressé en 1900 évaluait à près de 800 millions de francs cette catégorie de propriétés. Il est certain que leur importance, et surtout leur valeur, dépassent de beaucoup, à Paris, les chiffres que l'on trouverait partout ailleurs pour une même population. Mais nous ne croyons pas exagérer en admettant, pour l'ensemble des 615 villes de province de plus de 5.000 âmes, dont la population réunie atteint 4 fois celle de Paris, un total au moins égal à celui de la capitale, et peut-être double. Pour les 35.600 autres communes, dont la population moyenne est de 700 habitants environ, en admettant que les édifices municipaux aient une valeur moyenne de 50.000 à 60.000 francs, on arriverait encore aux environs de 2 milliards. Il semble donc qu'une évaluation d'au moins 4 milliards, pour cette catégorie d'édifices municipaux, dans toute la France, soit modérée. Les constructions scolaires faites depuis 1878, à elles seules, représentent une dépense de 120 millions à Paris et de 800 millions en province.

Enfin, l'évaluation des propriétés de la ville de Paris, en 1900, donne, pour l'ensemble des promenades et squares, 1.260 millions, dont 860 pour le Bois de Boulogne (860 hectares) et 140 pour le Bois de Vincennes (920 hectares). Ces sommes nous paraissent beaucoup trop élevées, et nous prendrons, en chiffres ronds, 1 milliard seulement pour les parcs et jardins publics municipaux, tant à Paris qu'en province.

Nous trouvons ainsi un total de 7 milliards, pour les immeubles appartenant aux communes.

Les *établissements publics et d'utilité publique* ont aussi des propriétés considérables. D'après les données fournies par la taxe de mainmorte, leurs biens imposés représenteraient environ 500 millions comme propriété non-bâtie, et autant comme propriété bâtie. Mais les édifices appartenant aux établissements publics ne sont pas imposés, quand ils sont affectés à un service public non productif de revenu. C'est le cas, notamment, de l'immense majorité des hospices ; or, nous avons vu qu'il en existe en France 1.750, comportant 175.000 lits. Il y a encore là plusieurs centaines de millions, à ajouter aux chiffres qui précèdent.

Enfin, il faudrait tenir compte de la valeur des objets mobiliers contenus dans tous ces immeubles publics. Pour le mobilier proprement dit, elle représente sans doute fort peu de choses, peut-être pas le dixième ni même le vingtième de la valeur des édifices. Mais les collections renfermées dans les musées et les bibliothèques ont une valeur inestimable, et certainement, de ce chef, il y aurait encore à compter des centaines de millions.

Nous pensons donc faire, dans l'ensemble, une évaluation aussi raisonnable que possible, avec des bases aussi fragiles, en portant une douzaine de milliards, pour la valeur des biens meubles et immeubles, urbains et ruraux, qui appartiennent aux personnes morales dont nous nous occupons, en dehors de ceux qui dépendent des voies de communication ou qui sont affectés à la défense nationale.

Ainsi, la valeur de l'ensemble des propriétés publiques, comprenant il est vrai les chemins de fer dont l'exploitation est en majeure partie concédée temporairement à des entreprises privées, peut être estimée à quelque chose comme 47 milliards. Ces biens se développent très rapidement ; un tiers environ du capital qu'ils représentent a été dépensé depuis 1878.

VII. Les biens incorporels. — A côté des richesses matérielles que nous venons de passer en revue, on trouve, dans la plupart des patrimoines, des richesses constituées par des droits incorporels, dont l'importance va constamment en augmentant : participations dans les sociétés, créances, brevets, clientèles, etc. Nous allons chercher d'abord à chiffrer le montant total des plus importants de beaucoup, parmi ces biens, ceux qui prennent la forme de valeurs mobilières ; nous dirons ensuite quelques mots des autres. Nous devons faire remarquer, dès à présent, que les biens incorporels ne sont le plus souvent que la représentation de certains droits sur quelques-uns des biens corporels déjà énumérés ; nous reviendrons, en établissant le total de la richesse publique, sur les précautions à prendre pour éviter les doubles emplois.

A — Les valeurs mobilières. — Il a été publié, à l'occasion du Congrès des valeurs mobilières tenu en 1900, des relevés complets des valeurs mobilières françaises cotées sur les divers marchés publics, Bourses de Paris ou de province et Coulisse. Nous en avons dressé un tableau d'ensemble. Nous avons mis à part les emprunts de nos colonies et les titres des sociétés françaises dont les entreprises sont situées exclusivement dans nos colonies ou à l'étranger, pour la commodité de nos calculs ultérieurs.

FONDS PUBLICS ET ENTREPRISES SITUÉES EN FRANCE	VALEUR EN CAPITAL			REVENUS. (Intérêts ou dividendes)
	nominale	au taux d'émission	au cours du 28 fév. 1900	
	millions	millions	millions	millions
Dettes publiques				
Rentes sur l'État....................	23.827	21.298	26.243	809
Ville de Paris.....................	2.012	1.697	1.977	59
Départements et villes............	260	249	261	8,5
Oblig. commun. du Crédit Foncier.	1.701	1 616	1.689	48,5
Totaux	29.800	24.860	30.140	925
Chemins de fer et tramways				
Grandes compagnies { actions.............	4.366	4.491	4.881	156
obligations (1)......	16 279	11.374	14.803	490
Petites compagnies { actions.............	366	377	492	12
obligations	408	312	349	13
Totaux	18.419	13.534	20.525	671
Banques et assurances				
Banque de France.................	182,5	102.5	759	24,5
Crédit foncier { actions............	170,5	170.5	211	8,5
oblig. fonc. et bons.	2.542	2.115	2.359	72
Autres banques (actions)......... ..	843	843	1.278	54
Sociétés immobilières............	247	391	430	5
Assurances.....................	173	201	836	37
Totaux	4.128	3.913	5.603	201
Valeurs diverses				
Distributions de gaz, { actions.....	365	383	972	39
d'eau et d'électricité { obligations .	371	357	366	45
Mines { actions.............	416	421	891	33
obligations	100	93	98	4
Métallurgie { actions.............	481	476	1.877	48
obligations.........	56	56	56	2
Transports maritimes { actions.............	182	189	204	8
obligations.........	218	164	165	7
Divers { actions..............	1.495	1.560	2.403	95
obligations..........	433	393	389	16
Totaux	3.817	3.799	7.422	267
TOTAUX GÉNÉRAUX.............	53.164	46.126	63.690	2.064

(1) Y compris les titres des petites compagnies rachetées.

AFFAIRES COLONIALES ET ENTREPRISES SITUÉES A L'ÉTRANGER	VALEUR EN CAPITAL			REVENUS, (intérêts ou dividendes)
	nominale	au taux d'émission	au cours du 23 fév. 1900	
	millions	millions	millions	millions
Titres des colonies françaises				
Emprunts coloniaux.............	384	355	353	11,4
Chemins de fer (actions..........	87	87	118	5
et tramways (obligations	663	466	588	19,6
Banques coloniales	136	146	157	5
Valeurs diverses.............	154	158	203	5
Totaux	1.426	1.212	1.419	46
Entreprises étrangères				
Canal de Suez (actions et parts (1)..	150	150	1.119	33,5
(obligations et bons .	288	212	312	11,5
Canal de Panama..............	1.827	1.443	215	»
Diverses	803	811	1.002	32
Totaux	3.068	2.618	2.618	70
TOTAUX GÉNÉRAUX.............	4.494	3.830	4.067	125

Ainsi, le total des emprunts publics négociables et des actions et obligations des sociétés anonymes françaises, cotés sur les marchés publics, atteignait, au cours du 28 février 1900, 67.757 millions, donnant un revenu annuel de 2.189 millions. Les valeurs cotées à la Bourse de Paris entraient pour 64.307 millions dans le capital total, et les valeurs cotées à la Bourse de Lille constituaient la moitié du surplus, à cause de l'importance des charbonnages du Nord, qui y ont élu domicile.

Le capital auquel on arrive, pour la valeur actuelle des titres cotés, varie naturellement avec la date choisie pour faire le calcul. Celle du Congrès de 1900, quoique comportant des cours plutôt un peu élevés, peut être considérée comme donnant un résultat assez normal, sauf pour 5 catégories de valeurs, savoir : les actions des entreprises métallurgiques, et surtout celles des mines de houille, qui bénéficiaient à ce moment d'une hausse absolument déraisonnable, à la suite de la cherté exceptionnelle des produits de ces industries, que nous avons déjà signalée ; les actions des affaires analogues fondées récemment en Russie, ainsi

(1) Non compris les actions achetées par le Gouvernement anglais et retirées par suite de la circulation, dont la valeur actuelle atteint 620 millions.

que celles des tramways électriques urbains en construction
en 1900, qui avaient été poussées à des cours encore moins jus-
tifiés ; enfin les affaires spéciales nées à l'occasion de l'Exposition
universelle de Paris, qui toutes se sont écroulées. La dépression
actuelle, pour beaucoup des valeurs des trois premiers de ces
groupes, est peut-être un peu exagérée. Cependant, il faut réduire
notablement l'ensemble des chiffres ci-dessus, pour ne pas avoir
une statistique répondant à une situation tout à fait momentanée.
Après un examen minutieux, nous estimons à un peu plus d'un
milliard la dépréciation à admettre ; nous ramènerons ainsi l'évaluation totale au chiffre de 66 milliards 1/2 environ, admis par
M. Théry vers la même date, et que l'on peut considérer comme
répondant à la valeur normale moyenne des dernières années.

Dans ce chiffre, les *valeurs à revenu fixe*, emprunts publics et
obligations, entrent pour 49.666 millions. Si l'on y ajoute un certain nombre d'obligations de société immobilières et d'entreprises situées à l'étranger, que nous n'avons pas séparées des
actions à cause du peu d'importance des chiffres, et si l'on tient
compte du fait que la garantie d'intérêt transforme en valeurs à
revenu fixe la moitié du capital formé par les actions de nos
grandes compagnies, on arrive, pour la catégorie des placements
dont le produit est invariable, à 52 milliards environ, réduisant à
14 ou 15 milliards le montant des valeurs qui ont un caractère
vraiment *industriel*, c'est-à-dire de celles dont le produit dépend
da bénéfices d'entreprises.

Il faudrait ajouter à ce groupe les actions de certaines affaires
mises sous la forme des sociétés anonymes, mais dont toutes les actions restent dans un petit groupe de capitalistes et ne sont cotées
sur aucun marché ; mais le total en est négligeable.

Un rapport de M. Edmond Théry, au Congrès de 1900, donne
des renseignements très intéressants sur la *progression* qu'à pré-
sentée au cours du xix° siècle, la forme spéciale de la propriété
constituée par les valeurs mobilières. Le tableau suivant indique
l'importance des valeurs françaises cotées à la Bourse de Paris,
à diverses dates. La rapidité de la progression qu'il met en évidence s'explique, d'un côté par le développement des emprunts
publics et des entreprises de chemin de fer, de l'autre, par le
ait que la forme de société anonyme est adoptée, chaque année,
pour un nombre d'affaires de plus en plus grand, en raison du
mouvement de concentration de beaucoup d'entreprises, qui est
une des caractéristiques de l'évolution économique contemporaine.

DATES	NOMBRE de valeurs	CAPITAL nominal	CAPITAL au cours du jour	TAUX MOYEN du revenu
		millions	millions	0/0
31 décembre 1815......	4	1.500	»	»
— 1830......	30	4.850	»	»
— 1850......	90	9.000	7.000	6
— 1869......	298	23.612	21.618	5,30
1er juillet 1880.....	466	42.274	43.060	4,25
— 1890......	524	55.535	56.301	3,60
31 décembre 1899......	747	58.050	62.995	
28 février 1900 (1)...	»	59.179	61.307	3,20

L'augmentation de la valeur actuelle ne provient pas seulement de la multiplication des valeurs cotées. Elle est due aussi en partie à la hausse des cours, résultant de la baisse du taux de l'intérêt. En prenant pour base les chiffres dont nous avons donné une représentation graphique page 195, la hausse correspondante des cours eut été d'environ 25 p. 100 de 1850 à 1869, et de 40 p. 100 de 1869 à 1899. Mais il faut remarquer que cette hausse cesse presque complètement d'agir sur les valeurs susceptibles d'être converties, quand elles ont atteint le pair ; or c'est là, depuis 25 ans, le cas d'un capital de 6.790 millions de rentes françaises provenant des emprunts 5 p. 100 émis après la guerre et aujourd'hui convertis en 3 1/2, ainsi que de beaucoup d'obligations industrielles des types 5 ou 4 p. 100. La plus-value totale s'est trouvée ainsi atténuée, tout en restant considérable.

Le chiffre des valeurs mobilières françaises ne représente pas le total des valeurs possédées par les Français, puisqu'il est dans la nature même de ces titres de circuler sur le marché international. Ainsi, des étrangers sont propriétaires d'une partie de nos valeurs, et inversement, nous possédons des valeurs étrangères en assez grande quantité. Il n'existe aucune donnée précise sur le montant des valeurs ainsi sorties de leur pays d'origine ; mais

(1) Chiffres empruntés au relevé établi, pour le Congrès, par le chef du service de la Cote de la Chambre syndicale des agents de change, relevé qui nous a déjà fourni les éléments principaux des tableaux généraux ci dessus.

d'après le lieu de paiement des coupons des grandes valeurs internationales, d'après les relevés faits sur la proportion des titres déposés dans certaines banques, d'après les constatations du fisc pour la perception de certains impôts, on peut arriver à s'en faire une idée. M. Neymarck, en utilisant des renseignements variés, a établi des chiffres qui sont généralement admis comme assez voisins de la vérité.

Il évalue à 10 p. 100 la proportion des valeurs françaises circulant à l'étranger, ce qui réduirait le montant de notre portefeuille, pour ces valeurs, à 60 milliards environ, avec un revenu dépassant un peu 1900 millions.

D'un autre côté, les évaluations les plus autorisées, au sujet des valeurs étrangères possédées par des Français, sont les suivantes : Avant la guerre, d'après M. Léon Say, le chiffre eût été de 10 à 12 milliards. Nous avons vendu beaucoup de ces valeurs, de 1871 à 1873, pour souscrire les emprunts de la libération du territoire ; mais notre portefeuille étranger ne tarda pas à se reconstituer, et M. Leroy-Beaulieu l'estimait à 12 ou 15 milliards en 1880. En 1888, MM. de Foville et Neymarck admettaient 18 à 20 milliards. Pour ces dernières années, MM. Raphaël-Georges Lévy et Edmond Théry arrivent à 26 ou 27 milliards, qui se composeraient surtout de fonds publics de divers Etats, et ensuite, quoique dans une bien plus faible mesure, de valeurs de chemins de fer ; mais ces chiffres paraissent un peu élevés, et nous admettrions plutôt, avec M. Neymarck, celui de 23 milliards.

Les valeurs russes entreraient dans ce total pour environ 7 milliards, les espagnoles pour près de 5 ; l'Italie, l'Autriche et l'Egypte nous devraient chacune de 1.500 millions à 2 milliards.

Le revenu que nous allons ainsi chercher à l'étranger est naturellement plus élevé que celui que nous trouverions en France ; il est évalué à 4,25 0/0 en moyenne, ce qui ferait un total approchant d'un milliard.

On a souvent cité la *diffusion* des titres nominatifs des valeurs les plus importantes comme une preuve de la division de la fortune mobilière en France. Les deux tiers des rentes sur l'Etat sont nominatives, et font l'objet de 1.150.000 certificats. Pour les actions et obligations des grandes Compagnies, la proportion des titres nominatifs est à peu près la même, et le nombre des certificats s'élève à 900.000 ; le nombre des titres inscrits, en moyenne, sur chacun d'eux, a diminué d'un quart depuis 10 ans. Les titres au porteur sont probablement encore plus divisés. Les obligations de la ville de Paris et du Crédit foncier, placements favoris de la très petite épargne, le sont certainement bien davantage.

On ne saurait additionner les nombres des titulaires de certificats des diverses valeurs, pour avoir celui des propriétaires de valeurs mobilières, car la plupart des capitalistes prudents divisent leurs placements, et les plus modestes économies sont souvent employées à l'achat de titres appartenant tous à des séries différentes. Néanmoins, le nombre énorme de petits certificats est une preuve certaine que le nombre des porteurs de titres est très considérable.

Nous ne possédons pas les éléments nécessaires pour donner, en ce qui concerne les autres pays, une évaluation analogue à celle que nous avons donnée pour la France. Quelques chiffres peuvent cependant permettre de se faire une idée de leur richesse en valeurs mobilières.

Si l'on envisage l'ensemble de l'Europe, les émissions de valeurs faites sur les diverses places, depuis 30 ans seulement, peuvent se chiffrer ainsi :

1871-73..........	39 milliards, soit 13		milliards par an.
1874-78..........	17	—	3, 4	—
1879-83..........	96	—	6, 4	—
1894	18	—	18	—
1895-1900........	67	—	11	—
Total........	237 milliards, soit 8		milliards par an.

Il est vrai que ces chiffres comprennent les emprunts émis pour convertir des dettes antérieures, qui ont été considérables vers 1894. Mais si l'on fait la déduction des conversions, le total des émissions, rien que pour la période 1895-1900, s'élève encore à 55 milliards, dont 17 milliards d'emprunts d'Etat.

Le total des valeurs *négociables* en Europe atteindrait les chiffres suivants, d'après M. Neymarck :

Rentes sur les Etats.................	125 milliards.
Emprunts locaux et chemins de fer..	125 —
Crédits fonciers....................	50 —
Valeurs diverses....................	125 à 150 —

Dans un rapport présenté au Congrès international de statistique de Budapest, en 1901, le même auteur évaluait ainsi les valeurs mobilières possédées par les divers pays de l'Europe :

Grande-Bretagne......................	120 milliards.	
France	90 —	(1)
Allemagne..........................	45 —	
Russie..............................	25 —	
Autriche-Hongrie	20 —	
Pays-Bas	10 —	
Italie...............................	10 —	
Belgique............................	6 —	
Espagne.............................	6 —	
Autres pays	10 —	
Total.....................	337 —	

Le chiffre correspondant, pour les Etats-Unis, n'a pu être établi, mais il paraît dépasser sensiblement celui de l'Angleterre.

On voit que la France tient un des premiers rangs, au point de vue de cette forme de richesses. Mais malheureusement, parmi les causes principales de son développement chez nous, figure l'importance des emprunts de l'Etat français, qui représentent 26 milliards placés presqu'entièrement dans le pays. La dette consolidée, en Angleterre, ne s'élevait qu'à 14 milliards au 31 mars 1901, et les autres dettes de l'Etat, bien que déjà très accrues par la guerre du Transvaal, n'étaient encore que de moins de 4 milliards. L'ensemble des dettes publiques ne dépasse pas 15 milliards en Allemagne, malgré le rachat des chemins de fer, et il est encore plus faible aux Etats-Unis.

Le pays dont les placements à l'étranger ou aux colonies ont le plus d'importance est l'Angleterre. La cote de la Bourse de Londres comprend 15 milliards d'emprunts publics et de valeurs de chemins de fer des colonies anglaises, dont la majeure partie est placée dans la mère-patrie. Les Anglais ont également fourni une partie notable des capitaux qui ont servi à construire les chemins de fer américains. Si les Etats-Unis ont racheté, depuis 20 ans, la plus grosse part de leur dette publique et des titres de leurs chemins de fer, les entreprises anglaises dans l'Amérique du Sud, l'Asie et l'Afrique et les emprunts placés à Londres par l'Australie se sont beaucoup développés. Sir Robert Giffen évaluait les placements anglais à l'étranger et aux colonies à 26 milliards en 1875, et à 32 milliards en 1885, année de cours très bas ; il se basait sur les statistiques de l'income-tax, et il majorait les chiffres qu'il en déduisait d'environ 60 p. 100, pour tenir compte de ce que de nombreuses valeurs étrangères échappent au fisc. Les mêmes procédés de calcul, appliqués au chiffre des valeurs soumises à l'*income-tax* en 1901 en tenant compte de la baisse du taux de l'intérêt, conduiraient à un capital de plus de 60 milliards.

(1) Chiffre répondant aux cours exceptionnellement hauts de 1900.

Les *Pays-Bas*, depuis longtemps, et l'*Allemagne* depuis quelques années, possèdent des valeurs étrangères en quantité notable, quoique bien inférieure aux chiffres constatés chez nous. Les autres pays sont plutôt débiteurs que créanciers de l'étranger. La dette publique de la Russie (16 milliards), de l'Italie (13 milliards), de l'Autriche-Hongrie (14 milliards), de l'Espagne (9 milliards), est en grande partie placée à l'extérieur, et il en est de même du capital d'établissement des chemins de fer, surtout pour ce dernier pays.

B. — Créances, brevets, clientèles, etc. — Les droits incorporels qui ne revêtent pas la forme de valeurs mobilières, n'étant pas représentés par des titres dont le marché soit centralisé, ne font l'objet d'aucun relevé d'ensemble. Il est donc à peu près impossible d'en donner une évaluation, même assez grossière. Nous ne pouvons présenter, à leur sujet, que quelques considérations très vagues.

Les *créances*, autres que celles qui prennent la forme de titres de rente ou d'obligations, peuvent se diviser en trois catégories principales :

La première est constituée par cette foule de dettes que les transactions commerciales engendrent, toutes les fois qu'elles ne se règlent pas au comptant. Les unes restent simplement inscrites sur les *livres*, tandis que les autres donnent naissance à des *effets de commerce*, et elles se renouvellent incessamment. Leur formation et leur extinction sont déterminées par les convenances des règlements de comptes, plutôt que par celles de l'emploi des capitaux ; mais lorsque cet arriéré est excessif, il oblige les négociants à grossir leur fonds de roulement, et par suite à accroître le capital engagé dans leurs affaires, ou à se procurer de l'argent en banque. Le capital employé sous cette forme dans le commerce représente donc un élément sérieux de leur avoir ou de celui de leurs prêteurs, qui doit être rémunéré par les bénéfices commerciaux, et dont le total doit se chiffrer, à certains moments, par un assez grand nombre de milliards, si l'on en juge par les mouvements de l'escompte. Il ne faut pas oublier que les effets de commerce, dont ces mouvements révèlent l'existence, ne sont guère usités que pour les relations entre commerçants, et laissent de côté toutes les sommes dues par les consommateurs aux détaillants.

La seconde catégorie de créances résulte des prêts à long

terme. Ceux qui sont simplement *chirographaires* ne laissent nulle part de trace constatable. Au contraire, les emprunts *hypothécaires* sont inscrits sur des registres publics. Mais comme beaucoup d'inscriptions ne sont pas rayées à l'échéance, il est difficile d'établir le total de celles qui répondent à des sommes dues à un moment donné. Des études sérieuses ont fait estimer le total de la dette hypothécaire, en France, à 14 ou 15 milliards, dans lesquels entrent pour plus de 2 milliards les prêts du Crédit foncier ; c'est surtout la propriété urbaine qui recourt à cet établissement financier.

L'endettement des propriétaires ruraux, a rendu la crise agricole plus difficile à traverser pour eux, dans beaucoup de pays. Il provient de causes multiples : pour la propriété paysanne, ce sont les soultes dues dans les partages des successions, les emprunts contractés en vue d'arrondir ou d'améliorer de petits biens ; pour la propriété aristocratique, les dépenses excessives des familles dont les revenus diminuaient. En France ou en Italie, le mal est relativement restreint ; on évalue la dette dont la terre est chargée à 12 ou 15 p. 100 de sa valeur. La proportion paraît notablement plus élevée en Allemagne ou en Russie ; elle atteint 25 ou 30 p. 100 en Autriche.

Enfin, la troisième catégorie de créances entrant dans les patrimoines privés, qui se multiplie beaucoup de nos jours, est celle qui résulte des actes de *prévoyance*. Un très grand nombre de personnes contractent des *assurances* sur la vie ou acquièrent des droits à des pensions de *retraites*. La valeur actuelle de leur créance sur les sociétés d'assurance ou sur les caisses de retraites est représentée par des valeurs mobilières ou par des maisons, qui constituent les réserves de ces établissements ; nous avons vu que le total de ces réserves atteint actuellement près de 4 milliards, rien que pour les sociétés françaises d'assurances, les Caisses de l'Etat ou des compagnies de chemins de fer et les sociétés de secours mutuels.

On peut rattacher à la même catégorie les dépôts faits dans les *Caisses d'Epargne*, dont nous étudierons le fonctionnement dans la partie de ce cours consacrée aux finances et à la dette publique. Ces dépôts sont versés à la Caisse des Dépôts et Consignations, qui les emploie à l'achat de titres de rentes sur l'Etat. Ils dépassent aujourd'hui 4 milliards, répartis entre 10 millions de livrets, dont un assez grand nombre, à la vérité, peuvent être considérés comme abandonnés.

Les 8 milliards dus par ces diverses Caisses à leur clientèle

sont donc représentés par des valeurs et des immeubles compris,
en grande majorité, dans ceux que nous avons déjà énumérés.
Cependant, le portefeuille des Caisses de l'Etat renferme un certain nombre de titres de nature diverse, que le Trésor public leur
a remis en représentation d'avances à lui faites par ces Caisses
et remboursables par annuités, et aussi des créances sur des
départements ou des villes, qui ne rentrent pas dans les valeurs
mobilières cotées sur les marchés publics. Le montant total de
ces titres spéciaux varie constamment, suivant la marche des
opérations de Trésorerie. Au 31 décembre 1901, le Bilan des
diverses Caisses gérées par la Caisse des Dépôts comprenait plus
de 500 millions d'*obligations du Trésor*, plus de 500 millions de
fonds déposés au Trésor en *compte courant*, plus de 300 millions
de *prêts aux communes ou aux départements*, le tout représentant
une partie sérieuse de l'avoir des déposants aux Caisses d'Epargne
ou à la Caisse nationale des retraites, ainsi que des consignations
judiciaires.

A ces 1.300 millions, il faudrait ajouter, pour avoir la totalité
des créances des particuliers sur l'Etat en dehors de la dette
cotée à la Bourse, près de 300 millions pour les *cautionnements*
divers, 180 millions d'avances faites au Trésor par la Banque de
France, et enfin les *bons du Trésor*, dont le montant varie, suivant les moments, de 100 à 500 millions. Nous trouvons donc un
ensemble de dettes publiques non comprises dans nos tableaux
des valeurs mobilières, dont la composition se modifie chaque
jour suivant la situation budgétaire, mais dont le total oscille
autour de 2 milliards.

Nous ne pouvons donner aucune évaluation de ce que représente la *propriété littéraire, artistique ou industrielle*. Nous
pouvons seulement constater que le nombre des *brevets* d'invention en cours, pour lesquels la taxe annuelle est payée, est d'environ 35.000 ; beaucoup, il est vrai, sont sans valeur, mais
quelques-uns constituent des fortunes.

Nous n'avons non plus aucune donnée directe sur la valeur
totale des *clientèles* formées par les commerçants et les industriels. Nous savons seulement que le nombre des patentés entre
lesquels se partagent ces clientèles, grosses ou petites, est de
1.750.000. Une partie d'entre elles appartiennent à des *sociétés
anonymes*, et leur valeur est comprise dans celle des actions
dont nous avons évalué le montant ci-dessus ; quant à celles des
sociétés en nom collectif ou en commandite, elles ne se distinguent

pas, à notre point de vue actuel, de celles qui constituent simplement des propriétés individuelles.

Il est cependant une partie de ces clientèles, sur la valeur desquelles on possède des données sérieuses; ce sont celles des *offices ministériels*, dont les titulaires reçoivent une investiture officielle et ont le monopole de certaines opérations. Une étude faite en 1894 par le Ministère de la Justice, réunie aux renseignements recueillis au Ministère des Finances, permet d'évaluer le prix total des 21.000 charges existantes à environ 1.200 millions. On sait que, pour beaucoup de ces offices, le prix de vente se calcule d'après le produit net, qui sert à couvrir non seulement l'intérêt du capital, mais aussi les risques, et la rémunération du travail du titulaire, en admettant comme taux normal, pour l'ensemble de ces éléments, celui de 15 p. 100.

Les diverses catégories de biens que nous venons d'énumérer représentent des éléments trop divers et trop incertains pour qu'on puisse essayer de les totaliser.

VIII. La fortune totale de la France et le total des fortunes privées. — Nous avons passé en revue tous les éléments qui constituent la richesse publique ou privée d'un pays. Il nous reste à essayer d'en établir le total.

A cet égard, une distinction fort importante doit être faite, entre la *richesse globale d'un pays* comme la France, envisagée en réunissant les biens qui appartiennent collectivement à ses habitants, et *l'ensemble des fortunes privées*, formé des biens qui appartiennent à *titre privatif* aux particuliers. Nous allons essayer d'établir le total, successivement à ces deux points de vue.

A. — LA FORTUNE GLOBALE DE LA FRANCE. — Le total des richesses que possède le peuple français est facile à établir, d'après les données statistiques ci-dessus. Toutefois, quelques observations préliminaires sont nécessaires, pour expliquer quels éléments doivent être portés dans le compte à établir.

Pour évaluer la fortune globale de la France, nous n'avons pas à nous inquiéter des droits de jouissance qui ont pu être concédés à des entreprises privées sur des portions du domaine public telles que les chemins de fer, à la valeur intrinsèque desquelles le régime de concession ne change rien. Nous n'avons pas davantage à tenir compte des créances ou des dettes des Français les uns vis-à-vis des autres, puisque ce qu'il faudrait ajouter, pour les premières, est précisément égal à ce qu'il faudrait retrancher, pour les dernières. Nous n'avons pas à faire état des valeurs mobilières qui représentent seulement soit des créances des citoyens français sur l'ensemble de la nation, soit la forme particulière sous laquelle sont constatés les droits de propriété ou de créance sur les biens des sociétés anonymes. Les brevets et clientèles, qui assurent à certains négociants et industriels une supériorité par rapport à leurs concurrents, ne constituent pas davantage une richesse pour la collectivité : sans doute, les connaissances industrielles, l'organisation commerciale que ces droits représentent ont une grande valeur sociale ; le fait que, par exemple, grâce à des relations établies peu à peu, chaque citoyen sait où s'adresser pour acheter chaque chose dont il a besoin, représente un avantage considérable, et s'il fallait constituer à nouveau toutes les maisons de commerce, la nouvelle répartition des clientèles ne se ferait pas sans des pertes immenses de temps et d'argent. Mais ce sont là des avantages qui, comme les connaissances scientifiques ou industrielles tombées dans le domaine public, comme l'instruction des citoyens, comme l'organisation sociale tout entière, ne peuvent se chiffrer dans le patrimoine d'une nation, bien qu'ils constituent la plus grande part de sa richesse, et la plus longue à acquérir.

Laissant ainsi de côté la majeure partie des droits incorporels, nous prendrons pour base de notre calcul le total des biens matériels énumérés dans ce présent chapitre, qui s'établit ainsi.

Propriétés privées :

Propriété non bâtie (1)	65	milliards
Mines	1	—
Propriété bâtie	55	—
Mobilier, outillage et approvisionnements .	36	—

Propriétés publiques :

Voies de communication et matériel des chemins de fer (celui des concessionnaires inclus).	29	—
Armement national	6	—
Autres biens.	12	—
Numéraire, tant des particuliers que des caisses publiques (2).	5	—
Total.	**209**	—

comprenant 161 millions d'immeubles et 48 d'objets mobiliers.

(1) Valeur de la propriété rurale, y compris les bâtiments ruraux autres que les maisons d'habitation (non imposés à la contribution foncière), mais déduction faite des biens de l'État, des communes et des établissements publics.

(2) En comptant l'argent pour sa valeur marchande.

Cependant, pour connaître l'avoir commun des Français, il ne suffit pas de prendre le total ci-dessus, car les biens matériels compris dans les frontières d'un pays ne constituent pas *tous* et *seuls* la richesse collective de ses habitants ; il faut retrancher de leur montant la valeur des droits que les étrangers peuvent avoir sur l'ensemble de ces biens, et ajouter au contraire les droits de propriété ou de créance que les Français peuvent exercer sur des biens situés aux colonies ou à l'étranger.

Il faut remarquer, d'ailleurs, que les additions ou déductions ne seraient pas exactement les mêmes, si on cherchait la richesse collective des *habitants de la France*, étrangers compris, ou celle des *citoyens français* y compris ceux qui habitent aux colonies ou à l'étranger, mais en excluant les étrangers qui habitent la France. Pour établir le calcul dans cette dernière hypothèse, il faudrait notamment faire un inventaire du domaine colonial de la France, pour lequel nous manquons absolument de données. C'est donc la richesse globale de la France métropolitaine et des personnes qui y sont *domiciliées*, sans distinction de nationalité, dont nous tâcherons de nous faire une idée.

Nous ne chercherons pas à faire état des propriétés privées extraterritoriales, ni des créances particulières sur l'étranger, faute d'éléments d'appréciation. Nous admettrons que notre avoir, de ces deux chefs, se compense à peu près avec la part des richesses situées en France dont certaines personnes domiciliées à l'étranger sont propriétaires ou créancières aux mêmes titres, tout en remarquant que les pays de vieille civilisation ont en général, à cet égard, un actif supérieur à leur passif, à cause des biens, des établissements commerciaux et des créances qu'un certain nombre de leurs habitants possèdent aux colonies. Mais l'Angleterre, la Hollande, et peut-être l'Espagne et le Portugal à cause de leurs relations avec l'Amérique du Sud, sont les seuls pays pour lesquels ces biens aient une réelle importance.

Au contraire, les valeurs mobilières cotées sur les marchés internationaux constituent aujourd'hui, entre tous les pays, des droits réciproques portant sur des sommes considérables, qu'il importe de chiffrer.

Si nous évaluons à 10 0/0, avec M. Neymarck, la part des valeurs mobilières françaises possédée par les étrangers, cela fait 6 milliards 1/2 dont nous sommes débiteurs.

Par contre, les valeurs françaises représentant soit des créances sur nos colonies, soit les titres des sociétés françaises dont les entreprises sont situées aux colonies ou à l'étranger, vaudraient, d'après les tableaux ci-dessus, environ 4 milliards, dont la plus grosse part, de beaucoup, est dans les portefeuilles français. En outre, nous avons admis que les habitants de la France doivent posséder pour environ 23 milliards de valeurs étrangères.

Le compte se solderait donc par 20 milliards à notre actif.

Ajoutée aux 209 milliards comptés ci-dessus, cette somme porterait à *229 milliards* environ l'avoir collectif de la population de la France.

B. — Évaluation directe du montant total des fortunes privées. — Pour calculer le montant des fortunes des particuliers, il faut déduire du chiffre que nous venons de donner les biens appartenant à des personnes morales, et il faut y ajouter, d'une part, les valeurs mobilières françaises qui représentent des participations dans l'avoir de ces personnes morales ou des créances sur elles, de l'autre, les divers biens incorporels, brevets, clientèles, etc., qui représentent la valeur des droits spéciaux exercés par certains citoyens à l'encontre des autres. C'est le travail que nous allons essayer de faire.

Pour savoir quelle partie des biens matériels groupés ci-dessus sous la rubrique *propriété privée* figure directement dans le patrimoine des particuliers, nous devons en retrancher la part qui appartient à des sociétés anonymes.

En ce qui concerne la *propriété bâtie et non bâtie*, nous trouvons une indication assez nette dans la statistique des biens de main morte, établie en vue de l'impôt. Le mode de calcul que nous avons appliqué déjà pour les établissements publics nous conduit, pour la part des sociétés anonymes (en dehors des chemins de fer), à un chiffre de près de 3 milliards, composé presqu'exclusivement de propriétés bâties ; il resterait donc 52 milliards pour celles de ces propriétés qui appartiennent directement à des particuliers, tandis qu'il n'y aurait rien à déduire de la valeur de la propriété non bâtie. Quant aux *mines*, toutes celles qui ont quelque valeur appartiennent à des sociétés anonymes.

Dans le chiffre afférent *au mobilier, à l'outillage et aux approvisionnements*, nous n'avons aucun moyen de chiffrer la part des sociétés anonymes. Cependant, nous pouvons nous faire une certaine idée de son importance, par le procédé suivant : dans le tableau que nous avons donné page 266, les titres des sociétés autres que les Compagnies de chemins de fer et le Crédit foncier entrent pour un peu moins de 10 milliards 1/2. Pour tenir compte de la majoration anormale des valeurs minières et métallurgiques au moment où a été faite cette évaluation, nous ramènerons ce chiffre à 9 milliards 1/2. En en déduisant les 4 milliards de biens immobiliers, maisons et mines, que nous venons de leur attribuer, il reste 5 milliards 1/2 pour représenter la valeur de l'outillage, des approvisionnements, des clientèles, brevets, etc. de ces entreprises. Or, si nous remarquons — 1° que dans le total des valeurs mobilières, les titres de banques et d'assurances, non compris le Crédit foncier, entrent pour 3 milliards, représentant un actif constitué bien plus par du numéraire, des créances, des valeurs de portefeuille et surtout par la clientèle acquise que par des biens matériels — 2°, que les biens incorporels du même ordre ne sont pas sans importance pour les autres sociétés, — 3° enfin, que dans l'avoir de quelques-unes d'entre elles, entrent des installations et des canalisations dépendant de la voirie — nous arrivons à penser que leur part, dans l'outillage mobilier, les meubles, marchandises et approvisionnements, ne peut pas dépasser 3 milliards, parmi lesquels figure à peu près la valeur totale de notre matériel naval. La part restant aux particuliers serait ainsi ramenée à 33 milliards.

Viennent ensuite les *valeurs mobilières*. Nous avons admis que le total de celles que possèdent les habitants de la France doit s'élever à 60 milliards pour les valeurs françaises (après les déductions nécessaires pour tenir compte de la majoration anormale de certains titres en 1900) et à 23 milliards pour les valeurs étrangères. Mais la totalité de ces titres ne se trouve pas dans le patrimoine des particuliers. Nous avons vu que les dépôts dans les Caisses d'épargne, les réserves correspondant aux engagements des Compagnies d'assurances sur la vie et des Caisses de retraites, dépassent certainement 8 milliards ; avec la plus-value d'une partie de leur portefeuille, l'avoir de ces institutions doit approcher de 9 milliards. Une faible part de cet avoir est constituée en immeubles, et plus d'un milliard est représenté par des obligations du Trésor public, des départements ou des villes non compris dans les valeurs mobilières, ou par les comptes courants de la Caisse des Dépôts et Consignations. Mais il reste 7 à 8 milliards de valeurs cotées, constituées presque exclusivement de rentes sur l'Etat et d'obligations de Chemins de fer, qui sont ainsi retirées de la circulation. Il faudrait y ajouter les titres analogues que constituent le capital de toutes les sociétés de secours mutuels, de bienfaisance, des associations amicales, et aussi ceux qui entrent dans les réserves d'un grand nombre de sociétés anonymes, ainsi que le portefeuille des banques d'émission ou celui des sociétés dont l'industrie consiste en partie à fonder des filiales, etc. D'après l'importance d'un certain nombre d'éléments connus, nous ne croyons pas exagérer en comptant encore, pour ces divers articles, près de 2 milliards, dans lesquels entre une forte proportion de rentes françaises. Nous admettrions donc qu'il faut déduire des valeurs mobilières, en tout, environ 9 milliards, savoir : 8 milliards de valeurs françaises (dont 5 ou 6 de rentes), et 1 milliard de valeurs étrangères, ce qui ramène les valeurs françaises figurant dans les patrimoines particuliers à 52 milliards, et les valeurs érangères à 22 milliards.

Nous ne porterons pas, dans notre inventaire, les *créances* des particuliers les uns sur les autres, faute de données suffisantes, et aussi parce qu'elles ne modifieraient pas le total, puisque ce que l'un porte à son actif, l'autre doit le porter à son passif. Nous admettrons aussi que les dépôts dans les banques compensent sensiblement les avances faites par elles et les effets escomptés, comme cela est facile à constater d'après leurs bilans. Mais nous devons faire remarquer que, dans les valeurs mobilières, nous avons compris les obligations foncières, répondant à un passif hypothécaire de plus de 2 milliards ; il faut donc déduire cette dette du total des fortunes privées, puisque nous avons compté dans l'actif les obligations qui en sont la contre-partie.

Au contraire, nous devons porter à l'actif des particuliers les *dépôts des caisses d'épargne*, représentant plus de 4 milliards, *les droits acquis dans les sociétés d'assurances* et *caisses de retraites*, plus de 4 milliards également, les *cautionnements* déposés au Trésor et les *consignations judiciaires*, dépassant ensemble 1/2 milliard, soit en tout près de 9 milliards.

Enfin le *numéraire*, au point de vue des fortunes privées, doit être pris en compte pour sa valeur nominale, puisque l'Etat ne pourrait retirer de la circulation les monnaies d'argent sans rembourser cette valeur, et qu'il est par conséquent débiteur de la perte ; cela fait un total de 6.375 millions. Nous n'avons rien à y ajouter pour les billets de banque, puisqu'ils représentent soit les monnaies gardées à la Banque de France, soit des créances telles que les effets de commerce escomptés. Mais il faut retrancher la monnaie métallique qui est dans les caisses publiques et dans celles des sociétés anonymes autres que la Banque. Il doit rester au plus 5 milliards chez les particuliers, en or, argent et billets de banque, d'après l'estimation très autorisée de M. de Foville.

Resteraient enfin à évaluer les *clientèles*, les *brevets d'invention*, les *droits des auteurs* sur les ouvrages qui ont une vogue prolongée, etc. Le seul de ces éléments sur lequel nous ayons une indication sérieuse est la valeur des charges des officiers ministériels, 1.200 millions. Ces clientèles fondées sur le monopole, et celles des sociétés anonymes, dont nous n'avons plus à faire état ici puisqu'elles constituent un élément de la valeur des titres déjà portée en compte, sont certainement les plus importantes. En admettant, pour les autres, un chiffre voisin de 2 milliards, nous ne ferions guère que remplir au hasard une lacune de notre évaluation.

Nous avons maintenant arrêté les divers éléments nécessaires pour dresser le tableau complet des fortunes privées. Nous rappelons que nous avons confondu, dans le patrimoine direct des particuliers, les parts dans les sociétés en nom collectif ou les commandites, et que nous n'avons pas fait état des dettes compensées par des créances équivalentes, de sorte que ni les unes ni les autres n'apparaissent sous une rubrique spéciale dans le tableau ci-après :

Propriété non bâtie. . . .	65 milliards.
Propriété bâtie	52 —
Mobilier, outillage, approvisionnements	33 —
Valeurs mobilières françaises.	52 —
— étrangères.	22 —
Caisses d'épargnes, assurances, cautionnements. . .	9 —
Numéraire.	5 —
Clientèles et offices	3 —
Total.	211 milliards.
A déduire : dette hypothécaire envers le Crédit foncier . .	2 —
Total net.	239 milliards.

Ces chiffres peuvent être considérés comme s'appliquant aux années 1898-99. L'année 1900 aurait donné, pour les valeurs mobilières, une hausse sensible, mais purement momentanée.

Le total auquel nous arrivons est supérieur de 10 milliards à celui que nous avons trouvé pour la fortune globale de la France. L'écart tient à trois causes.

D'abord, pour passer de la fortune globale de la France au total des fortunes privées, il faut déduire de la première estimation les propriétés publiques, et y ajouter les valeurs diverses qui représentent soit les créances des particuliers sur l'État et sur ses

démembrements, soit les droits des concessionnaires qui ont fourni
le capital d'établissement de certaines voies de communication.
Or, le premier de ces totaux est supérieur au second : sans doute,
les propriétés publiques contiennent des biens acquis de longue
date ou payés sur le budget ordinaire, qui n'ont pas de contre-
partie dans la dette ; mais par contre, la dette publique a été
constituée, en majeure partie, par des emprunts absorbés dans
des calamités nationales ou employés à combler les déficits des
budgets annuels, qui ne sont représentés, dans notre avoir actuel,
par aucune valeur existante.

En second lieu, les emprunts publics et les obligations de
Chemins de fer, ayant été émis très au-dessous du pair, ont bénéficié d'une plus-value, conséquence de la baisse du taux de l'intérêt, par l'effet de laquelle leur valeur actuelle est très supérieure à l'actif constitué par les dépenses utiles couvertes au
moyen du produit des émissions.

Enfin, certains éléments, comme les offices et clientèles, qui
n'entrent pas dans la richesse globale de la France, figurent dans
le patrimoine des particuliers, puisque leur possession investit
certains d'entre eux des moyens de prélever sur le public un
revenu susceptible d'être capitalisé.

Il n'y a donc aucune contradiction entre les deux chiffres
auxquels nous sommes arrivés, et qui répondent à deux points
de vue très différents. Mais il ne faut pas oublier que l'un et
l'autre comprennent de nombreux éléments sur lesquels nous
n'avons que des données fort incomplètes, et qu'il serait difficile
d'affirmer qu'ils ne renferment pas une erreur, en trop ou en
moins, de 5 p. 100, de 10 p. 100, peut-être même de 15 p. 100
ou davantage.

C. — Les fortunes privées évaluées d'après l'annuité successorale ; variations de la richesse générale ainsi calculée. —
Nous avons cependant un moyen de contrôle, dans les constatations faites par l'administration de l'Enregistrement pour la
perception des impôts sur les successions et donations. Toute la
richesse du pays vient périodiquement s'inscrire sur les registres
du fisc, soit à l'occasion des décès, soit à l'occasion des donations entre vifs, qui, comme nous l'avons dit, se composent à peu
près exclusivement de dots et de partages d'ascendants, ayant le
caractère d'avances d'hoirie. En réunissant les unes aux autres,
on constate le montant des sommes qui changent de mains
chaque année, à titre gratuit ; pour en déduire le montant total

de la richesse du pays, il suffirait de savoir tous les combien de temps, en moyenne, cette richesse est ainsi transmise, et de multiplier le montant annuel des donations et successions par le nombre d'années pendant lequel chacune d'elles reste dans les mêmes mains.

Le temps qui s'écoule, en moyenne, entre deux transmissions, est représenté par la *survie moyenne des héritiers* sur ceux dont ils héritent : c'est là un coefficient qui s'applique aux donations aussi bien qu'aux successions, car si une génération garde moins longtemps ce dont elle se dessaisit par anticipation, la suivante le conserve davantage, et la moyenne se rétablit.

Pour les transmissions de parents à enfants, qui représentent près des deux tiers du total, l'intervalle d'une génération à la suivante est donné par l'âge moyen des parents au moment de la naissance des enfants (1); or, les relevés faits sur les registres de l'État civil montrent que celui-ci est de 32 à 33 ans. Le même chiffre s'appliquerait, par analogie, aux transmissions d'oncle à neveu, qui entrent dans le total pour un vingtième des transmissions à titre gratuit, et il devrait être doublé pour les transmissions de grands-parents à petits-enfants, qui représentent un autre vingtième. Mais le chiffre serait sensiblement plus faible pour les transmissions entre époux ou entre frères et sœurs, qui entrent pour 15 p. 100 dans les successions et donations. Dans l'ensemble, le chiffre de 33 ans, qui ressort d'anciennes enquêtes administratives, a été proposé par M. de Foville et admis par la plupart des statisticiens ; nous l'adopterons également.

Deux tableaux donnant la décomposition des biens compris dans les successions et dans les donations en 1898, d'après leur nature, ont été dressés par les soins de M. Fernand Faure, Directeur Général de l'Enregistrement. M. de Foville, en appliquant les proportions dans lesquelles les divers éléments entrent dans ces tableaux au montant moyen des successions et des donations dans les dernières années, puis en multipliant les moyennes annuelles ainsi établies par le coefficient 33, pour avoir la valeur totale des biens de chaque catégorie, a établi des chiffres qui représentent la composition des fortunes privées, déduite des déclarations faites au fisc. Ces chiffres s'appliquent à la même époque que celle sur laquelle porte notre évaluation directe, savoir 1898-99. Nous les résumons dans le tableau ci-après :

(1) Soit P cet âge moyen de la paternité, M l'âge moyen de la mort, S la survie moyenne des enfants sur les parents ; l'âge moyen des enfants, à la mort des parents, est M — P, et leur survie S = M — (M — P) = P.

NATURE DES BIENS	ANNUITÉ MOYENNE		CAPITAL total correspondant
	successions	donations	
	millions	millions	milliards
Immeubles ruraux	1.380	305	59
Immeubles urbains.................	1.440	83	54
Valeurs mobilières françaises { Fonds d'État....	345	42	13,5 }
Actions	345	25	13 } 49
Obligations...........	586	60	22,5 }
Valeurs mobilières étrangères { Fonds d'État	115	12	4,5 }
Actions	86	2	3 } 12
Obligations...........	126	5	4,5 }
Numéraire	69	330	14
Dépôts dans les banques et les caisses d'épargne, assurances.............	201	5	7
Créances, parts d'intérêts, commandites, prix d'offices.................	747	84	29
Fonds de commerce (avec les marchandises et approvisionnements).......	80	9	3
Meubles corporels	230	39	10
Totaux............ ...	5.750	1.000	237

Pour les *immeubles ruraux*, nous trouvons un chiffre inférieur
de 6 milliards à celui auquel nous avons été conduits dans
notre évaluation directe de la propriété non bâtie, en admettant
la proportion de 31 p. 100 par la dépréciation subie depuis 1881.
Or, les valeurs successorales devraient, au contraire, donner
un chiffre plus fort. L'enregistrement englobe, en effet, dans
les biens ruraux, non seulement les bâtiments d'exploitation
que nous y avons rangés dans notre évaluation directe, mais
aussi les maisons d'habitation des cultivateurs, lorsqu'elles font
partie intégrante d'un ensemble d'immeubles bâtis ou non bâtis
dont la destination principale est la production des récoltes. Il est

vrai qu'inversement, les parcs et jardins dépendant des habitations sont classés comme immeubles urbains ; mais cela est loin de faire compensation. L'écart que nos chiffres présentent, en sens inverse de celui que l'on devrait trouver, s'explique par deux causes : d'une part, l'évaluation en capital obtenue par l'enregistrement en multipliant la valeur locative par 25 comme le prescrit la loi, est un peu faible ; de l'autre, pour tous les immeubles ruraux occupés par leurs propriétaires (et c'est la grande majorité), les valeurs locatives déclarées en cas de succession sont très inférieures à la réalité, et le contrôle est très difficile. Nous considérons donc le chiffre de 65 milliards, tiré de l'évaluation directe, comme probablement plus exact que celui auquel conduirait l'annuité successorale ; mais nous admettrons que les indications tirées de celle-ci doivent faire considérer ce chiffre comme plutôt excessif qu'insuffisant.

Pour les *immeubles urbains*, nous trouvons un chiffre supérieur de 2 milliards à l'évaluation directe de la propriété bâtie ; l'écart devrait être en sens inverse, puisqu'une partie des maisons d'habitation comprises dans cette dernière est comptée ici parmi les immeubles urbains. Mais l'enregistrement évalue le capital à 20 fois la valeur locative brute, tandis que l'évaluation des contributions directes faisait ressortir le rapport de l'un à l'autre à 18 seulement. De là un écart de 10 p. 100, qui explique que l'évaluation obtenue au moyen des valeurs successorales soit un peu supérieure à l'autre, au lieu d'être un peu inférieure.

Ainsi, pour les immeubles urbains, qui sont ceux pour lesquels les estimations présentent le plus de certitude, les deux modes d'évaluation cadrent assez bien. Nous y trouvons une preuve que le choix du multiplicateur 35, pour passer de l'annuité successorale au capital des fortunes privées, est bien justifié.

Quand nous passons aux biens meubles, les conclusions à tirer de l'étude des transmissions deviennent bien moins certaines. Les déclarations de succession sont, en effet, fort souvent inexactes, et les dons manuels, qui échappent à toute constatation, sont nombreux. On ne peut donc plus accepter les indications qui précèdent qu'avec une extrême réserve.

En ce qui concerne les *valeurs mobilières et le numéraire réunis*, nous trouvons 75 milliards, au lieu de 79 par la méthode directe. Étant donné la facilité des dissimulations de titres au porteur et de fonds en caisse, l'écart n'a rien d'excessif. Mais la décomposition de ce total, entre les divers éléments que nous groupons à dessein ici, est fort différente dans les deux évaluations. La différence provient surtout du rôle considérable que joue le numéraire dans les donations ; il est évident qu'il y a là une indication qui ne répond pas à la réalité des choses. Des titres au porteur sont très souvent mentionnés dans les contrats de mariage simplement pour leur valeur en espèces, ou bien convertis, au moment où l'on en fait donation, en argent qui sera replacé le lendemain ; on ne doit donc pas s'étonner que le chiffre du numéraire soit grossi, et celui des valeurs atténué.

Cependant, même en tenant compte de ces faits, la proportion de valeurs étrangères donnée par le tableau nous paraît trop faible. Les chiffres résultant, sur ce point, des successions enregistrées en 1898, étaient sans doute anormaux, car une décomposition analogue à celle qui a été faite pour cette année, publiée par l'administration pour 1899, mais portant sur les successions seulement, donnerait 4 ou 5 milliards de plus sur cet article, alors que, sur tous les autres, les différences d'une année à l'autre sont relativement minimes. D'autre part, les titres étrangers sont très souvent au porteur, ce qui explique que les dissimulations, ou les donations par contrat sous la rubrique numéraire, portent proportionnellement davantage sur ces valeurs. Il faut donc relever sensiblement le chiffre de 12 milliards résultant des déclarations de successions et de donations en 1898 ; mais même en le relevant de 6 ou 8 milliards on reste sensiblement au-dessous du chiffre que nous avons admis dans l'évaluation directe, tandis que, pour les valeurs françaises autres que les rentes sur l'Etat, nous retrouvons presqu'exactement l'évaluation à laquelle nous arriverions directement, si nous prenions, dans les tableaux des pages 266 et 267, la valeur des titres de cet ordre au 28 fév. 1900 41 milliards 1/2), et si nous en déduisions 1° 10 p. 100 pour les titres placés à l'étranger, 2° un peu plus de 1 milliard pour l'exagération des cours à la date choisie, 3° 1/2 milliard pour les titres de cette catégorie placés dans les caisses de retraites, caisses d'assurances, réserves, des sociétés etc. Comme les dissimulations, et les donations sous le nom de numéraire, portent sans aucun doute, dans une certaine mesure, sur cette catégorie de titres français, nous serions portés à croire que, dans l'évaluation directe, nous avons un peu exagéré la proportion d'entre eux qui est placée à l'étranger, d'une part, et le chiffre des valeurs étrangères possédées par des Français, d'autre part ; nous admettrons donc que l'on pourrait peut-être avoir à rectifier ces deux chiffres en sens inverse, sans que l'estimation totale des valeurs mobilières existant en France en soit altérée.

Le chiffre des *dépôts et assurances* constatés dans les successions et donations est un peu inférieur à celui que nous avons trouvé directement, quoiqu'il comprenne en plus les dépôts dans les banques ; mais il comprend en moins les cautionnements portés ailleurs, et les droits acquis à des retraites, qui ne sont pas transmissibles, de sorte qu'en somme, il y a accord.

Le chiffre des *créances, parts d'intérêts*, etc., qui est considérable, n'apparaissait pas dans notre évaluation directe, puisqu'il aurait fallu déduire l'équivalent pour les dettes ; l'enregistrement, au contraire, portait en 1898 les créances sans aucune compensation, parce que, jusqu'en 1901, la déduction du passif n'était pas admise pour le calcul des droits de succession. Ce chiffre comprend cependant quelques milliards dont nous avons fait état sous d'autres rubriques, savoir la valeur des offices, les cautionnements, et surtout les sommes prêtées par des bailleurs de fonds à des négociants et à des sociétés en nom collectif, lesquelles représentent une partie de la valeur de l'outillage industriel et des marchandises en magasin.

Les *fonds de commerce avec les marchandises* et les *meubles corporels* figurent enfin pour 13 milliards seulement ici, tandis que, dans notre évaluation directe, nous avions admis 36 milliards pour les deux mêmes articles réunis. Il est vrai que ce dernier chiffre englobait deux éléments compris ici sous la rubrique *créances*, etc., savoir : le prix des offices, et celui de l'outillage industriel et des marchandises en magasin dont la valeur est représentée par des commandites et participations. Même en les déduisant, nous trouvons encore un écart qui va au moins du simple au double. Mais c'est un fait bien connu, que dans les successions, même régulièrement inventoriées, les meubles meublants, effets et approvisionnements sont évalués à des prix dérisoires, et qu'il en est souvent de même de l'outillage et des marchandises des négociants. Sans doute, on ne doit pas évaluer les meubles au prix du neuf ; mais la dépréciation résultant, pour le propriétaire, de l'usage qui, en a déjà été fait, est bien inférieure à celle que subirait le mobilier vendu à l'encan ; or, les déclarations la supposeraient toujours bien plus grande. Les petites successions, qui ne comprennent pas d'autres éléments que les meubles, le numéraire ou quelques titres au porteur, ne font même presque jamais l'objet de déclarations, ce qui explique que le nombre des successions constatées par l'enregistrement ne représente guère que la moitié du nombre des décès annuels. L'inexactitude des déclarations, à cet égard, est telle, que l'écart entre le chiffre résultant des publications administratives et notre évaluation directe, si grand qu'il soit, ne nous paraît pas motiver une correction notable des chiffres antérieurement admis.

En résumé, sur les 237 milliards portés au tableau dressé d'après les successions et donations, il faut en déduire peut-être 25 pour les créances répondant à des *dettes personnelles*, qui diminuent d'autant l'avoir des particuliers, et aussi pour les *usufruits*, qui étaient taxés en 1898 à raison de la moitié de la valeur grevée, sans que rien soit déduit de la valeur taxée pour la nue propriété ; mais il faut ajouter une somme probablement plus forte, pour tenir compte de l'insuffisance systématique de l'estimation des biens ruraux occupés par leurs propriétaires et de l'évaluation du mobilier, ainsi que de la dissimulation des titres au porteur, et l'on retrouve de la sorte à très peu près le chiffre de 239 mil. liards auquel nous avait conduit la méthode directe ; les seules corrections que les indications fournies par les successions pourraient nous conduire à admettre seraient une légère augmentation du chiffre inscrit au tableau de la page 282 pour les valeurs françaises, et une certaine diminution de la valeur de la propriété non bâtie et de celle des valeurs étrangères.

M. de Foville, tenant un moindre compte des atténuations des déclarations successorales, considère 230 milliards comme un maximum pour l'ensemble des fortunes privées, et admet qu'il faudrait peut-être descendre à 220 ou à 210 milliards.

L'annuité successorale, en y comprenant les donations, permet de suivre la marche progressive de la richesse publique d'année en année. Nous en donnons ci-après une représentation graphique. Les oscillations, d'une année à l'autre, s'expliquent par deux circonstances : les variations de la mortalité, tenant aux guerres ou à l'état sanitaire ; les variations du cours des valeurs mobilières, tenant à l'état du marché financier. Mais le niveau moyen de la courbe représente bien les variations de la richesse publique. La prolongation de la vie moyenne, qui a été sensible au cours du xixᵉ siècle, n'a pas modifié le coefficient à adopter pour passer du chiffre des successions à celui de l'ensemble des fortunes privées, car elle ne semble pas avoir modifié l'écart d'âge entre les parents et les enfants ; d'ailleurs, elle provient surtout de la réduction de la mortalité infantile, qui ne joue aucun rôle dans les successions.

La baisse du taux de l'intérêt a naturellement fait hausser les cours d'après lesquels les valeurs mobilières sont comptées dans les successions. Elle n'a pas influé sur le taux de capitalisation des maisons, qui est resté fixé, depuis la loi du 22 frimaire an VII, à 20 fois la valeur locative, sans déduction pour les charges de surveillance et d'entretien ou les vacances d'appartements, quoique celles-ci réunies diminuent le revenu net d'au moins un quart; la valeur ainsi calculée était excessive il y a 40 ou 50 ans, mais elle est aujourd'hui assez voisine de la vérité. Pour les biens ruraux, la loi fixait la même base de capitalisation, jusqu'en 1875; cette base avait fini par donner des chiffres bien inférieurs à la réalité, car il eût fallu capitaliser le revenu ainsi réduit d'après un taux d'intérêt de 4 1/2 ou 5 p. 100, car les placements en terre, qui comportent moins de charges que les maisons, rapportaient alors environ 3 p. 100. La loi du 21 juin 1875 a porté le capital servant de base pour le paiement des droits à 25 fois le revenu; il en est résulté une augmentation brusque d'environ 300 millions dans la valeur de l'annuité successorale. Le coefficient adopté en 1875 était encore trop modéré, à cette date; mais depuis lors, le taux de capitalisation des biens ruraux, loin de suivre la hausse de celui des valeurs, a un peu diminué, parce que l'on considère de nos jours leur revenu comme ayant plus de chances de baisser que de hausser.

En dehors de ces causes de variations, nous devons en signaler deux autres, dont la connaissance est nécessaire pour bien apprécier la marche de la courbe : Les fonds d'Etat français et étrangers et les actions des sociétés étrangères échappaient à la taxe sur les successions jusqu'à la loi du 18 mai 1850, et les obligations étrangères jusqu'à celle du 13 mai 1863; chacune de ces lois a grossi de près de 100 millions l'annuité déclarée. En sens inverse, la perte de l'Alsace-Lorraine a amené une réduction qu'on peut évaluer à 200 millions.

Sous le bénéfice de ces observations, on peut admettre que la marche de l'annuité totale donne une idée assez exacte de celle des fortunes particulières, car la plupart des corrections de détail dont nous avons expliqué la nécessité étaient les mêmes aux diverses époques. Il est vrai que le développement des valeurs mobilières rend aujourd'hui les dissimulations plus faciles qu'au temps où la terre était la principale richesse; mais l'insuffisance du taux de capitalisation de celle-ci, pendant longtemps, impliquait une insuffisance des évaluations probablement plus importante encore que les dissimulations actuelles.

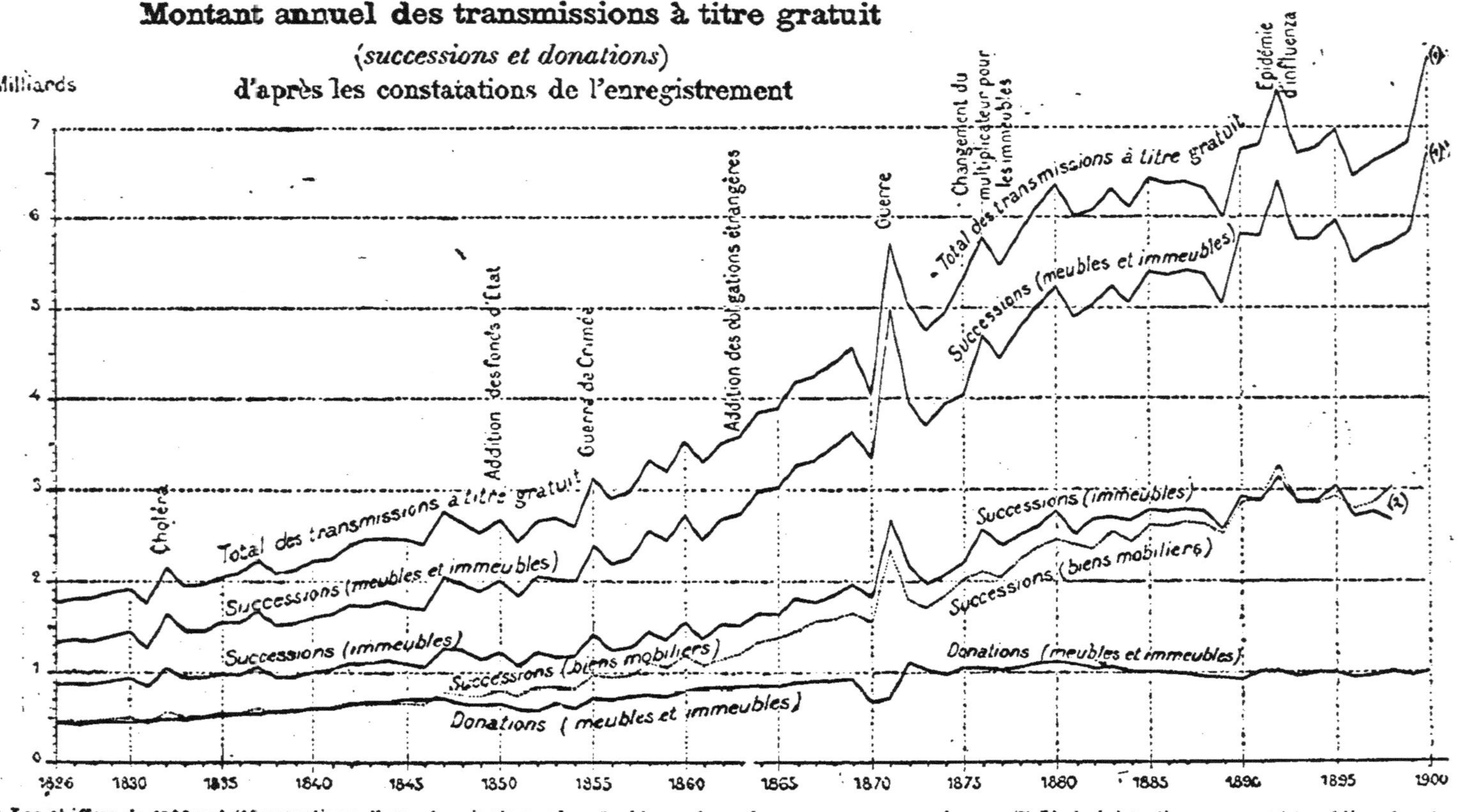

Montant annuel des transmissions à titre gratuit
(successions et donations)
d'après les constatations de l'enregistrement
Milliards
Épidémie d'influenza
Changement du multiplicateur pour les immeubles
Total des transmissions à titre gratuit
Guerre
Addition des obligations étrangères
Guerre de Crimée
Addition des fonds d'État
Choléra
Total des transmissions à titre gratuit
Successions (meubles et immeubles)
Successions (meubles et immeubles)
Successions (immeubles)
Successions (immeubles)
Successions (biens mobiliers)
Successions (biens mobiliers)
Donations (meubles et immeubles)
Donations (meubles et immeubles)

(1) Les chiffres de 1900 ont été exceptionnellement majorés par la coïncidence de quelques grosses successions. — (2) L'administration a renoncé à publier séparément les chiffres relatifs aux meubles et aux immeubles dans les successions, ces chiffres ayant cessé exacts, en raison des conditions dans lesquelles les droits sont établis.

Le graphique montre que, de la fin de la Restauration au milieu du second Empire, le total des fortunes privées avait à peu près doublé, et qu'il avait encore augmenté de 50 p. 100 du chiffre initial quand est survenue la guerre. Malgré la mutilation du territoire, dès 1873 on retrouvait le chiffre de 1869, et dans les 12 années qui suivirent, même en faisant abstraction de la majoration résultant de la loi de 1875, on constate une progression de plus de 30 p. 100. Au contraire, de 1885 à 1898-1899, l'augmentation totale n'est guère que de 5 ou 6 p. 100 en 14 ans ; la baisse de la valeur de la terre a presque compensé le développement des constructions et la plus-value des valeurs mobilières. On ne doit pas s'étonner, d'ailleurs, que cette baisse apparaisse, dans les déclarations de successions, un peu plus tard qu'elle ne s'est produite en réalité, à cause du délai accordé, et surtout à cause du rôle que jouent, dans les évaluations, les baux dont les prix ne se modifient qu'à mesure des renouvellements. Un point remarquable, c'est que depuis 30 ans, les successions seules ont augmenté, le montant des donations étant resté stationnaire.

En résumé, en appliquant pour le passé les mêmes coefficients que pour la période actuelle, et en tenant un certain compte de l'insuffisance du taux de capitalisation pour les terres vers le milieu du siècle, on déduirait de l'annuité successorale l'évaluation ci-après, pour le total des fortunes privées :

vers 1827.	de 60 à 65	milliards
vers 1845.	de 85 à 90	—
vers 1868.	de 160 à 165	—
vers 1885.	de 220 à 225	—
vers 1898.	de 230 à 235	—

Mais, il importe de rappeler encore une fois que ces évaluations ne sauraient être considérées comme exactes, et doivent servir seulement à se faire une idée de l'ordre de grandeur et de la progression de la richesse générale.

D. — LE TOTAL DES FORTUNES PRIVÉES DANS QUELQUES PAYS ÉTRANGERS — Nous ne pourrions nous livrer, pour des pays autres que la France, à une discussion détaillée des diverses évaluations qui ont été données de la richesse générale, et nous nous bornerons à indiquer les résultats des plus autorisés.

L'*Angleterre* est le pays pour lequel nous avons le plus de renseignements. En prenant la moyenne de diverses évaluations de la richesse du Royaume-Uni, on trouverait vers 1805 une cinquantaine de milliards, et vers 1838 une centaine. Depuis lors, Sir Robert Giffen a dressé avec beaucoup de soin des évaluations, basées sur l'*income tax* ; mais les chiffres qu'il donne se rapprochent plutôt de la richesse globale du pays que du total des fortunes privées, car il y comprend le domaine public, et il laisse en dehors la dette nationale. En en retranchant le premier de ces éléments, et en y ajoutant le second, les évaluations à déduire de ses travaux deviennent, en nombres ronds :

pour 1865 . . . .   165 milliards
pour 1875   220   —
pour 1885   255   —

Pour l'époque actuelle, sans refaire complètement des calculs dont quelques données nous manqueraient, mais en appliquant des coefficients analogues à ceux de sir Robert Giffen aux principaux éléments du revenu soumis à l'income-tax, et en faisant entrer en compte une légère augmentation dans le taux de capitalisation, on trouverait environ 350 milliards comme total des fortunes privées en Angleterre en 1898, et 375 milliards en 1900, année de hausse exceptionnelle des valeurs industrielles. On voit que la richesse de l'Angleterre a bien plus augmenté que la nôtre depuis 15 ans, et l'on ne saurait s'en étonner, puisqu'elle est bien plus industrielle et bien moins agricole. Il ne faut pas oublier, d'ailleurs, que des dissimulations considérables atténuent les revenus déclarés pour l'*income-tax*, de sorte que Sir Robert Giffen a dû introduire dans ses calculs des corrections comportant une assez large part d'hypothèses, notamment en ce qui concerne les valeurs étrangères.

On admet généralement qu'en *Allemagne*, la richesse acquise est sensiblement moindre qu'en France. Il y a quinze ou vingt ans, l'écart était certainement considérable et le chiffre de 25 p. 100 de différence a été formulé. L'essor industriel qui s'est produit en Allemagne, depuis lors, a certainement beaucoup rapproché ce pays de la France comme richesse, bien que la crise agricole ait été aussi fortement sentie chez nos voisins que chez nous.

La richesse de l'*Autriche-Hongrie* était évaluée à une centaine de milliards il y a vingt ans, et a sensiblement progressé depuis lors. Celle de l'*Italie* est estimée à une cinquantaine de milliards, et celle de la *Belgique* dépasse les deux tiers de ce chiffre.

Les *Etats-Unis* publient tous les 10 ans, sous le nom de *census*, une statistique générale ; elle donne, pour la richesse effective totale du pays, les chiffres suivants, qui ne paraissent pas reposer sur des bases bien solides, et dont le dernier est provisoire.

1850	36	milliards
1860	81	—
1870	150	—
1880	213	—
1890	325	—
1900	472	—

Dans l'ensemble, le fait caractéristique de la seconde moitié du xix⁰ siècle est l'extraordinaire progression de la richesse des pays industriels, surtout de ceux qui sont dotés do grandes ressources minières. L'Angleterre, qui avait à cet égard une avance considérable, est aujourd'hui dépassée par les Etats-Unis, et l'Allemagne tend de loin à se rapprocher d'elle. La richesse agricole s'est également développée dans les pays neufs, tandis que, dans les pays dont toutes la surface était mise en valeur depuis longtemps, la baisse des prix a amené une réduction de la valeur des terres, que l'augmentation de la production n'a pu compenser. Nous avons particulièrement souffert de cette situation, n'ayant pas trouvé, dans l'exploitation de notre sous-sol et dans les industries connexes, les mêmes compensations que les pays rivaux. Au contraire, au point de vue de la progression des valeurs mobilières, forme moderne d'une grande partie de la richesse, nous avons progressé au moins autant qu'eux ; mais, tandis que, dans les pays industriels, le développement des entreprises privées en était la cause principale, chez nous, ce sont surtout les emprunts directs ou indirects de l'Etat qui se sont multipliés, entraînant des charges publiques qui compensent en partie le développement des fortunes privées.

CHAPITRE QUATRIÈME

LA RÉPARTITION DES REVENUS ET SES MODIFICATIONS

I. **Le montant total des revenus du capital et du travail, y
compris les bénéfices d'entreprises.** — Nous avons étudié, dans
notre premier volume, l'organisation et la rémunération du
travail, et dans le présent Livre, la constitution et l'exploitation
des capitaux. Mais si nous avons dû séparer, pour les examiner
en détail, ces deux grandes sources de revenus, en pratique, c'est
la réunion des deux qui fournit à la majorité des hommes les
moyens de satisfaire à leurs besoins. De nos jours du moins, et
surtout en France, la plupart des familles tirent leurs ressources
d'un travail plus ou moins assidu, en même temps que d'un capital parfois considérable et plus souvent minuscule. Nous devons
donc réunir les revenus provenant de ces deux origines, pour nous
faire une idée réelle de la situation générale du peuple français,
et de la situation respective des diverses classes de la société.
Nous allons, dans le présent chapitre, chercher à nous rendre
compte d'abord du *montant total des revenus privés*, puis de leur
répartition. Nous rappellerons ensuite quelles sont les influences
qui tendent *à modifier*, soit en apparence, soit en réalité, l'ensemble des ressources de la population et la manière dont elles
se partagent entre les familles ; enfin, nous chercherons quelles
conséquences on en peut tirer, sur l'une des questions les plus
graves qui se posent en Economie politique, celle de savoir si le
mouvement actuel de la civilisation tend à accroître ou à atténuer
l'*inégalité entre les diverses classes de la population*, à rendre
plus ou moins marquée la différence de situation entre les riches
et les pauvres.

La réunion, dans cette étude, des revenus du travail et de ceux
du capital, s'impose d'autant plus que, pour la moitié des familles, ces revenus ne se distinguent les uns des autres que théoriquement. Nous avons vu, en effet, que le nombre des entrepreneurs de culture est de 3.600.000 et celui des patentés de
1.750.000 environ. Cela fait donc 5.350.000 familles qui *exploi-*

tent, à leurs risques et périls, des biens ruraux, des industries, des commerces, auxquels le chef de la famille, et habituellement aussi, la plupart de ses membres en situation de travailler, consacrent leur labeur, et dans lesquels ils ont engagé un avoir plus ou moins considérable, terres, usines, outillage, fonds de roulement, prix de la clientèle etc. Le *salaire du travail* et l'*intérêt du capital* sont finalement compris dans l'excédent des produits réalisés, en nature ou en argent, sur les dépenses faites pour l'achat de matières premières, pour l'entretien et le renouvellement de l'outillage et des marchandises, pour le paiement des salaires ou des intérêts dûs aux travailleurs et aux capitaux étrangers dont le concours a été nécessaire. Mais cet excédent ne dépend pas seulement de l'importance du travail et du capital fournis par l'entrepreneur et sa famille, et du taux courant de rémunération qui leur est applicable ; il dépend aussi de la direction plus ou moins bonne donnée à l'entreprise, de l'habileté déployée pour opérer les achats et les ventes dans des conditions favorables, et enfin des hasards heureux ou malheureux résultant de circonstances qu'il était impossible ou du moins très difficile de prévoir. Le *bénéfice d'entreprise*, ou la *perte*, vient donc accroître ou réduire, souvent dans une très large mesure, la rémunération du travail ou du capital de ces familles.

On en pourrait conclure que nous aurions dû ajourner la statistique générale des revenus et les considérations auxquelles elle donne lieu, jusqu'à ce que nous ayons complété l'étude des diverses questions économiques relatives aux fonctionnement des entreprises. Or, il nous reste, pour cela, à parler des opérations commerciales : nous avons, en effet, traité des moyens de production, c'est-à-dire du travail, puis du capital, dans lequel nous avons englobé les agents naturels appropriés ; les questions d'organisation technique ne sont point du ressort de l'Economie politique ; nous aurons donc examiné toutes celles des causes de la prospérité ou de la ruine des entreprises qui rentrent dans notre sujet, quand nous aurons étudié les considérations d'ordre commercial qui dominent l'approvisionnement des matières premières et l'écoulement des produits, ainsi que les luttes et les ententes auxquelles ces opérations donnent lieu, soit à l'intérieur de chaque pays, soit entre nations indépendantes les unes des autres. Mais l'étude que nous ferons de ces questions, dans le Livre suivant, ne nous apportera, en fait, aucune donnée nouvelle sur le montant total des profits agricoles, industriels ou commerciaux qui entrent dans les revenus privés. Nous sommes donc, dès à présent, en possession de tous les éléments dont nous disposerons pour chiffrer ceux-ci ; c'est pourquoi nous avons placé ici leur statistique, et les observations qu'elle suggère, comme conclusion des études auxquelles ont donné lieu, de notre part, le travail d'abord, puis le capital.

Nous allons commencer par chiffrer isolément, autant qu'il est possible, les revenus propres à l'un ou à l'autre de ces deux instruments de production ; puis nous examinerons les revenus mixtes, dans lesquels la part des divers éléments est indiscernable.

Les *capitaux* dont il est possible d'évaluer le revenu isolément sont les immeubles et les valeurs mobilières.

Pour *la propriété non bâtie*, nous rappelons que la dernière évaluation un peu précise est celle de 1879-81, qui portait à 2.646 millions le revenu net imposable ; en y ajoutant l'estimation de 191 millions, faite en 1887-89, pour la valeur locative des bâtiments d'exploitation non imposés, que nous avons toujours réunis aux terres, on trouve 2.837 millions. Si nous admettons, avec M. Daniel Zolla, une diminution d'un peu plus du quart dans le produit net depuis cette époque, nous trouvons, pour le revenu total actuel, environ 2.100 millions.

Pour la *propriété bâtie*, nous prendrons comme point de départ le revenu net imposable évalué, en 1899-1900, par l'Administration des contributions directes, soit 2.344 millions. Mais nous avons admis que, sur une valeur en capital de 57 milliards, 5 milliards représentaient les édifices appartenant aux communes, aux sociétés, etc. Réduisant le revenu dans la même proportion, pour avoir la part des particuliers, il reste 2.140 millions.

Pour les *valeurs mobilières françaises*, les tableaux des pages 266 et 267 donnent un revenu total de 2.189 millions. Il en faut déduire 10 p. 100, pour les valeurs françaises placées à l'étranger. Il faudrait encore en déduire l'intérêt des 8 milliards de valeurs françaises que nous avons considérées comme placées dans les caisses diverses et dans le portefeuille des banques, des assurances, etc. ; mais sur ce chiffre, il faut rétablir 4 milliards, constituant le portefeuille des Caisses d'Epargne dont le revenu est servi aux déposants ; reste donc à déduire seulement l'intérêt de 4 milliards, soit 6 p. 100 du total. Ces deux déductions faites, il reste, en chiffres ronds, 1.840 millions.

Enfin, nous avons admis qu'il se trouvait, dans les portefeuilles privés, 22 milliards de *valeurs mobilières étrangères* qui, à 4 1/4 p. 100, rapporteraient 930 millions.

Nous trouvons donc, comme revenu de la propriété foncière et des valeurs mobilières, un chiffre total dépassant un peu 7 milliards, dont trois cinquièmes pour les immeubles et deux cinquièmes pour les valeurs mobilières.

Nous n'y ajouterons rien pour le revenu des créances privées puisque les intérêts touchés par un particulier sont payés par un autre, de sorte que le total n'est pas modifié de ce chef. Quant aux biens mobiliers corporels et au numéraire, ils ne sont pas productifs de revenu, lorsqu'ils ne sont pas affectés à l'exercice d'une industrie ou d'un commerce ; lorsqu'ils font partie de l'outillage ou du fonds de roulement d'une entreprise, le revenu qu'ils donnent, comme celui des clientèles, brevets, etc., rentre dans les revenus mixtes que nous étudierons plus loin.

L'évaluation du total des *salaires* proprement dits est plus difficile à établir. On peut néanmoins s'en faire une idée, en utilisant la statistique agricole, le recensement des professions dressé par l'Office du travail en 1896 (voir tome I, p. 232) et enfin la statistique des salaires.

La statistique *agricole* de 1892 estimait à 4 milliards le salaire des travailleurs, mais en y comprenant la rémunération du travail manuel des entrepreneurs de culture. Si nous prenons seulement les salariés, nous trouvons les éléments suivants : 1° — 1.830.000 domestiques, hommes et femmes, gagnant 530 millions (d'après le taux moyen donné, tome I, p. 560) et en outre nourris et logés, ce qui, à raison de 1 fr. par jour seulement, représente 670 millions, et porte à 1.200 millions les salaires des domestiques ; 2° — 1.220.000 journaliers hommes, gagnant en moyenne 2 fr. 50 par jour quand ils ne sont pas nourris, ce qui ferait, pour 250 à 300 jours de travail par an, de 625 à 750 fr. par homme et 800 à 900 millions pour l'ensemble ; 3° — il faudrait y ajouter les salaires des femmes employées comme journalières, dont on pourrait chiffrer le nombre en prenant la différence entre le nombre des femmes salariées comme travailleuses rurales, qui est donné par le recensement des professions, et celui des domestiques de ferme, qui est donné par la statistique agricole ; on en trouve ainsi environ 600.000, et en admettant même que leur emploi ne soit pas régulier, il doit y avoir là encore une somme de salaires assez forte, à ajouter aux chiffres précédents. Il paraît donc certain que le total des salaires agricoles dépasse largement 2 milliards.

Pour nous faire une idée des salaires des *ouvriers de l'indus-*

trie, nous pouvons appliquer les rémunérations moyennes résultant de l'enquête faite par l'Office du travail, en 1891-93, à l'effectif compris dans le recensement des professions sous la rubrique « employés et ouvriers de l'industrie et des transports ». Il est vrai que ce personnel comprend beaucoup de véritables employés ; mais par contre, les salariés des établissements commerciaux, que la statistique range à part, comprennent beaucoup d'hommes de peine qui sont de véritables ouvriers, et nous pouvons admettre qu'il y a compensation, de sorte que le premier chiffre représenterait à peu près l'ensemble des ouvriers des deux groupes. Nous prendrons l'effectif total, y compris les chômeurs, et nous admettrons, avec l'Office du travail, que le nombre de journées faites par an soit en moyenne de 250 par travailleur, quoique ce chiffre nous paraisse faible. Nous trouvons alors les résultats ci-après :

		Effectif	Salaire moyen	Salaires totaux
Hommes	Seine.....	460.000	6 fr. 15	717 millions
	Province..	2.470.000	3 fr. 90	2.408 —
Femmes	Seine.....	230.000	3 fr. 00	172 —
	Province..	820.000	2 fr. 10	430 —
Totaux..........		3.980.000		3.727 millions

Les salaires ont certainement haussé, depuis l'époque où l'enquête a été faite, de sorte que nous admettrions volontiers un chiffre approchant de 4 milliards.

Les salariés du *commerce et des professions libérales* figurent dans le recensement au nombre de 560.000 hommes et 210.000 femmes ; nous avons admis, tout à l'heure, que ce chiffre peut être pris comme représentant l'effectif total des employés, y compris ceux de l'industrie, dont le nombre équivaudrait à celui des ouvriers et manœuvres du commerce. Nous n'avons aucune donnée directe sur leurs traitements. M. Coste, dans une communication faite à la société de statistique en 1890, évaluait à 1 milliard les traitements privés. Si l'on admet ce chiffre pour le gain de cette classe de personnes, on ne saurait être taxé d'exagération, car il répond à une moyenne de 1.250 fr. par tête, pour une catégorie qui comprend quelques très gros traitements.

Les *domestiques* attachés à la personne représentent un effectif de 170.000 hommes et 670.000 femmes, dont près du quart employés dans le département de la Seine. En ajoutant à leurs gages les frais de nourriture et de logement, on peut évaluer leur rémunération à près d'un milliard.

L'État, les départements et les communes occupent, dans les emplois civils, 584.000 hommes et 104.000 femmes. Les officiers, sous-officiers et gendarmes, qui restent volontairement au service, y ajouteraient 100.000 personnes environ. L'ensemble de leurs salaires et allocations diverses dépasse largement 1 milliard, d'après les crédits budgétaires.

L'État entretient en outre *sous les drapeaux* environ 500.000 hommes, qu'il ne paye pas à prix débattu, puisqu'ils sont à son service en vertu d'une *obligation légale*, mais qu'il rémunère en nature, puisqu'il les nourrit, les loge, les habille, les soigne, etc. On ne saurait évaluer la dépense correspondante à moins de 400 ou 500 millions par an ; ce chiffre ne représente pas la moitié des budgets de la Guerre et de la Marine.

Nous arrivons ainsi à un total de salaires, ou d'allocations en nature qui en tiennent lieu, d'environ 9 à 10 milliards, partagés entre 10 millions de travailleurs et d'employés et plus de 1/2 million de militaires.

L'évaluation des *revenus mixtes*, de ceux des travailleurs qui travaillent pour leur propre compte, dans lesquels entrent à la fois leur salaire, l'intérêt des capitaux mobiliers nécessaires à l'exercice de leur industrie ou de leur commerce, et les bénéfices de leurs entreprises, est encore plus difficile à faire que celle des salaires. Voici les données que nous avons à cet égard.

Au point de vue de la *population agricole*, si nous nous reportons à la répartition du revenu brut donnée page 209, d'après l'enquête agricole de 1892, nous trouvons que la part touchée par les entrepreneurs de culture, en dehors du loyer des terres dont ils sont eux-mêmes propriétaires, se chiffre ainsi :

Salaire de leur propre travail (4 milliards, montant de la rénumération totale du travail, moins 2 milliards attribués aux simples salariés)	2.000	millions
Intérêt du capital d'exploitation	400	—
Frais généraux, frais de direction et divers	1.500	—
Bénéfice d'entreprise	1.100	—
Total	5	milliards

Une partie des frais généraux constitue des charges d'entreprise, à retrancher du revenu net. Cependant, parmi les éléments que nous avons fait rentrer sous cette rubrique, figure la rémunération à laquelle ont droit les chefs d'entreprise, pour le travlai de direction auquel ils se livrent, et qui s'ajoute à celle de leur travail manuel, seul compté à l'article salaire. Nous y avons fait rentrer aussi les impôts indirects et les prestations, charges personnelles qui ne doivent pas venir en déduction du revenu net, mais qui constituent l'une des affectations de ce revenu, à peu près comme l'impôt sur les coupons et les droits de transmission constituent l'une des charges des porteurs de valeurs mobilières, et n'ont pas été déduites de leur revenu. La plus grosse partie de l'article « frais généraux », doit donc figurer dans le revenu des entrepreneurs de cultures, qui aurait ainsi atteint, en 1892, environ 4 milliards 1/2. Bien que le total des recettes de l'agriculture ait un peu baissé depuis lors, il est difficile d'évaluer à un chiffre moindre la part des produits revenant actuellement aux chefs d'exploitation, soit comme bénéfices en argent, soit comme produits consommés en nature pour leurs propres besoins. Il ne faut pas oublier, en effet, que cette part de revenu national comprend les éléments ci-après : 1° la rémunération du travail des entrepreneurs de culture, dont le nombre atteint 3.600.000, et par suite égale celui des salariés, en comptant parmi ceux-ci les femmes employées irrégulièrement en journée ; or, parmi les entrepreneurs figurent tous les paysans propriétaires, qui donnent un travail plus acharné que les domestiques et journaliers, et tous les chefs des grandes et moyennes cultures, dont le travail intellectuel comporte un salaire supérieur ; 2° la rémunération du travail de leurs femmes et de leurs enfants, très intense dans la petite culture ; 3° l'intérêt du capital employé en animaux, outillage et fonds de roulement qui, comme nous l'avons vu, doit dépasser largement 8 milliards ; 4° enfin les bénéfices d'entreprise. Il ne faut pas évaluer bien haut ce dernier article, pour avoir la conviction que le revenu total de cette classe d'entrepreneurs doit être plus voisin de 5 milliards que de 4.

Pour évaluer les revenus des *patentés*, nous prendrons l'estimation donnée par l'Administration des Contributions Directes, au cours des études faites pour l'établissement de l'impôt sur les revenus, il y a quelques années. Cette administration estimait qu'en moyenne, le principal de l'impôt des patentes représentait 3 p. 100 du revenu net que les assujettis tirent de l'exercice des professions imposées. Le montant des rôles primitifs et supplémentaires, en 1900 et 1901, atteint 93 millions. Il en faut déduire les patentes des sociétés anonymes, puis multiplier par 100/3 ; on arrive ainsi à évaluer le revenu correspondant à environ 3 milliards. Ce revenu comprend 1° la rémunération du travail des 1.750.000 patentés ; 2° celle du travail des femmes et enfants, qui prêtent le plus souvent leur concours au chef de la maison

dans le petit commerce, de beaucoup le plus important comme
effectif, 3° l'intérêt d'un capital mobilier, outillage, marchandises en magasin et numéraire, certainement supérieur à celui
de l'agriculture ; 4° les bénéfices d'entreprise.

Il faudrait ajouter le revenu des *professions non patentées*,
exercées par des travailleurs non salariés, en dehors de l'agriculture. En 1894, au cours des études faites pour l'impôt sur
le revenu, l'Administration évaluait cet article au chiffre de
600 millions, que nous accepterons à défaut d'autres données.

Nous trouverons ainsi un total d'environ 8 milliards pour la
catégorie des revenus mixtes, et ce chiffre est probablement
plutôt au-dessous de la vérité qu'au-dessus. En effet, il comprend
la rémunération de tous les travailleurs autres que les salariés. Leur effectif, y compris les membres des familles qui colla-
borent avec les chefs d'établissement, est d'environ 8 millions 1/2,
puisque sur une population active de 18 millions 1/2 de travailleurs, recensée en 1896, nous en avons comptés comme salariés
environ 10 millions. Le revenu, par tête de travailleur, serait
donc à peine plus élevé pour les chefs d'entreprise que pour
les salariés. Or, il rémunère un travail au moins équivalent,
en moyenne, comme intensité et comme qualité ; il comprend
le revenu du capital mobilier employé dans le commerce, dans
l'industrie et dans l'agriculture, qui est d'au moins 20 ou 25 milliards, peut-être de 30, et qui comporte par suite 1 milliard
d'intérêts. On voit que ce qui reste, comme bénéfices d'entreprises, est à peu près nul. Il résulterait donc des évaluations que
nous avons admises que, pour la partie de la population active qui
travaille à son propre compte, les gains réalisés par les uns, à
ce titre, seraient à peu près compensés par les pertes des autres.
Nous ne prétendons pas donner une portée démonstrative bien
considérable à cette constatation, en raison du peu de certitude des
chiffres sur lesquels elle repose. Elle vient cependant à l'appui des
considérations que nous avons présentées, pour démontrer l'erreur commise par les socialistes, qui s'imaginent que les entrepreneurs spolient les travailleurs salariés d'une partie notable de
la rémunération à laquelle ils ont droit.

Restent enfin à évaluer les revenus provenant de *pensions
de retraite ou de rentes viagères*. Nous avons vu, dans l'étude
des assurances, (Tome 1er) qu'en 1899, l'Etat, les caisses qu'il
gère, les compagnies de chemins de fer, les compagnies d'assurances, les sociétés de secours mutuel, etc. ont versé près de

400 millions à environ 600.000 parties prenantes. Ce chiffre comprend à peu près la totalité des revenus de cet ordre.

Le tableau suivant résume, en les arrondissant, les chiffres que nous avons admis pour les divers revenus privés, en France.

milliards

Revenus de capitaux
Propriété non bâtie...... .... 2,1 ⎫
Propriété bâtie.................................... 2,1 ⎬ 7
Valeurs mobilières .... 2,8 ⎭
Salaires et allocations en nature
Ouvriers et domestiques agricoles, plus de............. 2 ⎫
Ouvriers de l'industrie et du commerce.................. 4 ⎪
Traitements dans les entreprises privées plus de .... 1 ⎬ 9,5
Domestiques attachés à la personne près de............. 1 ⎪
Salaires des fonctionnaires et officiers, entretien des soldats 1,5 ⎭
Revenus mixtes
Entrepreneurs de culture .... 4,5 ⎫
Patentés.. 3 ⎬ 8,1
Autres travailleurs indépendants .... 0,6 ⎭
Pensions et rentes viagères........................ 0,1
Total général............... 25

Si l'on ajoute au revenu des immeubles et des valeurs mobilières, la part des revenus mixtes des entreprises diverses qui représente la rénumération du capital engagé dans ces entreprises, on voit que l'intérêt des capitaux ne représente guère que le tiers du total. Les deux autres tiers seraient constitués par la rémunération du travail, soit salarié, soit fourni par les chefs d'entreprise ou les travailleurs isolés et leurs familles. Les bénéfices des entreprises y entreraient pour une part très minime, car il reste bien peu de choses, une fois la rémunération du capital et du travail des entrepreneurs déduite des revenus mixtes qui constituent leurs gains totaux.

Le total de 25 milliards est celui qui était généralement admis, il y a quelques années, par les économistes les plus autorisés. Beaucoup inclinent aujourd'hui à penser que, par suite de la crise agricole, qui a réduit sensiblement le revenu national, celui-ci, aujourd'hui, ne dépasserait guère 20 ou 22 milliards. D'autres estiment, cependant, que le développement de la propriété bâtie, l'augmentation des valeurs mobilières étrangères possédées par les Français, la hausse des salaires industriels, ont dû largement compenser la baisse des revenus ruraux, et que le chiffre admis il y a une vingtaine d'années peut l'être encore aujourd'hui.

Nous nous rallions à cette opinion. Mais nous tenons à insister, une fois encore, sur la gravité de l'erreur que l'on commettrait, si l'on attribuait aux chiffres ci-dessus un caractère de certitude qu'ils n'ont nullement, et si on les considérait comme autre chose qu'une indication sur l'ordre de grandeur du revenu national et de ses divers éléments. Au lieu de dire que le total est de 25 milliards, il serait plus juste de dire qu'il paraît compris entre 20 et 30 milliards.

Les impôts sur le revenu, qui existent dans divers pays, permettent de se faire une idée du montant qu'y atteignent les ressources annuelles des particuliers. Toutefois, les exemptions des petits revenus, les dissimulations, les placements à l'étranger rendent beaucoup moins précises et moins complètes qu'on ne le croirait les indications qu'on y trouve. Nous donnerons plus loin les renseignements que nous avons pu réunir, à cet égard, en même temps que ceux qui ont trait à la répartition des revenus dans les divers pays.

II. La répartition des revenus totaux. — A. — Les gros et les petits revenus, en France. — Les indications que nous venons de donner sur les éléments qui constituent les revenus privés, en France, suffisent déjà pour montrer que, dans la répartition de l'ensemble des ressources annuelles du pays, la part prélevée par les classes riches ou aisées est bien moindre qu'on ne se l'imagine généralement.

En premier lieu, on voit que les revenus de la richesse acquise ne représentent que le tiers du total, tandis que la rémunération du travail a une importance double. Or, il est certain que dans ce tiers, une part considérable est partagée entre des familles dont la situation est des plus modestes. Nous avons vu que le quart environ du sol cultivé, comme surface, représentant certainement plus du quart comme valeur, est divisé en petites propriétés exploitées par des paysans. De même, la propriété bâtie, dans les campagnes, se compose principalement de petites maisons appartenant aux familles qui les habitent, riches ou pauvres. Enfin, nous avons indiqué en combien de mains sont réparties les valeurs mobilières, telles que rentes, obligations etc., sans parler des livrets de caisses d'épargne, et aussi combien est grand le nombre des patentés possédant un petit fonds de commerce. Il ressort de tout cela que les petits patrimoines constituent une part importante de la richesse acquise, et les patrimoines moyens une part plus grande encore, restreignant extrêmement celle qui reste pour les grandes fortunes.

Dans la rémunération du travail, la part des gros traitements est encore plus faible. La presque totalité des chiffres que nous avons admis, pour les revenus de cette catégorie, est constituée par le salaire moyen des simples ouvriers, appliqué à l'effectif des travailleurs constaté par les recensements. C'est qu'en effet, dans toutes les entreprises, les salaires supérieurs à celui d'un ouvrier régulier et laborieux représentent une dépense relativement très faible. Nous avons dit qu'aujourd'hui, l'employé qui accomplit le travail de bureau courant n'est pas plus payé que le bon ouvrier ; il l'est même souvent bien moins que l'ouvrier d'art un peu habile. Les grandes entreprises sont les seules où l'on trouve des traitements élevés, et encore en très petit nombre. Dans les fonctions publiques, il suffit d'ouvrir le budget pour voir que les salaires moyens ne représentent qu'une faible part de la dépense totale du personnel, et les salaires élevés une part tout à fait infime ; les seuls gros totaux sont ceux des traitements des instituteurs, des agents des postes, du personnel subalterne des régies financières, dont chacun est extrêmement minime. D'après un relevé fait en 1899, par la direction générale de la Comptabilité publique, sur 312.000 fonctionnaires civils salariés directement par l'Etat, 306.000 avaient des traitements inférieurs à 3.000 francs, 36.000 des traitements compris entre 3.000 et 20.000 francs, et 285 seulement des traitements supérieurs à 20.000 francs.

Enfin, si nous envisageons les bénéfices des chefs d'entreprises, en dehors des sociétés anonymes, nous pouvons affirmer que les gros chiffres n'y entrent que pour une somme très faible. Nous avons constaté, en effet, que le montant global des revenus dont jouissent les entrepreneurs particuliers, gros et petits, en dehors de la valeur locative de leurs immeubles, dépasse à peine, d'après les statistiques agricoles et les évaluations fiscales, le salaire de leur travail et de celui de leur famille, estimé au taux courant admis pour les ouvriers, et grossi de l'intérêt d'un capital mobilier représentant une somme minime par entreprise.

Sans doute, la division des revenus totaux est moindre que celle des revenus de chaque catégorie, puisque beaucoup de familles ont quelques biens productifs de revenu, en même temps qu'elles touchent des salaires ou dirigent une petite entreprise. Mais il nous paraît cependant ressortir avec évidence des considérations qui précèdent que, sur les 25 milliards représentant les revenus privés en France, la fraction susceptible de constituer des revenus considérables est relativement faible.

Des tentatives ont été faites, pour serrer de plus près la question, et pour chiffrer le nombre et l'importance totale des revenus compris entre diverses limites. M. Paul Leroy-Beaulieu, dans son Essai sur la répartition des richesses, a cherché quelles indications on pourrait tirer, à cet égard, de la statistique des loyers, établie par l'administration des contributions directes d'après les rôles de la contribution mobilière. Nous allons exposer les résultats que donne l'application de son procédé aux statistiques les plus récentes, car ce procédé nous parait le plus exact qui ait été proposé jusqu'ici.

On admet généralement, en effet, que de tous les signes de la richesse, le loyer de l'habitation est celui qui donne l'indication la plus précise sur le revenu de chaque famille. Sans doute, l'importance de la fraction du revenu consacrée au logement est loin d'être immuable. Elle est nécessairement plus forte dans les grands centres, où les loyers sont particulièrement chers, et cette cherté se fait sentir surtout pour les petits revenus, dont il faut prélever une part plus importante pour obtenir la jouissance d'un local même insuffisant. En dehors de ces causes générales, dont on peut tenir un certain compte dans les calculs, on constate des variations individuelles, suivant les goûts, les nécessités professionnelles, le nombre de membres des familles, etc. Mais ces variations, de sens divers, n'empêchent pas que l'on puisse tirer, de la statistique générale des loyers, des indications assez exactes sur la situation générale des fortunes.

Les locaux affectés à l'habitation sont compris, dans le dernier recensement général de la propriété bâtie, pour une valeur locative de 2.077 millions. Si l'on admet que l'ensemble des revenus atteint 25 milliards, les loyers en représenteraient exactement le douzième. Mais il y a un certain nombre de revenus individuels auxquels ne correspond nul loyer spécial, par exemple ceux des domestiques ruraux ou urbains, dont le logement fait partie de celui de leurs maîtres, ceux des militaires logés dans les casernes, etc. Il semble donc que, pour les personnes qui ont un logement propre, on puisse évaluer à 10 ou 11 fois le loyer le revenu collectif des membres de la famille habitant ensemble.

A Paris, la proportion est certainement bien moins forte. M. Paul Leroy-Beaulieu admet que le revenu des familles occupant des logements de moins de 2.500 francs est égal à 7 fois leur loyer. M. Cavaignac dans son projet d'impôt sur le revenu, admettait 6 fois le loyer comme une évaluation convenant aux petits revenus. M. Leroy-Beaulieu croit cette proportion insuffisante, même pour les plus petits. Il constate, en effet, que les logements au-dessous de 500 francs, qui représentent à Paris la moitié des locaux d'habitation, comme nombre, et qui constituent le logement habituel des ouvriers, ont une valeur locative moyenne de 162 francs. Or, le salaire moyen d'un ouvrier, d'après les chiffres admis par l'Office du travail (250 journées à 6 fr. 15) serait de 1537 francs, soit 9 fois ce loyer. S'il faut admettre que les ouvriers d'art, qui relèvent sensiblement la moyenne générale des salaires, ne sont pas compris parmi ceux qui occupent ces petits logements, il faut se rappeler, par contre, que le revenu total de beaucoup de familles ouvrières est grossi par le gain des femmes ou des enfants. L'estimation du revenu à 7 fois le loyer, loin d'être exagéré, nous paraît plutôt insuffisante pour les familles ouvrières, qui à Paris ne consacrent pas volontiers les augmentations de ressources dont elles disposent à améliorer leur logement ; elle est certainement très insuffisante pour les nombreux ouvriers célibataires qui mangent au dehors. Nous l'admettons cependant, comme moyenne correspondant aux très petits logements, pour tenir compte du fait que la partie de la population qui les occupe comprend les indigents.

De 2.500 à 7.000 francs de loyer, M. Leroy-Beaulieu suppose le revenu égal à 8 fois le loyer, et il admet 10 fois au-dessus de 7.000 francs. Il nous semble qu'on échelonnera mieux la progression, en prenant les coefficients 9 pour les loyers de 5.000 à 10.000 francs et 10 pour ceux de 10.000 à 20.000 francs.

Au delà de 20.000 francs de loyer, on arrive aux très grosses fortunes, sur le chiffre total desquelles la valeur locative des immeubles occupés dans Paris ne donne plus des indications suffisantes. M. Leroy-Beaulieu fait remarquer, avec raison, que les familles très riches, ayant des installations multiples, consacrent souvent plus du dixième de leur revenu à se loger, tant en ville qu'à la campagne ; mais le loyer de Paris, seul en question actuellement, ne représente qu'une fraction moindre des ressources totales. C'est déjà cette considération qui nous fait admettre que le revenu monte à 9 ou 10 fois le loyer constaté à Paris, quand celui-ci est de 5.000 à 20.000 francs ; nous supposerons que, pour les loyers encore plus gros, le revenu croisse de 10 à 20 fois leur montant et qu'il le représente 15 fois en moyenne, de manière à ne donner aucune prise au reproche d'atténuer l'importance de ces très grandes fortunes.

Nous trouvons alors, d'après le tableau de la répartition des logements effectivement occupés à Paris, au 1ᵉʳ janvier 1900, donné par l'annuaire statistique de la Ville :

CATÉGORIE de loyers		NOMBRE de locaux occupés	VALEUR locative totale	REVENUS correspondants			MONTANT total des revenus	PROPORTION du total
francs			millions	francs			millions	0/0
de 1 à	99	16.400	1,0	au dessous de 700			7	0,2
100 à	199	182.000	22,6	de	700 à	1.400	138	4
200 à	299	203.000	41,7	de	1.400 à	2.100	292	7,4
300 à	499	229.000	84,7	de	2.100 à	3.500	593	15
500 à	999	128.000	83,4	de	3.500 à	7.000	584	14,8
1.000 à	2.499	66.000	96,5	de	7.000 à	17.500	676	17,2
2.500 à	4.999	21.600	72	de 17.500 à		40.000	576	14,7
5.000 à	9.999	8.900	58,1	de 40.000 à		90.000	523	13,2
10.000 à 19.999		2.270	29,4	de 90.000 à 200.000			294	7,4
20 000 et au-dessus		508	16,0	au-dessus de 200 000			240	6,1
		837.678	505,4				3.943	100,0

Le revenu des habitants de Paris, non compris les domestiques, serait voisin de 4 milliards. Ainsi, même en laissant de côté cet élément important, on trouverait pour la capitale 16 p. 100 du revenu total de la France, alors que la population est de 2.660.000 âmes, soit 7 p. 100 seulement de celle du pays. Les familles ayant une large aisance, de 17.500 à 40.000 fr. de revenu, seraient au nombre de 21.600, possédant ensemble environ le septième du revenu de la population ; les familles riches, de 40.000 à 200.000 livres de rente, au nombre de 11.200 environ, auraient le cinquième du revenu total. Les très grosses fortunes, dépassant 200.000 livres de rente, au nombre de 500 environ, en représenteraient 6 p. 100. Des rapprochements établis, à diverses époques, avec les autres indices de la fortune, nombre des équipages, proportion des enterrements des premières classes, etc., conduisent à considérer comme assez exactes les indications tirées des loyers, sur le nombre des grandes fortunes dans la capitale.

La part que les revenus de plus de 17.500 francs représentent dans le revenu total, qui dépasse les deux cinquièmes, est considérable eu égard à leur nombre, qui n'atteint qu'un vingt-cinquième du nombre des familles. Mais il ne faut pas oublier que Paris compte, parmi ses habitants, la grande majorité des gros revenus de la France. Au point de vue de la richesse acquise, d'abord : les familles aristocratiques qui ont conservé de grandes fortunes territoriales, ou qui ont reconstitué leur patrimoine par des mariages, y ont généralement une installation importante ; les grandes fortunes de la finance y ont à peu près toutes leur siège, et il en est de même pour la plupart de celles de l'industrie et du commerce ; un nombre assez considérable d'étrangers très riches y possèdent aussi un domicile permanent. Au point de vue des traitements, salaires et bénéfices, c'est à Paris qu'est le siège de la plupart des grandes sociétés qui allouent à leur personnel dirigeant des émoluments considérables, à Paris que résident les médecins, les avocats, les artistes en renom, et aussi la grande majorité des hauts fonctionnaires dont les traitements atteignent des chiffres un peu élevés. On ne pourrait donc tirer aucune indication utile, sur notre état social, de la comparaison des petits revenus et des gros à Paris, où se concentrent presque toutes les grandes fortunes de France. C'est sur l'ensemble du pays qu'il faut faire porter l'étude, pour y puiser des renseignements intéressants.

Malheureusement, les données statistiques sont moins complètes et surtout prêtent à des inductions bien moins certaines, en province qu'à Paris. La proportion du loyer au revenu total est variable suivant les régions, variable surtout suivant l'importance des localités, et dans une même localité très variable d'une famille à l'autre. A la campagne particulièrement, la valeur locative de l'habitation de chaque famille est très loin de suivre, comme à Paris, les modifications qui se produisent dans ses revenus, d'une époque à une autre ; le petit nombre des locaux disponibles, et le fait que beaucoup d'entre eux appartiennent aux familles qui les occupent, rendent les changements d'installation bien plus rares. Les indications que fournissent les cotes mobilières, déjà moins certaines dans les petites villes qu'à Paris, deviendraient tout à fait incertaines dans les villages, n'était le fait bien connu, que les répartiteurs des contributions taxent bien souvent chaque habitant, plutôt en raison de sa fortune présumée, qu'en raison de la valeur locative de sa maison. D'après les indications recueillies par l'administration, il y aurait la moitié des communes de France, fournissant plus du cinquième du principal de la contribution mobilière, dans lesquelles la répartition serait basée sur la valeur locative, combinée avec les ressources présumées de l'habitant — et elle le serait sur les facultés présumées seules, dans plus du tiers des communes représentant près du sixième de l'impôt. Grâce à ce correctif, d'ailleurs contraire à la loi, on peut tirer des cotes mobilières des indications, sinon précises, du moins suffisantes pour donner une idée de l'importance des revenus des contribuables.

Le seul classement des loyers que donne la statistique, est un classement par *cotes mobilières*, principal et centimes additionnels compris, afférent à l'année 1894. Or, le rapport des cotes aux loyers varie d'une localité à une autre, suivant les inégalités de la répartition, suivant la part du contingent total du département mise par le Conseil général à la charge de la contribution personnelle, suivant le nombre des centimes départementaux ou communaux, etc. En outre, la loi exempte certaines catégories de personnes, dont la plus importante est formée par les indigents, et les grandes villes dégrèvent souvent les petits loyers, en prélevant sur l'octroi leur part de l'impôt. Il résulte d'un travail fait à l'occasion de l'évaluation de la propriété bâtie, en 1899-1900, que la valeur locative des locaux ainsi exemptés, pour l'ensemble de la province, représentait à cette date près d'un sixième de celle des locaux imposés ; il faudra donc majorer le total des revenus déduits des cotes dans la même proportion, en faisant porter la majoration sur la classe des petits revenus.

Le total des cotes classées en 1894 était de 111 millions. En le majorant d'un sixième, on porterait à 129 millions le chiffre auquel on fût arrivé, pour les cotes mobilières de province, s'il n'y avait pas d'exemptions. Le revenu des familles logées dans les locaux auxquels s'appliqueraient ces cotes est le revenu total de la France, 25 milliards, diminué : 1° de 4 milliards, pour le revenu des familles occupant un local spécial à Paris ; 2° des 2.700 millions que nous avons portés en compte, dans le revenu national, comme rémunération des domestiques agricoles et urbains et des soldats et marins logés dans les casernes ; 3° des salaires des employés de toute sorte logés chez leur patron, que nous évaluerons au hazard à 300 millions, uniquement pour arrondir le total. Il reste ainsi 18 milliards de revenus, représentant 140 fois le total des cotes mobilières en 1894, — ce coefficient comprenant la majoration nécessaire pour tenir compte de l'accroissement des revenus depuis cette date. Nous n'essaierons pas d'établir une échelle de multiplicateurs différents suivant l'importance des cotes, les données dont nous disposons étant trop peu précises pour se prêter à une étude un peu serrée. Il serait d'ailleurs moins exact en province qu'à Paris de supposer que le revenu croît plus vite que le loyer : d'un côté, les familles à

très petit revenu ne sont pas, comme à Paris, obligées par la cherté
des loyers à prélever une part relativement plus forte de leurs
ressources pour se loger ; de l'autre, pour les familles très riches,
il n'y a pas à tenir compte au même degré des installations multiples, puisque, pour la plupart des plus opulentes, l'une des installations est à Paris, en sorte que les gros revenus de ces familles
figurent déjà dans le tableau précédent.

Prenons donc uniquement le multiplicateur 140, pour passer
de la cote de chaque local taxé au revenu de ceux qui l'habitent.
Reste à tenir compte des locaux non taxés. Nous supposerons
qu'ils répondent à un ensemble de revenus proportionnel à leur
valeur locative totale, donnée par la statistique, et que ces revenus sont tous inférieurs à celui qui correspondrait à un local
donnant lieu à une cote de 10 francs ; faisons enfin une hypothèse sur leur nombre, en supposant, pour le calculer, que le
revenu moyen des habitants de ces locaux soit le même que
celui des habitants des locaux taxés à moins de 10 francs. Nous
trouvons ainsi les chiffres suivants :

COTES (principal et centimes)	NOMBRE de cotes	CONTRIBUTION totale	REVENUS correspondants		MONTANT total des revenus	PROPORTION du total
francs		millions	francs		millions	0/0
Non imposables..	3.450.000	»	inférieur à	1.400	2.530	14
Au-dessous de 2	274.000	0,5	inférieur à	280	70	0,4
de 2 à 5	1.698.000	6	280 à	700	840	4,7
de 5 à 10	1.949.000	14	700 à	1.400	1.960	10,8
de 10 à 20	1.520.000	21,2	1.400 à	2.800	2.970	16,4
de 20 à 30	512.000	13,4	2.800 à	4.200	1.730	9,6
de 30 à 50	366.000	14	4.200 à	7.000	1.960	10,8
de 50 à 100	250.000	17,1	7.000 à	14.000	2.390	13,2
de 100 à 200	97.000	13	14.000 à	28.000	1.820	10
de 200 à 500	33.000	9,3	28.000 à	70.000	1.300	7,3
de 500 à 1.000	3.900	2,5	70.000 à	140.000	350	2
Au-dessus de 1.000	641	1	supérieur à	140.000	140	0,8
Totaux.....	10.153.541	111			18.060	100,0

En groupant nos deux tableaux, nous pouvons essayer de nous faire une idée générale de la répartition des fortunes en France. Les coupures données par les statistiques ne sont pas les mêmes pour la province que pour Paris ; mais la vie étant plus chère à Paris, on peut admettre qu'un revenu un peu plus fort y réponde à la même situation. Il faut ajouter aux petits revenus ceux des travailleurs qui n'occupent pas de logement spécial, domestiques agricoles et urbains, soldats, marins, employés logés, que nous avons évalués à 3 milliards, et qui se répartissent entre un peu plus de 2 millions de parties prenantes. Il faut, en outre, en totalisant, réduire un peu le nombre des moyens et des gros revenus, pour tenir compte des doubles emplois répondant aux installations multiples de certaines familles. Faute des données nécessaires, nous ne ferons pas de réduction correspondante sur le montant total de ces revenus, bien que la majoration admise pour les gros loyers, dans les coefficients servant à passer du loyer au revenu, à Paris, ait déjà eu pour objet de tenir compte du supplément de revenu correspondant aux maisons de campagne des personnes qui occupent de grands appartements dans la capitale. Nous trouvons ainsi, en chiffres ronds :

	Nombre	Montant total	Proportion
Petits revenus :			
jusqu'à 2.800 francs en province. — 3.500 — à Paris.....	11.500.000	12.420 millions	50 0/0
Moyens revenus :			
2.800 à 14.000 francs en province. 3.500 à 17.500 — à Paris	1.300.000	7.340 —	29 —
Gros revenus :			
14.000 à 140.000 francs en province 17.500 à 200.000 — à Paris ...	160.000	4.860 —	19 —
Très gros revenus :			
plus de 140.000 francs en province — 200.000 — à Paris....	1.000	380 —	2 —
Totaux.....	12.961.000	25 000 —	100 —

Au total, les revenus moyens représenteraient environ trois dixièmes et les gros revenus deux dixièmes de l'ensemble des revenus particuliers. Il faut remarquer que nous arrivons à ces proportions en prenant pour point de départ de chacune de ces deux catégories des chiffres assez bas.

Nous tenons, d'ailleurs, à rappeler encore une fois que ce sont là des évaluations basées sur des données très imparfaites et sur des hypothèses contenant une grande part d'arbitraire, de sorte qu'elles peuvent servir à se faire une idée de l'ordre de grandeur des divers éléments que nous cherchons à apprécier, plutôt qu'à les chiffrer réellement. Nous inclinons à croire que les coefficients que nous avons admis exagèrent, plutôt qu'ils ne l'atténuent, l'importance relative des grandes fortunes.

Dans l'exposé des motifs du projet d'impôt sur le revenu présenté par le Gouvernement en 1896, M. Doumer, Ministre des Finances, évaluait ainsi qu'il suit les revenus privés en France, d'après les cotes mobilières de 1894 :

Revenus	Nombre	Revenu total	Proportion
au-dessous de 2.500 francs,....	9.187.000	12.432 millions	56 0/0
de 2.501 à 10.000 —	1.303.000	5.241 —	21 —
de 10.001 à 100.000 —	183.800	3.778 —	17 —
au-dessus de 100.000 —	3.900	546 —	3 —
Totaux...............	10.677.100	22.000 —	100 0/0

On voit qu'en plaçant les limites, entre les diverses catégories de revenus, beaucoup plus bas que nous, M. Doumer attribuait cependant une proportion sensiblement plus forte du total aux petits, et une proportion moindre aux moyens et aux gros. Il est vrai qu'il déclarait avoir systématiquement présenté des chiffres trop bas, pour les revenus supérieurs à 2.500 francs, de manière à éviter toute possibilité de mécompte dans le rendement d'un impôt progressif commençant à ce niveau. La vérité est certainement comprise entre les chiffres ainsi calculés, et ceux que nous avons déduits des mêmes données avec la préoccupation inverse, celle de ne point présenter un tableau trop optimiste de la situation des classes pauvres, et d'indiquer le *maximum* admissible, pour la part que les classes aisées prélèvent sur l'ensemble des revenus privés.

B. — La répartition des fortunes et des revenus en Angleterre et en Prusse. — Les indications que nous possédons, sur le montant total des revenus et sur la répartition des fortunes dans quelques pays étrangers, donnent des résultats assez analogues à ceux que nous constatons en France. L'Angleterre et la Prusse sont ceux sur lesquels nous avons, à cet égard, les données les plus précises, grâce aux statistiques établies d'après les rôles des impôts sur les revenus perçus dans ces deux pays.

En Angleterre, les documents établis pour la perception de l'*income-tax* ne fournissent cependant que des éléments d'appréciation assez imparfaits, pour trois raisons : 1° les revenus inférieurs à 4.000 francs par an étant exemptés, leur montant n'est pas recensé ; 2° les revenus sujets à la taxe sont dissimulés en partie ; 3° les revenus soumis à l'impôt sont classés sous 5 cédules différentes, et les ressources qu'un même contribuable tire de ceux qui rentrent dans des cédules diverses ne sont pas totalisés. Ce n'est que pour une partie des cédules D et E, comprenant les revenus tirés de l'exercice des professions, que la statistique classe les revenus d'après leur importance ; elle ne nous apprend donc rien, en ce qui concerne la répartition de la richesse acquise. Mais l'impôt progressif, qui frappe aujourd'hui les successions, conduit à les classer d'après leur importance. En complétant l'une par l'autre ces deux sources de renseignements, on peut se faire une certaine idée de la répartition des richesses en Angleterre.

Le total brut des revenus portés sur les rôles dressés pour servir de base à l'*income tax*, dans l'ensemble du Royaume-Uni, était de 14.400 millions en 1880, de 16.700 millions en 1890, de 19.700 en 1900 ; il eût atteint 900 millions de plus pour ce dernier exercice, si une modification législative n'avait réduit d'un tiers, en 1897, les revenus attribués aux entreprises de culture, qui, par une présomption légale, sont calculés d'après la valeur locative des terres exploitées.

Il faut remarquer que tous les salaires ouvriers restent en dehors de ce total ; il faudrait, en effet, qu'ils atteignissent environ 80 francs par semaine pour être portés sur les rôles, et c'est là un chiffre tout à fait exceptionnel. Il est assez vraisemblable qu'en les ajoutant aux revenus taxés, on doublerait au moins le chiffre total, et que le montant annuel des revenus privés en Angleterre n'est pas inférieur à 40 milliards.

En 1900, le revenu net imposé était de 15.800 millions, après diverses déductions prévues par la loi. La principale de ces déductions se compose de 2.100 millions de revenus divers, inscrits sur les rôles primitifs, et retranchés ensuite en vertu de l'exemption accordée aux personnes dont le revenu total est inférieur à 4.000 francs, ou des dégrèvements alloués à celles dont les revenus sont compris entre 4.000 et 17.500 francs ; 150 millions sont aussi défalqués comme représentant les sommes consacrées à payer des primes d'assurances sur la vie, exemptées par la loi.

La répartition des revenus taxés, tirés soit de métiers exercés individuellement (à l'exclusion des gains réalisés par des sociétés anonymes) soit d'emplois publics ou particuliers, est donnée par le tableau suivant ; nous l'avons dressé en prenant la

moyenne des deux années fiscales 1899-1900 et 1900-1901, les
seules pour lesquelles cette décomposition ait été publiée sous
la forme adoptée pour l'avenir.

Revenus	Nombre	Montant total
ne dépassant pas 4.000 francs...	249.211	442 millions
de 4.001 à 10.000 —	413.836	2.841 —
de 10.001 à 20 000 —	60.408	858 —
de 20.001 à 50.000 —	17.770	522 —
de 50.001 à 250.000 —	3.158	292 —
de 250.001 à 1.250.000 —	165	74 —
au-delà de 1.250.000 —	14	38 —

Les seuls revenus inférieurs à 4.000 francs qui figurent dans ce
tableau, sont ceux de familles auxquelles des revenus rangés dans
d'autres cédules constituent un ensemble de ressources annuelles
dépassant 4.000 francs ; il ne nous apprend donc rien sur la proportion entre les petits revenus et les moyens. Mais il nous montre
que, dans le pays d'Europe où le commerce et l'industrie sont le
plus développés, où les salaires alloués aux chefs de grandes entreprises et aux hauts fonctionnaires atteignent les chiffres les plus
élevés, les revenus professionnels supérieurs à 10.000 francs par an
n'atteignent pas, en tout, le nombre de 82.000, et ne représentent que 1.784 millions par an, soit certainement moins de
5 p. 100 des revenus totaux du pays. Ceux de plus de 50.000
francs par an n'entrent dans ce chiffre qu'au nombre de 3.337,
montant ensemble à 404 millions, soit le centième peut-être de
l'ensemble des revenus privés. Enfin, il n'y a que 14 négociants
ou industriels, en dehors des sociétés anonymes, qui aient
réalisé plus de 1.250.000 de bénéfices en moyenne, y compris
l'intérêt de leur capital, au cours de deux années où les grandes
affaires ont été exceptionnellement prospères, et leur gain total
n'a été que de 38 millions, soit quelque chose comme 1 p. 1000 du
total des revenus privés en Angleterre.

Il est vrai que les cédules auxquelles se rapporte notre tableau
ne comprennent ni les grandes fortunes territoriales, qui constituent en Angleterre une des sources des très gros revenus, ni
les placements en titres. Mais si la statistique de l'*income tax* ne
donne pas la répartition des revenus tirés des terres, des maisons
ou des valeurs mobilières, celle des successions donne la répartition des capitaux transmis chaque année après décès. Les impôts sur les successions, en Angleterre, sont assez complexes ;
mais le plus important, de beaucoup, est l'*estate duty*, rendu pro-

gressif depuis 1895. La répartition des successions constatées au cours des quatre dernières années fiscales (1897-1901), pour la perception de ce droit, a été en moyenne la suivante :

Importance	Nombre	Montant total
Petites successions au-dessous de 12.500 fr. bruts	25.228	166 millions
Successions dont le montant net est compris:		
de 2 501 à 25.000 francs............	15.816	304 —
de 25 001 à 250.000 —	15.049	1.448 —
de 250.001 à 1.250.000 —	3.419	1.856 —
de 1.250.001 à 12.500.000 —	693	2.106 —
au-delà de 12.500.000 —	24	715 —
Total..................	60.229	6.595 millions

Le nombre très faible des successions taxées montre que la grande masse des petites successions ne fait l'objet d'aucune constatation. C'est ce qui explique que le montant total enregistré ne dépasse pas le chiffre déclaré en France, malgré l'accumulation bien plus considérable de capitaux en Angleterre. En appliquant le coefficient 35, que nous avons admis chez nous, pour passer de l'annuité successorale au montant des fortunes correspondantes, la partie de la richesse acquise dont le fisc anglais prendrait connaissance périodiquement, à l'occasion de la perception de l'*estate duty*, représenterait un total d'environ 231 milliards. Elle comprend certainement toutes les grosses fortunes du pays.

Il résulterait de là qu'en Angleterre, pays considéré comme celui ou la richesse est le plus concentrée, les fortunes de 1.250.000 à 12.500.000 francs seraient au nombre d'environ 24.000, représentant 74 milliards, et les fortunes supérieures à 12.500.000 francs au nombre de 810, représentant un total de 25 milliards. Au taux de 3 1/2 p. 100, le revenu des premières atteindrait 2.600 millions, et celui des dernières 870 millions. L'ensemble ne représente certainement pas le dixième du total des revenus privés. Il faut remarquer que ces chiffres font en partie double emploi avec ceux des gros revenus individuels taxés sous la cédule D de l'*income tax*, figurant dans le tableau que nous avons donné plus haut, puisque ce tableau comprend les bénéfices tirés de l'exploitation des grandes entreprises industrielles et commerciales qui n'appartiennent pas à des sociétés anonymes, entreprises dont le capital constitue certainement une partie très importante des grosses successions.

En *Prusse*, il existe également un impôt sur le revenu, qui autrefois, sous des rubriques diverses, atteignait toute la population. M. Paul Leroy-Beaulieu a reproduit le tableau suivant, dressé à cette époque par le Dr Soëtbeer comme donnant la répartition des revenus, en Prusse, d'après les statistiques fiscales de 1883 (population 28.300.000 habitants).

Catégorie de revenus			Montant total	Proportion
Inférieurs à		500 francs	2.071 millions	19 0/0
de	501 à	2.062 —	5.603 —	51 —
de	2.063 a	6.000 —	1.713 —	26 —
de	6.001 à	21.200 —	912 —	8 —
de 21.201 à		105.000 —	470 —	4,3 —
au delà de		105.000 —	186 —	1,7 —
	Total		10.955 millions	100 0/0

On voit combien était faible la proportion des gros revenus. Depuis 1891, l'impôt ne frappe plus que les revenus supérieurs à 1125 francs. Une publication récente donne les résultats des 10 premières années de son application. Il faut, pour en tirer quelques indications sur le sujet qui nous occupe, envisager seulement la partie de la taxe qui porte sur les *personnes physiques*, en laissant de côté les *personnes morales*, que l'impôt sur le revenu atteint également.

Les chiffres suivants montrent le rapide développement de cette partie des revenus imposables.

Années	Nombre de contribuables	Rapport à la population	Revenu total
1893	2.436.000	8,13 0/0	7.130 millions
1896	2.653.000	8,46 —	7.607 —
1900	3.377.000	10,09 —	9.801 —
1901	3.647.000	10,71 —	10.470 —

Le dernier document qui donne la subdivision des revenus par classe, se réfère à l'année 1900, — année plus normale que 1901, car au cours de cette dernière, la prospérité industrielle a eu un caractère absolument exceptionnel. Le rapport publié par le Ministre des finances ne donne pas le total des revenus de chaque catégorie ; mais il donne le produit de l'impôt, d'où l'on peut déduire une évaluation approximative des revenus taxés, en se basant sur les tarifs qui croissent avec le revenu. On arrive ainsi aux chiffres ci-après :

Revenus	Nombre	Revenu total
1.126 à 3.750 francs	2.963.213	5.014 millions
3.750 à 7.500 —	265 591	1.428 —
7.501 à 11.875 —	73.215	712 —
11.876 à 38.125 —	60.840	1.177 —
38.126 à 125.000 —	12.580	678 —
au delà de 125.000 —	2.652	792 —
	3.377.091	9.801 millions

D'après les rapports officiels, l'effectif des contribuables, avec leurs familles, atteignait 12 millions 1/2 de têtes, sur une population totale de 33 millions 1/2 d'habitants. La partie non imposée de la population représenterait donc 5 ou 6 millions de familles, dotées d'un revenu inférieur à 1.125 francs. Mais dans un article du 3 mai 1902, l'Economiste allemand expose que, dans les campagnes, on considère très souvent comme ne faisant pas partie du revenu les produits consommés en nature, ainsi que la valeur locative de l'habitation occupée par l'exploitant d'un domaine rural. C'est ce qui explique, en partie, que la fraction taxée de la population, qui est de 42 0/0 dans les villes, descende à 26 0/0 dans les campagnes. Il en résulterait que le revenu réel des familles non taxées dépasserait très souvent le chiffre de 1.125, et que leur revenu moyen pourrait se rapprocher de cette limite. Si on l'évalue à 1.000 francs, on voit que le total des revenus privés, en Prusse, serait de 15 ou 16 milliards, dans lesquels les revenus dépassant 11.875 francs entreraient environ pour 16 p. 100. La catégorie des revenus de 38.126 à 125.000 francs et celle des revenus dépassant 125.000 francs, représenteraient chacune 4 à 5 p. 100 du total.

En Prusse, comme en Angleterre, le montant total des grandes fortunes et des gros revenus, estimés d'après l'impôt sur le revenu, est certainement inférieur à la réalité, en raison des dissimulations, qui sont souvent considérables. Mais les évaluations relatives aux petits revenus sont faussées dans le même sens, et une tolérance assez large permet à la plupart des contribuables dont le revenu ne dépasse que légèrement le chiffre fixé par la loi, comme limite de l'exemption totale ou d'un dégrèvement partiel, d'échapper à l'impôt ou de se classer dans la catégorie inférieure à celle à laquelle ils devraient appartenir. Il suit de là que, sans attribuer aux chiffres que nous venons de donner une exactitude à laquelle ils ne sauraient prétendre, on peut les considérer comme donnant une idée assez approchée de l'importance *relative* des gros revenus, dans la richesse totale de ces deux pays.

Cette proportion serait probablement un peu plus forte aux Etats-Unis, au moins pour les très grosses fortunes ; elle serait sans doute plus faible dans les pays où il existe peu de grandes fortunes industrielles et commerciales, en Autriche, en Italie, en Espagne. Cependant, il faut remarquer qu'à cet égard, l'écart n'est pas, aussi grand, d'un pays à l'autre, qu'on serait porté à le croire *a priori*. Les pays à grandes fortunes, comme les Etats-Unis et l'Angleterre, sont aussi les pays à salaires élevés, de sorte que le montant moyen de la masse des petits revenus y est bien plus fort que dans les pays pauvres ; le revenu des capitaux considérables que le développement de la grande industrie concentre dans quelques mains, ne représente donc pas, sur l'ensemble des revenus grossis par la prospérité générale, une fraction plus grande, que celle que constituent les restes des anciennes fortunes aristocratiques et les rares fortunes industrielles, par rapport aux revenus bien moindres d'un pays où la stagnation des affaires a laissé la population ouvrière dans une situation très arriérée.

III. Les variations des fortunes et celles des revenus réels et apparents ; leurs causes et leurs effets. — Les considérations que nous avons développées et les chiffres que nous avons passés en revue, au sujet des différentes catégories de biens, nous permettent de nous rendre compte de la manière dont se forment, se déforment et se transforment les fortunes. C'est bien l'épargne qui constitue les capitaux ; mais le mouvement général des phénomènes économiques augmente ou diminue sans cesse leur valeur et leur productivité, tandis que les variations qui surviennent dans les prix courants des divers objets de consommation modifient le genre de vie que l'on peut mener avec un revenu déterminé. Il y a là une série de causes dont les effets s'enchevêtrent ; nous devons, au terme du présent Livre, rappeler et résumer les effets de chacune d'elles.

Nous avons vu que, si l'occupation joue un rôle important dans la constitution de la propriété aux époques où les richesses naturelles n'ont pas encore été mises en valeur, dans les sociétés modernes c'est uniquement par l'*épargne* que de nouveaux capitaux se forment. Toute épargne destinée à un emploi productif ne profite pas seulement à celui qui la constitue ; par le fait qu'elle améliore, si peu que ce soit, les conditions ultérieures de la production, elle offre un intérêt général.

L'emploi productif de l'épargne peut être réalisé, soit par l'amélioration des biens que celui qui épargne exploite ou occupe lui-même, terres, maisons, établissements industriels ou commerciaux, soit par le *placement* dans la production d'autrui. Ce placement qui ne pouvait se réaliser autrefois que par des relations directes entre les capitalistes et les entrepreneurs, a pris, grâce aux valeurs mobilières, un caractère impersonnel très favorable à son développement ; la petite épargne, jadis très difficilement utilisable, vient contribuer à la constitution ou au développement progressif d'immenses entreprises, que la concentration des ressources de capitalistes innombrables, inconnus les uns aux autres, rend aujourd'hui réalisables.

Pour constituer une épargne productive, soit en l'utilisant directement, soit en la plaçant sous forme de prêt ou d'actions d'une société, ce qu'il faut faire, au fond, c'est consacrer une partie de son revenu à payer des travailleurs et à rémunérer des capitaux produisant, non des objets de consommation immédiate, mais des instruments de production nouveaux, qui fourniront ensuite un revenu à celui qui aura ainsi contribué à leur création. Lorsque l'épargne est employée à acquérir des instruments de production créés antérieurement par d'autres, elle ne répond à une augmentation réelle de l'ensemble des capitaux, que si celui qui vend ces instruments consacre le prix reçu à en créer de nouveaux, et non à accroître ses consommations.

De même, il n'y a pas augmentation de la richesse acquise, si les nouveaux instruments ne font que remplacer ceux qui arrivent au terme de leur emploi, par usure, destruction accidentelle, changement des goûts du public ou des procédés industriels. Un particulier, comme un pays, ne commence à s'enrichir qu'après avoir pourvu à l'amortissement et au renouvellement de ses richesses périssables.

Inversement, on épargne, sans parfois s'en apercevoir, quand on consacre un capital, même déjà formé, à des usages qui ne peuvent donner des résultats qu'au bout d'un certain temps. Un emploi de ce genre n'est rémunérateur, en effet, que s'il doit plus tard procurer une compensation pour la perte d'intérêts pendant la période, souvent longue, de la mise en valeur, et aussi pour les risques, souvent sérieux, courus dans cette période. La valeur des affaires qui ont traversé avec succès les aléas de la mise en train représente, outre le capital qu'on y a versé matériellement, d'abord le montant capitalisé des intérêts intercalaires (s'ils n'ont pas été payés par un prélèvement sur le capital

versé, comme on le fait trop souvent), puis les capitaux englou-
tis par les affaires similaires qui ont sombré dans les difficultés
du début.

L'épargne totale réalisée chaque année, de nos jours, est considérable. On évalue à 1 milliard au moins en moyenne, à 2
peut-être dans les bonnes années, les capitaux que les Français
placent à la Bourse ou en prêts de toute nature. L'épargne employée directement y ajoute des sommes considérables, capi-
talisées soit sous la forme d'améliorations culturales effectuées
surtout sur les domaines que leurs propriétaires exploitent
directement, soit sous celle d'extensions données aux établissements privés, commerciaux ou industriels.

Le *goût de l'épargne* varie d'une époque et d'un pays à l'autre.
De l'avis unanime, la France est un des pays où ce goût est le
plus développé et le plus répandu. Mais, si la petite épargne est plus importante chez nous qu'en aucun pays, par contre, les gros et surtout les moyens capitalistes y sont peu
entreprenants, de sorte que le peuple anglais, par exemple,
moins économe que le peuple français, s'est enrichi davantage,
par l'emploi plus hardi de ses capitaux.

Les causes des différences que l'on peut constater, à cet égard,
se ramènent à quatre principales :

1° *La culture intellectuelle et morale.* Pour sacrifier son repos
ou ses jouissances immédiates à des avantages futurs, il faut une
certaine aptitude à prévoir et une maîtrise de soi, qu'une civilisation assez avancée peut seule répandre et généraliser dans toutes
les classes sociales ;

2° *Les affections familiales.* C'est plus encore le désir d'assurer et d'améliorer le sort des siens, que le souci de sa propre
vieillesse, qui développe les vues d'avenir ; nous avons souvent
cité l'exemple, si frappant à cet égard, de la préférence que
donnent les ouvriers, quand on leur laisse le choix, aux retraites
à capital réservé, sur les retraites à capital aliéné. C'est ce qu'ont
bien compris ceux des socialistes en qui l'esprit d'utopie n'excluait pas toute observation psychologique ; tous ont attaché
leurs efforts à désorganiser la famille, pour attaquer efficacement
la propriété. Les publicistes et les orateurs qui préconisent
aujourd'hui la constitution de retraites pour la vieillesse, par
préférence à tout autre mode d'épargne, tendent à détruire les
sentiments de solidarité familiale qui font la force et l'honneur
des travailleurs, puisqu'ils incitent chacun à se préoccuper uni-

quement de son propre avenir, au lieu de chercher à constituer un patrimoine pour ses enfants sauf à compter sur l'aide de ceux-ci, si les revenus de cet avoir, placé autrement qu'à fonds perdus, ne suffisent pas aux besoins de sa vieillesse. Il faut remarquer qu'en général, l'encouragement à la prévoyance, donné sous cette forme, développe le goût de l'appel à l'Etat, bien plus que celui de l'épargne, car celle-ci perd beaucoup de son attrait, si elle devient purement égoïste ;

3° *La sécurité*. Pour sacrifier le présent à l'avenir, encore faut-il avoir quelques raisons de penser que les jouissances ajournées ne seront pas perdues. Dans les pays où la conservation des biens acquis n'est pas assurée, on thésaurise surtout sous forme de monnaies ou de pierres précieuses, car on se préoccupe de pouvoir cacher ou emporter sa fortune, plutôt que d'en faire un emploi productif;

4° *La productivité des placements*. Le stimulant à l'épargne est plus grand, quand, en raison de l'élévation du taux de l'intérêt, il suffit, pour se créer par exemple un revenu de 6.000 francs, de mettre de côté 100.000 francs, que quand il en faut accumuler 200.000. C'est ce qui explique la rapide reconstitution des capitaux détruits par une guerre, une révolution, après laquelle il se produit une hausse marquée du taux de l'intérêt, qui vient donner un coup de fouet à l'esprit d'économie et de spéculation. C'est aussi ce qui permet d'écarter la crainte que, par suite de l'accumulation continue des capitaux, un temps vienne où l'homme laborieux et économe ne pourrait plus tirer de son épargne qu'un intérêt nul ou dérisoire. En effet, à mesure que le revenu donné par un petit capital devient de plus en plus faible, on voit augmenter le nombre des personnes qui trouvent inutile de s'imposer des privations ou un surcroît de travail pour un résultat si minime, et c'est ainsi que l'équilibre se maintient, entre les besoins de capitaux, chiffrés en quelque sorte par le taux courant de l'intérêt, et la formation des capitaux, plus ou moins stimulée suivant que ce besoin grandit ou diminue.

Si l'épargne seule *constitue* des capitaux, la *valeur des capitaux constitués* varie constamment avec la situation du marché et avec le plus ou moins de succès des entreprises où ils sont engagés. Les *conjonctures économiques* font grossir ou diminuer les fortunes, par l'effet de ce que la foule appelle le hasard, c'est-à-dire de circonstances dont une partie, sans doute, étaient impossibles à prévoir, mais dont beaucoup auraient pu être annoncées presqu'à coup sûr par tout observateur doué d'un peu de réflexion et de sagacité.

Nous avons déjà signalé, à diverses reprises, le plus général des phénomènes qui ont sérieusement influé sur les fortunes contemporaines, la *baisse du taux de l'intérêt*. Pour les propriétaires de capitaux anciens dont le revenu ne variait pas, cette baisse s'est traduite par une hausse de leur capital, qui les a enrichis en apparence sans améliorer en réalité leur situation, car le porteur d'un titre qui rapporte 3.000 francs n'est pas plus à l'aise, depuis que ce titre vaut en capital 80.000 ou 100.000 francs, qu'il ne l'était quand le même titre en valait 60.000. Pour les prêteurs de sommes d'argent remboursables, la baisse de l'intérêt s'est traduite par une diminution de leur revenu, sans plus-value du capital s'il s'agissait de prêts simples, avec une certaine plus-value s'ils étaient détenteurs de titres émis au-dessous du pair et remboursés avec une prime ; cependant, même dans ce dernier cas, les conversions de dettes opérées, à mesure que ces valeurs atteignaient le pair, ont considérablement réduit leurs ressources annuelles. Enfin, pour ceux qui épargnent actuellement, la baisse de l'intérêt rend bien plus difficile qu'autrefois l'acquisition d'un revenu fixe suffisant pour vivre.

La baisse du taux de l'intérêt a donc, dans son ensemble, appauvri plutôt qu'enrichi la classe des capitalistes, ou pour parler plus exactement, elle a ralenti l'accroissement des fortunes, en compensant en partie l'accumulation des capitaux nouveaux par la baisse des revenus des capitaux anciens. Faut-il la considérer comme un événement heureux ou malheureux ? Dans les circonstances où elle s'est produite au cours du xix᷎ siècle, elle constitue certainement un fait heureux, car c'est uniquement à l'abondance des capitaux qu'elle est due. A aucune époque, les inventions susceptibles de donner un emploi utile à l'épargne n'ont été aussi nombreuses et aussi importantes, la mise en valeur des pays neufs n'a été poursuivie avec une activité comparable. Si, malgré cela, l'offre de capitaux a augmenté plus vite que les besoins, si par suite le taux de l'intérêt a fini par diminuer, tandis que celui des salaires montait, cela tient à l'énorme accumulation de richesses, conséquence du développement de la production. Il n'est ni à souhaiter, ni à prévoir, que cette baisse s'accélère trop rapidement, car cela supposerait que l'esprit d'initiative et d'invention a cessé d'ouvrir des débouchés nouveaux à l'épargne ; mais tout porte à croire qu'elle se continuera et s'accentuera.

Elle ne pourrait être enrayée que par deux sortes d'événements : ou bien par des cataclysmes sociaux, guerres ou révolutions, amenant une destruction colossale de capitaux ; ou bien par des découvertes scientifiques révélant, dans des branches importantes de la production, des procédés nouveaux tellement supérieurs à ceux que nous connaissons, qu'il faudrait renouveler en peu de temps une portion considérable de notre outillage : une ruine partielle, ou l'ouverture d'une ère nouvelle de progrès, amèneraient ainsi momentanément les mêmes résultats, mais avec des perspectives d'avenir bien différentes.

A côté des mouvements généraux dus à la hausse ou à la baisse du taux de l'intérêt, il se produit des *mouvements spéciaux à telle ou telle catégorie de biens*. Nous avons insisté sur les plus importants, de beaucoup, qui se soient produits au xix⁰ siècle : d'abord, la hausse de la rente du sol, longtemps générale et continue ; puis le mouvement de réaction très accentué qui l'a suivie, en ce qui concerne les biens ruraux. Des modifications analogues, mais moins frappantes à cause de leur moindre généralité, se produisent constamment dans la valeur des établissements miniers ou industriels, selon que les produits qu'ils fournissent sont en hausse ou en baisse. L'opinion publique tend à voir un appauvrissement, pour un pays, dans la dépréciation de la terre ou dans celle des outillages fixes qui cessent d'être au niveau du progrès. C'est exactement le contraire de la vérité, puisque cette dépréciation tient presque toujours à ce que certains produits, qui ne pouvaient jadis être obtenus en quantité suffisante qu'à grands frais, sont aujourd'hui fournis en abondance, soit par l'application de procédés nouveaux, soit par des échanges avec les pays neufs. Les ruines individuelles qui résultent de la baisse de certains revenus sont sans doute pénibles, et quand elles atteignent très brusquement une part considérable de la population, comme cela a eu lieu dans la crise agricole, elles amènent un ébranlement social dont on ne saurait méconnaître les dangers. Mais, si les économistes ont eu parfois tort de traiter un peu légèrement les maux amenés par les crises que les changements trop rapides entraînent, en bouleversant les situations acquises, ils ont démontré avec une entière évidence que, quand ces crises sont dues à des progrès réalisés dans la production et la circulation, l'effet final de l'évolution dont elles sont un épisode est d'améliorer le sort de l'humanité.

Des divers phénomènes que nous venons d'énumérer, il résulte que, dans l'ensemble, les revenus du capitaliste qui n'accroît pas

sa fortune par l'épargne tendent aujourd'hui à diminuer constamment. Il n'en a pas toujours été ainsi. Pendant la première
partie du xix⁰ siècle, la baisse du taux de l'intérêt était lente, et la
période de 1845 à 1865 avait même été marquée par un mouvement en sens inverse ; en tout cas, la hausse de la rente du
sol compensait largement les effets de la diminution du produit
des placements d'argent, dans les périodes où ce produit baissait. Depuis bientôt 30 ans, la baisse simultanée de l'intérêt et
de la rente a été très rapide et très générale, amenant une diminution notable des revenus acquis.

Pour les capitalistes comme pour les ouvriers, il ne servirait à
rien de se rendre compte des variations subies par les revenus
pécuniaires, si on ne les rapprochait pas des variations du *coût de
l'existence* ; ce qui constitue la richesse de chacun, ce n'est pas
le montant nominal de ses ressources annuelles, c'est la quantité
de choses nécessaires ou agréables qu'il peut se procurer avec
ces ressources.

A la fin du Livre précédent, nous avons donné les chiffres que
nous avons pu réunir sur la cherté de la vie, pour les rapprocher
du taux des salaires. Nous avons admis que, dans l'ensemble, les
dépenses que doit faire l'*ouvrier*, pour vivre dans les mêmes conditions, avaient augmenté peut-être de 25 0/0 depuis un demi-
siècle, acceptant à vrai dire un chiffre aussi élevé plutôt par égards
pour les idées courantes que par une conviction réelle. Nous rappelons sommairement les constatations qui ont conduit à admettre
ce chiffre, et sur lesquelles nous reviendrons dans le Livre suivant, à propos des variations de valeur de la monnaie (Chapitre 2, paragr. VI) : la baisse énorme du prix en gros des denrées,
des matières premières, des objets manufacturés est un fait
incontestable ; si l'écart entre le prix du gros et celui du détail
a augmenté (par suite de la cherté plus grande des loyers et des
salaires, qui constituent les éléments essentiels des dépenses des
intermédiaires) la conséquence en a été tout au plus le maintien
des anciens prix au détail, pour la plupart des objets d'alimentation ; les meubles et les vêtements communs, ainsi que les transports, ont beaucoup diminué ; l'instruction des enfants est devenue gratuite ; les seuls objets nécessaires aux ouvriers qui aient
renchéri sont la viande, d'une part, le logement dans les villes,
de l'autre.

Pour les *classes aisées*, les résultats sont à peu près les mêmes.
Cependant, elles ne bénéficient pas de l'un au moins des avanta-

ges que nous venons de citer, puisque l'enseignement secondaire, celui que reçoivent leurs enfants, resto payant. D'autre part, un élément pour elles assez important, et qui n'existe pas pour les ouvriers, le service domestique, a considérablement renchéri. Les produits de grand luxe, tels que les objets d'art de premier ordre, les aliments extrêmement recherchés, gibier, filet de bœuf, truffes, vins des grands crus, ont certainement augmenté de prix, par suite de l'accroissement considérable du nombre des acheteurs. Mais les produits de l'art industriel courant, les reproductions ayant déjà un réel mérite, les primeurs, denrées, meubles, vêtements, d'une qualité déjà recherchée sans être exceptionnelle, ont au contraire baissé de prix, même au détail, par l'effet de la production mécanique en grand, de la vente dans les grands magasins, de la facilité des transports. Dans l'ensemble, le coût de l'existence a dû renchérir un peu plus pour les classes moyennes que pour les classes ouvrières, sans qu'il y ait grande différence, et c'est seulement le très grand luxe qui est aujourd'hui sensiblement plus coûteux qu'autrefois. S'il est vrai, comme tout le monde l'affirme, qu'on dépense plus de nos jours, ce n'est pas parce que la vie est plus chère, c'est parce que l'on vit mieux, l'on consomme davantage, par suite de l'augmentation des ressources générales, résultat de l'accumulation continue de l'épargne, d'un côté, de la hausse des salaires, de l'autre.

Mais, tout en constatant que l'on exagère généralement beaucoup le renchérissement de la vie, nous devons reconnaître qu'il existe, jusqu'à un certain point. Il en résulte que, dans la période actuelle, le revenu *réel* que donne une même fortune ; constituée en terres ou en capitaux, diminue plus rapidement encore que son revenu nominal.

IV. Conclusions au sujet de l'inégalité des conditions. — Pour apprécier les conséquences de la marche des phénomènes économiques et sociaux, à notre époque, il ne suffit pas de se rendre compte séparément des modifications qui se produisent dans la situation des diverses classes de citoyens ; il faut encore rapprocher les uns des autres les résultats obtenus. Or, les constatations que nous avions faites à la fin du Livre précédent, au sujet de la situation des ouvriers, étaient exactement inverses de celles auxquelles nous arrivons dans celui-ci pour les capitalistes. C'est là un point très important, sur lequel il est nécessaire d'insister.

Nous avons vu que les *salaires*, à l'époque moderne, ont bien plus augmenté que le *coût de l'existence*. Avec l'Office du Travail, nous avons admis (Livre deuxième, Chap. VI) que les premiers avaient à peu près doublé en un demi siècle, tandis que le renchérissement de la vie atteignait au maximum 25 0/0. Dans les dix années qui se sont écoulées depuis la date de cette enquête, les mouvements qu'elle avait signalés se sont encore accentués ; si la hausse anormale des salaires constatée en 1900 n'a pas duré, leur taux est resté, en 1902, très supérieur à celui de 1892, tandis que les denrées sont retombées au-dessous des prix de cette époque. La thèse ancienne de la paupérisation progressive des masses a été abandonnée, même par les socialistes. Devant l'évidence des faits, ils ne soutiennent plus actuellement que le sort des travailleurs va en empirant constamment ; ils soutiennent seulement qu'il ne s'améliore pas assez vite, ce qui est bien différent.

En face du prolétaire affamé, Henry George dépeignait, il n'y a pas encore longtemps, le *propriétaire foncier* n'ayant qu'à dormir sur sa terre pour voir sa fortune grandir constamment, par le seul effet des progrès de la population et de la civilisation. Là encore, il a bien fallu en rabattre, et l'expérience a montré combien étaient excessives les conséquences tirées jadis de la loi de Ricardo. Le propriétaire rural a vu son revenu et son capital diminuer dans une énorme proportion, et si le propriétaire urbain profite encore, dans la majorité des cas, d'une hausse due à l'agglomération de la population, sur bien des points, lui aussi subit les dures conséquences du déplacement des centres commerciaux.

L'industriel ou le *négociant* qui ne sait pas suivre ou même devancer le progrès est atteint plus durement encore ; ce serait se faire une singulière illusion, que de considérer comme productifs d'un revenu fixe et assuré, des établissements dont presqu'aucune partie ne garderait une valeur quelconque, si elle n'était renouvelée ou transformée tous les 20 ou 30 ans.

Quant au *rentier*, on s'est amusé parfois à calculer ce que serait devenu le revenu de celui qui eut placé un capital important en rentes sur l'hôtel de ville, lorsque la dette perpétuelle de l'Etat fut créée sous ce nom, par Louis XII et François Iᵉʳ : à travers les banqueroutes, les altérations des monnaies, les révolutions, les conversions, son revenu eût à peu près complètement fondu. On ne saurait imaginer aucun placement mobilier qui eût pu procurer un intérêt régulier, depuis deux ou trois siècles. Dans les temps plus modernes, si l'on en trouve un certain nombre dont le

revenu a été constamment assuré ou même a progressé régulièrement, combien d'autres ont perdu tout ou partie de leur
valeur, combien de sociétés ont fini dans la faillite, combien
d'Etats mal administrés ont fait banqueroute — tandis que les
sociétés et les Etats prospères marchaient de conversion de dettes
en conversion, réduisant eux aussi, quoique sous une autre
forme, le revenu de leurs créanciers.

Dans l'ensemble, la rémunération du travail manuel va en
croissant sans cesse, surtout depuis un demi-siècle, tandis que le
revenu de la richesse acquise décroît — ou, plus exactement, on
ne saurait dire qu'il y ait jamais de *richesse acquise*. Nulle fortune ne se conserve par elle-même, et aucune famille ne resterait
riche pendant plusieurs générations, si elle prétendait se borner
à toucher les revenus du patrimoine constitué par ses ancêtres.
De tout temps, mais plus particulièrement de nos jours, par suite
de l'incessante mobilité des phénomènes économiques, celui qui
ne sait pas prévoir, adapter l'emploi qu'il fait de ses biens aux
nécessités du jour, abandonner à temps les placements voués à
dépérir, transformer suivant les circonstances ses cultures, ses
usines ou ses maisons, ne tarde pas à voir sa fortune décroître.
Une vigilance et une surveillance incessante, une sagacité bien
informée, peuvent seules empêcher une famille riche de s'appauvrir, et c'est pourquoi l'on en voit si peu où la fortune dure
pendant plusieurs générations.

Il faut ajouter qu'il ne suffit pas que la fortune *dure*, il faut
qu'elle *s'accroisse*, pour que ceux qui la détiennent ne subissent
pas une sorte de déchéance. Par le développement continu de la
richesse générale, les habitudes d'un plus grand bien-être se sont
répandues, et le genre d'existence que l'on peut mener, avec le
revenu qui constituait autrefois une petite aisance, serait aujour-
d'hui considéré comme la gêne pour une famille bourgeoise, tandis
que la manière de vivre qui représentait jadis un certain luxe,
est à peine considérée comme de l'aisance.

Il faut donc qu'une fortune soit constamment entretenue et
renouvelée par le travail et par l'épargne, pour ne pas déchoir
rapidement. Mais les ressources que les classes bourgeoises tirent
de leur travail ont, comme le revenu des capitaux, une tendance à
décroître plutôt qu'à augmenter. Ces ressources consistent dans les
traitements des fonctions publiques et privées et dans les *bénéfices*
industriels ou commerciaux. Or, c'est un fait certain, sur lequel
nous avons insisté à propos des salaires, que par la diffusion de
l'instruction, l'écart entre la rémunération du travail manuel et

celle du travail bureaucra'ique a beaucoup diminué ; il a même
changé de sens dans bien des cas, car aujourd'hui un scribe,
dans les petits emplois, gagne moins qu'un ouvrier qualifié, et
dans les emplois moyens, ne gagne pas plus qu'un ouvrier d'art.
Si le nombre et le taux des gros traitements ont beaucoup
augmenté dans le commerce et l'industrie, l'un et l'autre ont
considérablement diminué dans les fonctions publiques. Quant
aux bénéfices industriels, sans doute, ceux que peut procurer une
invention ou une conception heureuse, une habileté exceptionnelle, ont beaucoup grandi avec la facilité des communications,
qui permet à une maison bien dirigée d'étendre considérablement
son champ d'action; mais la chance de réaliser une fortune ho-
norable, au cours de la période normale d'activité d'un patron,
dans la direction d'une affaire n'ayant rien d'exceptionnel, a
énormément diminué par suite de l'intensité de la concurrence.
De même, dans les professions libérales ou dans les arts, à côté
des gains considérables de quelques hommes illustres, on observe
une difficulté de plus en plus grande à vivre, pour les jeunes gens
de plus en plus nombreux que le développement de l'enseignement secondaire et supérieur, combiné avec la législation militaire, pousse dans ces voies.

Ainsi, l'écart tend à diminuer constamment, entre les revenu i
de ce que l'on appelle la petite ou la moyenne bourgeoisie, et ceux
des prolétaires. Or, comme chiffres totaux, il n'y a que les classes
moyennes dont les revenus représentent des chiffres qui comptent,
car les très grosses fortunes sont toujours et partout en nombre
infime. On peut donc affirmer que le mouvement économique
moderne tend à rapprocher la situation des classes qui possèdent
la majeure partie de la richesse acquise, de celle des classes
qui travaillent. A vrai dire, même, il n'y a plus de séparation entre
les classes qui *possèdent* et celles qui *travaillent*, car le nombre
est infime de ceux qui peuvent vivre sans travailler, et le nombre
est immense des travailleurs qu ! possèdent quelques biens, lopin
de terre du paysan ou épargne de l'ouvrier.

On objecte, il est vrai, que pour celui-ci, l'*accès au patronat* est
devenu plus difficile qu'au temps où, dans les corporations, chacun s'élevait régulièrement de la position d'apprenti à celle de
compagnon et de celle de compagnon à celle de maître. Mais d'abord,
il n'est nullement établi que l'accès de la maîtrise fût si facile au
compagnon qui n'était ni fils ni gendre d'un maître. Dans les petits
commerce et les petits métiers, il n'est pas plus difficile qu'autrefois de s'établir à son compte, car la statistique fiscale montre que

le nombre des patentés y augmente, loin de diminuer comme on le croit souvent (voir le Livre suivant, chapitre 3 paragr. I). Sans doute, dans la grande industrie, l'ouvrier, même laborieux, régulier et intelligent, ne peut guère prétendre devenir le propriétaire ou le chef du vaste établissement où il travaille ; mais il peut y améliorer sa situation, plus aisément et plus sûrement peut-être qu'en assumant les soucis et les risques d'un petit patron. La grande industrie comporte toute une hiérarchie d'emplois de chef d'équipe, de contre-maître, etc., dans laquelle l'ouvrier d'élite peut s'élever peu à peu, — de même que la division des valeurs mobilières lui donne les moyens d'acquérir, au fur et à mesure qu'il épargne, un droit de créance ou de propriété sur ces usines, ces mines, ces chemins de fer, trop vastes pour appartenir à un seul homme. Le paysan, de son côté, a plus de facilités que jamais pour acquérir une parcelle du sol qu'il cultive et pour l'arrondir peu à peu. Les divers moyens d'instruction, répandus aujourd'hui partout, permettent souvent aux fils des uns ou des autres, s'ils sont doués d'aptitudes exceptionnelles, d'entrer dans la vie avec des connaissances autrefois inaccessibles pour leurs parents, et les exemples sont innombrables de familles dont la situation sociale se transforme complètement, en deux ou trois générations.

M. Paul Leroy-Beaulieu, dans son beau livre sur la Répartition des richesses, a mis en relief, par une foule de faits, la tendance moderne à une *moindre inégalité des conditions*. Ce qui masque à bien des yeux cette situation, c'est l'essor rapide de quelques grandes fortunes, fondées sur la spéculation ou sur un succès industriel exceptionnel. Il est certain que si, de tout temps, on a vu des fortunes rapides et souvent scandaleuses, l'extension du champ ouvert aux entreprises hardies les a rendues, de nos jours, plus fréquentes et surtout plus considérables. Elles restent néanmoins infiniment peu nombreuses, car la plupart de celle que le succès invraisemblable d'une série de tentatives extrêmement hardies a fait surgir subitement, ne tardent pas à s'effondrer dans quelqu'aventure nouvelle. Les chiffres que nous avons donnés antérieurement montrent quelle fraction infime les très grosses fortunes représentent, dans l'ensemble de la richesse publique.

On a parfois cherché à calculer quelle part reviendrait à chaque famille, dans un pays comme la France, l'Allemagne ou l'Angleterre, *si l'on répartissait entre toutes l'excédent de revenus des plus riches* d'entre elles. Si l'on bornait cette confiscation aux très grosses fortunes, il est facile de constater que le résultat à en attendre serait infime, grossirait à peine de 3, de 4 ou de 5 0/0 les petits revenus. En étendant, au contraire, la même mesure à tous les revenus dépassant 10.000 ou 15.000 francs, et en répartissant tout ce qui excède ces chiffres entre les familles qui ont 2.500, 3.000 ou 3.500 francs de revenu, on grossirait les ressources de celles-ci d'un quart, d'un tiers, peut-être de moitié de leur montant actuel. Ce ne serait certes pas un résultat à dédaigner.

Mais il faut fermer les yeux volontairement, pour s'imaginer qu'une pareille opération soit réalisable. Par le seul fait qu'on voudrait ainsi enlever les gros revenus à ceux qui les détiennent, une part très notable de ces gros revenus disparaîtrait immédiatement. Tout ce qui représente le fruit et la rémunération des efforts individuels des hommes les plus capables, sous forme soit de traitements, soit de bénéfices industriels ou commerciaux, s'évanouirait sans que personne puisse en profiter, le jour où ces efforts ne pourraient plus être entretenus par le stimulant d'une récompense en rapport avec leur valeur. Quant aux capitaux, exposés à la confiscation dès qu'ils atteindraient un chiffre notable, non seulement ils cesseraient de grossir par l'épargne, mais ceux mêmes qui existent ne seraient plus exploités qu'avec mollesse et nonchalance. Les recherches désintéressées des savants se poursuivraient certainement ; mais il est fort douteux qu'il en soit de même des inventions qui traduisent les découvertes scientifiques en applications d'un intérêt exclusivement pratique, dès que leurs auteurs n'y trouveraient plus la fortune. Le déchet qui en résulterait, dans les forces productrices de l'humanité, serait tel, que suivant toute probabilité, le sort de ceux-là mêmes dont on aurait voulu accroître les ressources, bien loin de s'améliorer, ne tarderait pas à empirer.

Il faut ajouter que la civilisation perdrait une grande part de son charme, le jour où disparaîtraient les fortunes qui rendent possible le loisir, le luxe raffiné, les goûts délicats. Il est facile de tourner en ridicule les prétentions et la sottise de bien des riches, et de s'indigner de leur égoïsme ; c'est un plaisir auquel nous autres, travailleurs intellectuels, sevrés de beaucoup des raffinements dont ils jouissent, sommes souvent aussi sensibles que l'ouvrier, qui ne leur envie que des jouissances plus matérielles. Il n'en est pas moins vrai que, seuls, ces riches constituent une clientèle pour les produits artistiques, rares, coûteux, recherchés, qui sont l'honneur de l'art industriel, en même temps que l'origine de tout progrès. Que d'objets, en usage aujourd'hui dans le plus modeste ménage, n'eussent jamais été connus, s'ils n'avaient été inventés ou importés d'abord pour satisfaire au luxe de quelques riches, puis mis peu à peu à la portée des fortunes moyennes et enfin à la portée de tous, par les progrès incessants de la production agricole ou industrielle.

Ce n'est donc pas en dépouillant les riches que l'on peut améliorer réellement la situation de la masse des travailleurs. Cette situation s'améliore spontanément, par le progrès seul de la richesse générale. Plus le capital s'accumule, plus les salaires haussent, plus les produits nécessaires à la vie s'obtiennent aisément et à bon marché. Sans doute, le capitaliste, l'industriel, le commerçant, le propriétaire foncier, qui sait faire de sa fortune l'emploi le mieux en rapport avec les besoins de chaque époque, profite largement du progrès moderne ; mais le travailleur manuel en profite aussi, et c'est même lui qui en tire proportionnellement le plus d'avantages. Il y a beaucoup à faire encore pour supprimer les entraves qui l'empêchent d'en profiter autant qu'il le pourrait, qui enrayent notamment la diminution des prix des objets nécessaires à la vie, œuvre principale du progrès agricole et industriel. Il y a beaucoup à faire, aussi, pour généraliser dans les classes ouvrières les habitudes de régularité de vie et d'économie nécessaires à la constitution d'une certaine épargne, pour leur apprendre à faire de cette épargne un emploi prudent, au lieu de s'en laisser dépouiller par des promesses fallacieuses. Mais grâce aux facilités que la société moderne offre à l'emploi du moindre capital, l'accès de la propriété est ouvert à tous — et d'autre part, nul capital n'offre un revenu assez stable pour dispenser longtemps de tout travail. Le monde économique présente donc, aux yeux de l'observateur sans idées préconçues, non pas une classe capitaliste opposée à une classe ouvrière, mais un ensemble de producteurs dont les intérêts sont solidaires, puisque l'accumulation des capitaux est le facteur essentiel de la hausse des salaires et de l'amélioration du sort des travailleurs.

APPENDICE

SUR LA STATISTIQUE DES CAPITAUX ET DES FORTUNES

Depuis l'impression du présent Livre, qui remonte à 1902, quelques faits nouveaux se sont produits et quelques documents intéressants ont été publiés. Bien que les statistiques générales que nous avons insérées dans notre texte n'aient pas pour objet de donner des renseignements d'actualité, et qu'elles ne reposent pas sur des bases assez précises pour fournir autre chose que des indications générales concernant l'importance relative des diverses catégories de biens et de fortunes, nous ne croyons pas devoir laisser paraître un nouveau tirage sans mentionner les circonstances nouvelles qui peuvent jeter quelque lumière sur la situation de la richesse publique en France.

Si on s'en rapportait au critérium que nous avons adopté page 191, il semblerait que le *taux de l'intérêt* s'est sensiblement relevé : avec le cours actuel de la rente (juin 1907) il suffirait de 31 fr. 50 pour se procurer 1 franc de revenu ; en obligations des grandes Compagnies de chemins de fer, il suffirait de 30 francs, ces titres ayant suivi le mouvement de baisse de la rente, quoique dans une proportion moindre. Mais il semble bien que cette baisse des cours s'explique plus encore par des circonstances spéciales que par une hausse générale du taux de l'intérêt. Les hommes d'affaires sont unanimes à déclarer que le cours de la rente et des valeurs similaires a baissé, par rapport à celui des autres placements, notamment des fonds d'Etats étrangers, par suite du déclassement de nombreux titres, remplacés dans les portefeuilles français par des valeurs étrangères. Il se produit, depuis quelques années, un mouvement marqué dans ce sens, qui paraît dû aux menaces de charges nouvelles que font peser sur les finances publiques de nombreux projets de lois en discussion devant les Chambres, à la mise en vigueur de l'impôt progressif sur les successions, à l'idée que les projets d'impôt progressif sur le revenu, dont il est question depuis longtemps, auraient plus de chances d'aboutir qu'autrefois, de sorte que beaucoup de capitalistes ont commencé à rechercher les moyens de dissimuler leur fortune.

Il faut remarquer qu'un certain nombre de valeurs à revenu fixe ont en même temps baissé sensiblement, par des raisons diverses. Les Consolidés anglais ont été ramenés aux environs du cours de 84 par les émissions qu'a nécessitées la guerre du Transvaal et par l'arrivée de la date à laquelle le taux d'intérêt tombait à 2 1/2. En Allemagne, la poussée industrielle, amenant une demande de capitaux considérable, a fait tomber le 3 p. cent plus bas encore. Les fonds russes ont été très ébranlés par les secousses qu'a subies l'Empire. Au contraire, les cours des emprunts de plusieurs grands pays comme l'Espagne, l'Italie, qui n'avaient pas atteint le pair, ont nettement haussé. Dans l'ensemble, la destruction de capitaux amenée par deux grandes guerres et les besoins de l'industrie ont certainement entraîné un recul momentané dans le mouvement de baisse du taux de l'intérêt.

La baisse de la rente impliquerait une diminution dépassant 1 milliard sur la valeur calculée pour cette catégorie de titres, d'après les cours de 1900, dans le tableau de la page 266. La baisse corrélative des valeurs dont le taux de capitalisation suit celui de la rente et la baisse spéciale des actions des chemins de fer se traduiraient par une perte au moins équivalente. En outre, par suite des déplacements indiqués ci-dessus, la fraction de l'ensemble des valeurs mobilières françaises qui appartient à des étrangers a certainement augmenté, tandis que les placements français en valeurs étrangères augmentaient aussi. Malgré la hausse de certaines valeurs industrielles et malgré les émissions nouvelles faites depuis six ans, pour avoir une évaluation à jour, il faudrait sans doute admettre, pour les valeurs françaises possédées par les Français, un chiffre sensiblement inférieur à celui que nous avons donné au tableau récapitulatif de la page 282, la diminution étant compensée par une augmentation de celui des valeurs étrangères.

Une statistique des placements français à l'étranger a été publiée par le Ministère des Affaires étrangères; mais elle n'indique pas, dans beaucoup de cas, si les titres sont évalués au pair ou aux cours actuels, et paraît renfermer trop d'erreurs pour servir à contrôler les estimations antérieures.

Le chiffre que nous avons inscrit dans ce tableau, pour *le mobilier, l'outillage et les approvisionnements*, dépasse ceux qui ont été admis par la plupart des statisticiens. Nous persistons à ne pas le croire exagéré, et nous invoquerons, à l'appui de cette opinion, les trois raisons nouvelles suivantes.

Nous avons admis (page 211), avec la statistique agricole de 1892, l'évaluation de 8 milliards pour le bétail, l'outillage et les approvisionnements des cultivateurs. Les personnes les plus autorisées n'évaluent pas aujourd'hui le train de culture à moins de 350 ou 400 francs par hectare, en moyenne, pour les terres arables, blés, vignes, etc. Pour environ 35 millions d'hectares de cultures de cette nature, cela ferait 12 à 14 milliards, au lieu de 8 milliards.

Nous avions évalué à 400 millions (p. 260) notre matériel naval. L'Administration des douanes, dans sa statistique afférente à l'année 1901, l'a évalué à 825 millions. Nous croyons que ce dernier chiffre ne tient pas un compte suffisant de l'âge de beaucoup de navires. Il prouve, en tout cas, que notre estimation est insuffisante plutôt qu'exagérée.

Nous avons évalué à moitié de la valeur des immeubles les objets mobiliers qu'ils renferment. Or, en ce qui concerne les établissements industriels, M. Pierre Leroy-Beaulieu a publié des chiffres, extraits du *census* américain de 1900, qui constituent un terme de comparaison instructif. Le capital de 512.000 établissements recensés aux États-Unis représenterait environ 50 milliards, composés pour 1/4 de terrains et maisons, pour 1/4 d'outillage, et pour 1/2 de marchandises, matières approvisionnées, fonds de roulement, etc. Il est vrai qu'il faudrait ajouter à la partie immobilière de ce capital 1/8 environ du total, représentant la valeur des bâtiments loués par les industriels à des propriétaires non associés à leurs entreprises, qui n'entrent pas dans l'avoir des industriels ; mais d'autre part, l'outillage comprend certainement, à côté des parties immobilières, beaucoup d'objets mobiliers. Il semble donc raisonnable d'inférer de là que, dans les établissements industriels, la valeur des objets mobiliers est au moins égale à celle des immeubles. On voit que, si la proportion de moitié est certainement excessive pour les logements des ouvriers ou des paysans, il y a bien des cas où elle est tout à fait au-dessous de la vérité.

La même étude donne des renseignements intéressants sur la production totale annuelle des établissements recensés en Amérique. Cette production vaudrait près de 68 milliards de francs, se répartissant à peu près ainsi qu'il suit ;

Valeur des matières employées . . . . 38 milliards
Salaires de 5.317.000 ouvriers . . . . 12 —
Salaires de 397.000 employés . . . . 2 —
Dépenses diverses, un peu plus de . . . . . 5 —
Resterait, pour les intérêts du capital, la rému-
nération du travail des entrepreneurs et les
bénéfices, près de . . . . 11 —

Nous avions signalé en note, sous le graphique de la page 291, le caractère anormal de l'augmentation du chiffre des *successions* en 1900. Le fait que cette augmentation ne répondait pas à une augmentation de la fortune publique est bien mis en relief par les statistiques afférentes à 1901 et 1902, publiées depuis lors. Le montant annuel des transmissions à titre gratuit relevées par l'enregistrement, dans les quatre dernières années, s'établit ainsi :

ANNÉES	DÉCÈS	SUCCESSIONS déclarées	MONTANT des successions	MONTANT des donations	ANNUITÉS totales
	nombre	nombre	millions	millions	millions
1899....	816.000	418.000	5.836	984	6.820
1900....	853.000	534.000	6.737	1.018	7.755
1901....	785.000	451.000	5.430	1.041	6.471
1902....	761.000	416.000	5.375	990	6.365
1903....	734.000	399.000	5.320	993	6.313
1904....	761.000	393.000	5.637	999	6.656

L'année 1902 est la première où le nouveau régime des successions, impliquant la déduction du passif et l'impôt progressif, ait été appliqué à peu près généralement. Nous avons fait figurer dans le tableau le montant des successions sans déduire le passif, pour avoir un chiffre comparable à celui des années antérieures. Pour 1900 et 1901, le nombre des *déclarations* indiquées est un peu supérieur au nombre réel des *successions*, à raison des déclarations multiples auxquelles donnent lieu beaucoup de celles-ci ; pour 1899 et pour les années 1902 et suivantes, la correction a été faite.

Pour avoir le montant des successions auxquelles l'impôt progressif a été appliqué chaque année depuis 1902, il faut retrancher du montant total des valeurs déclarées, indiqué ci-dessus, le passif à déduire. Le nombre des successions envisagées se trouve alors réduit de l'effectif de celles dans lesquelles ce passif a absorbé la totalité de l'actif. Le nombre et le montant des successions soumises à l'impôt progressif, au cours des trois années 1902 à 1904 inclus, est donné par le tableau ci-après.

IMPORTANCE des successions	NOMBRE de successions	MONTANT des successions	PART proportionnelle du total
francs		millions	0/0
de 1 à 2.000..	662.857	571	4
de 2.001 à 10.000.......	303.214	1.560	10
de 10.001 à 50.000..... .	123.087	2.695	18
de 50.001 à 100.000..... .	20.819	1.482	10
de 100.001 à 250.000.......	13.122	2 049	14
de 250.001 à 500.000	4.546	1.592	11
de 500.001 à 1.000 000.......	2.114	1.445	9
de 1.000.001 à 5.000.000......	1.287	2.371	16
au dessus de 5 millions..........	99	1.234	8
Totaux..........	1.131.145	14.969	100

On ne saurait tirer aucunes conclusions générales des chiffres ci-dessus, parce qu'ils ne s'appliquent qu'à trois années. Ils donnent cependant une idée de la répartition de la richesse acquise. Il ne faudrait pas les prendre comme représentant exactement le groupement des fortunes existantes, car ils répondent à l'importance des successions et non à celle des fortunes des personnes vivantes ; or, chaque ménage réunit comme fortune les avoirs des deux époux. Toutefois, sous le bénéfice de cette observation, on peut remarquer que les successions de plus d'un million représentent un quart environ du total, les successions de 250.000 francs à 1 million un cinquième, celles de 50.000 à 250.000 un quart, et celles de moins de 50.000 francs près du tiers du total.

Le nombre des successions déclarées chaque année avec un actif supérieur au passif atteint environ la moitié de celui des décès. Or il faut remarquer que, parmi les décédés, près du tiers se compose d'enfants et de célibataires n'ayant pas encore 25 ans,

dont l'immense majorité n'a encore pu se constituer d'avoir
notable ni par l'épargne, ni par l'héritage. La proportion des
décédés laissant un avoir susceptible de faire l'objet d'une déclaration (c'est-à-dire autre chose que des objets mobiliers à usage
personnel) représente les trois quarts du surplus, c'est-à-dire les
trois quarts du nombre des personnes mortes étant en âge de
posséder des biens de quelque importance.

Parmi celles-ci, les personnes mariées figurent pour moitié
environ. On peut admettre : 1° que l'intervalle moyen des successions est de 35 ans (voir page 284) ; 2° que, par suite de la
réunion des avoirs des époux pendant le mariage, la moitié des
successions étaient groupées avec un avoir égal pour constituer
la fortune d'un ménage, de telle sorte que les sommes transmises
représentent *en moyenne* les deux tiers seulement des fortunes
dont elles faisaient partie. De ces hypothèses, il résulte que les
fortunes de plus de 375.000 francs existantes représenteraient
35 fois le montant annuel des successions dépassant 250.000 francs,
soit près de 80 milliards de capital. Il faudrait, pour avoir le
montant total de ces fortunes, ajouter à ce chiffre la part de
l'avoir de ceux qui les possèdent qui est transmise par donations.
Comme le montant des donations atteint environ le cinquième de
celui des successions, on arriverait tout au plus, comme total, à
une centaine de milliards, donnant certainement moins de 4 milliards de revenus. Or, dans le tableau de la page 312, nous avons
évalué à un peu plus de 5 milliards les gros et les très gros revenus, dépassant 14.000 francs en province et 17.500 à Paris. Cette
limite répond environ au revenu d'un capital de 375.000 francs ;
mais il ne faut pas oublier que les gros revenus, quoique constitués en majeure partie par les intérêts de capitaux, comprennent une part notable de salaires et de bénéfices d'industrie. Avec
ces explications, on se rend compte que les documents nouveaux fournis par l'impôt progressif sur les successions concor-
dent assez bien avec les résultats déduits antérieurement de l'impôt sur les loyers, en ce qui concerne la répartition des revenus.

TABLE DES MATIÈRES

CHAPITRE II

La gestion et la transmission de la propriété.

CHAPITRE III

Importance statistique et rôle économique des différentes catégories de biens

CHAPITRE IV

La répartition des revenus et ses modifications

APPENDICE

ENCYCLOPÉDIE DES TRAVAUX PUBLICS (suite)

OUVRAGES DE PROFESSEURS A L'ÉCOLE NATIONALE SUPÉRIEURE DES MINES

M. AGUILLON. *Législation des mines, française et étrangère.* 40 fr. On vend séparément :
— La *Législation en France, dans les colonies et protectorats,* 2e édition (très augmentée),
1 très fort volume (1,011 pages) . . . . 25 fr.
— Les *Législations étrangères.* . . . . 13 fr.
M. PELLETAN. *Lever des plans et nivellement souterrains* (Voir ci-dessus : *Durand-Claye*).
M. CHESNEAU. *Lois générales de la Chimie.* 1 vol. avec 37 figures. . . . . . 7 fr. 50
MM. VICAIRE et MAISON. *Cours de Chemins de fer de l'École des Mines;* 582 p., 493 fig. 20 fr.

OUVRAGE D'UN PROFESSEUR A L'ÉCOLE NATIONALE FORESTIÈRE

M. TUFFRY. *Restauration des montagnes,* avec une *Introduction* par M. Lechalas père. Vol.
de 442 pages, avec 173 figures. 15 fr.

OUVRAGES DE DIVERS AUTEURS

M. CHARPENTIER DE COSSIGNY, ingénieur civil des mines, lauréat de la Société des agri-
culteurs de France. *Hydraulique agricole.* 2e édit., 1 vol., avec 160 figures . . 15 fr.
M. DEGRAND, inspecteur général honoraire des ponts et chaussées. *Ponts en maçonnerie*
(Voir ci-dessus : *J. Résal*).
M. DUNIOU, inspecteur général des ponts et chaussées en retraite. *Réglementation des che-
mins de fer d'intérêt local, des tramways et des automobiles* 1 vol. avec figures. 10 fr.
— *Complément à l'ouvrage ci-dessus* . . . . 3 fr.
M. le Dr DECHESSE, ancien président de la Société de médecine pratique. *Hygiène générale et Hygiène industrielle,* ouvrage rédigé conformément au programme du Cours
d'hygiène industrielle de l'École centrale. 1 vol. de 740 pages, avec figures . . 15 fr.
M. HENRY (Ernest), Inspecteur général des ponts et chaussées. *Théorie et pratique du mouvement des terres, d'après le procédé Bruckner.* 1 vol., 2 fr. 50. — *Ponts métalliques à tra-
vées indépendantes : formules, barêmes et tableaux.* 1 vol. de 639 pages, avec 267 figures,
20 fr. — *Traité pratique des chemins vicinaux,* volume de près de 800 pages. 20 fr.
M. Maurice KŒCHLIN, ingénieur. *Applications de la statique graphique.* 1 vol., avec 311
figures et 1 atlas de 31 planches, seconde édition, revue et très augmentée, 30 fr. —
Recueil de types de ponts pour routes. 1 vol. de 306 pages et un atlas. . . . 25 fr.
M. LALLEMAND, ingénieur en chef des mines. *Nivellement de précision* (Voir ci-dessus
Durand-Claye).
M. LAVEISSE. *La Seine maritime et son estuaire,* 1 vol., avec 49 figures. . . . 10 fr.
M. LECHALAS père, inspecteur général des ponts et chaussées. *Hydraulique fluviale.* 1 vol.,
avec 78 figures. 17 fr. 50. — *Des conditions générales d'établissement des ouvrages dans
les vallées* (Voir ci-dessus : *J. Résal et Degrand*; c'est l'introduction à leur *Traité des
Ponts en maçonnerie*).
M. LECHALAS fils, ingénieur en chef des ponts et chaussées. *Manuel de droit administratif.*
Tome I, 20 fr.; tome II, 1re partie, 10 fr.; tome II, 2e partie . . . . 10 fr.
M. LÉVY-LAMBERT, ingénieur civil, Inspecteur de l'exploitation à la Compagnie du Nord.
Chemins de fer à crémaillère, 2e édition sous presse. 15 fr. — *Chemins de fer funicu-
laires, Transports aériens.* 1 vol., avec 150 figures . . . . 15 fr.
M. LEYGUE, ancien ingénieur auxiliaire des travaux de l'État, agent-voyer en chef de la
province d'Oran. *Chemins de fer. Notions générales et économiques.* 1 vol. de 617 pages,
avec figures . . . . 15 fr.
M. E. PONTZEN, ingénieur civil (l'un des auteurs de *Les chemins de fer en Amérique*) :
Procédés généraux de construction : Terrassements, tunnels, dragages et dérochements.
1 vol. de 571 pages, avec 234 figures (médaille d'or à l'Exposition de 1900). . 25 fr.
M. TARBÉ DE SAINT-HARDOUIN, inspecteur général des ponts et chaussées, ancien directeur
de l'École de ce corps. *Notices biographiques sur les ingénieurs des ponts et chaussées.*
un vol. . . . . 5 fr.
M. P. NIEWENGLOWSKI, ingénieur des mines. *Précis d'électricité,* 1 vol. de 200 pages avec
64 figures. . . . . 6 fr.
M. N. DE TEDESCO, ingénieur. *Recueil de types de ponts pour routes en ciment armé.* 1 vol.
de 307 pages avec atlas . . . . 25 fr.

Chaque ouvrage se vend séparément (et aussi chaque volume des ouvrages qui
en comprennent plusieurs). Il n'y a pas de numérotage général des volumes formant la collection.

Les ouvrages entrant dans les *Encyclopédies des Travaux publics et Industrielle* sont
en vente chez Ch. Béranger et chez Gauthier-Villars.

ENCYCLOPÉDIE INDUSTRIELLE

Vol. grand in-8°, avec de nombreuses figures

Exploitation technique des Chemins de fer, par A. Schoeller et A. François, 1 vol. de 508 pag. avec 109 fig. . . 12 fr.

Calcul infinitésimal à l'usage des Ingénieurs, par E. Rocché et L. Lévy. 2 vol. de 557 et 821 p. Chaq. vol. . . 15 fr.

Cours de géométrie descriptive de l'École centrale, par G. Bruisse, prof. de ce cours, et H. Picquer, 478 pag. avec 300 fig. . . . . 17 fr. 50

Construction pratique des navires de guerre, par A. Croneau, 2 vol. (995 pag. et 665 figures) et 1 bel atlas double in-4° de 11 pl., dont 2 en 3 coul. . . 34 fr.

Verre et verrerie, par Léon Appert, et J. Henrivaux, 660 p. 130 f et 1 atlas 20 fr.

Blanchiment et apprêts; teinture et impression, matières colorantes, 1 vol. de 674 p., avec 368 fig. et échantillons de tissus imprimés, par Guignet, Dommer et Grandmougin (de Mulhouse) . . 30 fr.

Éléments et organes des machines, par A. Gouilly, 1 vol. de 410 pages, avec 710 figures . . . . 12 fr.

Les associations ouvrières et les associations patronales, par Hubert-Valleroux, avocat. 1 vol. de 361 pages 10 fr.

Traité pratique des ch. de fer (intérêt local) et des Tramways, par P. Guédon. 11 fr.

Traité des Industries céramiques, par Émile Bourry, 1 vol. de 755 pages avec 319 fig. ou groupes de fig. et une planche (Cet ouv. a été traduit en angl.) . 20 fr.

Le vin et l'eau-de-vie de vin, par Henri de Lapparent, insp. gén. de l'agriculture. 1 vol. de 545 p., 110 fig. et 28 cartes 12 fr.

Métallurgie générale, par Le Verrier :
Procédés de chauffage, 1 vol. de 370 pages avec 175 figures . . . 12 fr.
Procédés métallurgiques et étude des métaux, 1 vol. de 493 p. avec 138 fig. et 10 planches . . . . . . 12 fr.

La Betterave agricole et industrielle, par Geschwind et Sillar, 1 vol. avec 129 figures (méd. d'arg. soc. nat. d'agr. et méd. d'or des agric. de France). . . 20 fr.

Cours de chemins de fer de l'École des Mines, par Vicaire et Maison, 582 p. avec 493 fig. . . . . 20 fr.

Chimie organique appliquée, par A. Joannis, professeur à la Faculté des Sc. de Paris. 1106 p. en 2 vol. . . . 35 fr.

Traité des machines à vapeur, à gaz, à pétrole et à air chaud, par Aimé Witz et Roche. 2 vol., 1176 p, 693 fig. 38 fr.

Chemins de fer. Superstructure, par E. Deharme (Voir: *Encyc. des Travaux publics*).

Chemins de fer : Résistance des trains. Traction par E. Deharme et A. Pulin, ingénieur de la Cie du Nord, 447 p., 93 f. et 1 planche . . . . 15 fr.

Chaudières de locomotives, par les mêmes, 130 fig. et 2 pl. . . . . 15 fr.

Locomotives : *Mécanisme, Châssis. Types de machines*. 1 fort vol. avec un bel atlas de 18 pl. double in-4°, par les mêmes. 25 fr.

Électricité Industrielle, 2° éd., v. de 826 p., 404 fig. (C. de M. Monnier à l'Éc. Cent.) 25 fr.

Machines frigorifiques, par Lorentz, professeur à la Faculté de Halle; traduction de Petit et Joyer. 495 p, 131 fig. 7 fr.

Industries du sulfate d'aluminium, des aluns et des sulfates de fer, par L. Geschwind. 372 p. avec 195 fig. Traduit en anglais . . . . 10 fr.

Accidents du travail et assurances contre ces accidents, par G. Féoldre (Méd. d'arg. Exp. 1900), 1 vol. de 616 p. 7 fr. 50

Traité des fours à gaz à chaleur régénérée, par Toldt (trad. Dommer), 392 pages. 68 fig. . . . . 11 fr.

Résistance des matériaux et Éléments de la théorie mathématique de l'élasticité, par A. Föppl, trad. de E. Hahn, 489 p., 75 fig. . . . . 15 fr.

Industries photographiques, par le Professeur Fabre, 652 p., 183 fig. 18 fr.

La Tannerie, par Meunier, Vaney et Vignon (650 p., 93 fig.) . . . 20 fr.

Industrie des cyanures, par Rousse et Langlen . . . . 15 fr.

Traité des essais de matériaux, par A. Martens, traduction de P. Breuil. 1 vol. de texte de 671 pages avec 558 fig. et un atlas de 31 grandes planches. 50 fr.

L'Énergie hydraulique et les Récepteurs hydrauliques, par U. Masoni. 1 vol. de 320 p. avec 207 fig. . . 10 fr.

Le Bois, par J. Beauverie, 2 fascicules de XI-1102 pages avec 485 figures (méd. d'or de la soc. nat. d'agric.) . . . 20 fr.

Étude expérimentale du Ciment armé, par R. Féret, 786 pag. avec 136 fig. 20 fr.

Traité général des Automobiles à pétrole, par L. Périssé, 563 pages avec près de 300 figures. . . . 17 fr. 50